# Medienwandel kompakt 2011–2013

Christoph Kappes
Jan Krone
Leonard Novy
(Hrsg.)

# Medienwandel kompakt 2011–2013

Netzveröffentlichungen zu
Medienökonomie, Medienpolitik
& Journalismus

 Springer VS

*Herausgeber*
Christoph Kappes
Geschäftsführung, Fructus GmbH
Hamburg
Deutschland

Jan Krone
Institut für Medienwirtschaft
Fachhochschule St. Pölten
St. Pölten
Österreich

Leonard Novy
Institut für Medien- und
Kommunikationspolitik Berlin
Berlin
Deutschland

ISBN 978-3-658-00848-2          ISBN 978-3-658-00849-9 (eBook)
DOI 10.1007/978-3-658-00849-9

Die Deutsche Nationalbibliothek verzeichnet diese Publikation in der Deutschen Natio-
nalbibliografie; detaillierte bibliografische Daten sind im Internet über http://dnb.d-nb.de
abrufbar.

Springer VS
© Springer Fachmedien Wiesbaden 2014

Gedruckt auf säurefreiem und chlorfrei gebleichtem Papier

Springer VS ist eine Marke von Springer DE. Springer DE ist Teil der Fachverlagsgruppe
Springer Science+Business Media
www.springer-vs.de

# Inhaltsverzeichnis

Inhaltsverzeichnis

**Blogkultur als Antwort auf die Komplexität der Gesellschaft und der Krise ihrer Institutionen** .........................................  51
Christoph Kappes

**Vertrauen, Verrat und Schatten – A Letter From Hamburg** ............  63
Christoph Kappes

**Destroying A\*\*\*\*\*a & Diggin' Up M\*\*\*\*\*n M\*\*\*\*e** ...................  73
Tassilo Pellegrini

**Über Post-Privacy** ...................................................  79
Daniel Gruschke

**Die Vorteile der Allgemeingeheimheit** ..............................  87
Jan Krone

**Vergesst das Recht auf Vergessenwerden** ...........................  93
Simon Assion

**Ich bin kein Mitglied der Netzgemeinde** ...........................  101
Gregor Keuschnig

**Bytes statt Billy: Wenn Kultur unsichtbar wird** ......................  105
Johnny Haeusler

**Teil II   Ausfaltung von Kommunikationsoptionen**

**Überwachung praktizieren wir selbst. Jeden Tag** ....................  113
Pia Ziefle

**Gretchenfrage Big Data** .............................................  117
Michael Seemann

**Das Anziehen der Schraube** .........................................  121
Alexander Winter

**Reclaim Identity** ...................................................  125
Julius Endert

# Medienwandel kompakt 2011– 2013: Netzveröffentlichungen zu Medienökonomie, Medienpolitik & Journalismus

Leonard Novy, Jan Krone und Christoph Kappes

Dieser Sammelband versteht sich als Rück- und Überblick über rund drei Jahre Netzpublizistik. Er knüpft an das 2011 erschienene Buch „Medienwandel kompakt 2008–2010: Schlaglichter der Veränderung in Medienökonomie, -politik, -recht und Journalismus" an, das Analysen und Kommentare zu den Umbrüchen der Medienlandschaft in einem Sammelband erstmals zusammenführte.

Indem es ausschließlich im Netz publizierte Texte zusammentrug, schlug das Buch eine Brücke zwischen Online und Print – damals noch mehr als heute weitgehend isoliert voneinander agierenden Sphären. Diese Kluft trug dazu bei, dass, obwohl sich das Internet in den vorangegangenen anderthalb Jahrzehnten in den Wohn- und Arbeitszimmern der Deutschen etabliert hatte und die mobile Internetnutzung rapide zunahm, Fragen wie die nach den politischen, ökonomischen und gesellschaftlichen Auswirkungen der Digitalisierung lange merkwürdig unterbelichtet blieben. Stattdessen war der Diskurs geprägt von den Grabenkämpfen zwischen einer (soziodemographisch und habituell nur *prima facie* homogenen) „Netzavantgarde" und jenen Eliten in Politik und Medien, die – obschon in ihrem beruflichen wie privaten Alltag de facto längst von der digitalen Transformation

L. Novy (✉)
Institut für Medien- und Kommunikationspolitik
Berlin, Deutschland
E-Mail: leonard.novy@medienpolitik.eu

J. Krone
FH St. Pölten, St. Pölten, Österreich
E-mail: Jan.Krone@fhstp.ac.at

C. Kappes
Fructus GmbH Hamburg, Deutschland
E-mail: ck@christophkappes.de

C. Kappes et al. (Hrsg.), *Medienwandel kompakt 2011–2013*,
DOI 10.1007/978-3-658-00849-9_1, © Springer Fachmedien Wiesbaden 2014

erfasst – sich intellektuell wie strategisch schwer damit taten, den Herausforderungen der Digitalisierung offensiv zu begegnen und die neuen, unübersichtlicheren Diskursstrukturen des Netzes und ihre Projekte und Positionen wenn schon nicht an-, dann wenigstens ernst zu nehmen. Medienkonvergenz als Beschreibung für ein Überlappen von Telekommunikation, Informations- und Kommunikationstechnologie und Massenmedien war längst eine Realität, fand jedoch im Denken und Handeln jener Akteure, die diesen Entwicklungen ausgesetzt waren, kaum eine Entsprechung. Die etablierten Akteure von Medienunternehmen und Medienpolitik – Verlags- und Sendermanager, Verbände, Gremien, Staatskanzleien, Landesmedienanstalten, etc. –, und die technologisch-ökonomischen Treiber und intellektuellen Protagonisten der Digitalisierung. Geredet wurde viel, noch häufiger gestritten. Doch verharrten beide Seiten in den Silos ihrer partikularen Interessen und intellektuellen Codes, in wechselseitiger Sprachlosigkeit verbunden.

Diesem Zustand, vor allem aber der im internationalen Vergleich ökonomisch wie publizistisch nach wie vor starken Presselandschaft ist es auch zuzuschreiben, dass sich die großen Erwartungen hinsichtlich der Entwicklung der deutschsprachigen Netzpublizistik nicht bewahrheiteten. Zwar bildete sich in den letzten Jahren eine hinsichtlich Vielfalt und Qualität durchaus beeindruckende Publizistik im Netz heraus. Doch anders als beispielsweise in den USA, wo sich das Internet schneller zum selbstverständlichen Medium und Bestandteil politischer wie kultureller Diskurse entwickelt hatte, wo Barack Obamas beispiellos effiziente Nutzung des Netzes Kampagnen-Standards setzte und Blogs wie die Huffington Post, TechChrunch oder Daily Beast mit Analysen, Enthüllungen und Kommentaren öffentliche Debatten prägten, blieb der Einfluss von Blogs und sozialen Medien auf die gesellschaftliche Selbstverständigung hierzulande beschränkt.

Vor allem der deutsche Diskurs über Medien- und Netzpolitik vollzog sich in relativ überschaubaren, getrennt voneinander verlaufenden Bahnen: entweder im engen Rahmen rechtlicher und regulatorischer Fragen (Urheberrecht, Jugendmedienschutz, Tagesschau-App) oder in Form ideologisch aufgeladener Konflikte wie sie das Verhältnis zwischen den Zeitungs- und Zeitschriftenverlagen und der Blogosphäre jahrelang prägten. Mit der Erkenntnis, dass das Internet nicht nur Chancen, sondern gerade für Verlage auch ökonomische Herausforderungen mit sich bringt, hatten sich auf Seiten der Verlage seit der Jahrtausendwende Verunsicherung und Fatalismus breit gemacht. Ab 2008 traf die Wirtschafts- und Finanzkrise die traditionell von der konjunkturellen Entwicklung besonders abhängige Branche hart. Mit einer Mischung aus Empörung, Trotz und Arroganz wird seitdem über Qualitätsverfall, das Internet als Spielplatz der Banalitäten oder zu „Echokammern" zersplitternde Öffentlichkeiten diskutiert. Und so war die Auseinandersetzung mit dem Zustand des Journalismus und seinen Perspektiven unter digitalen Vorzei-

chen geprägt von einer Rhetorik des Niedergangs. Ihren medienpolitischen Ausdruck fand diese Kombination aus Kulturpessimismus und Strukturkonservatismus in der von allen im Bereich Zeitungen und Zeitschriften aktiven Verbände und
Organisationen getragenen „Nationalen Initiative Printmedien – Zeitungen und
Zeitschriften in der Demokratie", die Qualitätsjournalismus wie selbstverständlich
mit der Distributionsform Print gleichsetzte. Dieses im Kern antimoderne Krisen-
paradigma stand und steht in einem eklatanten Widerspruch zur Tragweite der
technologischen und soziokulturellen Umbrüche der Zeit und so überraschte es
nicht, dass die Netzpublizistik der Ignoranz der Traditionstruppen in Politik und
Medien mit Häme begegnete. Ihrerseits musste sie sich den Vorwurf anhören, die
betriebswirtschaftlichen Realitäten größerer Unternehmen zu verkennen und die
emanzipatorischen Potentiale, den Beitrag der Digitalisierung zu Freiheit, Gleichheit und Demokratisierung, naiv zu überhöhen.

Im Herbst des Jahres 2013 hat sich Situation geändert, das Netz ist in der Real-
politik angekommen. Der nicht mehr zu ignorierende Aufstieg von beispielsweise Google, Facebook und Twitter zu Wissens- und Datenkonzernen eines neuen
Schlages, „makers of ‚everything' in our digital lives" (Pew Research Center for
the People and the Press 2012) wie auch die in der Vor-Internetära undenkbaren
Enthüllungen über die Überwachungsprogramme der NSA haben zu einem in
Summe deutlichen Relevanzgewinn des Themas geführt. Es herrscht ein breites,
wenn auch selten expliziertes Bewusstsein, dass die kommunikationstechnologi-
schen Umbrüche der letzten Jahre neue (geo-)politische, wirtschaftliche aber, etwa
in dem sie tradierte Unterscheidungen zwischen Öffentlichkeit und Privatheit in
Frage stellen, auch gesellschaftliche Kontexte schaffen. In diesem Sinne wird die
Digitalisierung zusehends im Kontext anderer, teils langfristig wirkender Prozesse
wie Individualisierung und Globalisierung diskutiert, also der Wechselwirkungen
zwischen medialem Wandel, sich verändernden ökonomischen Strukturen und gesellschaftlichen Verhältnissen.

Politischen Ausdruck fanden diese Entwicklungen im Aufstieg der deutschen
Piratenpartei, der es kurzzeitig gelang, zur Projektionsfläche für die Erwartungen
und Ansprüche vieler Bürger zu werden, die anders als vor 50 Jahren unter Demokratie eben nicht mehr nur Frieden, Wohlstand und Konsum verstehen, sondern
die Rechenschaft einfordern, mitgestalten wollen und flexiblere, themenorientierte
Möglichkeiten suchen, sich einzubringen. Diese Entwicklungen hatten mit langem
Vorlauf im Internet eine ideale technisch-kommunikative Entsprechung und Ver-
stärkung gefunden. Die Piraten stellten die Systemfrage beziehungsweise – um in
der Sprache digitaler Technologien zu bleiben – die nach dem „Systemupdate". Der
Versuch, den Wunsch nach neuen Formen der Teilhabe und Transparenz innerhalb des politischen Systems und in Form einer Partei zu institutionalisieren, muss

aus heutiger Sicht als vorerst gescheitert betrachtet werden. Er scheiterte an einem technik- beziehungsweise prozessfixierten Machbarkeitsglauben für den Frieder Vogelmann den Begriff der „partizipativen Technokratie" prägte und der in der bald heillos zerstrittenen Partei weder legitimations- noch effizienzpolitisch belegt wurde, und dem Unvermögen, über ihr ostentativ ideologiefrei-pragmatisches Politikverständnis hinaus ein substantielles Politikangebot zu entwickeln.

Dieser Technikdeterminismus, der Glaube an eine Naturgesetzlichkeit oder Essenz des Netzes wird etwa in den Polemiken Evgeny Morozovs, zusehends auch dystopisch interpretiert. So verweist das bei Google, Facebook etc. gehortete Wissen darauf, dass die Informationsgesellschaft potentiell auch eine Überwachungsgesellschaft ist – und darauf, dass die Politik im Zeitalter von Big Data und algorithmengetriebener Beschleunigung den wirtschaftlichen und technischen Entwicklungen deutlicher denn je hinterherhinkt, statt sie antizipieren und problematisieren zu können. Durch die Dynamiken technologischer Veränderungen, die in kurzer Abfolge immer wieder neue Konstellationen medialer Kommunikation hervorbringen, ist es seriös nahezu eine Unmöglichkeit, vom Status Quo gezielt auf die Zukunft zu schließen. Vor zwanzig Jahren waren es maximal Romanciers wie beispielsweise der Science-Fiction Autor Douglas C. Adams, die die Entwicklung von Kommunikationsnetzwerken zu erdenken vermochten. Social Media in dieser Form waren für die Breite der Gesellschaft nicht absehbar und -vorstellbar.

Vor dem Hintergrund des fortwährenden Wandels medientechnologischer Infrastrukturen – dessen Felder und Abfolgen mit meist unscharfen Deutungs- und Darstellungsmodellen wie der „digitalen Gesellschaft", „Medienkonvergenz" und „digitale Revolution" bestimmt werden – verändern sich gesamtgesellschaftliche Informations- und Kommunikationsroutinen und -bedingungen. Dabei handelt es sich um einen Wandel, der nicht nur Vorstellungen und Zusammenhänge von Mediennutzung und -produktion neu definiert, sondern die tradierte Unterscheidungskriterien und Strukturmerkmale an sich obsolet werden lässt. Begriffe wie „Zeitung" oder „Rundfunk" erweisen sich zusehends als bloß nostalgische Kategorien. Die technologischen Konvergenzprozesse und die neue mediale Angebots- und Nutzungsvielfalt werden ergänzt durch die Kongruenz bisher getrennter Bereiche von Medienproduktion und -rezeption. Nutzergenerierte Inhalte komplementieren professionelle Medien- und Nachrichtenangebote, „Blogger" und „Prosumer" treten als neuer Typus des Medienakteurs zunehmend in den Vordergrund, mit den entsprechenden Konsequenzen für medien- und urheberrechtliche Rahmenbedingungen und öffentliche Informationshaushalte.

Die deutsche Medienwirtschaft und Medienpolitik begegnete diesen Dynamiken der globalen Kommunikationsindustrie bislang mit Schwerfälligkeit und Innovationsarmut. Die Strategien der Medienunternehmen waren zumeist adaptiver

Natur und eher von dem Motiv getragen, Renditerückgänge in klassischen Produktionssparten zu kompensieren. Zwar existieren digitale Komplementärformate (Online-Ausgaben, Mediatheken, Apps…) zu den meisten Print- und Bewegtbildangeboten, zudem investieren die großen Medienbetriebe wie der Axel Springer Verlag kontinuierlich in den Ausbau von Beteiligungen an medienartigen Internetunternehmen, so dass die Digital- und Onlinesparten bereits große Anteile der Konzernumsätze ausmachen. Dennoch wirken die Akteure der deutschen Medienwirtschaft mehr wie Getriebene denn Treiber der Medienevolution. Von einem (zwar oft geforderten und politisch erwünschten) deutschen Silicon Valley sind die Denkweisen und Rahmenbedingungen ebenso entfernt wie von Markt- und Innovationskapazitäten globaler Player der Internetökonomie. Ein Umstand, an dem auch die hiesige Medienpolitik ihren Anteil hat. Denn auch deren Performanz ist daran zu messen, inwieweit es ihr gelungen ist und gelingen wird, vor dem Hintergrund günstiger quantitativer und qualitativer Grundbedingungen (einwohnerstärkstes Land der EU, größter Werbemarkt, hohes Bildungsniveau) technologische sowie medien- und kulturökonomische Kreativpotentiale zu generieren.

Die technologische Evolution und die sich daraus ergebenden Marktzutritte tangieren alle Parameter bisheriger Medien- und Rundfunkpolitik, von der Medienkonzentrationsforschung über den „Jugendmedienschutz" bis zu vielfältigen urheberrechtlichen Fragen. Bislang entgegnete man diesen neuen techno-politischen Kontingenzen mit einem eher unkoordinierten Nebeneinander von traditionell-föderaler Medienregulierung und Ansätzen einer neuen Netzpolitik. Doch zeichnet sich immer deutlicher auch ein Strukturwandelbewusstsein innerhalb des politisch-administrativen Diskurses ab. Streitfragen um Tagesschau-App, Mediatheken und Verfügbarkeit von Beiträgen oder das „Depublizieren" haben deutlich gemacht, welche ordnungspolitischen Herausforderungen der digitale Wandel mit sich bringt, so dass vermehrt über das Zusammengehen von Medien- und Netzpolitik diskutiert und eine effektivere Medienregulierung gefordert wird. Gleichzeitig rücken zusehends Fragen nach dem individuellen und gesellschaftlichen Umgang mit diesen Technologien, die Auswirkungen sich verändernder Verständnisse von Öffentlichkeit und Privatheit auf Arbeits- und Lebenswelt und die der Vernetzung auf Individuum, Identität und soziale Beziehungen in den Blick.

Letztlich verweisen all diese Entwicklungen auf kommunikationspolitische und demokratische Grundwerte zurück: auf Medienfreiheit und -vielfalt, den ungehinderter Zugang zum Kommunikationsmarkt, die ordnungspolitische Kontrolle von Medienmacht oder auf die gesamtgesellschaftliche Gewährleistung einer diskursiven Grundleistung an Informationen sowie der informationellen Selbstbestimmung, auch für den redaktionellen Betrieb. Mit der Entwicklung des Internets zur zentralen wirtschaftlichen und gesellschaftlichen Infrastruktur des 21. Jahrhunderts wird die Frage nach diesen demokratischen Grundwerten reaktualisiert. Diese Realitäten auszublenden oder als Spielwiese einer infantilen Netzcommunity abzutun, ist kaum mehr möglich. Zu offensichtlich sind die Veränderungen, die sich durch das Internet für die Politik, Wirtschaft und Gesellschaft ergeben.

## Das Buchprojekt

Der Aufbau des zweiten Bandes „Medienwandel kompakt" orientiert sich exakt an dem der vorausgegangenen Publikation für die Jahre 2008 bis 2010. Überwogen im ersten Band Texte zu den Auswirkungen des Medienwandels auf die Kommunikation, den Veränderungen des Journalismus an sich und auf die Herausforderungen der Medienwirtschaft, stehen für den Zeitraum von 2011 bis 2013 vermehrt grundrechtliche, netzpolitische Themen sowie, der Entwicklung folgend, Spezialbereiche des Journalismus im Fokus. Neben den sich ausfaltenden journalistischen Arbeitsweisen und -oberflächen sind es die Teilsysteme Medienpolitik und -recht, die die Veränderungen des Kommunikations- und Medienraumes aufnehmen und in die Mediation zwischen Gesellschaft, Staat, Individuen und Unternehmen eintreten müssen. Das hier abgebildete Ungleichgewicht der Kräfte obliegt nicht ausschließlich der redaktionellen Auswahl der Beiträge.

Den Einstieg in die Publikation liefert ein Kapitel, dass das Wechselspiel von Technologie, Kommunikation, staatlicher Administration und der Politik – dominiert durch das sich seit längerem zuspitzende Thema Datenschutz – abbildet. Nachdem Medienwirtschaft und Journalismus sich weiterentwickelt und in großen Teilen angepasst/mit den Veränderungen zwischenzeitlich abgefunden haben, liegen die Herausforderungen der dokumentierten Periode deutlich auf dem Verhältnis zwischen Staat und Bürgern in digitalen Kommunikationsräumen. Ein fließender Übergang zum zweiten Kapitel „Ausfaltung von Kommunikationsoptionen" ergibt sich aus den individuellen Standpunkten und Beschreibungen zu sich wandelnden Formen der Alltagskommunikation. Das dritte Kapitel „Journalismus im Medienwandel" behandelt den institutionalisierten Bereich der öffentlichen Kommunikation auf: der Journalismus befindet sich offenbar zwischen grundsätzlichem Verständnis der eigenen Rolle in pluralen Demokratien und der Auslotung der eigenen Fachdifferenzierung und -qualifikation. Ökonomische Zwänge leiten in das nächste Kapitel „Medienwirtschaft im Wandel" über. Neben Erklärungsversuchen der optimalen Publikumsansprache und Systemverschiebungen zwischen medienartigen und klassischen Massenmedien steht die Mittelallokation von Nachfragern publizistischer Angebote im Zentrum. Gilt die Werbung grundsätzlich als immer unzuverlässigerer, direkter Partner der Öffentlichen Kommunikation, bleiben die

Mediengattungen Buch, Radio und zum Teil Fernsehen, mit Ausnahme der Anpassung der Vertriebslogistik, durch den Medienwandel graduell weniger berührt als die periodische Verlagswirtschaft. Zunehmende Konzentrationstendenzen und Überlegungen zur Medienpluralität gewinnen an dagegen an Relevanz. Damit ebnet sich der Weg zum abschließenden, fünften Kapitel. „Regulierung im Medienwandel" ist gekennzeichnet durch Hypothesen, die, wie bereits in den vorangegangenen Abschnitten offenbart, Forderungen und Fragen aufwerfen, aber in den seltensten Fällen einen gesellschaftlichen Konsens vorweisen können.

Der Band richtet sich in seiner historischen Intention der redaktionellen Zusammenstellung auch dieses Mal an alle Interessierten, die sich einen kompakten Überblick über die durch die Medientechnologie verursachten Umbrüche des Medien- und Kommunikationsraumes innerhalb der letzten drei Jahre verschaffen wollen. Angesprochen ist die Wissenschaft, der die Inhalte als eine Art „Kratzbaum" für Forschung und Lehre dienen können, wie auch die unternehmerische Praxis bis hin zu Politik und Gesellschaft. Als Lesehinweis sei darauf hingewiesen, dass wie auch im vorausgegangenen Projekt bei dieser Ausgabe darauf verzichtet wurde – um der Anzahl der Beiträge wegen –, Kommentare zu den Beiträgen mit aufzunehmen. Quellenverweise und weiterführende Links sind in den einzelnen Beiträgen unterstrichen. Am Ende eines jeden Textes ist ein QR-Code abgedruckt, um, mittels Medienbruchs, bequem zum ursprünglichen Erscheinungsort/Blog zu gelangen.

## Dank der Herausgeber

Der Dank der Herausgeber gilt in erster Linie den Autorinnen und Autoren der ausgewählten Posts. Namentlich sind dies neben den Herausgebern in alphabetischer Reihenfolge Simon Assion, Markus Beckedahl, Jens Best, Patrick Breitenbach, Franziska Broich, Vera Bunse, Stephan Dörner, Dirk Elsner, Julius Endert, Andreas Grieß, Daniel Gruschke, Johnny Haeusler, Hans Hege & Eva Flecken, Gregor Keuschnig, Thomas Knüwer, Thomas Koch, Kris Köhntopp, Daniel Leisegang, Sascha Lobo, Frank Lübberding, Lorenz Matzat, Urs Meier, Robin Meyer-Lucht, Kay Meseberg, Wolfgang Michal, Gábor Paál, Tassilo Pellegrini, Daniel Rehn, Christian Schalt, Michael Seemann, Thomas Stadler, Julius Tröger, Hans Christian Voigt, Daniela Warndorf, Stephan Weichert, Martin Weigert, Marcel Weiß, Till Westermayer, Ralf Wienken, Alexander Winter, Ole Wintermann & Oliver Bildesheim sowie Pia Ziefle.

Weiterhin gilt der Dank dem nun für die Realisierung verantwortlichen Verlag Springer VS, Wiesbaden in Personen Andreas Beierwaltes und Barbara Emig-Roller für das Festhalten an der 2013 nicht mehr unbedingt innovativen, sondern zum Regelfall gewordenen Idee, Netzinhalte in Buchform gebündelt zu verlegen. Zudem erhält die Idee seitens des Verlages eine Aussicht auf Bestandsgarantie. Dazu gilt es sich bei Carta.info als Aggregator und Primärplattform vieler Posts, der Redaktion von Carta.info, Vera Bunse, zu bedanken, ohne deren Unterstützung sich die Arbeit an der Kompilation erheblich schwieriger gestaltet hätte. Natürlich sind all die Leserinnen und Leser ebenso in die Danksagung mit aufzunehmen, die sich mittel- und unmittelbar über den Aufruf zur Partizipation (http://www.carta.info/55729/) beteiligt haben. Wir sind mit dem Ergebnis sehr zufrieden.

# Teil I
# Technologie, Gesellschaft, Markt & Politik im Medienwandel

# 100 Jahre Riepl'sches Gesetz

Urs Meier

Das unter Medienfachleuten vieldiskutierte „Gesetz" wird richtig interessant, wenn man es in seinen ursprünglichen Kontext stellt. Riepls 100-jähriges Buch steckt voller Anregungen für eine neue Sicht auf die moderne Medienwelt.

Als der Altphilologe und Chefredaktor der „Nürnberger Nachrichten" Wolfgang Riepl in einem Einleitungskapitel zu seiner großen Monographie über „Das Nachrichtenwesen im Altertum" fast beiläufig ins Grundsätzliche ausschweifte und über einen „Grundsatz der Entwicklung des Nachrichtenwesens" räsonierte, wollte er gewiss nicht die Welt um ein „Riepl'sches Gesetz" bereichern. Es war Jahrzehnte später die Medienwissenschaft, welche dieses Aperçu zum „Gesetz" erhob, es mit seinem Namen verknüpfte und sich fortan stets von neuem damit kritisch auseinandersetzte.

## Journalist als Altertumsforscher

Riepl verbindet in dem 1913 vorgelegten Buch sein journalistisches Temperament mit der Akribie des gelehrten Altertumsforschers. Er unternimmt es als Erster, eine systematische Übersicht des Nachrichtenwesens der Antike allgemein und speziell des Römischen Reiches zu erstellen. Dabei bewegt er sich über weite Strecken auf wissenschaftlichem Neuland. Begriff und Phänomenologie des Nachrichtenwesens waren zuvor nicht geklärt. Direkte Quellen gab es nur für Teilbereiche. Viel von seinem Material gewann Riepl durch detektivische Auswertung von Quellen und Forschungen anderen Inhalts. Zweifellos kam ihm hierbei die journalistische Erfahrung im Recherchieren zustatten. Von Riepls Brotberuf profitierten auch Auf-

U. Meier (✉)
Zürich, Schweiz
E-Mail: urs.meier@journal21.ch

C. Kappes et al. (Hrsg.), *Medienwandel kompakt 2011–2013*,
DOI 10.1007/978-3-658-00849-9_2, © Springer Fachmedien Wiesbaden 2014

bereitung und Darbietung seiner Forschungsergebnisse: Das Buch ist mit Verve geschrieben und liest sich noch heute mit Genuss und Gewinn.

Die später als Riepl'sches Gesetz bezeichnete Passage lautet, nachdem der Autor die extrem unterschiedlichen Entwicklungsstufen der Medien sogar innerhalb Europas beschrieben hat, wie folgt:

> Andererseits ergibt sich gewissermassen als ein Grundgesetz der Entwicklung des Nachrichtenwesens, dass die einfachsten Mittel, Formen und Methoden, wenn sie nur einmal eingebürgert und brauchbar befunden worden sind, auch von den vollkommensten und höchst entwickelten niemals wieder gänzlich und dauernd verdrängt und ausser Gebrauch gesetzt werden können, sondern sich neben diesen erhalten, nur dass sie genötigt werden, andere Aufgaben und Verwertungsgebiete aufzusuchen.

## Hypothese mit heuristischem Potenzial

Mit diesem einen Satz hat Riepl eine Hypothese hinterlassen, deren heuristisches Potenzial erst Jahrzehnte später erkannt wurde. Sie ist auch nach hundert Jahren noch nicht erledigt, sondern stimuliert stets von neuem Forschung und Publizistik zu Fragen der Medienentwicklung. Zum einen finden sich immer wieder Bestätigungen des Riepl'schen Gesetzes: Das Telefon war nicht der Tod des Briefverkehrs, sondern hat die Funktionen des Mündlichen und Schriftlichen stärker unterschieden. Fernsehen hat Kino nicht abgelöst, sondern es dazu veranlasst, seine Erlebnisqualität zu steigern.

Zum anderen setzen etliche Veränderungen in der Medienwelt das Riepl'sche Gesetz ins Unrecht. So gibt es (ausser in folkloristischem Gebrauch) keine Boten und Ausrufer mehr, Telegraphen haben ausgedient, die frühen Online-Medien Videotext/Bildschirmtext/Minitel sind verschwunden. Die hoch gegriffene Bezeichnung „Gesetz" ist eigentlich nicht zu halten. (Riepl spricht vorsichtiger davon, manches erweise sich „gewissermassen als ein Grundgesetz der Entwicklung".) Doch das einmal vorgenommene Branding ist eben stärker.

## Prognosen dank Riepl?

Stark ist auch der Antrieb, aus Riepl's Hypothese plausible Szenarien für die Weiterentwicklung der Medien gewinnen zu wollen. Der Denkansatz, wonach bewährte Medien durch technisch-ökonomisch-gesellschaftliche Entwicklungen nicht verdrängt, sondern lediglich in ihren Funktionen verändert werden, hat sich immer wieder als fruchtbar und richtig erwiesen. Der Medienwissenschaft gibt er Anlass, genau solche Funktionsverschiebungen zu untersuchen und zusammenhängend darzustellen. Manche Fachleute meinen so eine Basis für Prognosen zu bekommen. Für Medienpublizisten und andere Beobachter aktueller und kommender Veränderungen bildet das Riepl'sche Gesetz zumindest eine ideale Folie für Fragen wie: Wird das Medium Zeitung sich allen Trends zum Trotz behaupten? Wie wird sich das Fernsehen unter dem Druck des multimedialen Internet verändern? Welche Aufgaben haben Bibliotheken zu erfüllen, wenn Bücher zunehmend online lesbar sind?

## Überholte und aktuelle Medienbegriffe

Dispute um das Riepl'sche Gesetz verlaufen zumeist recht technikorientiert. Der zugrunde liegende Medienbegriff orientiert sich wesentlich an Typologien von Empfängern bzw. Nutzern und Nutzungen, ferner an (vorwiegend technischen) Übermittlungs- und Verbreitungsmerkmalen und schließlich an Urhebern, Inhalten, Intentionen. Das in dieser Phänomenologie wirkende Grundschema – Sender, Übermittlung, Empfänger – spiegelt nicht zufällig ein technisches Individual- oder Massenmedium klassischen Zuschnitts und repräsentiert damit die Kommunikationswelt der Epoche Mitte des 20. Jahrhunderts, in der die Medienwissenschaft groß geworden ist.

Nach dem Siegeszug von Internet und Social Media ist das obige Grundschema obsolet geworden. Herkömmliche wissenschaftliche wie auch alltagssprachliche Medienbegriffe hinken hinter den Umwälzungen her. Hingegen bemüht sich die heutige Medienwissenschaft durchaus, ihr begriffliches Instrumentarium zu erweitern. Sie macht beispielsweise Anleihen bei kulturwissenschaftlichen Theoriebildungen, in denen etwa vom „Medium Macht", „Medium Geld" oder „Medium Sexualität" gesprochen werden kann.

Auch wenn die Medienforschung in der Auflösung herkömmlicher Terminologien nicht so weit geht: Eine nach diesem Muster zu höherer Abstraktion gebrachte Begrifflichkeit bietet adäquatere Möglichkeiten zur medienwissenschaftlichen Reflexion gegenwärtiger Zustände und Tendenzen.

## Impulse aus einer unorthodoxen Systematik

Doch nicht nur eine kulturwissenschaftlich stimulierte Begriffsverschiebung fördert die Reflexion; das kann auf andere Weise auch eine historisch vorgelagerte Wissenschaftssprache leisten, indem sie den später „klassisch" gewordenen Denkmustern praktisch auf Schritt und Tritt zuwiderläuft. Riepls Monographie ist hierfür ein instruktives Beispiel.

Das Buch, heute gelesen, bietet nebst der reichen Information zur Kommunikation im Römischen Reich fast Seite für Seite Impulse für eine unkonventionelle Sicht der Mediengegenwart. Riepls Systematik und Analyse historischer Medientypen gibt heutigen Lesern Fingerzeige auf die in der medientheoretischen Praxis vielfach kaum sichtbar gemachten Begrenzungen dessen, was gemeinhin überhaupt als Medienkommunikation wahrgenommen und untersucht wird.

## Mündliche und schriftliche Briefe

Zwei Begriffe aus Riepls Mediengeschichte des Altertums illustrieren diese erkenntnisfördernde Fremdheit antiker Äquivalenzen. Der *Brief* ist nach Riepl sehr viel älter als die Schrift und hat sich im Altertum selbst dann noch in nichtschriftlicher Form behauptet, als Schriftgebrauch alltäglich geworden war.

Ein „Brief" war eben nicht zwingend ein mit einer persönlichen Mitteilung beschriebenes Stück Pergament oder Papyrus oder Papier, sondern zunächst nur eine persönliche Mitteilung. Diese wurde ursprünglich von Boten mündlich übermittelt. Professionelle Meldeläufer legten auf dem 76.000 km umfassenden römischen Straßennetz zu Fuß bis zu 80 km am Tag zurück. Für besonders wichtige Nachrichten wurden manchmal mehrere Boten auf verschiedene Routen geschickt, um das Risiko des Nichtankommens zu vermindern.

Die Inhalte von Briefen hatten meist öffentlichen Charakter und wurden am Bestimmungsort vorgetragen. Für geheime Mitteilungen, die es selbstverständlich auch gab, wurden Boten eingesetzt, deren Vertrauenswürdigkeit bekannt, geprüft und bewährt war.

## Das römische Postwesen

Schon im 3. Jahrhundert v. Chr. existiert ein römisches Postwesen. Augustus baute es zum *Cursus publicus*, einem das ganze Imperium durchziehenden Netz von Eilboten-, später auch Reisewagenverbindungen aus, das in der Folge primär dem kaiserlichen Hofstaat, hohen Staatsbeamten, dem Militär und zeitweise auch den christlichen Bischöfen zur Verfügung stand. Dieses Postwesen war gesetzlich genau geregelt und zentral organisiert.

Eine Hauptschwierigkeit für die römische Verwaltung bestand nach Riepl darin, das System genügend exklusiv zu halten, damit es den Autoritäten des Reichs jederzeit uneingeschränkt zu Gebote Stand. Die Post diente neben der Beförderung von Nachrichten, Gütern und Personen auch für Zwecke der Spionage und Geheimpolizei.

## Priorität des Mündlichen

Es drängt sich auf, von Riepls Schilderung antiken Briefverkehrs den Bogen zu schlagen zu unserer Welt der SMS, E-Mail und Social Media. So schwierig es ist, diese in die herkömmliche Mediensystematik einzuordnen, so leicht fällt deren Vergleich mit der Vielfalt von Briefformen, die Riepl für das Altertum konstatiert. Die neue Geläufigkeit des Mündlichen und der ans Mündliche sich anlehnenden Schriftlichkeit in modernen Kommunikationsmitteln hat Gemeinsamkeiten mit der mündlichen Briefform der Antike.

Der Journalist Riepl ist sensibel für Fragen von Verlässlichkeit und Schutz von Informationsquellen, von Zensur sowie von Medienmanipulation. Entsprechend deutlich arbeitet er solche Aspekte in seinem historischen Forschungsfeld heraus. Auch zu diesen Punkten fällt aus heutiger Sicht der Zugang nicht schwer. Daten- und Beförderungssicherheit der ausgesandten Nachrichten sind auch in der Zeit globaler elektronischer Netze wieder virulente Themen. Selbst die Problematik der verdeckten Überwachung und Ausspionierung haben die Medienäquivalente der zwei entfernten Epochen gemeinsam.

Riepl besteht darauf, die Erfindung der *Zeitung* den Römern gutzuschreiben. Doch was versteht Riepl hierbei unter „Zeitung"? Die Rede ist von periodisch veröffentlichten offiziellen Mitteilungen des Senats oder des Oberpriesters, die in Abschriften verbreitet, vor allem aber öffentlich ausgerufen wurden. Bei priesterlichen Publikationen ging es um Zeitansage (das Datum und dessen religiöse Bedeutung) sowie um Prodigien, also Nachrichten von übernatürlichen Phänomenen wie blutenden Statuen oder sprechenden Tieren. Der archaische Konnex des Öffentlichen mit dem Kultischen und dessen publizistische Alimentierung sind daran ablesbar.

## Julius Cäsar als erster Zeitungsherausgeber

Riepl sieht in den priesterlichen Annalen Roms eine Vorform des Zeitungswesens. Seine erste gültige Realisierung findet dieses nach seiner Auffassung dann aber durch Julius Cäsar, der in den *Acta diurna* täglich die wichtigsten Senatsbeschlüsse und andere Anordnungen öffentlich bekannt machte.

Riepl verwendet den Begriff „Zeitung" für die Antike, wie er noch den deutschen Klassikern geläufig war, nämlich im Sinne von „Nachricht". Vom Brief grenzt er das Zeitungswesen durch die allgemeine öffentliche Relevanz der Inhalte und die im Prinzip unbeschränkte Zahl der Adressaten ab. Wie „Zeitungen" hergestellt und übermittelt werden, spielt für ihn keine Rolle.

## Journalistische Ur- und Hybridformen

Die in dieser Weise offen gehaltenen Begriffe des Briefs und der Zeitung haben in Riepls Systematik des antiken Nachrichtenwesens tragende Bedeutung (der Begriff „Medien" steht ihm noch nicht zur Verfügung; er wurde erst Jahrzehnte später auf diese Thematik angewandt). Da Riepl seine Medienkategorien auf hoher Abstraktionsstufe ansiedelt, kann er sie auf originelle und für heutige Leser eher verwunderliche Weise kombinieren. Mit „Zeitungsbrief" und „Briefzeitung" bezeichnet er Besonderheiten des römischen Nachrichtenwesens, die mit modernen Begriffen schwerlich dingfest zu machen sind.

*Zeitungsbrief* nennt Riepl periodische persönliche Mitteilungen für einen bestimmten Empfänger, der beispielsweise in Massilia ansässig war und über die laufenden Ereignisse in Siracusa informiert werden wollte. Solche – oft bezahlte – Dienstleistungen wurden verbreitet in Briefform erbracht und können als journalistische Urform gelten. Viele der überlieferten Briefe Ciceros sind diesem Genre zuzuordnen. Aus diesem Grund attestierte der Historiker Theodor Mommsen dem Rhetor Cicero eine „Journalistennatur", was aus seiner Sicht kein Kompliment war.

Für die etwas anders gearteten Mitteilungen, die gewerblich produziert und an eine Vielzahl von Abonnenten geschickt wurden, verwendet Riepl den Begriff *Briefzeitung*. Diese Medienform ist im fluiden antiken System öffentlicher Mitteilungen zwar dem modernen Zeitungsbegriff recht nah; aber das verblüffend passende Äquivalent gab es zu Riepls Zeiten noch nicht: den Newsletter.

## Parallelen zwischen antiken und heutigen Medien

Es fällt nicht schwer, Verbindungslinien zu weiteren heutigen Kommunikationsformen zu ziehen: Die Hybriden Blog und Twitter als Amalgame von Privatem und Öffentlichem mit ihrer fliessenden Vermischung von Mündlichem und Schriftlichem, Symbolischem und Audiovisuellem sowie ihrer Vernetzung von Inhalten und Akteuren zeigen eine gewisse Verwandtschaft mit der flexiblen Pragmatik, mit welcher die Römer die enormen Kommunikationsaufgaben in ihrem Riesenreich bewältigten.

Riepl sah sich als recherchierender Historiker einer Medienwelt gegenüber, die – was er nicht wissen konnte, für uns aber seine Monographie erst recht faszinierend macht – in manchem den hoch integrierten Systemen der Jetztzeit ähnelt. Der Chefredaktor der „Nürnberger Nachrichten" und Freizeithistoriker vermochte seine erstaunlichen Forschungsergebnisse in fesselnder Form zu berichten. Es lohnt sich auf jeden Fall, von seinem Werk mehr als nur gerade die später als Riepl'sches Gesetz apostrophierten sieben Zeilen zur Kenntnis zu nehmen.

▶ Wolfgang Riepl: Das Nachrichtenwesen des Altertums. Mit besonderer Rücksicht auf die Römer, Leipzig-Berlin 1913

Das Buch ist nicht lieferbar, aber in digitalisierter Form hier zugänglich. URL: http://www.journal21.ch/100-jahre-rieplsches-gesetz vom 23. Januar 2013

# Der menschliche Körper geht ans Netz

## Ralf Wienken

Nach den ersten drei Wellen der globalen Vernetzung sind die Anfänge der vierten Welle sichtbar: Der menschliche Körper wird ans Web angeschlossen. Google Glass ist der erste Vorläufer.

Die globale Vernetzung, die mit der Verbreitung des Internets in den neunziger Jahren ihren Anfang nahm, ist oft als wellenförmiger Verlauf analysiert worden. Die meisten Forscher unterscheiden drei Wellen, die bis heute durchlaufen. In der ersten Welle wurden die Computer ans Internet angeschlossen. Heute ist ein Computer ohne Internet nicht nur undenkbar, sondern auch sinnlos. Die zweite Welle bestand in der zunehmenden Verbreitung von internetfähigen Mobilfunkgeräten, wie Smartphones und Tablets. Dieser Prozess ist noch nicht abgeschlossen und hat das Internet in unsere Alltagswelt gebracht. Die dritte Welle startet gerade, sie bringt die Vernetzung aller Maschinen, die uns umgeben. Kühlschränke, Autos, Fotoapparate, Roboter – das Internet der Dinge wird alle technischen Artefakte einbeziehen, mit denen wir uns umgeben. Man sieht einen klaren Trend: In jeder Welle erreicht die Vernetzung weitere Lebensbereiche. Dieser Trend wird sich fortsetzen, nur wohin? Immerhin ist nach Abschluss der dritten Welle ja bereits unsere gesamte künstliche Umwelt betroffen.

R. Wienken (✉)
München, Deutschland
E-Mail: ralf.wienken@xinfo.de

C. Kappes et al. (Hrsg.), *Medienwandel kompakt 2011–2013*,
DOI 10.1007/978-3-658-00849-9_3, © Springer Fachmedien Wiesbaden 2014

## Vernetzung der biologischen Systeme

Ich glaube, dass die vierte Welle der Vernetzung darin bestehen wird, dass sie sich sozusagen von außen nach innen wendet und den menschlichen Körper einbezieht. Das Einfallstor sind die Sinne, mit denen wir die Umwelt wahrnehmen. Eine Vorform davon ist schon zu erkennen: die zunehmende Verbreitung von Augmented Reality oder erweiterter Realität. Augmented Reality meint allgemein die Erweiterung der Realitätswahrnehmung durch Informationen, die von einem Computer erzeugt werden. Es wird eine zweite, künstliche Ebene in die Umwelt eingeblendet, die in Echtzeit zusätzliche Informationen zur Verfügung stellt. Diese zweite Ebene wird momentan meist durch ein Mobiltelefon oder einen Tablet-Computer erzeugt. Das Display zeigt den durch die Kamera aufgenommenen Realitätsausschnitt, dem die gewünschten Informationen und Objekte hinzugefügt sind.

Anwendungen mit Augmented Reality auf der Basis von Smartphones/Tablet-Computern sind heute schon recht überzeugend. Dennoch: Trotz allen Potentials wird diese Art der Informationsvermittlung eine Übergangstechnologie sein. Sie ist immer noch zu sehr von der zwischengeschalteten Technik abhängig, dem Display, was eine ganzheitliche Sinneserfahrung verhindert.

Wirklich abheben wird die nächste Stufe der Vernetzung in dem Moment, in dem die Informationen direkt in die Sinne eingespeist werden, ohne dass die dafür nötige Hardware für den Benutzer erkennbar ist. Dies lässt sich nicht mit der simplen Informationsübertragung über das Display eines Smartphones vergleichen. Es ist vielmehr ein umfassender visuell-akustischer Sinneseindruck, der die komplette Erfahrung der äußeren Umwelt beeinflusst: halb eingetaucht in die künstliche Realität, halb verbunden mit der Wirklichkeit. Es handelt sich um ein Medium, das noch interaktiver und noch situationsbezogener ist als alles Vorangegangene.

## Google Glass ist keine Brille

Der Einstieg in das, was ich mit der vierten Stufe meine, existiert schon: Google Glass. Diese Behauptung mag überraschen, wenn man nur die reine Hardware betrachtet. Und in der Tat, die Hardware ist nichts wirklich Neues, sondern eine Weiterentwicklung von schon Vorhandenem: ein Smartphone wird soweit verkleinert, das es in eine Brille passt, und die Ausgabe der Daten erfolgt nicht mehr über ein Display, sondern direkt ins Auge.

Das Neue ist vielmehr das Konzept, das dahinter steckt. Bei Google Glass handelt es sich nicht um eine Brille, sondern um eine Idee: Die Idee, die Technik komplett vergessen zu können, während sie Daten über die Sinne ins Gehirn überträgt, und während der Nutzer umgekehrt mit der Außenwelt kommuniziert. Man muss nichts einschalten, aus der Tasche holen oder installieren. So wird die Technik zu einem Teil unserer Sinnesausstattung. Sie ist einfach da, wenn man sie braucht, so wie das Auge oder das Ohr. Die Idee hinter der Idee ist, damit einen solch unabweisbaren Vorteil für die Benutzer entstehen zu lassen, dass das Abheben der vierten Welle ausgelöst wird, so wie es in den vorangegangenen Wellen auch schon geschehen ist. Und, nicht zuletzt, um einen riesigen Markt entstehen zu lassen.

Ich glaube, dass genau dies passiert. Der entscheidende Vorteil für die Benutzer ist das ungehinderte Eintauchen in eine virtuelle Realität, in der nicht mehr unterschieden wird, ob die Daten vom Computer erzeugt sind oder aus der Realität stammen. Insgesamt ergibt sich eine noch einmal enorm gesteigerte Einfachheit und Schnelligkeit der Informationsbeschaffung und der Kommunikation. Ein von Apple her bekanntes Prinzip, das die vierte Welle anschieben wird.

Google arbeitet längst an der notwendigen Infrastruktur. Die Entscheider dort wissen genau, dass nicht allein die neue Technik über ihren Erfolg entscheidet. Die ganze Umgebung muss stimmen: die Serverfarmen, die Software (etwa zur Spracherkennung oder zum Tracking der Augenbewegungen), das Marketing, die gesellschaftlichen Bedingungen. Dies ist bei jeder neuen Technik zu beobachten. Die Leistung Edisons beispielsweise war es nicht, die Glühbirne zu erfinden, sondern die Bedingungen zu schaffen, unter denen sie sich durchsetzen konnte.

## Das Ende der vierten Welle

Übrigens ist mit Google Glass heute schon der Endzustand der vierten Welle vom Prinzip her definiert. Alles was noch kommt, werden Weiterentwicklungen sein, wahrscheinlich in Richtungen, die wir uns heute noch gar nicht vorstellen können. Die Datenbrille selbst zum Beispiel wird in kurzer Zeit veraltet sein, und nach fünf Jahren dürften sich viele darüber wundern, wie primitiv die alte Technik doch war. Aber das Prinzip wird bei jeder neuen Hardwaregeneration das gleiche sein: Die Technik zur Datenübertragung ist Teil unserer Sinnesausstattung. Wahrscheinlich wird es irgendwann sogar möglich sein, die Daten direkt ins das richtige Hirnareal einzuspeisen. Aber selbst dann sind die Sinne nicht zu umgehen, denn das Gehirn muss die Daten genau in der Sprache empfangen, in der sie normalerweise von den Sinnen geliefert werden, sonst kann es sie nicht verarbeiten.

Abgesehen von der Erweiterung der Sinne sind sicherlich viele weitere Anwendungen möglich, die den Körper ans Netz anschließen. Denkbar sind vernetzte Prothesen, Herzschrittmacher mit Anschluss an eine Datenbank, digitales Doping oder virtuelle Realitäten, die besser sind als jede Droge. Ich habe das in diesem

Artikel bewusst außen vor gelassen, denn das meiste ist zum heutigen Zeitpunkt doch Spekulation.

URL: http://www.carta.info/49028/der-menschliche-korper-geht-ans-netz/ vom 27. September 2012

# Die dritte Phase der Vernetzung: Das Internet der Dinge wird Realität

## Martin Weigert

Nachdem erst stationäre Computer und dann mobile Endgeräte den Zugriff auf das Web erlernten, erhalten sukzessive immer mehr Apparate eine Onlineanbindung. 2012 werden viele Menschen erstmals bewusst mit dem Internet der Dinge in Kontakt kommen.

Die globale Vernetzung verläuft in drei Etappen: In Phase 1, die ihren Höhepunkt rund um die Jahrtausendwende erlebte, erhielten stationäre Rechner und Laptops die notwendigen technischen Voraussetzungen, um auf das Internet zugreifen zu können.

Nachdem dies sichergestellt war, folgten Mobiltelefone. Jahrelang wurde immer wieder aufs Neue der Durchbruch des mobilen Internets angekündigt. Wenn mittlerweile fast 40 % der 800 Mio. aktiven Facebook-Mitglieder auch über ihre Handys (sowie die neue mobile Produktkategorie der Tablet-PCs) auf das Social Network zugreifen, lässt sich ruhigen Gewissens konstatieren, dass dem mobilen Web zwar noch erhebliches Wachstumspotenzial innewohnt, aber dass es bei Konsumenten auf breiter Front angekommen ist. In Deutschland besitzen immerhin schon rund 20 Mio. Menschen ein in der Regel für das mobile Web optimiertes Smartphone.

Das Debüt der mobilen Webnutzung als Massenphänomen markiert gleichzeitig den Übergang von der zweiten zur dritten Vernetzungsphase.

Nach stationären sowie tragbaren Rechnern und mobilen Geräten wie Smartphones und Tablets werden wir in angebrochenen Dekade erleben, wie sukzessive alle elektronischen Apparate und Maschinen in unserem alltäglichen Umfeld internetfähig werden und neue, für spezifische Szenarien konzipierte Geräte hinzukommen. Ericssons Schätzung von 50 Mrd. mit dem Netz verbundenen Geräten im Jahr

M. Weigert (✉)
Zürich, Schweiz
E-Mail: m-w@pop.ms

C. Kappes et al. (Hrsg.), *Medienwandel kompakt 2011–2013*,
DOI 10.1007/978-3-658-00849-9_4, © Springer Fachmedien Wiesbaden 2014

2020 ist mittlerweile berühmt und – wenn auch Werbung in eigener Sache für den Telekomausrüster – hinsichtlich ihrer grundsätzlichen Botschaft realistisch.

## Das Internet der Dinge: Aus Theorie wird Praxis

Im Jahr 2012 wird das sogenannte „Internet der Dinge" von einem nur von Technologiekennern beachteten Thema zu einem allgegenwärtig wahrzunehmenden und viel beachteten Trend avancieren. Anzeichen dafür gibt es zur Genüge, und mit dem Ausbau von Breitbandnetzen sowie dem neuen Internetprotokoll IPv6 ist zumindest in städtischen Regionen der grundsätzliche Rahmen dafür abgesteckt, dass für jede neu mit Connectivity ausgestattete Hardware eine IP-Adresse und ausreichend Bandbreite bereitsteht.

Der Weg zum Internet der Dinge als finaler und dabei auch weitreichendster Schritt der vollständigen Vernetzung lässt sich bei der Analyse in verschiedene Teilaspekte zerlegen, deren Entwicklung parallel von statten gehen kann. Während für die Klassifizierung sicherlich unterschiedliche Ansätze vorstellbar sind, erscheint mir aus heutiger Sicht die Einteilung in drei Kategorien sinnvoll: Spezialisierte Medienkonsumgeräte, neuartige Produktarten mit Internetanbindung sowie existierende Produktgattungen und Dinge, die künftig über einen eigenen Draht ins Web verfügen. Die Übergänge hierbei sind mitunter fließend.

## Das Ende der „dummen" Medienkonsumgeräte

Gerade für den Bereich spezialisierter, mit dem Netz verbundener Medienkonsumgeräte ist für 2012 mit einem Boom zu rechnen. E-Book-Reader, Spielkonsolen und Fernsehgeräte werden zu den Treibern dieser Entwicklung gehören. Gemein haben die Produkte dieser Kategorie, dass sie im Gegensatz zu herkömmlichen PCs, Notebooks, Smartphones und Tablets, bei denen es sich eher um Generalisten handelt, Spezialisten darstellen, die ausgewählte Anwendungsfälle besonders gut abdecken und denen die Möglichkeiten des Internets Intelligenz und Flexibilität verschaffen soll.

„Im Sommer 2012 wird die Mehrheit aller Fernseher, die man in den Läden sieht, Google TV integriert haben", ist Google-Verwaltungsrat Eric Schmidt überzeugt. Der ehemalige Google-CEO scheint guten Mutes zu sein, dass das bisher eher schleppend angelaufene Prestigeprojekt des Internetriesens im neuen Jahr in die Wohnzimmer von Millionen Menschen finden und damit endlich die seit einer gefühlten Ewigkeit erwartete Konvergenz von Computer und Fernseher zur

Realität machen wird. Behält die Gerüchteküche recht, bringt auch Apple 2012 einen cloudgestützten Fernseher auf den Markt. Mit Blick auf die Wirkung, die iPod, iPhone und iPad auf ihr jeweiliges Segment hatten, können die Erwartungen an die Apple-„Glotze" eigentlich kaum zu groß sein.

Auch drahtlos mit dem Netz verbundene Musiksysteme von Jawbone, VOCO, Logitech oder Sonos sind spezifische Medienkonsumgeräte. Sie beziehen ihre abzuspielenden Klänge ganz oder teilweise aus dem Internet, ohne dabei an einen Computer angeschlossen werden zu müssen.

Je nach Blickwinkel könnten derlei Systeme auch in die Kategorie neuartiger, internetfähiger Produktarten fallen: In dieser finden sich allerlei noch im frühen Produktlebenszyklus befindliche Apparte und Gadgets, welche auf die Omnipräsenz von (drahtlosen) Internetverbindungen bauen, um in dieser Form bisher unmögliche Anwendungsbereiche zu eröffnen und zu erproben.

## Fitbit, Up und Nest – Dinge, die erst das Internet möglich macht

Vertreter hierfür sind beispielsweise das drahtlose Fitness-Messgerät von Fitbit, das die körperlichen Aktivitäten seiner Besitzer misst und webbasiert analysiert und seziert, oder das für ähnliche Zwecke gedachte smarte Armband Up von Jawbone. Auch wenn derartige Produkte zur Optimierung des eigenen Lebens bisher primär Early Adopter ansprechen und für Kinderkrankheiten anfällig sind, geben sie einen Vorgeschmack darauf, wie die um sich greifende Vernetzung die Grenzen zwischen Online und Offline verschwimmen lässt. Gleiches gilt auch für [Update] die WiFi Personenwage von Withings, den Energiemanager QGate sowie für [Update Ende] das intelligente Thermostat Nest, das nicht zuletzt mittels seiner Cloudanbindung dabei helfen soll, bei minimalem Energieverbrauch eine optimale Raumtemperatur zu erreichen.

Da Apparaturen zur Regelung der Temperatur schon lange existieren, wäre es nicht falsch, Nest zur dritten Kategorie der drei Glieder des Internet des der Dinge zuzuordnen: Existierende Produktgattungen, denen das Web neue Fähigkeiten verleiht. Hier finden sich die futuristischsten Beispiele, vom Smart Home über intelligente Waschmaschinen und Kühlschränke bis hin zum internetgestützten und mitunter sogar selbstfahrenden Automobil.

Dass bis Ende 2012 mehr als eine Minderheit in den Genuss von solchen Sci-Fi-Technologien kommen wird, ist natürlich unwahrscheinlich. Doch Nest, Connected-Car-Initiativen von zum Beispiel Toyota und BMW oder Googles (verspätetes) Android@Home-Projekt unterstreichen exemplarisch, dass noch vor zehn Jahren als ferne Zukunftsvisionen geltende Unterfangen immer näher an die Konsumenten heranrücken und in deren Bewusstsein vordringen.

## Der Blick auf das Internet verändert sich

2010 und 2011 standen ganz im Zeichen des mobilen Internets. Es ist zu erwarten, dass sich 2012 der Blick von Herstellern, Marketern und Konsumenten auf das Netz ein weiteres Mal erweitert. Erstmals wird bei einem signifikanten Teil der Verbraucher die Erkenntnis Einzug halten, dass Internet nicht mehr länger nur E-Mail, Onlinebanking, Facebook und das Starren auf (mitunter immer den selben) einen Bildschirm bedeutet. Künftig gilt: Jedes Gerät, das über eine Stromzufuhr verfügt, kann über das Internet angesprochen werden. Dieser Paradigmenwechsel braucht Zeit, doch das Fundament für diese Entwicklung steht. In den nächsten zwölf Monaten werden viele damit beginnen, darauf zu bauen.

URL: http://netzwertig.com/2012/01/02/die-dritte-phase-der-vernetzung-das-internet-der-dinge-wird-realitat/# vom 2. Januar 2012

# Von der Hinterlist einer lichtscheuen Politik

## Thomas Stadler

Auch deutsche Sicherheitsbehörden würden uns zu gerne rundum überwachen. Vertrauliche Gespräche nur noch im Wald zu führen, ist aber keine Option. Die weitreichende TK- und Internetüberwachung der Amerikaner (Prism) und der Briten (Tempora) führt zu durchaus bemerkenswerten Diskussionsbeiträgen. Manche fordern eine Stärkung des Datenschutzes und der Verschlüsselung, während andere dazu raten, nicht so geschwätzig zu sein und vielleicht auch mal wieder unter vier Augen oder im Wald miteinander zu reden. Alles ganz interessante Vorschläge, die aber am Kern des Problems vorbeigehen.

Das Vier-Augen-Gespräch ist kein Surrogat für die Onlinekommunikation, und als Bürger möchte ich mich weder von meinem eigenen noch von einem anderen Staat dazu zwingen lassen, laufend zur digitalen Selbstverteidigung greifen zu müssen und meine gesamte Kommunikation zu verschlüsseln.

Ein Staat, der seine eigenen Bürger oder die Bürger fremder Staaten systematisch überwacht, kann sich nicht zugleich als freiheitlichen Rechtsstaat begreifen. Viele Menschen haben mit dieser Überwachung offenbar aber kein Problem, weil sie glauben, das würde nicht sie betreffen, sondern nur Terroristen oder Terrorverdächtige. Warum diese Annahme naiv und falsch ist, lässt sich im Grunde mit einem Wort erklären: Guantanamo.

Dort werden seit Jahren Menschen festgehalten, die zu einem erheblichen Teil unschuldig sind, die nie ein ordentliches Gerichtsverfahren bekommen haben und auch nie eines bekommen werden. Es kann also im Grunde jeder in den Fokus von Geheimdiensten und Sicherheitsbehörden geraten, wenn er zur falschen Zeit am falschen Ort ist, oder wenn die digitale Rasterfahndung aus ein paar ungünstigen Einzelindizien einen unberechtigten Tatvorwurf entstehen lässt. Dieses Phänomen

T. Stadler (✉)
Freising, Deutschland
E-Mail: ts@cplus.de

C. Kappes et al. (Hrsg.), *Medienwandel kompakt 2011–2013*,
DOI 10.1007/978-3-658-00849-9_5, © Springer Fachmedien Wiesbaden 2014

kennt man sogar aus Strafverfahren, die vergleichsweise strikten rechtsstaatlichen Vorgaben folgen.

Spätestens dann, wenn es keine nachvollziehbaren Regeln mehr gibt und die Betroffenen überhaupt nicht mehr wissen, welche Einzelinformationen gesammelt wurden und wie diese verknüpft worden sind, wird der Einzelne zum Objekt eines undurchsichtigen Machtapparats. Genau vor dieser Entwicklung sollen uns die Grundrechte schützen, aber sie tun es nicht mehr.

Es geht längst nicht mehr nur um einzelne Grundrechte wie die informationelle Selbstbestimmung oder das Fernmeldegeheimnis. Es geht um die Würde des Menschen, um das Recht, selbstbestimmtes Subjekt sein zu dürfen, das sich von nichts und niemand zum bloßen Objekt einer undurchsichtigen Überwachungsmaschinerie machen lassen muss.

Diese Diskussion gipfelt letztlich in der Frage, für welches Menschenbild unsere Gesellschaft künftig stehen wird. Für das des Subjekts, das frei und selbstbestimmt handeln kann, oder für das des Objekts, das unter dem Vorwand der Sicherheit bloßer Spielball eines Staates ist. Derzeit gaukelt man uns weiterhin das Ideal von der freien Entfaltung der Persönlichkeit in einem freiheitlich-demokratischen Staat vor, während im Hintergrund die Geheimdienste verschiedenster Staaten unsere Kommunikation nahezu lückenlos überwachen bzw. eine solche Überwachung zumindest anstreben. Beide Aspekte sind miteinander unvereinbar.

Ich persönlich gehe gerne in den Wald, aber zum Laufen oder um die Ruhe zu genießen – nicht, um zu kommunizieren. Verschlüsselung ist sinnvoll und notwendig. Aber hätte ich etwa in der alten analogen Welt alle meine Briefe mit einem geheimen Code so verschlüsselt, dass nur mein Gegenüber die Nachricht hätte verstehen bzw. entschlüsseln können? Nein. Und deshalb ist das auch nicht die digitale Welt, in der ich leben will.

Wenn Konstantin von Notz schreibt, dass Überwachungs- und Schnüffelprogramme wie Prism unsere Freiheit und Demokratie bedrohen, trifft er den Nagel auf den Kopf. Die Datenschutzreform der EU ist vermutlich dennoch nicht der richtige oder zumindest nicht der primäre Rahmen, um diese Frage zu klären. Wir reden hier jeweils von nationalen Programmen, die allerdings global wirken. Es sind die Bürger, die weltweit Druck ausüben müssen. Ohne öffentlichen Druck und mehr Transparenz, die Whistleblower wie Edward Snowden erzeugen, wird sich nichts ändern. Denn die Politik wird nicht freiwillig umsteuern.

Dass die Hinterlist einer lichtscheuen Politik nur durch Publizität vereitelt werden kann, hat Kant bereits 1795 formuliert. Wenn Obama jetzt meint, mit der Ergreifung Snowdens würde das Recht zum Zuge kommen, dann entspricht das ziemlich genau der Hinterlist des lichtscheuen Politikers, die Kant angeprangert hat. Obama verstößt gegen die <u>von Kant formulierte</u> *transzendentale* Formel des öffentlichen Rechts:

> Alle auf das Recht anderer Menschen bezogenen Handlungen, deren Maxime sich nicht mit der Publizität verträgt, sind unrecht.

Die Schrift Kants, aus der ich zitiere, heißt übrigens „Zum ewigen Frieden", der sich laut Kant nur dann einstellen wird, wenn im öffentlichen Bereich eine größtmögliche, ja sogar radikale Publizität herrscht.

Man muss also erkennen, dass Edward Snowden und Bradley Manning in der Tradition der Aufklärung stehen – was Julian Nida-Rümelin am Beispiel von Wikileaks überzeugend <u>erläutert</u> hat – während mächtige Strömungen in der internationalen Politik ihr entgegen arbeiten. Das Recht steht in diesem Fall ganz eindeutig auf der Seite Snowdens sowie all jener, die für Transparenz oder, wie Kant es formulierte, Publizität eintreten. Sie brauchen unsere Unterstützung und Solidarität im Kampf gegen lichtscheue Politik, damit das Recht hier letztendlich wirklich zum Zuge kommen kann.

URL: http://www.carta.info/60208/von-der-hinterlist-einer-lichtscheuen-politik/ vom 26. Juni 2013

# Vier Thesen: Warum macht das Internet der Macht solche Angst?

Patrick Breitenbach

Es mag ein romantischer Gedanke sein. Doch wenn wir nicht jetzt die Grundlagen für ein freies Netz schaffen, wann dann?

Die jüngsten Ereignisse im arabischen Raum, in der Türkei, der Überwachungsskandal „Prism" in den USA, aber auch die zahlreichen Überlegungen in Deutschland rund um das Leistungsschutzrecht, die Vorratsdatenspeicherung oder Netzregulierung sind eindeutige Symptome, die zu einer gemeinsamen Wurzel zurückführen. Der Kampf um die Überwachung, Regulierung und Filterung des Internets aus Gründen der Erhaltung von Macht und Kontrolle ist allumfassend spürbar.

Nahezu jedes Land auf diesem Erdball beschäftigt sich derzeit mit der Frage, inwieweit die Infrastruktur Internet gebändigt werden muss, um die etablierten Herrschaftsstrukturen in allen gesellschaftlichen Bereichen zu bewahren.

Doch warum macht das Internet „der Macht" eigentlich so große Angst? Hier sind vier mögliche Thesen.

## Das Internet gewährt immer mehr Menschen Schreibrechte zum gesellschaftlichen Quellcode

Wenn man die Gesellschaft mit einem Betriebssystem vergleicht, dann sind Informationen, Wissen, Bildung, Performanz (wie sich Menschen geben), die Gestaltung des öffentlichen Raums (Architektur) usw. allesamt Programme, die dieses Betriebssystem speisen.

Michel Foucault beispielsweise sprach von „Diskursen". Wenn ich als Mensch Zugriff zu diesen Diskursen, Programmen etc. habe, so nehme ich allein durch

P. Breitenbach (✉)
Karlsruhe, Deutschland
E-Mail: breitenbach@gmail.com

C. Kappes et al. (Hrsg.), *Medienwandel kompakt 2011–2013*,
DOI 10.1007/978-3-658-00849-9_6, © Springer Fachmedien Wiesbaden 2014

meine öffentliche Existenz am gesamtgesellschaftlichen Prozess teil und forme somit einmal mehr, einmal weniger diese Gesellschaft zu jeder Zeit aktiv mit.

Die Infrastruktur Internet und die daran angeschlossenen technischen Geräte, die gleichzeitig als multimediale Aufzeichnungsgeräte (Sensoren) und Publikationsmaschinen (Replikatoren) fungieren, ermöglichen Menschen einen schnelleren, umfassenderen und breiteren Zugang zum Quellcode des Betriebssystems Gesellschaft. Diskurse fließen damit schneller, mobiler und pluralistischer – vorausgesetzt, die Menschen haben die Freiheit und die Möglichkeit, daran teilzuhaben.

Dieser Wust an unkontrolliertem Zugang öffnet Tür und Tor für eine große Bandbreite von Ideen, Thesen, Informationen, Ansichten und vor allem kritischem Gedankengut. Protagonisten von Herrschaftsstrukturen sind zu Recht über diesen Zustand besorgt, denn dieser Grundzustand führt automatisch zu These Nummer 2:

## Das Internet unterwandert die traditionelle Wissens- und Informationsasymmetrie als wichtige Pfeiler von Machtmonopolen

Macht und Herrschaft basieren immer auch auf einer ungleichen Verteilung von Informationen, Wissen, Bildung und Zugang zu Ressourcen (Geld, Rohstoffe, Menschen etc.). Die Infrastruktur Internet ermöglicht es zunehmend, diese Asymmetrien theoretisch auszugleichen.

Die gefühlte Zunahme von Whistleblowing, die permanente Aufdeckung von Missständen auf der ganzen Welt und das allumfassende Live-Streaming von gesellschaftlichen Umbrüchen führt zu einer erzwungenen Transparenz, die selbstverständlich in den etablierten Machtstrukturen große Sorgen bereitet. Doch nicht nur die mehr oder minder gewaltsame Verbreitung von Informationen findet statt, parallel entsteht auch eine umfassende „Sharing-Kultur", die Wissen und Bildung in Form von zahlreichen Kursangeboten über das Netz verbreitet. Der Trend zum MOOC ist ein Beispiel von vielen.

Universitäten gewähren auch Nicht-Studenten Zugang zu ihren Wissensquellen, und zwar in einer fantastischen medialen Aufbereitung. Denn nicht nur der Zugang zu Büchern ist an diesem Punkt wichtig, sondern vor allem die unterschiedliche mediale Aufbereitung der jeweiligen Thematik. So können sich Menschen mit unterschiedlich vorhandener Lerntypisierung einem Thema per Audio, Video, Bildern oder Texten gleichermaßen nähern – etwas, das der Buchdruck nicht ansatzweise hinbekommt.

Umso erstaunter bin ich, wie sich etablierte wirtschaftliche Strukturen immer wieder krampfhaft am Medium Papier festklammern. Ja, Bücher werden nie aussterben, ja, sie sind für viele etwas <u>Sinnliches</u>, und nein, sie bieten nicht für alle Menschen auf dieser Welt die geeignete Darreichungsform von Informationen, Wissen oder ganz einfach Geschichten. Der Ausgleich der Informationen in der Vielfalt ihrer Darreichungsformen wird durch die Infrastruktur Internet ermöglicht, und sehr viele Menschen, gerade auch aus klassischen Wissenshortungshallen (Universitäten etc.), benutzen sie jetzt schon äußerst fleißig.

## Das Internet kontaminiert stabile Wert- und damit Herrschaftsgefüge mit subversiver Skepsis

Viele Herrschaftsformen basieren auf Ideologien, Religionen oder anderen dogmatischen Wertgerüsten. Selbst die Wissenschaft ist zuweilen nicht gegen eine <u>dogmatische Haltung</u> gefeit. Sobald Strukturen für sich die absolute Wahrheit beanspruchen und keine zweite Meinung oder auch nur Hinterfragung des Bestehenden zulassen, wirkt jede Form von Skepsis hochgradig subversiv. Gott darf nicht in Frage gestellt werden. Die Naturwissenschaft, vor allem die Mathematik, darf nicht in Frage gestellt werden. Geschlechteridentitäten dürfen nicht in Frage gestellt werden, usw.

Tut man es doch, so kontaminiert (verseucht) man diese Struktur mit neuen skeptischen Gedanken. Sie „verführen" die schwachen Schafe der Gemeinde zum Umdenken, zum Infragestellen des eigenen Lebensentwurfs, und damit entzieht man dem jeweiligen System automatisch die autoritäre Vorherrschaft. Die absolute Wahrheit (l'état c'est moi) wird plötzlich in Frage gestellt, und damit auch der gesamte einhergehende <u>Herrschaftsanspruch</u>.

Davor haben diese Gefüge unglaublich viel Angst – im Großen wie im Kleinen – denn Machtstrukturen sind auch in kleinsten Systemen wie Familie, Freundeskreis und Arbeitsumfeld immer vorhanden. Ich habe schon Facebookfreundschaften bei gesellschaftlichen Debatten rund um Themen wie <u>Beschneidung</u>, <u>Genderdebatten</u> etc. zerbrechen sehen – eben, weil man das Wertgefüge des anderen hinterfragt und offensichtlich massiv bedroht. Ein Abbruch der Debatte durch Isolation ist immer auch ein Schutzmechanismus für das eigene Wertesystem.

## Das Internet verbreitet alternative Blaupausen in Zeiten konstatierter Alternativlosigkeit

Das Internet ist nicht nur zum Pöbeln da. Empörung im Netz – so fäkal sie auch manchmal formuliert sein mag – ist immer auch gleichzeitig <u>der Wunsch</u> nach Mitsprache aber vor allem auch die Sehnsucht nach Alternativen. Das Internet bietet den Rahmen, um alternative Blaupausen zu transportieren; schon heute sind zahlreiche Angebote sichtbar.

Wenn ich bestimmte Firmen aus diversen Gründen nicht mehr unterstützen möchte, so kann ich alternative Angebote wahrnehmen – in zweierlei Hinsicht. Wenn ich beispielsweise auf Fleisch verzichten möchte, erhalte ich umgehend umfassende Informationen rund um die vorhandenen Alternativen, ja, ich erhalte sogar eine Schritt-für-Schritt-Anleitung. Wenn ich nicht mehr abhängig sein möchte von großen Banken, so kann ich mein Projekt in Zukunft per Crowdfunding finanzieren lassen.

Es gibt keine Garantie, dass das immer funktioniert, aber ebenso unsicher ist es, ob man einen Kredit bei der Bank erhält oder einen entsprechenden Investor findet, von dem man aber auch entsprechend abhängig wird. Konzepte wie Crowdfunding beseitigen nicht die Macht und Abhängigkeit als solche, sie schultern und verteilen Macht eben nur anders und breiter.

Überhaupt scheinen immer mehr <u>Alternativen</u> in einer angeblich so alternativlosen Zeit aufzupoppen, gerade im Bereich der Wirtschaft. Sie laden wiederum zur Nachahmung ein. Sie inspirieren wiederum Andere, ebenfalls Alternativen zu erschaffen. Bisher gefestigte Zuschreibungen, wie etwa „Eigentum", werden mit der „Shareconomy" völlig neu überdacht.

Man mag mir an der Stelle Sozialromantik zuschreiben, doch ich möchte hervorheben, dass diese Alternativen ganz gewiss keine dauerhaften, allumfassenden Patentlösungen liefern. Auch Alternativen brauchen irgendwann wiederum Alternativen. Es gibt nicht DIE <u>Lösung</u>, sondern immer nur gangbare Lösungen – also Ideen und Wahrheiten mit einer mehr oder minder hohen Halbwertszeit.

## Fazit

Das Feedback nach meinem Vortrag zu diesem Thema zeigte deutlich, dass einige Zuhörer an der romantischen Vorstellung stark zweifelten, die Macht verteile sich nun immer mehr. Mir geht es aber eben nicht darum, die Utopie einer machtfreien Gesellschaft zu skizzieren, sondern lediglich darum, die Frage zu beantworten oder auch aufzuwerfen, wie derzeit Herrschaftsstrukturen auf das Internet reagieren und warum sie so reagieren.

Es scheint mindestens die Befürchtung vorhanden zu sein, dass sich Macht irgendwie auflösen oder neu verteilen könnte. Allein das finde ich immens spannend, und ich kann nur jedem Menschen raten, sich mit diesen Fragen in Zukunft intensiv auseinanderzusetzen.

Es gibt nämlich immer mindestens zwei Haltungen: Den Kopf in den Sand zu stecken und davon auszugehen, dass sich sowieso nichts ändert, oder permanent die Hoffnung vor sich herzutreiben, dass sich die Welt, wie sie sich gerade darstellt, auf alle Fälle zum Besseren wandeln wird.

Wie so oft, stecke ich irgendwo dazwischen. Ich glaube nicht an radikale Systemumbrüche, ich glaube aber sehr wohl an langfristige evolutionäre Prozesse. Wie lange das dauern wird, haben wir hier und heute in der Hand. Mit jedem Klick, mit jedem Gang auf die Straße, mit jedem politischen oder unpolitischen Katzenbild, das wir verschicken. Wir sind der Diskurs, ob wir wollen oder nicht. Wenn uns das klar wird, wird sich die Gesellschaft vielleicht noch einmal neu gestalten lassen.

Doch das allerwichtigste Fazit aus all meinen bisherigen Gedanken ist die Gewissheit, das Internet in seiner ursprünglichen Infrastruktur aufrechterhalten zu müssen. Dieses technische System der Wissensverbreitung muss frei sein, damit wir sicher bleiben können. Denn was mich an der aktuellen NSA-Geschichte weniger beunruhigt, ist die Tatsache, dass wir von Menschen überwacht werden – das machen wir sowieso schon gegenseitig und freiwillig. Mir macht die Anfälligkeit der Geheimdienste Sorgen, denn der <u>Whistleblower</u> hätte sein Wissen problemlos auch an geheime, soziopathische oder kriminelle Vereinigungen weiterreichen können.

Erst der freie Fluss von Informationen ermöglicht eine Selbstregulierung der Gesellschaft. Anstatt dass wir von wenigen, korrumpierbaren Menschen im Geheimen überwacht werden, könnten wir gegenseitig aufeinander achtgeben. Auch dann wird es Missbrauch geben, aber er wird unter Umständen schneller sichtbar. Das scheint zugegebenermaßen einer romantischen Haltung zu entspringen. Aber ich hoffe, dass ich mir diese Haltung noch sehr lange bewahren kann.

URL: http://www.carta.info/59928/vier-thesen-warum-macht-das-internet-der-macht-solche-angst/ vom 19. Juni 2013

# Warum wir endlich eine Politik 2.0 benötigen

## Ole Wintermann und Oliver Bildesheim

Der Alltag der Bürgerinnen und Bürger findet heute in einer Gesellschaft statt, die sich gegenüber der vor der Jahrtausendwende grundlegend verändert hat. Wir leben in einer Welt, die sich durch Globalisierung und offene, agile Vernetzung in allen Lebensbereichen auszeichnet. Besonders augenfällig wird dies nicht alleine in der rasanten Entwicklung des Web 2.0. Weite Teile der Wirtschaft haben erkannt, dass diese Veränderungen zur Folge haben, dass sich Kunden nicht mehr alleine als Konsumenten sehen. Unternehmen binden daher ihre Zielgruppe in Innovationsprozesse ein und treffen strategische Produktentscheidungen im Diskurs mit ihren Kunden. Sie öffnen sich. Die Politik ist längst nicht soweit.

Politik scheint an vielen Stellen nicht bereit, sich auf die Konsequenzen der sich bildenden Netzwerkgesellschaft einzustellen, ihre Prozesse zu öffnen und transparenter zu gestalten, Bürgerinnen und Bürger angemessen zu beteiligen. Dies führt bereits heute zu einer Legitimationskrise der Politik. Wollen wir diese Krise bewältigen und unser politisches System für die Herausforderungen der „Gesellschaft 2.0" aufstellen, benötigen wir eine „Politik 2.0".

Da sich die Debatte um Open Government und Politik 2.0 aber teils sehr „um sich selbst dreht", müssen gerade auf der nationalen und internationalen Ebene zunehmend konkrete Anwendungsfälle mitgedacht werden. Demografischer Wandel, Globalisierung und Klimawandel böten eigentlich viele Anknüpfungspunkte für diese konkreten Anwendungsbeispiele.

O. Wintermann (✉)
Gütersloh, Deutschland
E-Mail: ole.wintermann@gmail.com

O. Bildesheim
Oestrich-Winkel, Deutschland
E-Mail: bildesheim@me.com

C. Kappes et al. (Hrsg.), *Medienwandel kompakt 2011–2013*,
DOI 10.1007/978-3-658-00849-9_7, © Springer Fachmedien Wiesbaden 2014

# Die politischen Implikationen von Open Government

Es ist nicht ganz 40 Jahre her, dass die ersten Bürgerrechtsbewegungen, aus denen dann auch die Grünen entstanden sind, begannen, Partizipation und Transparenz im politischen Prozess einzufordern. Dies war eine Folge der Erfahrungen mit einem technokratisch auftretenden Politikbetrieb im Zuge der Atom-Debatte und der kommunalen Gebietsreformen im Verlaufe der 1970er Jahre. In den 1990er Jahren kamen dann zunehmend Freie-Wähler-Gruppen in den Landtagswahlen auf, die sich als Absage an die traditionellen Parteien verstanden.

Was all diese Bewegungen und Parteien geprägt hat, ist der Umstand, dass sie in Zeiten der Offline-Politik entstanden sind. Das Internet spielte (auch) in der Politik keinerlei Rolle. Das hat sich seit einigen Jahren geändert; nicht nur die Piratenpartei greift diese Gedanken der Transparenz und Partizipation auf und überträgt sie in das Online-Zeitalter. Längst hat sich eine internationale Bewegung zur Stärkung von Prinzipien des Open Government positioniert, die jenseits von Parteipolitik Ansätze zur offenen Regierungsweise befördern will.

Dabei ist Open Government als „ganzheitlicher Ansatz zur Belebung der Demokratie zu verstehen. Transparentes Regierungs- und Verwaltungshandeln stellt dabei die Grundlage dar. Es geht allerdings nicht allein darum, eine große Menge von Daten on- und offline zur Verfügung zu stellen, sondern auch darum, Bürgerinnen und Bürgern das notwendige Wissen für eine Teilnahme an Beteiligungsformaten zu vermitteln. In jedem Fall sollte die Veröffentlichung von Daten das berechtigte Bürgerinteresse nach Informationen in verschiedenen Bereichen (wie bspw. dem Verbraucherschutz) bedienen."

Zur Zeit haben die Wähler in Demokratien zunehmend den Eindruck, dass die Politik nicht mehr fähig ist, mit gegenwärtigen globalen Problemen wie dem Klimawandel, der Finanzkrise oder den Folgen des demographischen Wandels umzugehen und nicht bereit ist, sie angemessen in die erforderlichen Entscheidungsprozesse einzubinden.

Es stellt sich die Frage: Hat diese Unsicherheit der Politik und der Wähler vielleicht mit einem nicht mehr tragfähigen politischen Prozess zu tun? Liegt die positive Perspektive in einer solchen Situation vielleicht in einer Art Politik 2.0, die sich der Methoden des Open Government annimmt, die konsequent eine Strategie der Offenheit verfolgt, um damit die zunehmend globalisierten und in komplexen Wechselwirkungen stehenden Probleme der Menschheit zu bewältigen? Können wir die häufig als Selbstzweck empfundene Open Gov-Debatte ein Stück weit als Werkzeug der Politik – was sie bisher in keiner Weise ist – platzieren?

Wir denken schon.

## Politik 1.0: Die Renten sind sicher

Jahrzehntelang hat sich die politikwissenschaftliche Analyse in Deutschland wie auch im Ausland auf die Frage konzentriert, wie die politisch relevanten Institutionen – Wähler, Parteien, Regierungssystem, Mainstream-Medien – die Herausforderung bewältigen, innenpolitische und monokausale Aufgabenstellungen zu bearbeiten, innergesellschaftliche Konflikte oder Verteilungsfragen im Rahmen eines institutionell und thematisch begrenzten Rahmens zu regeln und einer Entscheidung zuzuführen. Die einzige Rolle, die dem Souverän in diesem traditionellen hierarchischen Analysemodell zukam, war die des Kreuzchen-Machens am Ende der Legislaturperiode. Dieser Logik entsprechend funktionierte der Politikbetrieb.

So war es bis zur Jahrtausendwende normal, sich für eine auf die Rentenreformen in den Mainstream-Medien konzentrierte inländische (Lager-) Debatte erstens Monate Zeit zu nehmen und zweitens sich dabei allein auf die Frage zu konzentrieren, welche Beitragserhöhung auf welchen soziodemografischen Haushaltstyp zukommen sollte. Es gab demnach ein klar umrissenes (innenpolitisches) Thema, einen bekannten institutionellen Rahmen, ausschließlich eine Analyse von Monokausalitäten (sachpolitische wenn-dann-Beziehungen ohne Rückwirkungen), Experten aus Wissenschaft und sozialpolitischen Institutionen, die häufig eine vorgefertigte gefestigte ordnungspolitische Idealvorstellung hatten, Redakteure in großen Tageszeitungen, die den Wählern die Welt erklärten und am Ende die Wähler, die alle 4 Jahre bei der Partei ihres Vertrauens ein Kreuzchen machen sollten. Waren Beschlüsse getroffen, galt auf Jahre hinweg: Gefahr erkannt, Gefahr gebannt – und Thema abgeschlossen.

## Tradierte politische Systeme stoßen an ihre Grenzen

Diese vermeintliche Welt der Verlässlichkeiten und einfachen Wahrheiten gibt es aber nicht mehr. Es gab sie natürlich auch früher nicht wirklich. Es gab aber eine relativ gut sortierte und übersichtliche Meinungslandschaft zu wichtigen Themen, die es Medien und Parteien ermöglichte, in „die" und „wir" zu unterscheiden, ohne hierbei allzu viele Zwischentöne oder Schattierungen der Meinungen wahrnehmen zu müssen.

Die Herausforderung besteht nunmehr darin, dass dieses tradierte (tradiert = eingeübt) System in der bekannten starren Form nicht mehr ausreichend reaktionsfähig ist, die bisher relevanten Akteure aber weiterhin in diesem Kontext agieren wollen. Unsicherheiten über die zukünftige Rolle der bisherigen Autoritäten machen sich breit und verursachen, häufig aus Angst vor Kontrollverlust, bestimmte Reaktionen. Politische Akteure rennen entweder jedem neuen Thema hinterher in der Sorge, relevante Diskussionen zu verpassen oder aber sitzen Debatten aus, um sich am Ende dann der herausgebildeten Mehrheitsmeinung anzuschließen. Viele Wissenschaftler betonen nach wie vor ihre herausragende Rolle als „Experten". Unbenommen der Bedeutung der Wissenschaft, lassen sie dabei außer Acht, dass die Crowd der politisch Interessierten und der vom jeweiligen Thema Betroffenen in aller Regel eine Lücke in ihrem Expertenwissen suchen, „erfahren" und finden wird. Journalisten erleben im Moment die Geburtswehen der Umdeutung und der Wandlung des Selbstverständnisses ihres ganzen Berufsstands. Ihre sonntägliche Glosse oder der Kommentar sind nur noch eine von vielen Stimmen im Chor der vernehmbaren Meinungen. Eindeutige Wahrheiten gibt es nicht mehr, die Welt scheint komplizierter geworden zu sein. Es gibt zwei Möglichkeiten, mit dieser Unsicherheit umzugehen: Erstens ist dies der Versuch der allumfassenden rigiden Kontrolle von Prozessen, Inhalten, Verhaltensweisen und Personen. Zweitens ist dies die Möglichkeit, diese Vielfalt der Sichtweisen auch als Vielfalt von Ideen und Innovationen zu begreifen und für die Politik zu nutzen.

## Anwendungsfall Demografie: Renten- oder/und Klimadebatte?!

Während ehemals die Bewältigung der Folgen des demographischen Wandels darin bestehen sollte, für sichere Renten Sorge zu tragen und einfach die Produktivität – alternativ die Sozialbeiträge – zu steigern, zeigt sich nun zunehmend die Kurzfristigkeit einer solch monokausalen Betrachtung einer komplexen demografischen Herausforderung. So können mit einer Produktivitätssteigerung zwar einerseits die Folgen der Demografie finanziert werden, gleichzeitig würden aber andererseits die negativen Folgen eines nicht-nachhaltigen Wachstums durch den Klimawandel zunehmen. Im Jahre 2002 verabschiedete die Demografie-Kommission des Deutschen Bundestages ihren Abschlussbericht; keinem der in 10 Jahren Anhörungen beteiligten Experten ist anscheinend die Frage eingefallen, wie Wachstumsempfehlungen mit den klimapolitischen Folgen dieses Wachstums vereinbar sind. Es wurden aber auch keine Strategien der Implementierung der vielen sinnvollen Handlungsvorschläge entwickelt, so dass erst heute, nahezu 10 Jahre später, eine Website der Bundesregierung endlich den Weg zu den Menschen sucht (und daher jede Unterstützung verdient). Die Abgeschlossenheit des Prozesses hatte also zu einer eingeschränkten Sichtweise auf das Thema und zur mangelnden Verankerung der Herausforderung in der Bevölkerung geführt.

## Politik 2.0 bietet viele Chancen

Politik 2.0 hätte bedeutet, den Prozess von Beginn an für interessierte Bürger zu öffnen, um Themen und Lösungsvorschläge frühzeitig durch die Crowd ergänzen und bewerten zu lassen. Hierbei darf man sich den Prozess nicht als rein basisdemokratischen ungelenkten Ansatz vorstellen, bei dem emergent ein Gesetz oder ein Kommissionsbericht gleichsam aus dem Nichts entsteht. Es geht vielmehr darum – diese Notwendigkeit haben viele offene, zugleich aber gelenkte sowie crowd-basierte Experimente der letzten 2 Jahre gezeigt – mit der Vorgabe klarer Spielregeln, durch das Abklären von Rollen und Erwartungen sowie durch das Setzen eines Ziels solche Prozesse, die Kennzeichen einer Politik 2.0 werden könnten, zu strukturieren.

Bei aller Strukturierung darf nicht übersehen werden, dass man kein Demografie-Experte sein muss, um erkennen zu können, dass die Frage nach den klimatischen Auswirkungen eines starken Bevölkerungswachstums vielleicht relevant sein könnte. Öffnung bedeutet auch nicht die formale Abgabe der Verantwortung über Beschlüsse am Ende eines Entscheidungsfindungsprozesses. Jeder Akteur und jeder Entscheider kann seine angestammte Rolle behalten, er muss sie nur den Gegebenheiten der Öffnung des Prozesses anpassen.

## Was ist eigentlich diese Crowd?

Teilweise hat die Open Government Community in den letzten Monaten explizit darauf hingewiesen, dass die Globalisierung in Kombination mit der zunehmenden Anzahl von technischen Möglichkeiten zur Beteiligung der Zivilgesellschaft an Meinungsbildungs- und Entscheidungsprozessen eine große Chance darstellt, um sich den globalen Herausforderungen zu stellen. Die Erfahrungen, die beim Werben für diesen Ansatz gemacht wurden, waren immer wieder von der Gegenfrage geprägt, was oder wer denn eigentlich diese Crowd sei und wieso sie denn mehr Kompetenz besitzen solle als die anerkannten langjährigen Experten.

Manch klassischer Experte scheint in diesem Kontext einem Missverständnis des Begriffs der Crowd aufzuliegen: Der einzelne „Nicht-Experte" wird nicht fähig sein, dem langjährigen Experten noch etwas „beibringen" zu können. Es sind aber die einzelnen Akteure innerhalb des Schwarms, die es durch extrem kleinteilige Aufgabenteilung schaffen, dass $1 + 1 = 3$ ergibt. Wenn sich 300 Studenten auf eine neue Publikation ihres Professors „stürzt", um Fehler oder interessante neue Fragen zu finden und jeder sich auf einen kleinen Abschnitt des Gesamtwerks konzentriert, wird das Ergebnis mit Sicherheit eine bessere Qualität aufweisen als wenn der Experte das Buch selbst bzw. allein konzeptioniert und editiert hätte. Es ist die Aufgabenteilung innerhalb der Crowd, die in der Summe der kleinteiligen Aufgabenerledigungen zu mehr als der Summe der Einzelteile führt.

## Politik kann nur eine Beta sein – erste Schritte wurden vollzogen

Alte Parteiwahrheiten als Reflex auf das Interesse Außenstehender helfen in dieser Situation nicht weiter. Parteien verlieren aufgrund ihrer verfestigten Rituale die Fähigkeit der Interaktion mit neuen Wählertrends und die Fähigkeit, neue Themen ergebnisoffen aufzugreifen. Die Entscheidung eines Bundesparteitages ist im Moment ihrer Beschlussfassung bereits wieder veraltet. Wir sollten in der Politik damit leben lernen, dass es nur noch eine Politik der Beta-Versionen geben kann. Die Erarbeitung einer politischen Beschlussfassung muss dem Prinzip der offenen Weiterentwicklung folgen. Es kann nicht das eine wahre und dauerhaft finale politische Produkt geben. Es muss erlaubt sein, einen politischen Beschluss in einem offenen Prozess vorzubereiten, zu fassen und schließlich ab dem Tag der Beschlussfassung einer beständigen (damit ist nicht „täglich von neuem" gemeint) offenen Evaluation zu unterziehen und wieder zu modifizieren. Politische Regeln und Entscheidungen müssen lebendig bleiben, sollten „atmen" und sich evolutionär weiter entwickeln können.

Die Internet-Enquete-Kommission des Deutschen Bundestages hat bereits wichtige Beschlüsse zur Aufnahme und Anwendung von internetbasierten Verfahren in zukünftigen Gesetzgebungsverfahren gefasst. Diese Richtung muss weiter unterstützt und verfolgt werden. Hierbei muss es darum gehen, dem tradierten Parteiensystem nicht die bipolare (rechts-links) Deutungshoheit über diese Entwicklung zu überlassen. Die letzten Parteitage der Alt-Parteien haben deutlich gemacht, dass es schon längst nicht mehr um eine ergebnisoffene Debatte oder um die Wahl zwischen verschiedenen Führungspersonen geht. Mit einem solchen verfestigten System sind die globalen Herausforderungen, die alle einer komplexen Wechselwirkung und offenen Vernetzung unterliegen, nicht zu bewältigen.

Das Wissen, dass bei Analyse der Wechselwirkungen zwischen Demographie und Klimawandel, zwischen destruktivem und nicht nachhaltigem Wirtschaftswachstum auf der einen und dem Verlust der Vielfalt der biologischen Lebensgrundlagen auf der anderen Seite, erst erzeugt werden muss, muss kurzfristig Eingang in die Politik finden können. Dafür benötigt das politische System mehr Offenheiten: Offenheit der politischen Entscheider, der Experten, des Gesetzgebungsverfahrens. Es wird eine Politik 2.0 benötigt.

Dieser Text gibt die Privatmeinung der Autoren wieder.

Wir danken <u>Anke Knopp</u>, <u>Moritz Avenarius</u>, Kirsten Wohlfahrt und <u>Wolf Zimmer</u> für viele wertvolle Kommentare und Ergänzungen bei der Erstellung des Textes.

URL: http://www.gov20.de/warum-wir-endlich-eine-politik-2-0-benotigen/ vom 23. Januar 2013

# Wie Deutschlands Medien eine demokratische Partei abschießen wollen

## Thomas Knüwer

Es ist traurig genug, dass man immer etwas „vorweg" sagen oder schreiben muss, äußert man sich über die Piratenpartei.

Dieses Vorwegsagen kennt man gemeinhin nur von Dingen, Vorgängen oder Institutionen, die etwas leicht Fauliges umströmt. Dann sagt man zum Beispiel, „Ich bin kein Nazi, aber…" Oder: „Mir ist Religion ja egal, aber…"

Auch zur Piratenpartei muss man immer etwas vorweg schicken. Und das ist traurig. Aber es ist gewollt. Es ist das Ziel einer Medienkampagne gewesen, wie es sie in dieser Form in der Geschichte der Bundesrepublik Deutschland selten gegeben hat. Denn die gemeinsame Wut der deutschen Medien, vor allem der in den Feldern Print, Hörfunk und Fernsehen, richtete sich nicht gegen eine Partei die dem linken oder rechten Extremspektrum zuzurechnen wäre – das hat es schon gegeben. Nein, sie zielt auf eine neue politische Formation, die einfach nicht in die vorgegebenen Muster passen will.

Natürlich – und nun kommt das Vorwegschreiben – machen die Piraten es den Medien einfach. Wie der geschätzte Sascha Lobo es bei seinem <u>Vortrag anlässlich der Re:Publica sagte</u>:

> Man dachte ja schon im letzten Jahr: Oh scheiße, die Nerds hatten mal die Chance, so reinzukommen, die Politik zu verändern. Und dann haben sie es so nerdhaft verrissen, wie nur Nerds es schaffen, zu verkacken.

Es gibt vieles, was man an den Piraten kritisieren kann.

Zum Beispiel, dass sie zu viel Freude daran haben, Personen in Ämter zu wählen, die sich leichtweg als „Freak" titulieren lassen. Es fehlen als Ausgleich Men-

T. Knüwer (✉)
Düsseldorf, Deutschland
E-Mail: k@kpunktnull.de

C. Kappes et al. (Hrsg.), *Medienwandel kompakt 2011–2013*,
DOI 10.1007/978-3-658-00849-9_8, © Springer Fachmedien Wiesbaden 2014

schen, die dem Politiker-Bild des gesellschaftlichen Mainstream entsprechen. Das heißt nicht, dass alle Piraten so sein sollen – aber eine Partei sollten eben irgendwie versuchen viele Schichten der Bevölkerung abzubilden. Es ist so leicht, sich über die Merkwürdigen zu belustigen, wenn es kaum Unmerkwürdige gibt.

Das betrifft natürlich auch jene winzige Zahl von Mitgliedern, bei denen Zweifel an der demokratischen Grundhaltung erlaubt sind. Nur: Die hatte jede Partei in ihren jungen Jahren. Bei der CDU wurde ein Marinerichter Ministerpräsident, den erschreckenden Rest können Sie auf Wikipedia nachlesen. Und die SPD zählte ja auch einst einen Stasi-Agenten unter ihren hochrangigen Mitgliedern. Die Frage ist: Wie gut geht eine solch junge und dadurch nicht solide strukturierte Organisation damit um. Die Piraten haben für den Rausschmiss Monate gebraucht – andere Parteien Jahre, wenn es überhaupt dazu kam.

Nüchtern betrachtet haben die Piraten im Großen und Ganzen ein Thema in die deutsche Politik gebracht, das vorher kaum einen Volksvertreter interessierte: die gesellschaftlichen Folgen digitaler Technologie, vor allem im Kultur- und Medienbereich. Wenn sich nun Angela Merkel mit Startup-Investoren trifft und Künstler über Urheberrecht diskutieren, dann ist dies eben auch eine Reaktion auf die Piraten.

Ist das genug? Nein. Das Vorantreiben anderer Themen ist den Piraten bisher nicht ausreichend gelungen. Gleichzeitig könnte man darauf hinweisen, dass keine Organisation der Welt es schaffen könnte, bei so rasantem Wachstum entsprechende Strukturen aufzubauen.

Und schließlich haben die Piraten etwas erreicht, was alle Medien und Politiker für unmöglich hielten: Junge Menschen für Politik zu begeistern. Eigentlich ein Ziel, an dem doch angeblich alle gearbeitet haben. Nun aber haben es eben die Falschen erreicht: nämlich eine Partei, die sich nicht dem alt hergebrachten System beugen will.

Keineswegs also sollte man – Ende der Vorschreibe – die Piratenpartei frei von Kritik lassen. Doch die Art und Weise, wie dies passiert, hat die Züge einer undemokratischen Medienkampagne. Und als jemand, der eine ordentliche Zeit seines Lebens in der Medienbranche verbracht hat, behaupte ich: Es ist eine Kampagne. Wer glaubt, die einzelnen Zeitungen und Zeitschriften arbeiteten brav gegeneinander im Sinne einer publizistischen Marktwirtschaft, der irrt. Deutschlands Chefredakteure treffen sich regelmäßig in kleinen Runden, zum Beispiel bei „Kamingesprächen", organisiert von Großkonzernen. Und dort gibt es durchaus Seilschaften, die beschließen, in bestimmte Richtungen voranzuschreiben.

Die Art und Weise, wie über die Piratenpartei berichtet wird, trägt deutliche Züge einer solchen Kampagne.

Nehmen wir nur die Geschehnisse dieser Woche um Julia Schramm. Ich habe ihr Buch nicht gelesen und werde es auch nicht. Es mag offensichtlich katastrophal sein – aber das sind sehr, sehr viele Bücher. Interessant wird es bei der Behauptung, sie habe 100.000 € Vorschuss bekommen. Diese Behauptung stammt, wenn ich das richtig zurückverfolge, aus einem Artikel mit der Überschrift „Wahlkampf einer digitalen Seele" und stammt von Melanie Mühl. Dort heißt es: *„Das Buch wurde durch eine Agentur auktioniert, Julia Schramms Vorschuss soll sich auf mindestens 100.000 € belaufen".* Sagt: Wer? Es gehört zur journalistischen Sorgfaltspflicht seine Quellen anzudeuten, zum Beispiel „heißt es aus dem Verlag". Selbst diese Andeutung ist wichtig, denn lautete die Quelle „munkelt man in Verlegerkreisen" könnte auch Neid im Spiel sein. Alle haben diese Information von den 100.000 € übernommen, ich erkenne kein Medium, das sie ergänzt hat. Schramm selbst hat zu dem Artikel gebloggt – es ist ein Zeugnis dafür, mit welcher Voreingenommenheit die „FAZ"-Autorin an das Thema gegangen ist.

Man muss Julia Schramm nicht mögen – doch was ihr widerfahren ist, ist symptomatisch für den Umgang mit der Piratenpartei durch viele Medien. Nehmen wir nur jenen niedersächsischen Landesparteitag: Da existierte also ein Bereich in der Halle, rund ein Drittel des Raumes machte er aus, in dem nicht gefilmt oder interviewt werden durfte. Allein schon die Begründung: Es gibt Menschen, die nicht möchten, dass ihr Laptop-Bildschirm abgefilmt wird, sollte als Begründung unter höflichen Menschen reichen. Aber wir reden ja über Deutschlands Medien. „Piraten sperren Journalisten aus" zeterten verschiedene Medien (falsche Zuschreibung korrigiert) und die agentursüchtigen Medien kopierten die Meldung fröhlich. Ist ja auch unverschämt, wo doch sonst Journalisten in jedes Hinterzimmer der CDU reinkommen. Oh, Moment mal…

So sehr schäumt es aus den geifernden Mündern der Medien, dass sogar Hitler-Vergleiche erlaubt sind. Einen solchen musste sich der Piraten-Vorsitzende Johannes Ponader von Seiten eines „FAZ"-Schreibers gefallen lassen. Immerhin: Mit-Herausgeber Frank Schirrmacher sah sich zu einer Entschuldigung via Twitter genötigt – was ihn von Autor Frank Lübberding unterschied.

Besonders schön nachvollziehen lassen sich die kampagnenhaften Züge beim Thema Urheberrecht. Hier kommt es zu einer klaren Narrativ-Setzung: Die Piraten wollen Urheber enteignen und alles umsonst ins Internet stellen.

Dies ist Blödsinn und selbst ein lobotomiertes Zwergkaninchen würde das begreifen – ein Großteil von Deutschlands Journalisten nicht. Sie scheinen vollkommen intellektuell überfordert mit der Idee, dass geistiges Eigentum ein nicht akzeptabler Begriff sein könnte. Man möchte ihnen gar nicht raten, den exzellenten Text von Wolfgang Michal bei Carta zu lesen, der sich mit den geistigen Wurzeln des Urheberrechts in Deutschland beschäftigt – denn ihre Köpfe könnten explodieren.

Natürlich ist das Unfug. Es ist nicht so, dass jener Journalisten-Mob das Thema nicht versteht – er will es nicht verstehen. Nachzulesen ist das sehr schön bei jenem unsagbar schlechten Artikel des „Handelsblatts", der in einem Ausmaß die Haltung der Piraten verdreht, dass der Begriff „Demagogie" nicht ganz falsch gewählt scheint. Sexismus ist auch dabei – ebenfalls gern bei Berichten über die Piratenpartei verwendet: Ex-Geschäftsführerin Marina Weisband taucht zwar im gesamten Artikel nicht auf, ihr Foto aber schön. „Schmuckbild", nennt so was wohl der männliche Produktionsredakteur.

Diese Verdrehung der Urheberrechtsposition wird munter weitergepflegt, in der Diskussion um Julia Schramm von der „Bild". Die hätte gern ihr Buch „Klick mich" kostenlos ins Internet gestellt und mokiert sich, dass Schramms Verlag gegen solche Download-Möglichkeiten vorgeht. Und weil sei einen Vorschuss bekam – für ein Entertainment-Instrument wie die „Bild" sind die 100.000 € natürlich gesetzt – und mit ihrem Buch tatsächlich Geld verdienen will ist sie natürlich „gierig" und ihre Partei „verlogen".

Genauso könnte man nachverfolgen, welchen Unsinn die Medien mit dem Begriff „Transparenz" anstellen. Täglich warte ich auf die Schlagzeile: „Verlogene Piratenpartei besteht auf Kleidung – Und was ist mit der Transparenz?"

Aber warum tun die das, die Medien? Es gibt zwei Gründe – den der Polit-Korrespondenten und den der Verlage.

„Natürlich hassen in Berlin alle die Piraten", sagte mir vor einiger Zeit ein Hauptstadt-Berichterstatter. Schließlich existierten nicht all die schönen Informationswege, die Redaktionen sich über Jahrzehnte in die angestammten Parteien erarbeitet haben. Bei den Piraten muss man bei Null anfangen – „und dann wollen die nicht mal". Sprich: Sie verschließen sich dem Ansinnen vieler Journalisten, mit ihnen zusammenzuarbeiten.

Und dann sind da die Chefredakteure und Geschäftsführer bei Verlagen. Die ärgern sich, weil die Piraten sich gegen das wenden, was die Verlagslobby in den vergangenen Jahren durchgedrückt hat. Zum Beispiel das Listenprivileg, das Verlagen den Verkauf von Adressdaten erlaubt. Und aktuell das Leistungsschutzrecht, ein Gesetz, das Deutschland aus dem digitalen Zeitalter herausschießen könnte. Prompt sind es die Piraten, die eine Online-Petition gegen diese staatliche Subvention von Medienhäusern starten (und ich bitte Sie, liebe Leser, unabhängig von dem, was Sie von den Piraten halten, diese Petition zu zeichnen).

Da hat sich bei vielen Medienhäusern eine klare Front gebildet: Die Piraten müssen weg. So wird dann angegiftet und -geschrieben gegen eine Partei, die nur einen großen Makel hat: Sie will die Dinge einfach mal anders machen. Willkommen in der deutschen Demokratie des Jahres 2012.

URL: http://www.indiskretionehrensache.de/2012/09/piratenpartei/ vom 20. September 2012

# Blogkultur als Antwort auf die Komplexität der Gesellschaft und der Krise ihrer Institutionen

Christoph Kappes

Wir sollten Blogs nicht an der Elle der Massenmedien messen, sondern als Ausdruck einer sich vernetzenden Kultur begreifen. Blogs sind eher ein Spezialfall der Social Media-Kommunikation, als ein klassisches publizistisches Instrument der Gegenöffentlichkeit.

**Tl;dr:** *Blogs erfüllen nicht die Funktionen von Massenmedien, sondern sie dienen (wie Social Media insgesamt) aufgrund der Kommunikationsstrukturen (n:n, asynchron, offen, barrierearm etc.) dem Austausch sozialer Normen im Publikum, weswegen massenmediale Maßstäbe von Reichweite und Relevanz verfehlt wären. Die Entwicklung von Blog-Kultur ist – neben persönlichen Kommunikationsbedürfnissen – eine Reaktion auf die Ausdifferenzierung der modernen Gesellschaft und den Autoritätsverlust ihrer leitenden Institutionen, die leistungsfähigere Kommunikationsformen für „lebenslange soziale Verhandlung" benötigt. Diese Blog-Kultur geht im Social Layer des Web auf, weswegen von „Blogs in der Krise" in kommunikativer Hinsicht nicht die Rede sein kann; das Gegenteil ist der Fall, die Kulturtechnik des „Bloggens" weitet sich aus.*

Anfang Januar hat Heribert Prantl in der SZ nebenbei bemerkt: „Kenner des Internets sagen, auch Blogs und Blogger hätten ihre beste Zeit schon hinter sich, weil sie sich in einer „Sandwich-Position" zwischen Facebook und Google plus einerseits und Twitter andererseits befänden."

Seitdem wird eine kleine Online-Debatte unter der Schlagzeile „Krise der Blogs" geführt (Zusammenfassung bei DRadio). Diskussionen über die Relevanz von Blogs sind allerdings zehn Jahre alt. Ob Blogs tot sind, ob Blogs wichtiger werden, ob sie den politischen Diskurs beeinflussen – jedes Jahr auf's neue. Ich möchte daher hier versuchen, etwas grundsätzlicher auf das Thema einzugehen.

C. Kappes (✉)
Fructus GmbH, Hamburg, Deutschland
E-Mail: ck@christophkappes.de

C. Kappes et al. (Hrsg.), *Medienwandel kompakt 2011–2013,*
DOI 10.1007/978-3-658-00849-9_9, © Springer Fachmedien Wiesbaden 2014

## Der Zustand der Blogosphäre

Und in der Tat: Mal stellt jemand fest, dass Blogs die öffentliche Meinung kaum prägen, allenfalls werden ihre Impulse durch klassische Massenmedien aufgenommen und weiter verarbeitet. Mal stellt ein anderer fest, dass es in Deutschland immer noch keine *Huffington Post* gibt. (Worüber ich, am Rande bemerkt, sehr froh bin. Das Geschäftsmodell „Aufmerksamkeit gegen Inhalte" halte ich für unfair, weil es den Aufmerksamkeits-Mehrwert zugunsten des einen vervielfacht, obwohl in Zeiten des Internets das einzige sonstige erforderliche Produktionsmittel der andere hat.) Manchen fällt auf, dass die berühmten Blogs wie *BILDblog* und *Netzpolitik* zwar Blogs sind im Sinne einer Softwaregattung, aber sicher nicht im Sinne eines inhaltlichen Formates: denn sie operieren wie Massenmedien mit ihrer festen Wissensdomäne, deren Formaten und mit Mehrautoren-Konstellationen, die schon semi-professionell sind. Und Internetfachleute sehen sogar: der Traffic sinkt hier und da, die Sichtbarkeit bei Google nimmt ab[1], die Kommentar- und Backlink-Rate scheint zu sinken, und eine Nutzungsrate von 11 bzw. 12 % der Unter-30-Jährigen (*ARD/ZDF-Onlinestudie 2012*) deutet auf ein Nischendasein. Ja, keine große Relevanz und keine große Reichweite, das sieht in der Tat irgendwie nach Krise aus oder zumindest Stagnation.

Dennoch kann ich schon mit der Frage wenig anfangen, ob Blogs in der Krise seien. Weil ich für „Krise" einen Bezug brauche, eine Spitze, auf welche diese „Krise" als Zuspitzung erfolgt: Als Krise verstehe ich einen Zustand im Hinblick auf einen unsicheren Ausgang. Außerdem können Gegenstände nicht in einer Krise sein; denn auch die These „Erdbeeren sind in der Krise" wäre sinnlos, sogar im November, genauso wie mein Kühlschrank nicht in der Krise ist, wenn er leer ist. In der Krise können Institutionen und andere Akteure sein – aber sind Blogger mit ihren Blogs (ich sehe sie als soziotechnische Einheit) in der Krise? Es geht den meisten doch nicht schlechter als zuvor und auch nehmen weder Relevanz noch Reichweite ihrer Kommunikationsakte ab, da kommt es doch auf Google-Sichtbarkeit nicht so sehr an.

## Die alte Perspektive

Schaut man auf die großen Debatten der Gesellschaft, sind Blogs als Institution nie so weit gekommen, dass sie den Zustand eigener Krise überhaupt erreichen konnten. Keine Schlachten um Sarrazin-Thesen, keine um den Wulff-Rücktritt und kei-

---

[1] http://buggisch.wordpress.com/2013/01/16/gibt-es-eine-blog-krise/.

ne um Euro-Rettungsmaßnahmen werden in Blogs entschieden. Von Einzelfällen abgesehen, spielen nach wie vor Massenmedien die Musik.

Wer einen solchen Anspruch von Reichweite und Einfluss auf die politischen Großdebatten stellt, stellt Ansprüche wie an Massenmedien. Stellt man darüber hinaus noch emanzipatorische Ansprüche im Sinne einer Frankfurter Schule, gekoppelt mit eher akademischer Diskurstheorie im Sinne eines Habermas, so ist das Fazit recht klar: Ein richtiger Sprung in eine nunmehr emanzipierte bürgerliche Öffentlichkeit sähe anders aus – so mancher Leserkommentar lässt eher einen Rückschritt weit vor das Zeitalter der Aufklärung befürchten, und erste Blogger schließen aus diesem Grund sogar die Kommentarfunktion.

Vor diesem Hintergrund erklärt sich das Geraune von der Krise, jedenfalls von einer gebildeten Öffentlichkeit: Krise als Ausdruck einer Perma-Enttäuschung aufgrund einer Erwartung, die sich einfach nicht realisieren will.

## Die Denkfalle

Ich glaube, diese Krisen-Diagnose ist falsch. Das ist nur nicht ganz leicht zu erkennen, denn das Neue zu erkennen, ist immer schwierig, egal, aus welcher Position:

- Wenn man die Kriterien der alten Medienwelt anlegt und (neue) Blogs für einen Spezialfall von (alten) Massenmedien hält, die 1:n eine unendliche Anzahl von Rezipienten erreichen können, sind Blogs ein *Minus*, wobei es eigentlich irritieren sollte, dass ein paar Eigenschaften wie persönliche Meinung, Ein-Mann/Frau-Produktion und ein Mangel an Qualitätssicherung (Prozessen und Institutionen) regelmäßig gar nicht zutreffen. Mit dem Paradigma der „Presse-Publikation" im Kopf sind vor allem Journalisten in der Gefahr, unbewusst nur eine digitale Ein-Mann-Zeitung als „Redakteur ohne Verlag" anzusehen, der Formen nicht einhält, Kompetenzgebiete überschreitet und unzuverlässig publiziert.
- Das Neue erschließt sich ebenfalls nicht, wenn man Kriterien der politischen Öffentlichkeit anwendet und immer nur nach dieser Art von Öffentlichkeit fragt (*Rainer Werner Fassbinder demonstriert* hier[2], *wie schwierig es ist, mit falschen Fragen umzugehen*). In der übrigens typisch kommerziell getriebenen Sicht nach einem „Hit" der Sorte von Luthers Thesen im Kopf stellt sich dann schnell die Enttäuschung ein. Sarrazin? Das ist ein Buch, kein Blog.
- Und auch für viele Blogger erschließt sich das Neue nicht. Dies schon nie ganz, weil jeder Versuch der Selbstbeobachtung nicht ohne blinden Fleck sein kann.

---

[2] Fassbinders Verzweiflung ist sehenswert.

Und weil einige Blogger den Fortschritt einfach herbeifingieren, indem sie (zumeist mehr hinter vorgehaltener Hand) darauf hinweisen, dass viele gute Blogger eine bezahlte Heimstätte bei klassischen Medien bekommen; dass also gewissermaßen ständig umgeleitet und „abgesaugt" wird, was sie doch eigentlich produzieren, nämlich öffentliche Meinung.[3]

Kurz gesagt: Medienprofis und Blogger gucken auf das, was sie zu gucken gewohnt sind, und finden immer ein Minus vor, weil sie im Mediensystem verhaftet sind.

Doch: wenn etwas Neues in die Welt gekommen ist, dann spricht allein sein Gewordensein dafür, dass es eine neue Funktion hat. Und zwar erst recht dann, wenn es nicht wieder verschwindet.

Es ist besonders pikant, den Blogs schon deshalb die Relevanz abzusprechen, weil ihre Inhalte sich kaum in Massenmedien wiederfinden. Das ist meines Erachtens ein Argumentationsfehler. Denn Massenmedien kommt die Aufgabe zu, Informationen zwischen den verschiedenen gesellschaftlichen Teilsystemen schnell und an eine große Zahl von Empfängern zu transportieren. Für Alltagskommunikation mit begrenzter Zielgruppe sind Massenmedien nicht geschaffen worden. Und viele Themen grenzen sie sogar aus, weil sie – zum Beispiel mit Paywalls – bewusst Informationshürden setzen, weil sie im Falle von Werbefinanzierung an die Bedingung gekoppelt sind, Werbeumfelder zu schaffen, oder weil sie – wie bei Nischenthemen – gar keine ausreichenden Ressourcen haben, um diese Nischenthemen abzudecken.

Schlecht geeignet, weil jedenfalls als Printmedium viel zu träge, sind sie für diskursive Prozesse, an denen eine dreistellige Personenzahl und mehr beteiligt ist. Und – last but not least – Massenmedien sind so oder so den Gesetzen der Ökonomie unterworfen und somit prinzipiell selektiv, balanciert, planmäßig. Das gilt leider auch für öffentlich-rechtliche Angebote mit ihren Inhalts- und Reichweitenvorgaben – und sie sind gewiss nicht unabhängig von der Politik, welche diese Angebote initialisiert, mit finanziellen Ressourcen und rechtlichem Rahmen versorgt und faktisch mittelbar beaufsichtigt. Massenmedien sind also immer zweckbestimmt über das Interesse des Autors hinaus, wenngleich man dem internstrukturell zum Beispiel mit Trennungsgeboten entgegenzuwirken versucht.

Kurz: Weil wir das hergebrachte Mediensystem so kennen, nehmen wir einige strukturelle Schwächen gar nicht mehr recht wahr (bzw. sehen andere Schwächen wie Qualitätsmängel), übersehen den außerhalb des Mediensystems bestehenden Kommunikationsbedarf und machen schließlich auch noch den Zirkelschluss, die Blog-Relevanz an der Spiegelung der Inhalte durch Massenmedien zu messen, ob-

---

[3] Näheres hinter vorgehaltener Hand.

wohl dieser Spiegel – bildhaft gesprochen – in eine andere Richtung zeigt. Dies ist nur noch dadurch zu übertreffen, dass man gebündelte mit ungebündelten Produkten (und das auch noch zweier Wertschöpfungsstufen) vergleicht, also die Auslagen von Gemüseläden mit dem Angebot von Kartoffelbauern.

## Blogs als Kommunikationsraum für soziale Verhandlungen

Nach meiner Beobachtung muss man aus einer anderen Perspektive auf den Gegenstand sehen: Menschen kommunizieren nun mal, um ihre Identität ständig neu auszuloten, den Unterschied zwischen sich und ihrer Umwelt. Menschen artikulieren sich, weil Menschen sich beim Artikulieren finden, wenn sie ihre Meinung, ihre Gefühle, ihre Gedanken in Sprache verfassen. Und Menschen brauchen sowohl Bestätigung ihrer eigenen Sicht, weil diese Bestätigung ihr Ich stabilisiert und ihnen Kraft gibt, als auch Widerstand, weil Leben eben auch Widerstand und nicht nur das Dahinschweben auf einem Ponyhof mit Blümchen ist. Diese Identitätsfindung findet nun nicht mehr allein in der Präsenz von Mensch zu Mensch (auf der Straße, im Kaufmannsladen, vor der Kirche ...), sondern zusätzlich online statt. Das gilt sogar für einfachste Kommunikationsakte, ein „;-)“ oder einen Gefällt-Mir-Klick, die man daher nicht von vornherein geringschätzen darf, denn für individuelle Kommunikation gelten eben massenmediale Maßstäbe nicht.

Dieser Prozess des Artikulierens, Antwortens und Referenzierens, nennen wir ihn ruhig „Kommunikation“, entsteht zwischen den Blog-Autoren (im folgenden einfach „Blogs“) durch eine Reihe von Bezugnahmen aufeinander, und er hat bei Blogs häufig auch eine übergeordnete soziale Bedeutung über den konkreten Fall hinaus. Man darf also nicht auf ein Blog oder gar einen Blogeintrag sehen, man muss die Operationsketten aller Blogs sehen, die einen vielfach verschachtelten Raum entstehen lassen, der sich in seiner Komplexität derzeit niemandem erschließt, denn es gibt schätzungsweise mindestens zweihunderttausend Blogs (siehe hier).

Leider sieht man diese Vielfalt nur, wenn man sich selbst auf die Suche begibt, denn die Aggregatoren und andere Maschinen, die sich zwischen Autoren und Publikum schieben, sind noch nicht so weit entwickelt, uns außer naiven „Tweet-Explosionen“ und leuchtend-blauen Facebook-Weltkarten Bilder und Zugänge in diese Welt zu erschließen, wir sehen auch hier konstruktionsbedingt immer den Shorttail und niemals das Gesumme der Vielen.

Für Inhalte gilt: Wo einfache Gemüter nur „Shitstorms“ und Belanglosigkeit entdecken, weil sie sich gedanklich an Nachbarschaftsstreit und Nachbarschaftsklatsch erinnert fühlen, geht es den Beteiligten aber auch darum, ihre Moral zu kommunizieren, durchzusetzen und zu verfeinern und miteinander die Regeln zu verhandeln, mit denen Gesellschaft gelebt werden soll. Das kann dadurch zum Ausdruck kommen, dass man

- sich über Bilder bluttropfender Affenfinger empört,
- sich wie Hamburger Blogger über gegen den Lärm eines Kindergartens klagende Nachbarn empört,
- fragt, wie man als Vater mit Kind auf der CeBit behandelt wird, und ob man überhaupt ein Kind hätte mitnehmen dürfen, oder
- diskutiert, ob aufgemalte schwarze Burkas bei Slutwalkerinnen Blackfacing oder Bodypainting sind, und ob sich ggf. der Netzfeminismus selbst demontiert (nebst Link auf den Beitrag einer französischen poststrukturalistischen Frauenrechtlerin), oder
- ob Wikipedia junge Nutzer ausschließen soll, denen Vergewaltigung vorgeworfen wird (frisch).

Man verstehe mich nicht falsch: Mich stört all diese Empörung, weil sie nicht nur mit dem Finger auf andere zeigt, sondern weil sie auch mit diesem manchmal kleinbürgerlich-miefigen Finger direkt vor meinen Augen in meiner Timeline fuchtelt. Ich möchte bitte vermeiden können, dass sich sämtliche Empörung der Nation über meine Sinnesorgane in mein Gehirn ergießt und mich dadurch auf grausame Weise mitschwingen lässt.[4]

Trotzdem ist das Phänomen ein gutes Zeichen. Dass sich Menschen über die jeweiligen Tatsachen empören können, ist ein Zeichen ihrer psychischen Gesundheit und moralischen Integrität. Empörung ist die Emotion, aus der die res publica geboren wurde.[5] Ich kann also der Meta-Empörung über „Shitstorms" nicht viel abgewinnen, sie sind ein Seiteneffekt neuer Kommunikationstechnik, wie die Rufschädigung durch Boulevardzeitungen eine Folge der Druckerpresse ist. (Noch besser wäre es freilich, wenn Menschen nicht nur auf Bilder und Schlagzeilen reagieren, sondern auch die Geschichten und die Interessen ihrer Erzähler hinterfragen würden[6]).

Dass diesen Äußerungen oft eine konstruktive Richtung fehlt, etwa bei der Aufregung über eine Klageeinreichung, die bei funktionierendem Rechtssystem ja kein

---

[4] Idee: Shitstorm-Sentiment-Analyse mit Aggregator und automatischer Wortliste für Mute-Funktion von Twitter-Clients.

[5] http://www.petersloterdijk.net/agenda/artikel/letzte-ausfahrt-empoerung.

[6] An dieser Stelle artikuliere ich gern meine Verachtung für Jung von Matt und alle Personen, die bei „krankes Schwein" mitgemacht und so Vertrauen missbraucht haben, siehe fraumeike.

Problem verursacht, sondern Ausdruck eines Rechtsstaats ist, das ist der falsche Maßstab: Es geht eben nicht um Konstruktivität, es geht nicht um Lösungen, sondern es geht um die Entwicklung sozialer Normen, die sich durch Artikulation und Diskussion ausbilden – von Mensch zu Mensch getragen mit vielen kleinen Interaktionen, in „Mikro-Kommunikation". Das Internet fungiert als post-elterliche Sozialisierungsstube, die permanente Weiterbildung nach der Grundausbildung.

Mit dem Internet entsteht so eine weitere Option, wie Menschen ihr Zusammenleben regeln – nicht mit formellen Gesetzen als Politik-Output, sondern mit sozialen Normen, die nicht ganz konturenscharf und ständig im Fluss sind und an welche keine Zwangsfolgen gekoppelt sind, sondern an die sich Menschen freiwillig halten können. Und weil die Komplexität und damit das subjektive Tempo der Veränderung zunimmt, geschieht die Aushandlung nicht nur einmalig, sondern etabliert sich als dauernder Prozess. Soziale Normen gelten eben keine 60 Jahre mehr, die ein erwachsenes Leben statistisch dauert.

Sigmund Freud wird ja das Bonmot zugewiesen, dass derjenige, der erstmals das Wort statt des Speers nahm, um einen Streit zu lösen, die Zivilisation begründet hat[7]. Vielleicht ist die Möglichkeit, mit Verzögerung (= asynchron) mit Abwesenden zu kommunizieren, ein völlig unterschätzter Fortschritt des Internets, weil sie bis dahin mit Briefen, Telegrammen und gegenseitigen telefonischen Anrufen ungleich mühsamer war – und diese alle, bis hin zur SMS als neuester Erfindung, ermöglichen keine n:n-Kommunikation, bei der auch noch Dritte hinzutreten und wieder ausscheiden können.

Wir konnten vorher den zur Nachtzeit bohrenden Nachbarn anschreien, dem Falschparker Zettel unter die Windschutzscheibe stecken oder ihm als Stadtguerilla den Außenspiegel umklappen. Nun, mit dem Internet, lässt sich die Kommunikation unter physisch Abwesenden mit mehr als einem Akt ohne Kollateralschäden gestalten, wobei die Schriftlichkeit, die Asynchronizität, die Offenheit vieler Strukturen, die Vielzahl der Beteiligten, die Option der Anonymität bzw. Pseudonymität und die formale Gleichheit[8] der Beteiligten tatsächlich diskursive Gesprächsfor-

---

[7] http://zitate.net/zitat_4038.html.

[8] „Formal" im Sinne einer Kommunikationsform und im Sinne der Form, in der sie als Subjekt auftreten. Das wird aber mehrfach durchbrochen: durch Macht, die als Beeinflussungsvermögen über andere Menschen rein (online) kommunikativ entsteht und sichtbar wird, durch Systeme, die das abzubilden versuchen (Reputationsmanagement), und durch Identitätsaufdeckung (eigene, aber auch durch Anbieter, „certified user"), welche die Trennung zur physischen Realität aufhebt (hier wirkt dann also auch soziale, monetäre, sexuelle, physische etc. Macht der Gleichheit entgegen). Die Summe dieser drei Effekte ist so groß, dass die Idee von der formalen Gleichheit wahrscheinlich mehr ein romantisiertes Bild ist, sofern die Beteiligten nicht gerade anonym, en passant und mit gleichen „sozialen Graphen-Waffen" aufeinander treffen.

men ermöglichen, wohingegen alle drei hergebrachten Äußerungsformen – vorsichtig formuliert – nicht auf sokratische Dialogformen angelegt waren.

Vor diesem Hintergrund ist auch ein Eindruck von Irrelevanz einzelner Beiträge subjektiv völlig zutreffend. Wer sich weder für Palmöl noch für Elternprobleme interessiert (um die drei obigen Beispiele wieder aufzunehmen), findet nicht überall „sein" Thema. Das ist die Folge der Diversität, in der sich zu den 20 „großen" Themen 20.000 hinzugesellen, von denen sich jeder für kein Zehntel interessiert. Das ist sinnanbietende Fülle, aber auch subjektiv viel sinnloser Noise.

## Blogs als Reaktion auf eine Krise der Institutionen und die Komplexität der Gesellschaft

Wenn man sich klar macht, dass Technik nicht vom Himmel fällt, sondern genauso, wie sie soziale Systeme prägt, auch aus sozialen Systemen geboren wird, wird die Ursache klar: In der Moderne verlieren Institutionen an Bedeutung, wenn man die Entwicklung in Dekaden betrachtet. Der Autoritätsverlust betrifft Kirche und Knigge, Duden und Brockhaus, Parteien, Staatsgebilde und -repräsentanten, und wohl auch Eltern und gesellschaftliche wie private Vorbilder (wobei „Gandhi" und „Mutter Theresa" zwar beliebt sind, aber auch nicht recht zählen, weil sie weit von der eigenen Realität entfernt und so eher Ausdruck eines Werte-Eskapismus sind).

Immer weniger Menschen lassen sich davon leiten, was andere sagen. Zu sehr haben sie gesehen, was des Kaisers neue Kleider sind, weil es immer transparenter wird – von *Günter Grass* über *Thomas Middelhoff* bis Christian Wulff zeigt uns *Google* sofort, was Sache ist, und Autocomplete zeigt in Sekundenbruchteilen die Keywords der Diskurse. Danach können wir Genaueres in der Wikipedia vertiefen, falls wir nicht währenddessen noch von neuen Meldungen über andere Dummheiten, Missbrauchsfälle, Plagiate, Bordellbesuche und Steuerhinterziehungen gleich wieder davon abgehalten werden. Und aus meinen Beobachtungen öffentlicher Twitter-Kommunikation meine ich, schließen zu können: Dieser Autoritätsverlust ist erst der Anfang. Durch den Zerfall von klassischer Form, weltanschaulichem Überbau und von kommunikativer Privatheit implodieren die Außenfiguren des Politikers und Staatsmanns, des Intellektuellen, des Journalisten und des Wirtschaftsbosses. Alle kochen nur mit Wasser, überall geht die Luft raus, blitzt das Rohe, Unvollkommene[9] hervor, ein jeder ist sein Boris Becker.

Nein, Blogs sind nicht in der Krise. Blogs sind eine Reaktion auf eine Krise der Gesellschaft, ihrer Institutionen. Und ich wünsche der Gesellschaft, dass noch Mil-

---

[9] Und daher auch lebendige!

lionen von Blogs geboren werden. Sie kommen ohne Inhalte aus, die schon auf den Titelseiten der Massenmedien zu finden sind. Blogs sind, so gesehen, eine Ergänzung zu Massenmedien, weil sie zu deren einseitiger Richtung und großen Strahlkraft ein komplementäres System vernetzter und zweiseitiger Kommunikation anbieten, also sich wie Rinnsale und Bäche zu Strömen und wie Wege und Straßen zu Autobahnen verhalten, nur, dass sie auch noch mehr leisten können, weil sie zweiseitig operieren. Wie gut sich beides ergänzt, haben wir bei der Verschmelzung von TV, Handy und Internet während der ägyptischen Revolution sehen können, die eine einmalige emotionale Dichte bei gleichzeitig intensiver Einzelkommunikation bewiesen haben.

Zur Schwäche der Institutionen kommt die Fragmentierung und Diversität der Gesellschaft hinzu (ich persönlich halte dies übrigens, wie auch den Zustand „Krise", für nichts Schlechtes). Blogs sind die Antwort auf ein Kommunikationsbedürfnis, das Massenmedien allein nicht mehr erfüllen können. Die Zeiten sind vorbei, in denen alle die 20-Uhr-Tagesschau sahen, und seit meinem letzten Projekt im Bereich SmartTV und Second Screen bin ich mir ziemlich sicher, dass der Prozess noch sehr viel weiter geht: Content-Bündelung schwindet, Kosten sinken, Medienorganisationen entgrenzen sich, weil es – übertrieben gesagt – weniger Organisation braucht, wo Maschinen die Verbreitung, Abrechnung und Bündelung übernehmen. Wo die Zahl der Stimmen steigt, muss mehr diskutiert werden. So herum wird ein Schuh draus.

## Bloggen als plattformunabhängige Kulturtechnik – Warum die Kategorie „Blogs" für Kommunikationsstrukturen nicht hilfreich ist

Es ist nicht zu leugnen, dass sich beliebige Inhalte in Blogs finden, also nicht nur politische oder soziale Themen, sondern auch Wissenschaft und Fachartikel, fiktive Erzählungen und Kochrezepte – die Kategorie „Blog" taugt für inhaltliche und kommunikative Beurteilung nicht. Umgekehrt finden sich alle diese Kategorien auch in klassischen Medien. Auch als technische Kategorie sind Blogs nichts herausragendes, denn es handelt sich bei ihnen um einfache, leicht installierbare und bedienbare Content-Management-Systeme (CMS); niemand würde sonst bei CMS auf die Idee kommen, die Publikationen nach der Art des CMS zu kategorisieren.

Was Blogs ausmacht, ist eine bestimmte Kulturpraxis: des Schreibens (Länge, Subjektivität, Serendipität, Medienwechsel etc.), des Kommentierens (linear und verschachtelt, mit Bezugspraxis, Löschpraxis, Zurechtweisungen etc.) und der

Vernetzung und Zitierung (Blogrolls, Pingbacks, Links, Reposts, Likes in Activity Streams), ergänzt um einfache andere Praktiken (Blogparaden, Linklisten, Aggregatoren, blogübergreifende Erschließung durch Tagging).

Diese Kulturpraxis ist in den letzten Jahren in die Massenmedien diffundiert, so dass sie sich in der Kultur und ihren Formen gar nicht mehr vom Einzelblog unterscheiden (Drupal beispielsweise, bei zeit.de im Einsatz, ist ja ein klassisches Blogsystem). Ebenso sind soziale Netzwerke entstanden, die diese Praxis übernommen und weiter ausgeformt haben.

Ich fürchte daher, bei der Unterscheidung zwischen Blogs und „dem Rest der Publikationswelt" kommt es nur noch auf Herrschaftsverhältnisse und Geld an: wer bestimmt letzten Endes, was geschrieben wird, und wer erhält die Einnahmen? In Anlehnung an Marx gesagt: Den eigentlichen Klassengegensatz bildet das Eigentum über die Produktionsmittel. Das ist nach meinem Empfinden der Kern der Diskussion, die seit Jahren geführt wird, und der zum Beispiel gerade wieder Johnny Haeusler[10] Nahrung gegeben hat. Es sagt nur niemand in dieser Schärfe, weil gleichzeitig die Situation vorliegt, dass nun jedermann kostenlos und mit geringstmöglichen Barrieren Öffentlichkeit erreichen kann. Es wirkt paradox: bei wirtschaftlicher Konzentration der Produktionsmittel ist eine Demokratisierung[11] der Nutzung eingetreten. Ein ideologisches Minenfeld, das hier nicht weiter diskutiert werden soll.

Trennt man dieses Paradoxon, das ständig bei der Beurteilung im Wege steht, scharf von einer kommunikativen und konzeptionellen Sicht, so ist gar kein großer Unterschied zwischen Blogs und dem Rest des vagen „Web 2.0" mehr gegeben. Blogs waren schon immer ein Teil von „Web 2.0", und nun verlieren sie Jahr für Jahr an relativer Bedeutung: Facebook hat mit 50 % der Online-Population mehr als zehn Mal so viel Nutzungsgrad, alle Netzwerke haben eine zigfache Viralität, und alle Netzwerke können mehr leisten – zum Beispiel Umfragen, Chats, Videokonferenzen, Veranstaltungsmechanismen. Blogs sind konzeptionell 17 Jahre alt, Facebook gut neun (*facemesh.com*).

Die Aussage „Blogs sind in der Krise" ist so zwar richtig, aber falsch: Die technischen Plattformen werden absolut weiter gut genutzt, verlieren aber relativ an kommunikativer Bedeutung, weil ihre typische Kulturpraxis im Social Layer des Webs aufgegangen ist, der weit größer ist.

---

[10] http://www.spreeblick.com/2013/01/07/nachbearbeitung-das-web-zuruckerobern/.

[11] Ich persönlich würde den Begriff „Demokratisierung" außerhalb von Staatsformen-Diskussionen nicht anwenden, aber durch diese Formulierung wird vielleicht das Phänomen deutlicher.

Mit dieser Erkenntnis löst sich die ganze Diskussion: Nicht allein Blogs sind die Antwort auf zunehmende Komplexität der Gesellschaft bei gleichzeitiger Krise ihrer Institutionen, sondern der ganze Social Layer ist es, in dem Blogs als vorgreifende Kulturpraxis aufgegangen sind. Zeitungsblogs sind Copycats, ein Teil des Social Layers. Wer „Blogs in der Krise" ruft, kommt mir ein bisschen so vor wie jemand, der „GRÜNE in der Krise" ruft, wenn Atomkraftwerke abgeschafft sind und alle nur noch Bio essen.

## Ausblick: Lokale Micro-Öffentlichkeiten mit flüssigen Diskursstrukturen?

Micro-Öffentlichkeiten können sich in größerem Umfang erst mit dem Internet bilden, weil fast alle Äußerungsformen (abgesehen von Lokalzeitungen, Hausmeister-Aushängen, Steinstapeln in der Bergwelt und drohend spitzen Zäunen) flüchtig waren und nicht aufeinander Bezug nahmen, so dass gar keine flüssige Diskurs-Struktur entstehen konnte. Der weitere Ausformungsprozess wird Jahrzehnte dauern, weil die Informationsorganisation nach lokalen Kriterien erst am Anfang steht und soziale Systeme sehr träge sind.

Am Ende könnte stehen, dass Menschen das Internet nicht nur als Werkzeug von Globalisierung oder Weltfrieden und Kontinentalrevolutionen[12] sehen, sondern dass zugleich die kleinen sozialen Einheiten als Keimzelle der Gesellschaft ihre Kommunikation verdichten und intensivieren. Dabei hoffe ich darauf, dass sie zudem besser Ressourcen teilen, weil das Internet dafür viele Voraussetzungen schafft. Und ich vermute, dass politische Reorganisation in diesen kleinen Einheiten anfängt, weil hier am meisten konkreter Nutzen liegt und am wenigsten ideologische Kämpfe geführt werden: Welche Straße soll ausgebaut werden? Wann beginnt der Kindergarten? Was für Unternehmen wollen wir ansiedeln? Wie gehen wir mit Bettlern um?

Die Probleme auf dieser Ebene, wenn es um den Ausgleich von Interessen geht (z. B. bei den Folgen von Infrastruktur), sind allerdings auch immens. Ich persönlich glaube, dass sich neue kommunikative und partizipative Übung über die kleine Einheit zur großen nationalen (und internationalen) Ebene entwickeln muss, das wäre der evolutionäre Weg mit den geringsten Risiken. So wird denn aus der scheinbaren „Blog-Krise" einfach nur ein Übergang von einer kulturellen Praxis ist

---

[12] Übrigens auch vermittelt durch viele Theoretiker, das beginnt schon beim verehrten MacLuhan und endet bei Polit-Aktivisten wie Eli Pariser, die nur durch eine politische Brille sehen können, weil sie keine andere Brille haben.

einen größeren Zusammenhang, der allen nützen kann. Eine kluge Politik schafft allerdings auch dafür die Voraussetzungen, dass Werkzeuge, Prozesse, Code und Wissen öffentlich vorangetrieben werden, damit sie danach von jedermann nutzbar werden.

URL: http://www.carta.info/53446/blogkultur-als-antwort-auf-die-komplexitat-der-gesellschaft-und-der-krise-ihrer-institutionen/ vom 24. Januar 2013

# Vertrauen, Verrat und Schatten – A Letter From Hamburg

Christoph Kappes

Wer Internetkommunikation überwacht, vergeht sich an der Gesellschaft, denn Vertrauen ist grundlegend für jedes soziale Gebilde, mehr noch: das Wertefundament des Westens schließt eine dauerhaft hohe Kontrolldichte von Menschen aus, weil sie ihnen die Wahl des Guten nimmt und sie dadurch zum Objekt macht.

Es sind nur vordergründig die Überwachung oder die Unverhältnismäßigkeit durch eine falsche Güterabwägung das Problem. Für staatliche Überreaktionen nach dem Trauma von 9/11 kann man Verständnis haben, auch wenn sie zu missbilligen sind; das Appartement der Hamburger Zelle in der Marienstraße 54 existiert, die Geschichte der Täter ist gut dokumentiert, und der Ort ist symbolhaft für eine entgleiste Normalität, die hinter ihrer Fassade den Terror verbirgt. Man kann sogar den Schaden und den Nutzen saldieren, in der einen Waagschale unbemerkte Eingriffe, in der anderen verhinderte Terrorakte, auch wenn dazu die Faktenlage doch ausgesprochen dünn ist.

## Die Heimtücke der digitalen Angriffe

Doch trifft das alles nicht das Besondere des Sachverhaltes. Der Sachverhalt besteht nämlich nicht aus Einzelmaßnahmen, die gegenüber Einzelnen begründet wären, sondern aus massenhaften Maßnahmen, die man gar nicht erst auf Verhalten Einzelner stützt, sondern mit einer abstrakten Gefahrenlage begründet. Das ist die Besonderheit, wenn ein Staat ohne einzelnen Anlass millionenfach und tagelang die Eckdaten der Kommunikation von Bürgern speichert, denen er gar nichts vorzuwerfen hat.

C. Kappes (✉)
Fructus GmbH Hamburg, Deutschland
E-Mail: ck@christophkappes.de

C. Kappes et al. (Hrsg.), *Medienwandel kompakt 2011–2013*,
DOI 10.1007/978-3-658-00849-9_10, © Springer Fachmedien Wiesbaden 2014

Wenn Computer Daten aufzeichnen, geschieht es äußerlich ruhig und ohne irgendein Bewusstsein. Vielleicht ist es deswegen für viele Bürger nicht ganz leicht, diesen Vorgang zu bewerten. Es ist aber richtig, darin ein „Abhören" zu sehen, weil das Aufzeichnen auf einer menschlichen Entscheidung beruht, fortwährende Tätigkeiten erfordert und auch Teil eines komplexen Vorgehens ist, an dessen Ende wieder Menschen stehen, die Zwecke verfolgen.

Die stillen und unbeweglichen Maschinen offenbaren also nicht, dass sie Teil einer Handlung sind. Unsere Bilder von menschenleeren Rechenzentren oder Unterwasserkabeln zeigen uns nicht die Heimtücke, die wir im Alltag sonst gut erkennen können, etwa wenn ein Mensch den anderen von hinten bedroht. Dass digitale Angriffe so heimtückisch sind wie biologische Waffen, das müssen wir erst noch emotional erfassen lernen.

## Misstrauen erzeugt gesellschaftlichen Schaden

Solches Handeln durch stille und bewegungslose Maschinen zeigt millionenfach Handelnde mit einer Grundhaltung, mit der sie allen anderen begegnen: Misstrauen. Denn diese Handlungen sind sachlich und örtlich kaum begrenzt und haben daher im Vergleich zu beispielsweise Videoüberwachung an Brennpunkten eine andere Qualität. Diese andere Qualität zeigt sich auch dadurch, dass das Handeln unbemerkt erfolgt – anders als Ausweiskontrollen auf der Straße.

Man könnte den Schaden, wie eingangs formuliert, in rechtlichen Kategorien von Verletzungen subjektiver Rechte diskutieren. Das wäre wichtig, denn es geht um Eingriffe in Autonomie von Bürgern, die ihr Handeln anders ausrichten werden als ohne Eingriff, das hat auch das BVerfG mehrfach gesagt. Der Schaden ist aber in jedem Fall auch sozialer Natur: ein Gefühl ständiger Wachheit und Anspannung entsteht, wo man sich von Unbekannten beobachtet fühlt und nicht sicher sein kann, was passieren wird. Der Schaden ist gesellschaftlich.

Nicht dass wir immer ganz sorglos sein dürfen, so ist es nicht – natürlich kann uns jeder aggressiv begegnen, natürlich können wir auf der Straße stürzen, und natürlich kann es auch im allerbesten Rechtsstaat passieren, dass ein Polizist die Lage falsch einschätzt, den Falschen trifft oder einfach nur seine Aggression auslebt, Menschen sind fehlbar.

Aber die besondere Unsicherheit, was mit uns und dem Mächtigsten passieren werde, ist ein besonderer Schaden, denn das Mächtigste ist der Staat, dem wir uns anvertraut haben und dem wir alles Menschenmögliche gegeben haben, damit er diese Macht für uns ausübt: Gesetze, Organisationen, Ressourcen.

In modernen westlichen Staaten ist es der Staat, der diese Macht sorgfältig ausbalanciert innehält, und nicht eine Mafia oder Oligarchen oder Militär mit ihren eigenen Interessen. In puncto Macht ist also auch ein Rechtsstaat ein Schwergewicht. Dieses Schwergewicht hält sich durch ausbalancierte und verschränkte Teilbereiche seiner selbst in Schach.

## Ein Staat aus Beobachtenden gerät in Dysbalance

Jedermann hofft, dass diese Balance bleiben wird, und dass der Koloss nicht doch eines Tages in die falsche Richtung in Bewegung gerät und auf seine Bürger fällt. Mit anlassloser und umfassender Überwachung kann jedoch ein Wissensvorsprung erreicht werden, der die Balance zerstört. Wenn Teile der Exekutive die Oberhand über andere Gewalten erlangen, weil sie Entscheidendes über diese wissen („Kompromate"), wäre dies der Beginn eines Zustandes, den man als Beginn des Zusammenbruchs des Rechtsstaates betrachten muss.

Ganz deutlich: Wem Parlament und Gerichtsverfahren wichtig sind, der lässt anlasslose Überwachung nicht zu.

Auffällig ist: Die staatlichen Gewalten beobachten sich gegenseitig und andauernd, das Verfassungsgericht bewertet und kassiert Gesetze, die Legislative wählt und stürzt die Exekutive, die Exekutive ragt mit ihren bürokratischen Routinen in alles hinein, was noch Eigenleben entwickeln könnte, und so weiter. Man könnte daher sagen: Das Prinzip gegenseitiger dauernder Beobachtung ist (neben dem Wahlvorgang und der Kommunikationsfreiheit) im modernen Rechtsstaat funktional verfasst und geradezu sein Erfolgsrezept, das man verallgemeinern müsste. Wenn jeder jeden beobachtet, ist alles sicher. So in etwa ist ja auch das zweite Argument strukturiert, man solle sich über Geheimdiensttätigkeit von Geheimdiensten nicht wundern, wenn man seine Mails nicht verschlüssele, sondern „offen" verschicke.

## Verschlüsselung als DIY-Fortsetzung von Paranoia

Beide Argumente („Beobachtung als Prinzip" und „Schütz Dich selbst") berücksichtigen aber die tatsächlichen Machtverhältnisse nicht, sondern bleiben auf einer kommunikativen Ebene stehen. Denn hinsichtlich Macht ist es ein Unterschied, wer wen „beobachtet" und wer geheim oder transparent kommunizieren muss. Eigenartig unpolitisch ist die Krypto-Fraktion („Verschlüssel doch"), die in Do-It-

Yourself-Manier das Beste tut, aber ihr eigenes Handeln in eine Kampfhandlung umdeutet, obwohl es eine Unterwerfungshandlung ist.

Ein Bürger, der sich zu wehren behauptet, in dem er nach fremden Regeln spielt, ist ein trauriger Bürger. Verschlüsselung taugt nur als zeitweilige Notwehr, wie Gewalt als Akt von Notwehr taugt. Als allgemeines Prinzip setzt sie nur die Paranoia fort, gegen die sie angehen will.

Es verwundert eigentlich nicht, dass diese Argumente von zwei Berufen kommen, deren Kern prozessuale Informationsverarbeitung ist: Juristen und Programmierer. Beide verlieren ihr Vertrauen in Prozesse und Technik erst, wenn man ihnen überraschend auf die Schnauze haut.[1] Denn das Gegenteil ihrer Thesen ist richtig: Freiheit im Sinne eines positiven Freiheitsbegriffes ist dort, wo keine Systeme sind, wonach sich Menschen gegenseitig in Schach halten. Und frei ist, wer unverschlüsselt darauf los plappert – eine Obliegenheit zu allgemeiner Verschlüsselung verkehrt die Verhältnisse, indem sie die Pflicht auf das Opfer verlagert.

Nach der Logik müsste man auch in anderer Richtung rückwärts um den Straßenblock laufen, auf den roten Hut einen braunen aufsetzen und auf nur einem Bein hüpfen, um damit die Fähigkeit des Gehens anderen zu verbergen. Man kann sein ganzes Leben so einrichten, dass es Unberechtigten per default verborgen bleibt, dann aber nennen wir es gemeinhin „Doppelleben".

## Grenzüberschreitendes Zusammenwirken von Nationalstaaten „über Kreuz" gegen eigene Bürger

Vertrauen ist essentiell für einen modernen Staat. So ein Rechtsstaat lebt von Vertrauen, das ihn konstituiert: Nur durch seine massenhafte Anerkennung kann der Rechtsstaat ein Rechtsstaat bleiben und muss sich nicht auf eine Weise durchsetzen, die ihm die Legitimation nimmt und letztlich zu seiner Auflösung führt.

Was aber, wenn Ausländer von seinem Handeln betroffen sind?

Lassen wir die internationale Rechtslage außen vor, wo nur die Lösung zu suchen sein kann, weil Staaten untereinander Regeln brauchen. Bleiben wir erst einmal bei der Bewertung stehen, weil es hierzulande wohl noch zu diskutieren ist. Wer andere Staaten heimlich mit Informationen versorgt, ohne dass es dessen Bürger wissen, zerstört Vertrauen innerhalb dieser Staaten (in diesem Fall Deutschland). Aus der Perspektive eines Bürgers eines ausländischen Rechtsstaates (in diesem Fall Deutschland) ist die Quelle der Information unbedeutend im Vergleich

---

[1] Diesen Satz habe ich für mich geschrieben, weil ich beides bin, und ich beobachte nun, wie er in mir nachklingt.

zum Ziel: Der ganze Vorgang ist eine Grundrechtsverletzung durch den Staat, der die Information entgegennimmt, in mittelbarer Täterschaft, wobei der abhörende Staat Werkzeug des grundrechtsverletzenden Staates ist.

Nach normalen Regeln des Strafprozesses müsste man wohl auch an ein Verwertungsverbot denken: Was illegal erlangt wurde, darf nicht verwertet werden. In jedem Fall liegt eine moralische Verantwortung für das vor, was Juristen kollusives Zusammenwirken nennen: Die geheime Verabredung mehrerer Beteiligter (in diesem Fall der Staaten USA und Deutschland), einem oder mehreren Dritten (nämlich Millionen von Bürgern) unerlaubt Schaden zuzufügen, wobei Kenntnis oder Unkenntnis einzelner Staatsorgane an der Zurechnung für den Staat nichts ändert.

Es ändert auch nichts an dieser Betrachtung, dass es das innerhalb der jeweiligen Staaten immer schon gegeben hat, denkt man etwa an Millionen vom BND im Kalten Krieg geöffnete Briefe. Es mag alles rechtens sein, wie Verantwortliche sagen, denn es kommt trotz aller systematischen Bedenken (vor allem hinsichtlich der Verfahrensweise in den USA [Lesetipps Economist und FAZ]) immer auch darauf an, welche Daten konkret wem zur Kenntnis gelangen (die allgemeine Information über eine neue Terrorzelle in Harburg etwa wäre noch keine Grundrechtsverletzung). Trotzdem ist das grenzüberschreitende Zusammenwirken von Nationalstaaten „über Kreuz" gegen ihre Bürger schon so nah am Ufer des Rubikon, dass man sich wünscht, der aktuelle Bundespräsident oder wenigstens Kai Diekmann hätte dem amerikanischen Präsidenten auf den Anrufbeantworter gesprochen.

## Falscher Friede

Vertrauen nimmt durch anlasslose Kommunikationsüberwachung schweren Schaden. Vertrauen als Erwartung des Handelns anderer richtet sich nicht nur an den Staat und seine Organe, sondern natürlich auch von Bürger zu Bürger, deren Handeln sich durch Kommunikationsüberwachung ändern kann. Vertrauen ist nicht einfach „da", sondern es kann sich nur dort entwickeln, wo die Zukunft unsicher ist, wo Menschen handeln und wo sie auch die Wahl haben, sich für unethisches Handeln zu entscheiden.

Die Zukunft ist aber nicht unsicher, wenn alle identifiziert und kontrolliert werden, denn dann werden sie sich äußerlich korrekt verhalten. Dieser äußerliche Frieden verdient die Bezeichnung „Frieden" nicht – und eine Erwartung, die sich auf ständig korrektes Verhalten in der Vergangenheit stützt, darf nicht „Vertrauen" genannt werden, wenn sich hinter der äußerlichen Nichtkriegsheit eine innere Feindlichkeit verbergen kann, die gerade dadurch zu einer ständigen Bedrohung wird, dass man sie nicht mehr äußerlich bemerken kann. Denn niemand *konnte* sich gegen das Gute (um in der Polarität zu bleiben: für das Böse) entscheiden, jeder *musste* gut handeln.

## Das falsche Menschenbild

Es wird deutlich, wie sehr eine anlasslose Überwachung auf einen Zustand zielt, der im christlichen Weltbild als Fundament westlicher Grundwerte nicht vorgesehen ist. Das Menschenbild westlicher Grundwerte sieht den „#fail" als eine Möglichkeit des Handelns vor, mehr noch: Das Gute und das Böse, Gott und Teufel, bilden eine dialektische Einheit, und die christliche Geschichte ist voll von Versuchen, die These von der Existenz eines Gottes zu verteidigen, obwohl derselbe ja ganz offenkundig Leiden zulässt (Theodizee).

Ein Zustand, der uns faktisch die Wahlmöglichkeit zwischen Gut und Böse nimmt (insofern, als er unser Handeln sofort erfasst und bestraft), entspricht nicht unserem Menschenbild. In diesem Zustand sind alle entmenschlicht, sie verlieren ihre Subjekt-Eigenschaft und werden Objekt staatlichen Handelns. Die Überwachung, die alles panoptisch erfasst, will Vertrauen schaffen, aber sie schafft Misstrauen – noch über das Misstrauen hinaus, das sie selbst schon ausdrückt. Sie infiziert so alles soziale Handeln, das sie überwachend erfasst, wie ein Virus mit ihrem Misstrauen, das jede überwachte Handlung begleitet.

Die Überwachung, die alles panoptisch erfasst, ist im engeren Sinn totalitär, weil sie in alle sozialen Verhältnisse eindringt – das ist ein Verrat an den Grundwerten des Westens für Menschen, die sich online ebenso wie offline bewegen, weil sie ihre sozialen Verhältnisse im Netz genauso wie in der körperlichen Welt pflegen und dort mitunter vertrauensvoller miteinander umgehen, als in der körperlichen Welt. Das ist in etwa so, als hätten im Wohnzimmer unserer Großeltern immer drei graue Herren gesessen, wenn die Nachbarn zum Romméspiel kamen.

Aus diesem Grunde ist der Aufschrei in der deutschen Netzgemeinde über Prism so laut – wohingegen ein solcher Eingriff in das Leben von Offline-Normalbürgern nicht zur Diskussion steht und Online-Normalbürger auf Facebook dieses Vertrauen in die Integrität von Facebook nie hatten, weil die Medien sie seit Jahren ständig warnen.

Das Verblüffende ist: Das alles wäre nur halb so schlimm, wenn es nicht heimlich geschähe. Erst durch Heimlichkeit hat das Mitschneiden den Charakter von Heimtücke und Vertrauensbruch. Es ist daher tunlichst zu raten, dass die Öffentlichkeit aufgeklärt wird.

## Vertrauen, überall und im Prozess

Vertrauen ist der Rohstoff, aus dem soziale Beziehungen in neue Qualitäten wachsen können. Was eine friedliche Gesellschaft auszeichnet, ist nicht die Abwesenheit von Krieg, sondern dass der Eine mit dem Anderen in Interaktion treten kann, weil er Erwartungen haben darf, dass es für ihn gut gehen werde. Dass wir positive Erwartungen hegen dürfen, gilt nicht für nur das Respektieren unserer eigenen Rechte, nicht nur für archaische Handlungen wie Mord und andere Gewalt, sondern Vertrauen ist auch der Rohstoff für Tauschbeziehungen in der Wirtschaft – es ist im Grunde für jedes gesellschaftliche Teilsystem so wichtig, dass man es als strukturgebend bezeichnen kann, weil sich Menschen in ihren Rollen so verhalten, wie es andere erwarten.

Das ist uns heute so selbstverständlich geworden, dass es hier herauszuarbeiten ist: Es ist *nicht* selbstverständlich, dass uns unser eigener Anwalt der Gerechtigkeit wegen nicht anzeigt, dass uns der Beichtvater der göttlichen Gesetze wegen nicht ins Jenseits befördert, und uns der Arzt nicht tötet, wenn wir mit unserem Virus die Gesundheit anderer gefährden!

Wo also dieses Gut „Vertrauen" gefährdet ist, ist mit dem Schlimmsten zu rechnen, die Gesellschaft fällt um Jahrtausende zurück in einen Zustand der Dunkelheit. Eine Gesellschaft, die längere Zeit anlasslos die Kommunikation überwacht, verlernt es zu vertrauen; Vertrauen entsteht im Prozess aus Freiraum und geht wieder, wo Handeln keinen Freiraum hat. Dasselbe gilt für Verantwortung als Einstehen für die eigene Entscheidung.

Jeder Mensch muss beides als Kind lernen. Eine solche Gesellschaft, die längere Zeit anlasslos die Kommunikation überwacht, muss sich umso mehr vor jenem dunklen Tag fürchten, an dem die Überwachungs-Automaten ausfallen. Hochmoralische Beichtväter im Jahre 2100 könnten Gläubige töten, die sich als Schwerverbrecher offenbart haben, wenn alle die Konzepte von Vertrauen und Verantwortung vergessen haben.

## Der Mensch als Störfaktor in der Sicherheitsgesellschaft

Komplexe Gesellschaften stellen Vertrauen zudem über Institutionen, Normen, Prozesse, Marken und ähnliches her. Ständig anlasslos überwachte Prozeduren kann man als besonders gesichert in dem Sinn ansehen, dass sie erwartungskonforme Ergebnisse liefern. Dabei schalten sie jedoch den Menschen als Störfaktor aus und nehmen ihm Beweglichkeit, Luft und Lebendigkeit, so dass sie ihm auch auf diese Weise Menschlichkeit nehmen.

Das gilt nicht nur für die Rollen von Menschen in wirtschaftlichen Wertschöpfungsprozessen, diese Grunderwartung ist auch zunehmend in einer Politik zu finden, die alles durchnormiert und Risiken ausschalten will. Kein Bereich ist davon ausgenommen, auch Blogger fordern lieber, als dass sie verzeihen. Die „Komfortgesellschaft" hat insofern über die „Sicherheitsgesellschaft" eine eigenartige geistige Nähe zur Überwachungsgesellschaft, und man muss sehr aufpassen, dass sie sich nicht zur Superkomfortgesellschaft für Mehrheiten gegen Minderheiten entwickelt, die die Erwartungen nicht erfüllen.

## Digitale Schattenarbeit ist notwendig

Wer sich nun empören möchte, muss noch digitale Schattenarbeit leisten: Wo beobachten wir einander, ohne dass wir fremde Dritte zu Tätern erklären können und uns zum Opfer machen? Inmitten unserer Gesellschaft nehmen wir es als Normalität hin, wenn Kinder rund um die Uhr von Eltern beobachtet werden. Wir nehmen nicht wahr, dass alte Menschen in Pflegeheimen rund um die Uhr von Dritten beobachtet werden und nicht einmal in ihrer Nachttischschublade noch sicher davor sein können, dass man ihre Grenzen respektiert. Medienprodukte entstehen mit gezielten Brüchen von Privatsphäre. Es gibt Eheleute, die wie selbstverständlich ihre Handys gegenseitig in Augenschein nehmen – sogar einvernehmlich als „Vertrauensmaßnahme". Auch die Kontrollierbarkeit am Arbeitsplatz hat mit der Digitalisierung zugenommen.

Vielleicht wird dies alles auch durch Verdichtung beschleunigt: mit Urbanisierung und Anschluss an viele Funktionssysteme muss sich die Kontrolldichte beinahe erhöhen. Umgekehrt: Wie soll es ohne Beobachtung gehen, wenn sich eine Million Menschen auf wenigen Quadratkilometern Ressourcen teilen? Jedenfalls sind wir selbst es, die jede Neuerung der Medientechnik dazu genutzt haben, Dokumentierbarkeit eines jeden Vorganges zu fordern; selbst im Wirtschaftsalltag zählt das Wort weniger als eine Mail oder eine Präsentation mit Protokoll. Das Protokoll hält etwas fest, weil wir Angst haben, dass es unsicher werden könnte.

## Schluss

Dieser Frieden, der mit anlassloser Überwachung hergestellt wird, ist kein Frieden, und er darf nicht Frieden genannt werden. Er ist aus dem Krieg geboren, und seine Handlungen richteten sich erst gegen wenige, die den Krieg begonnen haben, und nun säen sie Misstrauen, das Gift für jede soziale Beziehung, die Vertrauen erfordert.

Es ist nicht leicht, die Grenze zwischen einerseits Beobachtung beziehungsweise Beobachtetwerden als existentiellem Grundzustand und andererseits Überwachung als Grenzüberschreitung zu ziehen. Aber aus genau diesem Grund darf die Beobachtung nicht zur Regel werden, sondern muss begründete Ausnahme bleiben. Eine dauerhafte Beobachtung in weitreichendem Umfang ist jedenfalls eine dauerhafte Grenzüberschreitung, welche die Gesellschaft in ihrem Grundfundament beschädigt und auch nicht in das westliche Wertesystem passt.

URL: http://www.carta.info/61129/vertrauen-verrat-und-schatten-a-letter-from-hamburg/ vom 17. Juli 2013

# Destroying A*****a & Diggin' Up M*****n M****e

## Tassilo Pellegrini

Es sollte ein Scherz sein, wurde aber durch die US-Heimatschutzbehörde als Bedrohung der nationalen Sicherheit eingestuft. Die Rede ist von zwei Tweets eines 26-Jährigen.

Der in Großbritannien lebende Ire Leigh Van Bryan hatte die zwei 140-Zeichen-Posts Mitte Januar 2012, etwa eine Woche vor seiner Abreise in die USA, verfasst. Dort angekommen fand sich der bisher unbescholtene „Nobody" samt Reisebegleiterin im Gewahrsam der US-Behörden wieder. Wie die <u>Huffington Post</u> berichtete, wurde das Touristenpärchen mit der Begründung festgehalten, Van Bryan habe in den USA Verbrechen begehen wollen, unter Beihilfe seiner Begleiterin Emily Bunting. Nach einem mehrstündigen Verhör und zwölfstündiger Internierung wurden beide schließlich nach Großbritannien zurückgeschickt.

## Ist „Big Brother" ein Zwangsneurotiker?

Was in Zeiten von Flugdatenweitergabe, Vorratsdatenspeicherung, Deep Packet Inspection und proaktiver Terrorbekämpfung als süffisante Anekdote daher kommen könnte, ist aus anderer Perspektive eine eindrucksvolle Zurschaustellung real gewordener Big-Brother-Fantasien.

Der Fall Van Bryan zeigt, mit welcher Sorgfalt und Akribie die – in diesem Falle die US-amerikanische, doch dies ist beliebig – Überwachungsmaschinerie ihrem Handwerk nachgeht. Er zeigt, mit welcher Effizienz algorithmische Überwachungsautomatismen in der Lage sind, aus den täglich Abermillionen von Tweets,

T. Pellegrini (✉)
FH St. Pölten, St. Pölten, Österreich
E-Mail: Tassilo.pellegrini@fhstp.ac.at

C. Kappes et al. (Hrsg.), *Medienwandel kompakt 2011–2013*,
DOI 10.1007/978-3-658-00849-9_11, © Springer Fachmedien Wiesbaden 2014

Posts, Comments und Chats und den Daten tausender US-Touristen genau jenen Renegaten herauszupicken, der seine Anschlagspläne online der Öffentlichkeit kundtut – manchmal eben auch unbewusst. Und er macht deutlich, dass die angewendeten Analyseverfahren trotz geteilter Sprache den Sinngehalt der Nachricht zwar semantisch korrekt, aber pragmatisch vollkommen absurd interpretierten.

So lautete Van Bryans erster Post: „@MelissaXWalton free this week for a quick gossip/prep before I go and destroy America?x" Da lohnt es sich zu wissen, dass das umgangssprachliche Interpretationsspektrum des Wortes „destroy"– zumindest in Großbritannien – neben dem ursprünglichen Sinn auch „heftiges Partymachen" oder „eine gute Zeit verbringen" umfasst.

Im zweiten Tweet verwendete Van Bryan mit „diggin' Marilyn Monroe up" ein Zitat aus der US-Comedy-Serie „Family Guy", dessen Sinngehalt zugegebenermaßen nur Insidern verständlich ist. Der Satz heißt im Original: "3 weeks today, we're totally in LA pissing people off on Hollywood Blvd and diggin' Marilyn Monroe up!". Delikates Detail: Angeblich suchten die Beamten im Gepäck der Verhafteten tatsächlich nach einer Schaufel für die angekündigte Exhumierung von Marilyn Monroe.

Natürlich kann zur Verteidigung des Überwachungssystems und seiner Vollzugsorgane ins Feld geführt werden, dass es sich um ein interkulturelles Missverständnis handelte, oder aber auch, dass die Mitarbeiter der Homeland Security nicht anders konnten als dem für solche Fälle festgelegten Protokoll zu folgen. Ergo: „You've really fucked up with that tweet boy", wie einer der Beamten die Situation pointierte.

## Kontrolle und Selbstkontrolle

Van Bryans Geschichte führt vor Augen, wie gut die großtechnischen Überwachungsinfrastrukturen der (US-amerikanischen) Geheimdienste und Behörden funktionieren. Sie sind fähig, aus der gigantischen Datenmenge von 1 PB (= 1.000.000.000.000.000 B) an Internet Traffic, die laut dem Netzwerkhersteller Cisco täglich in den USA anfallen, genau jene 200 B extrahieren, die zu einem potenziellen Terroristen führt.

Das Online-Magazin Digital Journal berichtete, wie der Traffic von Twitter seit Jahren über Fake-Accounts der US Homeland Security systematisch analysiert wird. Dieser betrug 2011 täglich 140 Mio. Tweets von etwa 60 Mio. aktiven Accounts bzw. insgesamt 24 GB (24.000.000.000 B) an Textinformation. Ein solches Datenvolumen ist mit den gängigen Methoden des Text-Minings auf Basis natürlichsprachiger Analysealgorithmen problemlos zu bewältigen. Bemerkenswert ist nicht die Datenmenge, sondern die Präzision, mit der diese Maschinerie aus „computational semantics" angeschlagen und ihren Funktionszweck erfüllt hat. Da zieht wohl jeder Software Developer seinen Hut.

Doch es war eben nur Maschinenlogik, die bekanntermaßen ihre liebe Not mit den Untiefen sprachlicher Irrationalismen und Aphorismen, Zynismen und Humorismen hat, insbesondere, wenn sie auf 140 Zeichen komprimiert sind. Trotz jahrzehntelanger Forschung im Bereich Computerlinguistik und künstliche Intelligenz bleibt eine der Königsdisziplinen, Algorithmen zur pragmatisch validen Analyse natürlichsprachiger Konstrukte zu programmieren, insbesondere, wenn die Ausgangtexte kurz sind.

Und vielleicht gerade deshalb finden sich unter anderem die Punkte „Indexing, Search and Analytics" unter den deklarierten strategischen Forschungs- & Entwicklungszielen des Twitter-Konzerns, dessen Kernkompetenz – so wie die der vielen anderen Social Media Anbieter – in der Bewirtschaftung der Nutzerdaten für Werbezwecke liegt. Doch sollten sich die nationalen Sicherheitsbestimmungen verschärfen, kann ebenso strafrechtlich problematischer User-Content herausgefiltert werden. Erst kürzlich kündigte Twitter an, künftig gesetzeswidrige Nachrichten in „bestimmten Ländern" zu zensieren. War damit der „Arabische Frühling" als demokratiepolitisches Emanzipationsphänomen der Web 2.0-Generation eine historische Eintagsfliege, weil die Kapitalinteressen schwerer wiegen als die gesellschaftliche Verantwortung von Social Media Services an der Schnittstelle von Individual- und Massenkommunikation? Kurz: SOPA, Hadopi und ACTA wirken auch ohne gesetzliche Grundlage... Goodbye, Arab Spring!

## Die Sehnsucht nach dem Überwachungsstaat

Doch zurück zu Big Brother: Es ist kein Geheimnis, dass das Department of Defense (DoD), das Department of Homeland Security (DHS), die Defense Intelligence Agency (DIA), die US Navy und diverse Geheimdienste an Entwicklung, Erprobung und Einsatz plattformübergreifender semantischer Analysesysteme beteiligt sind. Sie sind engagierte Investoren in diesem Nischenmarkt der US-Softwareindustrie. Die Vision: „Semantic interoperability will drive DoD [Department of Defense – Anm. d. A.] to a more efficient and effective information environment", wie es beim jährlichen DoD SOA & Semantic Technology Symposium 2011 hieß.

2007 war bekannt geworden, dass die US Homeland Security mit dem Projekt ADVISE (Analysis, Dissemination, Visualization, Insight, and Semantic Enhancement) eine groß angelegte semantische Analyse- und Überwachungsinfrastruktur für Internet Traffic ausgerollt hatte, die Datenschützer massiv kritisierten. Zu den analysierten Daten zählten laut US Privacy Office unter anderem:

> „The no-fly list of people barred from domestic air travel and the list of people who require special inspections before flying. More than 3.6 million shipping records from a commercial data provider with names of cargo shippers and consignees. Terrorist Screening Center lists of people who tried to cross the U.S.-Canadian border at a port-of-entry. Classified intelligence reports about illicit traffic in weapons of mass effect. Lists of foreign exchange students, immigrants under investigation and people from special interest countries."

Laut Associated Press wurde ADVISE Ende 2007 aus Budget- und Verträglichkeitsgründen auf Druck des Government Accountability Office – angeblich – eingestellt. Doch neben ADVISE wurden erhebliche Geldsummen in die Harmonisierung der behördlichen Informationsinfrastrukturen investiert, um Datenintegration auf bisher nicht gekanntem Niveau zu ermöglichen. 2009 hieß es in den Defense News der US-Army unter der Überschrift „Managing the Data Tsunami":

> „There are a number of daunting problems to solve. One is the sheer volume of data collected, including intercepted phone calls, video feeds from UAVs, radar signatures, patrol reports, open source data from Web sites, newspapers and TV stations, satellite images and more."

So ist es nicht verwunderlich, dass sich laut Huffington Post Van Bryans Name auch auf einer „One Day Lookout" Liste der Homeland Security befand, die automatisch für alle Einreisenden in die USA generiert wird. Das Beispiel Van Bryans zeigt, welche Blüten der offensichtlich gewordene Überwachungsstaat als Reaktion auf ausgedünnte behördliche Verwaltungsstrukturen, Technikgläubigkeit und Innovationspositivismus treibt. Eine gefährliche Mischung, die in Zeiten zunehmender Verschmelzung von privater und öffentlicher Kommunikation offenbart, wie vulnerabel die informationelle Selbstbestimmung durch die industrielle Bedeutungsverarbeitung mit Hilfe algorithmisch gestützter Filter- und Zensurmechanismen geworden ist. Und es ist anzunehmen, dass dies in Zeiten der globalen Datenvernetzung nicht nur ein Phänomen der USA ist.

Aber es ist ja nicht so, als hätten wir es nicht schon die ganze Zeit geahnt. Ab und zu erwischt es eben eine(n). Wen kratzt das schon …

P.S. Wer traut sich zu twittern: „Will investigate the whole truth about Osama Bin Ladens death and dive after his body @DoD @DHS @DIA @Taliban #waron-terror #al-quaeda #OBL".

URL: http://www.carta.info/41261/destroying-aa-diggin-up-mn-me/ vom 5. Februar 2012

# Über Post-Privacy

## Daniel Gruschke

Ist Datenschutz per se ‚gut' oder ‚schlecht'? Hat die Verteidigung der Privatsphäre überhaupt einen Sinn? Ist es nicht besser, wenn alle alles über jeden wissen? Data is money und Big Data ist sehr, sehr viel Geld. Welche Blogs wir lesen, was wir bei Amazon ansehen oder einkaufen, wie alt wir sind, welches Geschlecht wir haben, wie lange wir uns wann vor einem Schaufenster aufhalten, zu welcher Tageszeit wir gewöhnlich wie viel Geld in welchem Drogeriemarkt ausgeben – dank Internet-Nutzung, stets empfangsbereitem Mobiltelefon, Kundenkarte usw. ziehen wir alle eine endlose Datenspur hinter uns her, mit deren Hilfe sich diese (und andere) Fragen ohne größeren Aufwand beantworten lassen. Vorausgesetzt natürlich, man verfügt über hinreichend große Datensätze und die nötige Ausrüstung, um sie auszuwerten – was bekanntlich kein Problem mehr darstellt: Datensätze kann man kaufen, die nötige Mining-Software ebenso, und für die ermittelten Korrelationen, die sich zu Verhaltensprofilen von einzelnen Individuen oder auch ganzen Personen-Gruppen verdichten lassen, interessiert sich so manches Unternehmen. (Wer sich dazu einlesen möchte, dem sei das Buch Die Datenfresser von Constanze Kurz und Frank Rieger empfohlen).

## Eine bedenkliche Mischung

Fast unbegrenzte Datenmengen, immer bessere Software, immer größere Rechenleistung, immer mehr Geld. Dieser Mix ist fatal. Wenn daher – wie Anfang Oktober gemeldet wurde – der spanische Telekommunikationskonzern Telefónica, in Deutschland als O2 präsent, den Plan gefasst hat, die Bewegungsdaten seiner

D. Gruschke (✉)
Berlin, Deutschland
E-Mail: daniel.gruschke@hu-berlin.de

C. Kappes et al. (Hrsg.), *Medienwandel kompakt 2011–2013*,
DOI 10.1007/978-3-658-00849-9_12, © Springer Fachmedien Wiesbaden 2014

Kunden (genauer: ihrer Mobiltelefone) weiterzuverkaufen, dann überrascht das nicht wirklich. Man fragt sich vielmehr, warum man Derartiges nicht wesentlich öfter liest. Wie lange bist du vor der Auslage eines Geschäfts stehen geblieben, aus welcher Richtung kamst du, wie alt bist du, welches Geschlecht hast du, etc.? Verständlicherweise wüssten diverse Einzelhandelskette darüber gerne Genaueres. Telefónica hat deshalb eine neue Sparte mit dem vielsagenden Namen „Dynamic Insights" ins Leben gerufen. Die Erprobungsphase in Großbritannien läuft bereits. (In Deutschland haben die zuständigen Ministerien zwischenzeitlich darauf hingewiesen, dass der Verkauf von Standortdaten für derartige Zwecke verboten sei – und dies EU-rechtlich auch für andere Mitgliedsstaaten der Union gelte).

Telefónicas Idee hat einiges Aufsehen erregt, nicht zuletzt bei Datenschützern. *Eine* Netz-Community hat sich dazu aber bislang erstaunlicherweise nicht geäußert, zumindest nicht auf ihrem zentralen Blog, nämlich die sogenannte/selbsternannte „datenschutzkritische post-privacy Spackeria". Das Entsetzen aller Datenschutzbewegten wäre für die Spackeria eigentlich eine Steilvorlage gewesen. Ihre Grundthese lautet ja, dass der Schutz der Privatsphäre im Allgemeinen und Datenschutz im Besonderen unter Bedingungen des digitalen Zeitalters weder möglich noch wünschenswert ist. Dementsprechend fällt auch die Sympathie aus, die Spackos und Spackessen allen Bemühungen um Datenschutz & Co. entgegenbringen.

## Wieviel Privatsphäre wird uns gewährt?

Natürlich ist die Spackeria kein deutsches Eigengewächs. Begonnen haben Privatsphärenkritik und Datenschutzskepsis, wie so vieles, in den USA. Dort haben bspw. feministische Intellektuelle wie Catherine MacKinnon in den 80er Jahren die Institution Privacy kritisiert (*Toward a Feminist Theory of the State*, Cambridge/Mass. 1989): Die Abgrenzung des Privaten als eines Raums, der den Blicken der Öffentlichkeit entzogen ist, schaffe eine Sphäre, in der Frauen und Kinder der von Ehemännern und Vätern ausgehenden Gewalt ausgeliefert seien. Häusliche Angelegenheiten als Angelegenheiten im privaten Raum seien dem Blick der Öffentlichkeit entzogen; Interventionen zum Schutz der Opfer würden dadurch erschwert oder ganz unmöglich. Obwohl als Zone individueller Freiheit gedacht, markiere „Privacy" für Frauen einen Raum der Unfreiheit und des Ausgeliefertseins, der männliche Gewalt und die darauf gestützte Herrschaft über Frauen zementiere sowie mit dem Anstrich der Legitimation versehe.

1998 erschien von David Brin – einigen vielleicht als Science-Fiction-Autor bekannt – *The Transparent Society*, eine mit 378 Seiten etwas überdimensionierte Prognose des Inhalts, dass immer billiger werdende und immer einfacher zu handhabende Überwachungstechnologien naturgemäß darauf hinauslaufen, nicht nur Regierungen das Ausspähen zu erleichtern, sondern Überwachung sozusagen zu „demokratisieren". Was aus technischen und finanziellen Gründen einst dem Staatsapparat vorbehalten war, wird nun ein Werkzeug in den Händen von Bürgern, und zwar mit dem Ergebnis, dass unsere Privatsphäre in bisher nicht gekanntem Ausmaß erodiert. Da Brin Privatsphäre innerhalb bestimmter Grenzen als schützenswert ansieht, schwebt ihm zur Abwehr der Gefahren, die mit der Aushöhlung von Privatsphäre einhergehen, eine Art Gleichgewicht des Schreckens vor: Wir Bürger müssen in die Lage versetzt werden, die Überwacher zu überwachen, damit Fehlverhalten, etwa seitens der Regierung, möglichst zeitnah aufgedeckt werden und von einer kritischen Öffentlichkeit sanktioniert werden kann.

Dass ein Wettrüsten zwischen Bürgern vermutlich allem eher dient, als dem Schutz eines letzten Rests von Privatsphäre, und dass die Annahme, Regierungen wären ernstlich geneigt, ihren Bürgern Waffengleichheit zu gewähren, ins Reich der Netz-Mythen gehört, bedarf wohl keiner Erläuterung. Zwei Dinge sollte man sich aber zu Brin notieren: Zum einen gab es, als Brin The Transparent Society schrieb, weder Google noch Facebook (Google trat unter diesem Namen erst im Jahr der Publikation von Brins Buch ans Licht der Öffentlichkeit). Das Problem, zu dem sich unsere heutigen Datenschleudern ausgewachsen haben, zeichnete sich damals bestenfalls umrisshaft ab. Zum anderen ist Brins These zunächst bloß deskriptiv gemeint: Privatsphäre wird erodieren – wie auch immer man dazu steht. Brins Prognose ist Privacy-skeptisch, aber nicht Privacy-ablehnend.

## Ist Datenschutz Unfug?

Die Spackeria jedoch geht, wie es scheint, über einen bloßen Zweifel daran, dass der erreichte Schutz unserer Privatsphäre auch im Internet-Zeitalter aufrechterhalten werden kann, einen Schritt hinaus. Nach ihr sind Datenschutz und Privatsphäre de facto passé. Das Rad lässt sich nicht mehr zurückdrehen – und jeder Versuch in diese Richtung hätte lediglich Kontrolle und Überwachung etwa durch Datenschutzbehörden in einem Ausmaß zur Folge, das unserer Freiheit ganz bestimmt nicht zuträglich ist und überdies die Vorteile verspielt, die das offene Netz mit sich bringt.

Allerdings ist aus Sicht der Spackeria dieser Zug nicht einfach nur unwiderruflich abgefahren; es wäre auch gar nicht *wünschenswert*, ihn aufzuhalten. Die freie Verfügbarkeit von personenbezogenen Daten habe nämlich auch ihr Gutes: Man denke nur an die Möglichkeiten, die sich beispielsweise für medizinische Forschung auftun, wenn alle Krankendaten frei im Netz verfügbar wären. Oder wie leicht sich Vorurteile entkräften ließen, wenn jeder jederzeit alles über jeden anderen wüsste. Mehr noch: Eine Gesellschaft, welche die Hemmungen und Tabus des

Privaten abgelegt hat, wäre nicht nur freier und transparenter, sondern wohl auch toleranter und solidarischer. Egal, was ich bin oder habe, ich bin damit nicht allein. Sobald ich mit „meiner" Besonderheit nicht mehr hinterm Berg halte, finde ich im Netz die für mich passende Gemeinschaft von Menschen. Wenn erst einmal alles offen daliegt, wird uns nichts Menschliches mehr fremd sein. Auch wenn wir die Besonderheiten der anderen nicht teilen mögen: Wenn wir sehen, dass sie zwar anders sind, aber doch nicht „so" anders, wie wir in der Beschränktheit unseres Un- oder Halbwissens gedacht hatten, so werden wir sie doch zumindest nicht mehr ablehnen. Offenheit und Sichtbarkeit sind der erste Schritt auf dem Weg zu gesellschaftlichen Veränderungen – man denke etwa an die Schwulen-Bewegung. Genau besehen, hat das Pochen auf Privatsphäre zu Abkapselung und Isolation geführt, Halbwissen und Vorurteilen Vorschub geleistet, durch Unsichtbarkeit und Verborgenheit hinter den dicken Samtvorhängen von Privacy so manch zweifelhaftes Tun erst ermöglicht – z. B. häusliche Gewalt – und schließlich offene gesellschaftliche Debatten bzw. politische Initiativen behindert.

So oder so ähnlich jedenfalls argumentiert bspw. Christian Heller in seinem Buch <u>Post-Privacy – Prima leben ohne Privatsphäre</u> (München 2011). Jeff Jarvis, dessen Public Parts gerade unter dem Titel Mehr Transparenz wagen! auf Deutsch erschienen ist, schlägt in dieselbe Kerbe und provoziert damit bei Internetskeptikern wie Evgeny Morozov mit persönlichen Beleidigungen gespickte publizistische Wutausbrüche (mehr dazu <u>hier</u>).

Die Spackeria vertritt also, kurz gesagt, nicht nur die deskriptive These, dass Datenschutz & Co. unwiederbringlich dahin sind, sondern auch die evaluative These, dass deren Ableben überdies wünschenswert ist. (Christian Heller selbst scheint darüber hinaus der Ansicht zu sein, dass wir angesichts des unabwendbaren Exitus' der Privatsphäre auch davon absehen *sollten*, Versuche zum Schutz unserer Privatsphäre zu unternehmen, und statt dessen gut daran täten, uns in „Post-Privacy-Taktiken" zu üben. Er selbst geht dabei mit gutem (?) Beispiel voran: Sein Tagesablauf und Terminkalender sind online einsehbar).

## Gute Post-Privacy gegen schlechte Privatsphäre?

Der Streit zwischen Privacy- und Post-Privacy-Anhängern dreht sich primär um die Frage, ob das Internet-induzierte Ende der Privatsphäre nun erfreuliche oder unerfreuliche Folgen zeitigen wird, ob die involvierten Technologien, platt gesagt, also nun „gut" sind oder „schlecht". Genauer gesagt, kreist die Auseinandersetzung um die Frage, welche Szenarien realistisch sind, mit welchen Chancen und Risiken sie einhergehen, und wie sie unter Abwägung aller Gesichtspunkte zu bewerten wären.

Diese Frage ist zunächst eine empirische (und auch philosophisch nicht sonderlich interessant). Was die Zukunft bringen wird, wissen wir nicht. Allerdings ist nicht ersichtlich, dass plötzlich eine neue Zeit angebrochen wäre, in der zwei Lehren der Technikgeschichte nicht mehr gelten würden: Alles, was schiefgehen kann, geht irgendwann schief – und alles, was sich zu sinistren Zwecken missbrauchen lässt, wird irgendwann auch dafür herhalten.

Man würde von der Spackeria im Allgemeinen und von Jeff Jarvis im Besonderen gerne erfahren, warum sie denken, dass es sich mit netzbasierter Datenschleuderei anders verhalten wird. Der bloße Verweis auf den eigenen privatreligiösen Glauben an das Gute im Menschen ist dafür etwas dürftig – und mit Blick auf die Geschichte auch wenig überzeugend. Dass uns schon nichts passieren wird, wenn wir das Unausweichliche nur enthusiastisch umarmen, erinnert ein wenig an Prentice Mulfords Überzeugung, wenn wir nur positiv genug dächten, dann bräuchten wir weder zu altern noch zu sterben. (Mulford ist übrigens auch gestorben). Dass das Ende der Privatsphäre Gutes bringen kann, ist sicher richtig; dass das Ende der Privatsphäre Schlechtes bringen kann, allerdings wohl auch.

Philosophisch wenig interessant – und wenig plausibel – sind, am Rande bemerkt, auch die spackeristischen Hintergrundannahmen über die Natur von Vorurteilen, die dem Glauben der Spackos und Spackessen über die vorurteilsbeseitigende Kraft von „Transparenz" zugrunde liegen. Im Allgemeinen sind Vorurteile eben nicht bloß falsche Überzeugungen, die nach Erhalt von zusätzlichen Informationen korrigiert werden. Vorurteile knüpfen nämlich an echte oder angebliche Eigenschaften ihres Gegenstands *Werturteile*. Diese führen bisweilen ein seltsames Eigenleben und erweisen sich manchmal auch als völlig informationsimmun: Antisemiten und Schwulenhasser lassen sich für gewöhnlich durch keine Statistik der Welt von ihren Ansichten abbringen. Vorurteile spielen im System der Sätze, die jemand als wahr akzeptiert, eine herausgehobene Rolle: Sie strukturieren und tragen das eigene Weltbild – und sie orientieren das Handeln. Eher wird deshalb eine Anomalie ignoriert bzw. solange uminterpretiert, bis sie zu den Axiomen des eigenen Überzeugungssystems passt, als dass diese angetastet werden würden. Im System unserer Überzeugungen sind einige Sätze eben gleicher als andere. Im Konfliktfall wird eher der Bauer geopfert als die Dame. (Vergleichbare Phänomene sind auch aus der Wissenschaftstheorie bekannt).

## Ein Denkfehler

Die philosophisch zentrale Frage wird, wie ich meine, durch die *evaluative* Seite des Streits angedeutet – wie also die Chancen und Risiken im Verhältnis zueinander zu Gewichten sind. Dieser Punkt ist nicht deshalb philosophisch interessant, weil Philosophen Experten für Wert-Fragen wären. Er ist philosophisch interessant, weil er den fundamentalen Konstruktionsfehler der Debatte ans Licht hebt: Die Rede von positiven und negativen Folgen des Endes der Privatsphäre tut so, als wäre die Angelegenheit nur eine Kosten-Nutzen-Rechnung.

Tatsächlich geht es bei „Privacy" aber um individuelle *Rechte*. Unsere Wohnung ist Teil unserer Privatsphäre, d. h., wir dürfen selbst darüber entscheiden, wer zu ihr Zutritt hat. Unser Beziehungsleben ist privat, weil sich andere hier nicht einzumischen haben, es sei denn, sie wurden von uns dazu eingeladen: Mit wem wir Freundschaften eingehen und pflegen, ist allein unsere Sache. Unsere persönlichen Daten – vom Tagebucheintrag über unseren Kontostand bis hin zu unserer Krankenakte – sind privat, weil niemand dazu legitimiert ist, sie ohne unsere Erlaubnis an sich zu bringen, zu verarbeiten, weiterzugeben etc. Die gemeinsame Idee hinter lokaler, dezisionaler und informationeller Privatheit besteht darin, dass es einen Kernbereich des Persönlichen gibt, den zu kontrollieren der Einzelne ein ausschließliches Recht hat, und der, salopp gesagt, niemand anderes legitimes Anliegen ist bzw. sein kann. Es geht um das Recht, diesen Bereich und den Zutritt dazu zu kontrollieren (de jure-Kontrolle), nicht darum, dass wir diesen Bereich auch immer de facto kontrollieren (können).

Das Recht auf Privatsphäre ist somit gar nichts Geheimnisvolles und übrigens auch nichts Belangloses, sondern nichts anderes als *eine* Manifestation des grundlegenden Rechts jedes Menschen, über zentrale Aspekte des eigenen Lebens selbst entscheiden zu dürfen. (Wer sich in die Philosophie des Privaten einlesen möchte, sei auf Beate Rösslers *Der Wert des Privaten*, Frankfurt a. M.: Suhrkamp, 2001, verwiesen).

Wenn man es also bei der Frage, wie die Aushöhlung der Privatsphäre zu beurteilen ist, mit fundamentalen Rechten von Individuen zu tun hat, dann verbieten sich bloße Folgen-Überlegungen in Gestalt von Kosten-Nutzen-Rechnungen. Im Allgemeinen akzeptieren wir nämlich nicht, dass jemandes Recht auf Leben/körperliche Unversehrtheit/Redefreiheit/freies Kunstschaffen etc. mit der Begründung verletzt wird, dies habe aber erfreuliche Konsequenzen – wenn auch vielleicht nicht für den Betroffenen selbst. Rechte können nur durch mindestens gleichrangige Rechte anderer begründet eingeschränkt werden.

Der Streit zwischen Privacy- und Post-Privacy *sollte* sich also nicht um „Transparenz", krude Menschenbilder und Prophezeiungen über schöne und unschöne Eigenschaften der – angeblich heraufziehenden – Post-Privacy-Welt drehen, sondern um die Frage, wie diese mit Blick auf unsere fundamentalen Rechte zu bewerten wären – d. h. also, um die Frage, ob wir fundamentale Rechte auch im Angesicht der (vermeintlichen) Wunderwelt des Internets ernst nehmen wollen und ggf. zu verteidigen bereit sind. Wer sich unter die Post-Privacy-Jünger einreihen möchte, sollte darauf eine überzeugende Antwort haben. Andernfalls läuft er Gefahr, sich zum nützlichen Idioten für Unternehmen zu machen, deren Geschäftsmodell auf der systematischen Verletzung des Rechts auf (informationelle) Selbstbestimmung basiert.

URL: http://www.carta.info/50913/uber-post-privacy/ vom 15. November 2012

# Die Vorteile der Allgemeingeheimheit

## Jan Krone

Was trotz der immanenten Bedrohung demokratischer Strukturen durch kommunikationstechnologische Schnüffelei optimistisch stimmt.

Wenn eines im Rahmen der digitalisierten Kommunikation deutlich wird, ist es der Mangel an Verhältnismäßigkeit in vielerlei Hinsicht.

Einzelpersonen überschätzen ihr kognitives Vermögen zur Bewältigung der selbsterwählten Kommunikationslast oder können dem Schlüsselloch-Reiz der heimlichen Beobachtung Dritter nicht widerstehen. Unternehmen und gerade die Werbewirtschaft nutzen technologische Mittel, um sich entweder einen Wettbewerbsvorteil zu verschaffen oder um verblendet den eigentlichen Adressaten zum Gegner zu erklären: ihn mit Werbe-SPAM einzudecken, ihn zu verfolgen, in dem Bewusstsein, Konsumenten damit zu gefallen.

Überboten im Zuge der digitalen Kommunikation werden diese gesellschaftlichen Kräfte aktuell von staatlichen Administrationen und ihren gesichtslosen Adjutanten, die, treten sie in das Licht der Öffentlichkeit, hektische Manöver, nicht nur in der Weltpolitik, auslösen.

Aus einer distanzierten Sichtweise und wohl eher tauglich für eine Retrospektive, irgendwann einmal, hat die Sachlage den Anschein von nicht weiter verwunderlichen Sozialisationsproblemen mit neuen, veränderten Settings. Die Verbreitung industrieller Produktion, Fernreisen mittels strahlgetriebener Flugzeuge usw. erzählen ähnliche Geschichten. Aneignungsprozesse bedingen Fehleinschätzungen, Gesetzesüberschreitungen, Furcht und fatale Missverständnisse.

Soweit die dem Jetzt entrückte Perspektive. Unter dem Eindruck der Tatsache, dass jene Effekte als bekannt gelten, muss die gegenwärtige Situation reflektiert

J. Krone (✉)
FH St. Pölten, St. Pölten, Österreich
E-Mail: Jan.Krone@fhstp.ac.at

C. Kappes et al. (Hrsg.), *Medienwandel kompakt 2011–2013*,
DOI 10.1007/978-3-658-00849-9_13, © Springer Fachmedien Wiesbaden 2014

werden. Was ist mit welchen möglichen Folgen auf welche Art und Weise passiert, und wem nützt es?

## Implosion des Geheimen

Im Problembewusstsein der Gesellschaft angekommen sind Erkenntnisse der dysfunktionalen Kommunikation wie Cyber-Mobbing, Cyber-Grooming, Cyber-Stalking, Überreizung und Burn-Out als Folgen auf der Individualebene. Ausgiebig belegt ist auch die Ignoranz ganzer erwerbswirtschaftlicher Branchen, die dem User die Kontrolle über seine Hoheit an privaten Daten im Verborgenen oder durch komplexe AGB wie selbstverständlich absprechen will.

Nun tritt noch ein weiterer gesellschaftlicher (Schatten-)Akteur in den Brennpunkt: Geheimdienste, die nach ihren eigenen Agenden abhören, beobachten, auswerten, empfehlen oder handeln. Nur, ein Geheimdienst, der nicht mehr geheim ist, kann auch kein Geheimdienst mehr sein. Er ist öffentlich. Wie die Polizei, wie ein Kaufhaus, wie ein WLAN. Allesamt mit eigenem Hausrecht, einer öffentlich zugewiesenen Rolle im rechtsstaatlichen Gefüge einer Demokratie.

Ist also nun ein Geheimdienst nicht mehr geheim, ist er allgemein. Und damit verwirkt der beobachtbare Allgemeingeheimdienst letztlich den Status der geduldeten Illegalität für das, was er tut, was er tun soll.

Ein Allgemeingeheimdienst muss sich der öffentlichen, nicht geheimen Gewaltenteilung (also keine Geheimgerichte, die es auch in Deutschland gibt) und der Maßgabe der Verhältnismäßigkeit unterwerfen. Der Allgemeingeheimdienst ist auf einmal öffentlich geworden: Der kommunikationstechnologische Vorsprung gegenüber der Allgemeinheit ist aufgebraucht, und man weiß nun, wo der Dienst sich aufhält, welche Aufgaben er verfolgt, mit welchen Mitteln er arbeitet. Geheimdienste sind etwas anderes. Man vermutet sie, sie sind von Mythen umgeben, es darf gelogen und getarnt werden.

Das ist angesichts der Flut von Veröffentlichungen erst einmal vorbei. Gemessen an aufgeklärten Gesellschaften gehören Geheimdienste nicht – und Allgemeingeheimdienste schon gar nicht – zu den Grundpfeilern unserer Gesellschaft. Sie sind vor diesem Hintergrund nahezu entbehrlich, weil redundant.

Sie benötigen ebenso einen gesetzlichen Rahmen wie die individuelle Onlinekommunikation und die Verwendung von persönlichen Daten durch Dritte. Allgemeingeheimdienste dürfen mit dem auf geradezu groteske Art und Weise selbst betriebenen Outing (Informant aus dem *land of the free* findet Schutz in der VR China, in Russland und vielleicht in einigen südamerikanischen Staaten – oder ist er womöglich doch schon die ganze Zeit in Österreich?) nicht mehr ohne weiteres ein

Abwehrrecht des Bürgers gegenüber dem Staat, die Informationsfreiheit, schrankenlos für sich in Anspruch nehmen. Es sei denn, ein ordentliches, unabhängiges, adressierbares und beobachtbares Gericht setzt Ausnahmetatbestände geltenden Rechts in der Abwägung der *hard cases* Sicherheit und Menschenwürde fest.

> Es genüge nicht, so das Bundesverfassungsgericht, ‚wenn eine Obrigkeit sich bemühe, noch so gut für das Wohl von Untertanen zu sorgen'. Der Staat habe vielmehr den Bürgern den Weg zu öffnen, damit er an Entscheidungen mitwirken könne. Darum sei die Geistesfreiheit für die freiheitliche Demokratie ‚entscheidend wichtig'. Sie sei ein Funktionselement dieser Ordnung; denn sie bewahre diese vor Erstarrung und zeige eine Fülle von Lösungsmöglichkeiten auf.
>
> *Jutta Limbach in ihrem Vortrag „Menschenwürde und Pressefreiheit" zur Stiftungsfeier der Alcatel SEL Stiftung für Kommunikationsforschung, Stuttgart 2001.*

Die anlasslose Ausspähung persönlicher Daten des eigenen wie des befreundeten Souveräns zeugt von einem erstarrten politischen System, das sich von seiner eigenen Legitimationsgrundlage entkoppelt oder zumindest entfremdet hat. Als Beispiel dafür kann einerseits der gespenstische Besuch Barack Obamas in Berlin hinter einer tomatenwurfsicheren Glasscheibe mit Polizeipanzern im Hintergrund und ausgesuchten „Jubel-Wessis" im Vordergrund (Bildervergleich von Staatsbesuchen am Brandenburger Tor der letzten Jahrzehnte empfohlen) genauso gelten wie juristisch „saubere" Überflugverbote für Staatsoberhäupter.

## Optimistische Erkenntnisse aus frustrierenden Tatsachen

Waren vor wenigen Jahren Relevanz und Wissen ob informationstechnologischen Austauschs zwischen den gesellschaftlichen Akteuren noch ungleich verteilt, führt die erfolgte Verankerung digitaler Kommunikation in der Gesellschaft zu einer neuen Form der Balance und zu vorsichtiger Zuversicht. Trotz der rabiaten Versuche der Schattengesellschaft, das Wissen und die Mitbestimmung der Bevölkerung einzuschränken und die Boten der Aufklärung zu verteufeln.

Optimistisch bemerkt werden kann, dass

1. die Teile der Gesellschaft, die unerlaubtes und nicht richterlich legitimiertes Stalking, Speichern und Auswerten betreiben, sich einer zunehmenden Isolation ausgesetzt sehen werden.

2. es absehbar mehr Leaks geben wird und der globale, nahezu grenzenlose Informationsfluss nicht aufgehalten werden kann.

3. das Recht auf Privatsphäre, Fernmeldegeheimnis, Gedankenfreiheit, das Grundrecht auf Gewährung der Vertraulichkeit und Integrität informationstechnischer Systeme – dass Datenschutz generell seinen Weg aus der Schublade „verdrängter Grundrechte" in die Öffentlichkeit gefunden und durch seinen Schutzcharakter die öffentliche Meinung erobert hat. Die Bewusstseinsbildung in der Breite ist erfolgt und die Diskursteilnahme eingefordert.

4. die Kontrolle der Kontrolleure, die Demokratietauglichkeit des Gesellschaftssystems lebendig ist, die *„(…) Kritik an Regierung, Regierungspolitik, Parlament und allen anderen Verfassungsorganen sowie an konkreten politischen und sozialen Verhältnissen zulässig ist, auch wenn sie hart, unsachlich und uneinsichtig ausfällt."* (wiederum Jutta Limbach 2001).

5. die Soft- und Hardwarehersteller den Privacy-Markt für sich entdecken (<u>kritisch</u> dazu Friedemann Karig) und feststellen, dass die Skaleneffekte auf sich entwickelnden Massenmärkten erheblich höher sind, als jene in den Nischen der Vergangenheit. Die Rückübertragung der Kommunikationshoheit auf den Nutzer qua customized technologies kann sich angesichts der gesellschaftspolitischen Lage möglicherweise gegen die Bequemlichkeit der Werkseinstellungen der Geräte etablieren. In der Zwischenzeit sind es <u>Datensparsamkeit</u> und Kommunikationskompetenz, die eine sukzessive Sozialisation, vor allem in jüngeren Altersgruppen unter 25 erfahren.

## Ausstehende Probleme

Als ausstehendes Problem bleibt bis auf weiteres die Abwendung oder zumindest Kanalisierung des Einsatzes individueller Datensammlungen mit Einwirkungspotential auf den beobachteten Bürger ohne dessen Zustimmung und Widerspruchsrecht oder gar gegen sein Wissen.

Im Vertrauen auf kollektivierte Daten und daraus konstruierte umfangreiche Profile neigen Entwickler und Anwender kommunikationstechnologischer Analysetools zur Schizophrenie. Auch größte Datensammlungen können der Komplexität des Menschen in seiner individuellen sozialen, privaten und intimen Realität nicht gerecht werden. Ausnahmen bestätigen in diesem Kontext keinesfalls die Regel. Nichtsdestotrotz bleiben die Datensammler in ihren Analysen überwiegend allein (unter sich in Interessengruppen) und spinnen die eigenen Logiken, die im Zweifel auf vollkommen falschen, missverständlichen oder unzureichenden Daten basieren.

Es bleibt also, in Zukunft weiter darauf zu achten, den Menschen nicht mit einer Maschine zu verwechseln. Menschen funktionieren nicht wie Maschinen, und Menschen lassen sich nicht maschinell auswerten. So obskur dieser Vergleich scheint, so notwendig ist es in dem sich ausfaltenden Kommunikationsraum, immer wieder darauf hinzuweisen. Es wird auch in Zukunft vermutlich alles daran gesetzt werden, den Vorwurf der Schizophrenie durch immer „bessere" Ergebnisse zu widerlegen. Selbst „alle" digitalen Daten beschreiben nur einen Ausschnitt und nicht selten ein Zerrbild der Realität.

Übrigens, wo sind die Post-Privacy-Apologeten mit ihren flammenden Worten in dieser breiten Debatte? Wird ihnen ihr gesellschaftliches Konzept selbst ungeheuer?

URL: http://www.carta.info/60901/ vom 12. Juli 2013

# Vergesst das Recht auf Vergessenwerden

## Simon Assion

Der Gedanke wirkt schon im Ausgangspunkt absurd: Man stelle sich einmal vor, ein Mensch könne einen anderen Menschen dazu zwingen, dass dieser ihn „vergisst". Und doch hat sich in den letzten Monaten eine immer größer werdende Zahl von Politikern hinter diesen Gedanken gestellt – bis hin zur EU-Kommission. Ein Kommentar über das Recht auf Vergessenwerden – und das Recht, sich zu erinnern.

## Die These vom „Recht auf Vergessenwerden"

Das Recht auf Vergessenwerden geht zurück auf eine fixe Idee von Viktor Mayer-Schönberger, einem Juraprofessor aus Österreich, der in den USA und Großbritannien lehrt. Ähnlich wie Lawrence Lessig seine Idee der „Free Culture" promotete, so tut das Mayer-Schönberger schon seit Jahren mit dem Recht auf Vergessenwerden. Wer Meyer-Schönberger einmal live erlebt hat weiß, wie enorm überzeugend er sein kann.

Die Idee von Mayer-Schönberger baut darauf auf, dass wir einen Paradigmenwechsel erleben: Angeblich wird heute weniger über uns vergessen. Früher hätte ein Kind seine Kindheit unbeschwert damit verbringen können, Unsinn zu machen – wenn es erwachsen war und Karriere machen wollte, war darüber Gras gewachsen. Mayer-Schönberger argumentiert nun, dass dieser Vorgang des „Vergessenwerdens" im digitalen Zeitalter nicht mehr funktioniere, weil Informationen im Internet unbegrenzt gespeichert blieben. Weil das Internet nichts vergesse, müsse man rechtlich gegensteuern: Mit einem *Recht* auf Vergessenwerden.

S. Assion (✉)
Leipzig, Deutschland
E-Mail: s.assion@telemedicus.info

C. Kappes et al. (Hrsg.), *Medienwandel kompakt 2011–2013*,
DOI 10.1007/978-3-658-00849-9_14, © Springer Fachmedien Wiesbaden 2014

# Das Internet „vergisst"

Es stimmt aber nicht. Das Internet „vergisst", täglich, Milliarden von Informationen. Beispiel: Es ist über das Internet nicht möglich nachzuvollziehen, welche Zusammensetzungen die <u>Telemedicus-Redaktion</u> in den vergangenen Jahren hatte. Diese Informationen waren einmal vollständig im Internet abrufbar. Heute sind sie es nicht mehr. Es gibt einzelne Informationsreste, aber davon abgesehen sind diese Daten aus dem Netz verschwunden. Das Internet hat sie vergessen.

Die erste Generation der <u>Digital Natives</u>, zu der ich gehöre, ist heute erwachsen. Stehen nun wirklich reihenweise Karrieren auf dem Spiel, weil unsere Kindheits-Daten wie ein Damoklesschwert über uns hängen? Meine Generation hat im Internet Spuren hinterlassen, lange bevor sie erwachsen war.

Was vor fünf oder zehn Jahren in Webforen, in Gästebüchern oder auf Webseiten auftauchte, steht heute aber größtenteils nicht mehr online. Webseitenbetreiber haben ihre Webseiten offline genommen. Unternehmen haben ihre Datenbanken gelöscht. Und selbst die wenigen Reste, die übrig geblieben sind, *findet* heute niemand mehr: Es zeigen kaum noch Links auf diese alten Webseiten. Und auch die Suchmaschinen zeigen fast nur aktuelle Webseiten als Treffer an.

# Auch im Internet kann Gras über Dinge wachsen

Es handelt sich beim Internet nicht um einen amorphen Haufen, der Daten einsaugt und nie wieder ausspuckt. Wenn eine Information auf keinem der an das Internet angeschlossenen Computer mehr gespeichert ist, wurde sie vom Internet „vergessen". Über Informationen, die im Internet *nicht* gelöscht werden, kann außerdem Gras wachsen. Alte Informationen werden bei Suchmaschinen nicht mehr an prominenter Stelle anzeigt. Sie werden auch selten verlinkt oder sonstwie referenziert. Genau wie viele reale Erinnerungen werden sie nicht im dem Sinn *vergessen* – sie *verschwimmen* nur. Es wächst Gras darüber.

Das ist vielleicht die wichtigste Information zu Meyer-Schönbergers These: Wenn er vom „Recht auf Vergessenwerden" spricht, meint er (nach meinem Dafürhalten) nicht den Vorgang des Vergessens selbst. Er meint den Vorgang des „Gras darüber wachsens". Das ist nicht dasselbe: Beim „Vergessen" geht eine Information unwiederbringlich verloren. Wächst nur Gras darüber, dann verschwindet sie nicht vollständig. Sie ist nur nicht mehr so relevant, verschwimmt in einem Umfeld von Erinnerungen.

## Das Recht, das eigene Bild in der Öffentlichkeit zu steuern

Ich hatte in einigen Fällen mit Menschen zu tun, die gerne wollten, dass Dinge über sie vergessen werden. Dabei handelte es sich nicht um Kindheits-Dummheiten. Es ging diesen Leuten auch nicht darum, ganz *allgemein* „vergessen" zu werden. Es ging diesen Menschen jeweils um ganz konkrete Informationen, die ein Ereignis aus ihrer Vergangenheit betrafen. In einem Fall ging es um Korruptionsvorwurf – der Verdächtigte wollte Jahre später eine neue Karriere beginnen, aber einige hartnäckigen Blogger hinderten ihn daran. Immer wieder veröffentlichten sie die Anschuldigungen bei voller Namensnennung im Internet. Auch das gibt es: Menschen, die einen Sport daraus machen, anderen ihr Google-Karma zu zerstören.

Sind solche Fälle mit einem „Recht auf Vergessenwerden" sinnvoll adressiert? Ich denke nicht. Diese Menschen wollen nicht *vergessen* werden. Sie möchten in einem ganz bestimmten Punkt steuern, wie ihr *Bild in der Öffentlichkeit* aussieht. Dafür braucht es aber kein „Recht auf Vergessenwerden": Unsere Rechtsordnung stellt für solche Konflikte bereits gut funktionierende Instrumente zur Verfügung. Das allgemeine Persönlichkeitsrecht nach <u>Art. 2 Abs. 1</u>, <u>Art. 1 Abs. 1 GG</u> gibt jedem das Recht auf Kontrolle über seine Darstellung in der Öffentlichkeit. Wenn nicht legitime öffentliche Informationsinteressen entgegenstehen, kann jeder ehrverletzende Darstellungen gerichtlich verbieten lassen.

## Die „German Angst" vor dem Internet

Die Idee vom Recht auf Vergessenwerden wird angetrieben von einer diffusen Angst vor dem Internet. Manchmal ist diese Angst übertrieben – manchmal ist sie aber auch begründet. Das Internet ist so dynamisch, so unüberschaubar, so komplex, dass es für viele seiner Nutzer tatsächlich bedrohlich wirkt. Ein klein wenig dürfte wohl jeder dieses Gefühl kennen: Man sitzt am Computer, tippt Informationen über sich ein, und fragt sich: Weiß ich eigentlich, was ich hier tue? Was wird aus diesen Daten in zehn, zwanzig Jahren? Will ich dann wirklich noch, dass das hier jeder über mich online lesen kann?

Das ist freilich ein Problem, das viel mit dem zu tun hat, was Juristen „Allgemeines Lebensrisiko" nennen: Das Internet ist gefährlich. Genauso, wie auch Autofahren oder Fußballspielen gefährlich ist. Wir bewegen uns als Menschen eben in Risikosphären, die sich nie vollständig begrenzen lassen. Natürlich heißt dass nicht, dass es keine Verkehrs- oder Fußballregeln geben sollte. Und auch das Internet <u>braucht Regeln</u>. Aber ein Restrisiko bleibt, und das sollte man akzeptieren. Irreführrende Bezeichnungen wie die eines „Rechts auf Vergessenwerden" oder eines „Digitalen Radiergummi" suggerieren, es gäbe einfache Lösungen für ein komplexes Problem. Das ist nicht nur irreführend. Wenn der Gesetzgeber sich solchen Ideen anschließt, wird es auch gefährlich.

## Eine Bedrohung der Datenfreiheit und -sicherheit

Ein „Recht auf Vergessenwerden" wäre, würde es konsequent umgesetzt, eine Bedrohung für die gesamte Datenstruktur des freien Internets. Würde man Informationen mit einem effektiv wirksamen „Ablaufdatum" versehen wollen, würde das technische Anstrengungen erfordern, die an Unmöglichkeit grenzen. Man müsste jede Information – bis zum kleinsten Pixelpaket – mit einem Metadatum versehen, nämlich dem Zeitpunkt, ab dem das Datum „vergessen" werden soll. Will man das Vergessenwerden auch noch automatisieren, muss die Datei zusätzlich mit der Fähigkeit ausgestattet werden, sich selbst zu löschen. Das ist softwaretechnisch nicht umsetzbar, da die meisten Dateitypen diese Fähigkeit einfach nicht mitbringen.

Man kann versuchen, dieses Problem zu umgehen, indem man um die Datei, die vergessen werden soll, ein ganzes System baut. Ein bekannter Versuch, das Recht auf Vergessen umzusetzen, basiert beispielsweise auf einem Verschlüsselungs-System, dessen Schlüssel nach einer Zeit ihre Wirkung verlieren. Solche Systeme sind aber nicht nur leicht zu umgehen, vor allem über die analoge Lücke. Sie würden bei konsequenter Umsetzung auch verlangen, dass sämtliche Informationen im Internet verschlüsselt würden. Die Schlüssel wären dann nur über eine zentrale (vermutlich staatliche) Instanz zugänglich, die ab einer gewissen Frist die Schlüssel einfach nicht mehr herausgibt. Es bedarf keiner weiteren Erklärungen, warum eine solche Lösung weder erwünscht noch umsetzbar ist.

Aber selbst für den Fall, dass ein solches System funktionieren würde: Es wäre für das Internet der größte anzunehmende Unfall: Daten, die sich selbstständig aus Datenbanken löschen; Teile von Webseiten, die plötzlich einfach verschwinden. Links und Bilder, die sich einfach in Luft auflösen. Das Internet ist eine höchst komplexe Datenstruktur, und viele der Daten werden für unterschiedliche Zwecke gebraucht. Ein Datum mag in einem Kontext „vergessenswert" sein, in einem anderen Kontext ist es das vielleicht nicht. Wird das Datum aber gelöscht, gehen alle Nutzungsmöglichkeiten des Datums verloren.

## Was also tun?

Das „Vergessen" im Internet ist sicherlich seltener geworden, als es noch vor einem Jahrzehnt der Fall war. Speicherplatz und Bandbreite sind billig geworden, und manche Unternehmen machen einen Sport daraus, jedes Datum zu speichern, das ihnen irgendwie unter die Finger kommt. Die Befürchtungen, die mit dem Recht auf Vergessenwerden verknüpft sind, sind in vieler Hinsicht legitim. Sie verdienen auch Beachtung. Es muss für Kinder möglich sein, eine normale digitale Jugend zu verbringen, ohne dass ihre Eskapaden später auf sie zurückfallen. Es muss auch grundsätzlich möglich sein, dass Gras über bestimmte Dinge wachsen kann – auch bei Erwachsenen. Aber ist es dazu notwendig, gleich ein ganz neues Rechtsinstrument einzuführen?

Viele der Probleme lassen sich adressieren, indem Kinder und Erwachsene einfache Vorsichtsmaßregeln beachten: Ein Pseudonym verwenden, Plugins wie Ghostery nutzen. Privatsphäre-Einstellungen in Social Networks restriktiv einstellen und bestimmte, sensible Daten gar nicht erst in das Internet einspeisen.

Die Datenkraken des Internets, die *tatsächlich* (fast) nichts mehr vergessen, verstoßen schon jetzt gegen den Grundsatz der Datensparsamkeit, der im Datenschutzrecht verankert ist. Und *konkrete* Informationen lassen sich mit Methoden des Presserechts aus dem Internet entfernen – jedenfalls dann, wenn sie dort nicht legitimerweise stehen, weil sie z. B. von der Meinungsfreiheit geschützt sind. Sicher, manchmal hilft das Presserecht nicht weiter, z. B. wenn der Streisand-Effekt zuschlägt. Aber dann hilft auch ein „Recht auf Vergessenwerden" nichts. Denn auch dieses muss durchgesetzt werden, und auch dieses ist machtlos gegen eine Internet-Community, die sich in den Kopf gesetzt hat, die „Zensur" einer bestimmten Information zu verhindern.

## Das Recht auf Vergessenwerden in der Datenschutz-Verordnung

Die EU-Kommission versucht in Art. 15 des Entwurfs ihrer Datenschutzverordnung (PDF), eine Art von „Recht auf Vergessenwerden" rechtlich zu verankern. Gelungen ist ihr das nicht: Art. 15 des Verordnungs-Entwurfs trägt zwar den *Titel* „Right to be forgotten and to erasure" – tatsächlich würde die Datenschutz-Verordnung aber *kein* echtes „Recht auf Vergessenwerden" verleihen.

Nach Art. 15 Abs. 1 der Verordnung wären lediglich die personenbezogenen Daten zu löschen, wenn der Betroffene seine Einwilligung zurückzieht. Das entspricht dem Grundsatz der Datensparsamkeit und Zweckbindung, wie er im deutschen Datenschutzrecht schon lange festgeschrieben ist. Das eigentliche Recht auf Vergessenwerden wäre auch in Abs. 2 des Entwurfs gestanden: In einer früheren Version (PDF) hatte Art. 15 Abs. 2 noch verlangt, dass derjenige, der die Daten veröffentlicht hat, auch sicherstellt („shall ensure"), dass die Daten danach *nirgends* im Internet mehr abrufbar sind. In der nunmehr veröffentlichten Version verlangt der Entwurf noch:

> Where the controller referred to in paragraph 1 has made the personal data public, it shall take all **reasonable steps**, including technical measures, in relation to data for the publication of which the controller is responsible, to **inform** third parties which are processing such data, that a data subject requests them to erase any links to, or copy or replication of that personal data. Where the controller has **authorised** a third party publication of personal data, the controller shall be considered **responsible** for that publication.

Statt der unrealistischen Forderung, sämtliche Daten aus dem Internet garantiert zu entfernen, gilt nunmehr nur noch die Pflicht, „reasonable steps" zu unternehmen. Und selbst diese Verpflichtung gilt nicht mehr für die Löschung von Daten: Der Verpflichtete muss nunmehr nur noch andere Stellen darüber *informieren*, dass der Betroffene keine Veröffentlichung mehr will. Und selbst dieser Anspruch steht nach Art. 15 Abs. 3 des Entwurfs unter der folgenden Einschränkung:

> The controller shall carry out the erasure without delay, except to the extent that the retention of the personal data is necessary: a) for exercising the right of **freedom of expression** in accordance with Article 80.

Was hier übrig geblieben ist, ist kein schneidiges Recht auf Vergessenwerden mehr. Wie sollte es auch anders möglich sein? Das Recht auf Vergessenwerden lässt sich nicht in einer Form formulieren, die sinnvoll mit dem Internet und den Kommunikationsfreiheiten zusammengebracht werden könnte. Statt dies aber zuzugeben und die Norm aus dem Entwurf zu streichen (oder sie wenigstens umzubenennen), belässt es die Kommission bei einer Vorschrift, die vor unbestimmten Rechtsbegriffen nur so strotzt. Das wird die Rechtsanwendung erschweren. Aber immerhin verzichtet die Kommission nunmehr darauf, etwas zu verlangen, was technisch und rechtlich gesehen unmöglich ist.

URL: http://www.telemedicus.info/article/2138-Vergesst-das-Recht-auf-Verges-senwerden.html vom 26. Januar 2012

# Ich bin kein Mitglied der Netzgemeinde

## Gregor Keuschnig

Immer häufiger höre ich von ihr: der „Netzgemeinde". Es wird an sie appelliert, über sie philosophiert, gegen sie polemisiert oder mit ihr argumentiert. Im Allgemeinen versteht man unter dem Begriff wohl Leute, die sich in Blogs, auf Twitter und/oder Facebook melden, austauschen und koordinieren. Oberflächlich betrachtet gehöre ich also auch dazu. So wird man vereinnahmt. Zu den guten Vorsätzen einiger selbsternannter Sprecher dieser sogenannten Netzgemeinde gehörte es offensichtlich, das inzwischen träge ge-wordene Volk aufzurütteln. Da ist dann auch schnell von der „Krise der Blogger" die Rede. Und das dann ausgerechnet aus der Krawallfabrik „Freitag", die vom „Neobiedermeier" der Internet-Couch-Potatoes schwafelt, die sich lieber in den Mauern des „Club Robinson" à la Google+ und Facebook tummeln. Als Referenzgrößen dafür dienen jene, die mit Verträgen bei den „Altmedien" ausgestattet sind. Dabei habe ich längst aufgegeben diese Sektenführer zu lesen, da sie mir schon vor Jahren außer selbstreferenziellem Wortgeklingel nichts zu sagen hatten. „Spiegel Online" reicht das heute immer noch. Was einiges über dieses Medium verrät.

Es ist schon fast zur Normalität geworden, dass allüberall für mich irgendjemand glaubt sprechen zu müssen. Obwohl mich noch nie einer gefragt hat. Es gibt Verbraucherschützer, die für mich etwas „fordern". (Dabei möchte ich zum Beispiel keine „Ampel" auf Lebensmittelverpackungen, weil sie verdummend ist.) Die Partei, die ich (zähneknirschend als kleineres Übel) gewählt habe, spricht von mir als „Wähler", dessen Wille zu erfüllen sei. Dabei weiß der Sprecher gar nicht, ob ich die Partei für das, was da gerade besprochen wird, gewählt habe. (Er will es auch gar nicht wissen.) Medienfunktionäre reden für den „Zuschauer" oder „Zuhörer", der vor etwas geschützt werden soll oder um den es geht. Andere bemühen den „Leser",

G. Keuschnig (✉)
Düsseldorf, Deutschland
E-Mail: info@begleitschreiben.net

C. Kappes et al. (Hrsg.), *Medienwandel kompakt 2011–2013*,
DOI 10.1007/978-3-658-00849-9_15, © Springer Fachmedien Wiesbaden 2014

der nicht mehr überfordert werden möchte. Was, wenn **ich** überfordert werden **will** bzw. diese Überforderung selber erfahren möchte?

Und es gibt also inzwischen eine Handvoll Lobbyisten, die glauben, für „die Netzgemeinde" sprechen zu müssen. Man erkennt sie daran, dass sie für Mainstreammedien zitierfähig und damit satisfaktionsfähig geworden sind. Sie dürfen nun neben den üblichen Politikern auch anderthalb Sätze sagen, wenn es um „ihre" Themen geht. Dabei sind sie gezwungen, ihre Anliegen allzu oft auf das Absondern von Parolen zu verkürzen und reagieren wie diejenigen, die sie vermeintlich bekämpfen: Die Halb- oder Viertelleser, die Phrasendrescher des Boulevards oder einfach nur die gnadenlosen Vereinfacher oder mutwilligen Komplizierer des Feuilletons. Sie erkaufen sich ihre Bedeutung durch das Mitschwimmen im Panikstrom der Sensationalisten, Hyperventilierer und Verbalhysteriker.

Vor einigen Monaten schrieb ein Journalist über Twitter einen Herausgeber der FAZ direkt an. Der abgedruckte Artikel (eine winzig kleine Polemik von wenigen Zeilen) sei eine „Schande" für die FAZ. Es ging um ACTA und der Kommentator im Artikel entrüstete sich, dass die Politik der „Meute" nachgegeben habe. Da wagte einer, dem Chor der Affirmation in dürren Zeilen zu widersprechen. Der Kritiker empfand diese kleine Polemik als derart majestätsbeleidigend, dass er öffentlich beim Herausgeber petzte. Das ist nicht nur intolerant und humorlos, sondern erinnert auch fatal an den Untertanengeist verkniffener Leserbriefschreiber der 80er Jahre, die ob eines ihnen unpassenden Artikels in ihrem Leib- und Magenblatt drohten, ihr Abonnement zu kündigen. So zeigt sich das deutsche Kontinuum im Nicht-Ertragen von Pluralismus.

Die selbsternannten Sprecher des „Netzes" haben die Spielregeln der medialen Kakophonie souverän verinnerlicht und spielen nun mit. Dabei scheuen sie nicht davor zurück, sich auch vor jeglicher Kenntnis zu erregen. So richtig „old school" also. Das können und sollen sie meinetwegen auch – ich bin nicht verpflichtet, mir dies anzutun. Ich entziehe ihnen hiermit die Erlaubnis, für mich zu sprechen. (Dabei ist es möglich, dass sie das niemals wollten, aber man kann ja nicht wissen.) In aller Deutlichkeit: Ich weder ein Bewohner des Internet noch Mitglied einer oder gar „der" Netzgemeinde.

Denn auch im Netz gibt es kein unverhandeltes „Wir", zumindest gibt es keines, das sich aus dem bloßen Nebeneinander verallgemeinernde Urteile erlaubt und für andere spricht. Genauso wenig, wie ein Christ Anhänger des Papstes sein muss, um seinen Glauben auszuüben, ist ein Netzschreiber automatisch Teil einer „Netzgemeinde" – sei es nun, man rubriziere sich selber so ein oder wird als Kampfgruppe von wem auch immer als solche bestimmt.

Für mich kann auch ein CDU-Mann ein richtiges Argument liefern. Und eine Grüne Unsinn reden. Ein Verleger kann Gründe für seine Haltung zum Urheberrecht haben, die ihn nicht automatisch zum Ausbeuter machen. Ich möchte sie hören und nicht per se als „ge-steuert" denunzieren. Zeitungen sind für mich keine „Holzmedien" (sofern dieser Ausdruck pejorativ gebraucht wird), das öffentlich-rechtliche Radio und Fernsehen kein „Staatsrundfunk" und „soziale Netzwerke" keine Löwengruben. Über Facebook habe ich Leute kennengelernt, denen ich ansonsten nie begegnet wäre. Und bei Facebook sind Leute, denen ich nie begegnen möchte. Ich kann selber entscheiden, ob ich dabei sein möchte oder nicht und dort über etwas einen Eintrag verfassen will oder nicht. Ich bin nicht gebunden an Institutionen, die ich auch nicht per se zu Gegnern oder gar Feinden erkläre. Ich brauche weder Datenschützer, die mich vorauseilend vor etwas bewahren noch selbsternannte Aktivisten, die mich paternalistisch und ungefragt betreuen wollen und jeden zweiten Tag nötigen, mich irgendeiner Petition anzuschließen. Wenn ich irgendwann Hilfe brauchen sollte, melde ich mich selbständig.

Ein Tweet von 140 Zeichen ist vielleicht ein gelungener Aphorismus oder ein Hinweis auf etwas. Aber nicht der Ersatz von Politik, denn Politik ist keine virtuelle Massendrucksache. Nur weil etwas „politisch" ist, ist es noch keine Politik. Wer an einen Shitstorm teilnimmt, sollte sich an den Ursprung des Wortes erinnern („Shit" geht ohne Arschlöcher nicht). Ein „Retweet" oder „copy&paste" ersetzen keine Auseinandersetzung mit einer Thematik. Ich mag keine verbalen Lynchmobs, die an den sogenannten Wilden Westen erinnern (und nicht nur an diesen). Nicht jede zufällige Mehrheit besitzt per se schon eine demokratische Legitimation. Jede Eindeutigkeit erregt meine Skepsis; die Eindeutigkeit der 140 oder 400 Zeichen, die sich blind und teilweise blindwütig verteilt, erst recht. Ich halte es nicht für einen Fortschritt, wenn auf Amazon ein Depp mit drei Zeilen ein Buch „rezensiert". Genau so wenig halte ich Trillerpfeifen bei Demonstrationen für einen Ausweis von Intelligenz. Und ich möchte nicht immer nur wissen, wogegen man ist, sondern auch einmal wofür. Vielleicht sogar mit einigen Vorschlägen, wie man das erreichen kann.

Im gleichen Maße wie Ideologien gefährlich sind, halte ich (politische) Ahnungslosigkeit nicht für eine Tugend. Transparenz ist nicht nur Selbstzweck; es muss auch etwas da sein, was transparent gemacht werden soll. Wenn Transparenz als Überwachung einer Gesinnung eingesetzt werden soll, ist das Gegenteil angebracht. Die Aussage, dass etwas „veraltet" ist, ist kein Argument, sondern eine Behauptung. Das Medium ist nicht schon die Nachricht. Die Nachricht ist die Nachricht selber. Alles andere ist unter Umständen ein Ablenkungsmanöver. Und zwar auf beiden Seiten.

Es gibt Aktivisten, die Webseiten von ihnen unliebsamen Menschen oder Organisationen zerstören oder besetzen. Sie, die an jeder Stelle die Meinungsfreiheit hochleben lassen, implementieren dort, wo sie ihnen missfällt, das Faustrecht. Das

Handeln dieser sogenannten Aktivisten ist anmaßend und tyrannisch. Wer es unterstützt, weil es ja „die Bösen" trifft, zeigt damit seine totalitäre Einstellung, weil er
seine Anschauung für absolut setzt und anderes nicht duldet.

So, und damit genug in den Spiegel geschaut.

URL: http://www.begleitschreiben.net/ich-bin-kein-mitglied-der-netzgemeinde/
vom 13. Januar 2013

# Bytes statt Billy: Wenn Kultur unsichtbar wird

## Johnny Haeusler

Auf dem Frühstückstisch unserer Familie liegt seit vielen Jahren keine Tageszeitung mehr, das Fernsehprogramm interessiert so gut wie nie, und immer seltener schaffen es DVDs oder gar CDs in unseren Haushalt – es zeichnet sich außerdem ab, dass auch der Zuwachs in den Bücherregalen im Lauf der nächsten Jahre abnehmen wird und der Bücherstapel neben dem Bett irgendwann der Vergangenheit angehört. Bytes statt Billy.

Das ist alles sehr praktisch. Und auch Mist. Denn mit der Digitalisierung aller möglichen Güter wird Kultur unsichtbar und ihre Verbreitung findet in geschlossenen Zirkeln statt.

Ich bin Kulturoptimist. Ich sorge mich nie wirklich um die kulturelle Zukunft, denn ich weiß, dass an die Stelle der kulturellen Riten meiner Jugend einfach neue getreten sind: Heutige Jugendliche müssen darüber lachen, dass ich beim ersten Besuch des heimatlichen Zimmers einer Freundin oder eines Freundes die erste halbe Stunde auf dem Boden vor dem Plattenregal liegend verbrachte („Die ganzen Foreigner-Platten sind aber von deinem Vater, oder?"), denn heutzutage kennt man den Musikgeschmack des Anderen durch diverse soziale Netzwerke noch vor dem ersten Treffen. Die vererbte Musik der Eltern, den vielleicht etwas peinlichen Ausrutscher oder im Liebesrausch erstandene Fehlkäufe wird man vielleicht auf last.fm vergeblich suchen – zum Glück, mag man in vielen Fällen meinen und diesen Umstand gut verkraften können, doch in anderen Bereichen wiegt die Verlagerung von Kultur ins Netz etwas schwerer. Denn unsere Klein- und Groß-Computer sind Privatsphären und digitale Brieftaschen, unsere Playlists Ausdruck intimer Stimmungen, die Einkaufsliste beim Online-Store beinhaltet unseren Geschmack in allen möglichen Bereichen ebenso wie die Geschenke für Oma, und was wir davon

J. Haeusler (✉)
Berlin, Deutschland
E-Mail: info@spreeblick.com

C. Kappes et al. (Hrsg.), *Medienwandel kompakt 2011–2013*,
DOI 10.1007/978-3-658-00849-9_16, © Springer Fachmedien Wiesbaden 2014

wirklich teilen wollen, und vor allem: mit wem, das bestimmen wir selbst immer gewissenhafter und (selbst)bewusster und überlassen dabei ungern etwas dem Zufall. Dabei komplettiert Zufall das Leben. Und wir teilen dabei manchmal mehr mit unseren Online-Freunden als mit denen, die direkt neben uns sitzen. Zeiten ändern mich, und wenn das zwar kein Grund zur Sorge ist, dann doch mindestens einer für eine Bestandsaufnahme.

## Die Verhinderung von Zufällen

Als unsere Jungs aus dem Kleinkind-Alter raus waren, fiel mir auf, dass es für sie in unserem Haushalt beinahe unmöglich war, zufällig auf tagesaktuelle Information oder Unterhaltung zu stoßen, denn diese fand größtenteils auf den digitalen Gerätschaften der Eltern statt, die für die Kinder nur selten und begrenzt zugänglich waren. Das zufällige Blättern in einer herumliegenden Zeitung, das gemeinsame Sehen (und darüber Reden) von TV-Nachrichten passierte ebenso selten wie das Stöbern im berüchtigten Plattenschrank und das damit verbundene zufällige Finden von Musik außerhalb des eigenen Kulturkreises namens Schulhof. Während die Eltern den ganzen Tag im Online-Ozean badeten, saßen die Kinder auf dem trockenen Offline-Sand.

Schlagzeilen wurden natürlich im Vorbeigehen am Kiosk aufgeschnappt (die größten Buchstaben zuerst), doch ansonsten wurde der bei Kindern und Jugendlichen unstillbare Durst nach neuem Input in erster Linie durch Werbebotschaften auf der Straße befriedigt. Welcher Disney-Film demnächst startet, das wissen nicht nur Großstadt-Kinder sehr genau.

Das Zuhause bot hingegen wenige Plakatwände, die es damit aufnehmen konnten (das Bücherregal quillt über und ist die Ausnahme dieser Feststellung, doch bevor die Bücherwände der Eltern zumindest für die Suche nach den „spannenden Stellen" interessant werden, gehen wohl noch ein paar Jahre ins Land) und so beschlossen wir, Kultur und Information zuhause wieder sichtbarer zu machen. Wir bestellten die Probe-Abos einer Tageszeitung und eines Kinder-Magazins und machten aktiv auf die vorhandenen CDs aufmerksam, die sich mit den Jahren so nahtlos ins Gesamtbild der Wand eingefügt hatten, indem wir die Musikauswahl mal nicht mehr von unseren Rechnern kommen ließen, sondern von einer von den Jungs ausgewählten Compact Disc. Und wir begannen, relativ regelmäßig gemeinsam die Abendnachrichten im Fernsehen zu schauen.

Und siehe da: Die herumliegende Zeitung wird durchgeblättert. Nicht dauernd, noch nicht gezielt, aber ab und zu. Mal aus Langeweile, mal aus Neugier. Sich mit dem Wissen von etwas, das man selbst gelesen hat, brüsten zu können, macht Spaß, genauso wie das Entdecken von Musik, die Auswahl nach Cover, nach spannend klingendem Titel, das Herausnehmen einer CD aus dem Regal anstelle des Anklickens eines Songs. „Enjoy The Silence" ist der aktuelle Hit im Haus, und es gibt weit Schlimmeres, das einem aus den Ohren rauskommen könnte (Depeche Mode sind übrigens auch super zum Englisch Lernen, Dave Gahan singt so schön deutlich). Und wenn man mit Kindern über die Nachrichten spricht, fällt einem einiges auf: Wie viel sie teilweise selbst wissen oder erkennen können und wie schwierig – oder gar unmöglich – vieles zu erklären ist.

All diese Informationen und Kulturgüter gibt es natürlich auch im Netz. Kultur oder Information aber gemeinsam, auf vielen verschiedenen Ebenen, im individuellen (durchaus auch Verpackungs-) Kontext und außerdem gepaart mit einer gewissen Haptik erfahren zu können, das ist im Netz schwer bis unmöglich. Wenn der ältere Sohn das Cover einer CD nebst Texten und anderen Angaben studiert, während er der Musik lauscht, dann hätte er zwar auch im Netz surfen und die Informationen dort finden können, doch ich halte das Gesamtkunstwerk eines Künstlers, die von ihm im besten Fall selbst gewählte Präsentationsform für meist spannender als die Wikipedia (ich weiß, es gibt Ausnahmen). Und zweifelhaft bleibt, ob sich mein Sohn am Rechner tatsächlich minutenlang allein mit dieser Information beschäftigt hätte.

## Kultur im immer gleichen Format

Im Netz ist eben nicht nur alles Mögliche vorhanden und nur einen Klick entfernt (was die Fokussierung erschwert), sondern auf eine Art auch alles gleich. Alles wird durch einen Klick ausgelöst, das Material unter unseren Fingern ist immer dasselbe, der motorische Handlungsraum extrem begrenzt. Natürlich rezipieren wir auch vor dem Rechner Musik anders als einen Film, ein Bild, ein Spiel oder einen Text, aber allen Formen gleich bleibt: Wir starren auf einen Bildschirm und interagieren mit dem Mausklick und der Tastatur und unserem Blick auf eine endliche Bildschirmdiagonale, die nur einen Bruchteil unseres tatsächlichen Sehbereichs abdeckt.

Für Erwachsene mag das alles problemlos sein, wir können uns – hoffentlich – leichter auf die Vorteile konzentrieren. Doch für mich ist es der Grund dafür, dass ich meine Kinder so lange wie möglich nur zeitlich begrenzt vor den Screen setze, denn würde ich das nicht tun, würde ihr gesamter Kulturkonsum bereits jetzt, im Grundschulalter, ausschließlich vor dem Bildschirm stattfinden: Spielen, Lesen, Lernen, Zuhören, Zusehen, Quatsch machen… alles dies ist im Netz möglich und unglaublich faszinierend, denn das Leuchten hinter dem Monitor saugt Kinder noch schneller ein als uns Erwachsene. Und je länger ich dieses Verlangen in Maßen steuern kann, desto besser ist es, denn ich glaube, dass Erfahrungen mit unterschiedlichen Materialen, mit Haptik und Formen und auch physischen Folgen von eigenen Aktionen wichtig ist für die Entwicklung eines Menschen. An Papier kann man sich schneiden, an einem PDF nicht. Also gibt es nicht nur die Musiksoftware, sondern auch das Schlagzeug und den Fußball. Die Mischung macht's, wie immer, doch wenn Kultur nur digital erreichbar ist, fällt die Mischung schwer.

Als ich im Zusammenhang mit diesem Thema neulich zu einem anderen Vater sagte: „Die sollen erstmal vom Baum fallen, bevor sie sich mit Spam-Mails beschäftigen müssen", sah er mich zwar an, als würde ich alte Omas vor den Bus schubsen, aber ich meine das genau so (und hoffe, dass nichts gebrochen ist). Je mehr Lebenserfahrung man hat, desto einfacher kommt man auch mit dem Netz klar. Das ja nur ein Spiegel des Lebens ist.

Doch nicht nur in Bezug auf Kinder ist die zunehmende Unsichtbarkeit von Kultur – oder ihre Gleichförmigkeit in der digitalen Präsentation – ein betrachtenswertes Phänomen.

## Darf ich mal kurz stören?

Ich schaue nach, wie spät es ist: iPhone. Wie wird das Wetter heute? iPhone. Gibt es bei Spreeeblick Kommentare, auf die ich reagieren sollte? iPhone. Oh, ein nettes Fotomotiv! iPhone. Warte, ich notiere mir das kurz! iPhone. Wie komme ich jetzt am schnellsten dahin? iPhone. Wann fährt die nächste Bahn? iPhone. Ich lese gerade dieses Buch… iPhone. Kennst du diesen Film schon? iPhone. Das neue Album von… iPhone.

Egal, ob iPhone oder Android oder Laptop oder wasweißich: Unsere Kommunikationsgeräte bieten unendlich viele Möglichkeiten und ganz abgesehen davon, dass wir entsetzlich bescheuert aussehen, wenn wir die ganze Zeit auf unsere Hände starren (noch dazu, wenn wir uns in Gesellschaft befinden und dabei niemand redet, aber alle auf ihren Tasten rumdrücken): Für Außenstehende ist nicht zu erkennen, was wir gerade tun.

Das ist einerseits genau der Reiz (ich habe SMS – und heute Twitter – immer als eine Form der Gedankenübertragung verstanden), andererseits ein großes Manko. Denn ob jemand gerade Nachrichten oder ein Buch liest, ob er sich vielleicht nur kurz ablenkt oder das Wetter checkt, ob er gerade in einer albernen Diskussion steckt oder eine wichtige Mail verfasst… das alles entscheidet im Alltag unter Umständen darüber, ob wir ihn z. B. unterbrechen können, ohne zu nerven, aber auch, ob wir uns gerade durch seine Konzentration auf sein Handy statt auf uns beleidigt fühlen sollten. Denn wir sind ausgeschlossen, und das ist sicher manchmal Absicht und berechtigt, oft genug aber auch sehr schade.

Ich beobachte mich selbst in dieser Hinsicht seit einer Weile verstärkt und bemühe mich derzeit, das Handy nur dann zu benutzen, wenn ich allein bin oder arbeite. Nutze ich es im Kreis mehrerer mir bekannter Personen, lege ich es auf den Tisch, um Offenheit fürs Gespräch zu signalisieren und alle sehen zu lassen, was ich tue. Und ich schätze, mit solchen Verhaltensüberlegungen bin ich nicht allein.

URL: http://www.spreeblick.com/2011/01/13/bytes-statt-billy-wenn-kultur-unsichtbar-wird/ vom 13. Januar 2011

# Teil II
# Ausfaltung von Kommunikationsoptionen

# Überwachung praktizieren wir selbst. Jeden Tag

## Pia Ziefle

Wie halten wir es eigentlich selbst mit Vertrauen und Kontrolle? Upps.

Als Konsequenz aus den letzten Wochen kann es mehrere Reaktionen geben: Entweder wir kappen alle unsere digitale Kommunikation, schreiben einander auch keine Briefe mehr, sondern treffen uns einfach zu Weihnachten und Ostern bei der Großmutter (für die Fahrt benutzen wir natürlich nur Straßen, die nicht durch Mautbrücken und andere Überwachungssysteme kontaminiert sind), und kommunizieren ansonsten durch die Leserbriefspalten und kostenlosen Anzeigenblättchen.

Oder wir drehen den Spieß um und machen unsere Profile unlesbar. Indem wir z. B. facebook-Ehen eingehen, jede Freundschaftsanfrage bestätigen und sowieso das Freundeslimit bis zum Anschlag ausnutzen. Wir laden einfach irgendwelche Fotos hoch und erklären die darauf abgebildeten Kinder zu unseren. Beispielsweise. Anschließend müssen wir unsere „wahren" Kontakte an Weihnachten treffen, siehe oben.

Das klingt krank? Ist es auch. In etwa so krank wie die Idee, durch die Überwachung aller eine Art „Grundwolke der Normalität" zu bekommen, um nur noch die abweichenden Muster überprüfen zu müssen.

Noch schlimmer wird es nur dadurch, dass wir alle dafür anfällig sind, und sei es nur zur Unterhaltung. Warum wohl sitzen wir gebannt vor Serien wie *Homeland* oder *24*? Weil wir erklärte Gegner der Überwachung sind? Ja? Warum sympathisieren wir denn dann mit einer Agentin, die wochenlang einen Verdächtigen illegal rund um die Uhr zuhause beobachtet? Mittels Kameras und Mikrofonen? Oder warum vergessen wir, zur Toilette zu gehen, wenn Jack mal wieder im Alleingang übelsten Bösewichten auf die Spur kommt? Immer natürlich solchen, die Amerika

P. Ziefle (✉)
Mössingen, Deutschland
E-Mail: mail@piaziefle.de

C. Kappes et al. (Hrsg.), *Medienwandel kompakt 2011–2013*,
DOI 10.1007/978-3-658-00849-9_17, © Springer Fachmedien Wiesbaden 2014

mindestens mit Atombomben bedrohen? Gibt es diese Sendungen eigentlich wegen oder trotz der NSA?

Atomkriege sind zu hoch gegriffen? Wir haben nicht vor, Bomben zu bauen oder uns hessischen Terroristen anzuschließen? Aber wir haben große Lust, unsere alten Klassenkameraden zu googeln, oder nicht? Oder haben wir noch nie (natürlich nicht!) die Freundeslisten unserer Exfreund*innen durchstöbert, um mal zu schauen, wo die oder der jetzt arbeitet, ob es eine Heirat gab, Kinder, oder eine Bemerkung über uns?

So was tut man nicht. Und wenn man es doch tut, dann mit dem leicht empörten „der/die hats doch ins Netz geschrieben, das ist öffentlich, da kann ich doch schauen!" Wir haben noch nie nach einer Trennung gemeinsame Spuren des anderen in den Netzwerken gesucht (oder gemieden)? Wir haben noch nie bei facebook geschaut, was die neue Flamme von gestern Abend so für Freunde hat? – Qualitativ ist es bis zur systematischen Erfassung unserer Verbindungsdaten durch die Geheimdienste nur noch ein kleiner Schritt.

Was es uns verbietet, so zu handeln, ist eine Vorstellung von Moral. Nur weil meine neue Bekanntschaft womöglich einen facebook-Account hat, ist das noch lange nicht Aufforderung, dort vorbeizuschauen. Für mich ist das bereits das Todesurteil für eine aufrichtige Beziehung. Was kommt als nächstes? Nach dem ersten Sex das Handy zu untersuchen? Wozu? Um „Gewissheit" zu haben? Sicherheit? Oder nicht doch eher Kontrolle?

Echte Beziehung kann nur stattfinden, wenn ausschließlich das, was innerhalb der Beziehung geschieht, die Basis für die Beziehung ist. Ich muss mich eben drauf einlassen, dass nur das für mich gelten kann, was mein Gegenüber aktiv mit mir teilt. Ob auf der anderen Seite dieselbe Auffassung herrscht, lässt sich erfragen, nicht ergoogeln. Geschenke, die auf dem Studium der facebook-Chronik basieren, sind nichts wert.

Für politische Beziehungen muss dasselbe gelten. Oder wie soll Politik zu einer Partnerschaftlichkeit kommen, wenn vor Verhandlungen längst Abhörergebnisse vorliegen und abgefangene Mails? Oder schlimmer noch, Material eingesetzt wird, mit dem jemand erpresst werden kann? (Wobei das eine neue Baustelle ist, denn warum sollte der Besuch von Pornoseiten oder diskret gelebte Homosexualität noch immer dazu geeignet sein, jemanden in Misskredit zu bringen? An dieser Stelle kann und wird sich die Gesellschaft wandeln müssen, um den Diensten ein großes Machtfeld zu schließen.)

Der Skandal um die Überwachung wird zu einem extremen Rechtsruck führen, wenn die europäischen Länder den Nationalbegriff wieder entdecken, das wird nicht lange auf sich warten lassen. Selbst ein starkes Europa, das sich den USA widersetzt, würde zu einer Destabilisierung der politischen Balance führen.

## Was wir tun können?

Unser eigenes Verhalten ändern. Zufrieden sein mit dem, was der/die Andere uns freiwillig und aktiv gibt. Niemanden mehr googeln. Keine Netzwerke durchforsten auf der Suche nach Mrs. oder Mr. X. Unsere Neugier im Zaum halten. Und unsere facebook-Accounts und unsere Netznutzung überdenken. Ernsthaft. Denn – auch – durch unser privates Verhalten legitimieren wir das Vorgehen der Dienste.

▶   **edit:** über Smartphones kann ich nichts sagen, weil ich keins habe. Aber ich glaube, man kann sehr gut ohne so ein Überwachungskästchen in der eigenen Handtasche leben.

URL: http://www.carta.info/61191/uberwachung-praktizieren-wir-selbst-jeden-tag/ vom 17. Juli 2013

# Gretchenfrage Big Data

## Michael Seemann

Datenschutz versus Kontrollverlust: Wir möchten nicht, dass (unsere) Daten zunehmend vernetzt werden. Doch nur so wird eine intelligente Ressourcennutzung möglich.

Dem einen oder anderen Beobachter mag aufgefallen sein, dass vieles von dem, was ich seit 2010 hier in diesem Blog aufschreibe, sich in *Big Data* manifestiert (hier eine gute Deutschlandradiosendung zu Big Data). Und ich bin mittlerweile auch zu der Ansicht gelangt, dass wir mit der Entwicklung von Big Data direkt am Scheideweg des Kontrollverlustes stehen. Ich glaube, dass die Kämpfe – insbesondere auch die um die EU-Datenschutzverordnung – in Wirklichkeit auch eine Richtungsentscheidung zu diesem Thema sein sollen.

Der Kontrollverlust, so, wie ich ihn definiere, ist die generelle Unabsehbarkeit von Informationen, die aus Daten gewonnen werden können. Er schließt ein, dass ich 1) nicht mehr wissen kann, welche Daten erhoben werden, 2) welche Wege sie gehen, bzw. welche Kopien von ihnen angefertigt werden, und 3) und wichtigstens, ich nicht wissen kann, wie diese Daten, verknüpft mit anderen Daten, welche Aussagen zulassen.

Der dritte Punkt nun ist im Großen und Ganzen der Coup hinter Big Data. Big Data greift meist auf Bestandsdaten zurück, die zu einem ganz anderen Zweck erhoben wurden (Tracking, Suchabfragen, Mobiltelefonzellenortung, medizinische Daten, etc.) und korreliert sie mit anderen Datensätzen. Das erlaubt verblüffende Erkenntnisse. Und zwar in jeder Hinsicht verblüffend: vielleicht auch über mich.

Wenn – so die Datenschützer – Big Data ausschließlich vollständig anonymisierte Daten nutzen würde, dann wäre da auch gar nichts gegen einzuwenden. *„Jaja",*antworten Startups und Konzerne' *„wir anonymisieren doch!"*

M. Seemann (✉)
Berlin, Deutschland
E-Mail: mymspro@gmail.com

C. Kappes et al. (Hrsg.), *Medienwandel kompakt 2011–2013*,
DOI 10.1007/978-3-658-00849-9_18, © Springer Fachmedien Wiesbaden 2014

Leider gibt es da ein kleines Problem. Zu den oben erwähnten Unkalkulierbarkeiten von Big Data gehört unter anderem die ständige Gefahr der *Deanonymisierbarkeit*. Die meisten Daten (vor allem die interessanten) werden auf die eine oder andere Art eben doch durch den Menschen induziert. Nimmt man beispielsweise einen Datensatz eines Telefonanbieters, ersetzt alle personenbezogenen Daten (Telefonnummern, Namen, Adressen, etc.) mit Aliasen, so dass man nur noch anonymisierte Bewegungsprofile irgendwelcher Menschen hat, glaubt man sich sicher. Korreliert man sie mit zum Beispiel Daten aus Foursquare (welcher Alias ist an Orten, wo sich ein User eincheckt?), lassen sich einzelne Daten nicht nur wunderbar rückübersetzen, sondern auch alle Lücken des Foursquare-Users füllen. Korreliert man die paar Treffer wiederum mit Facebook und den jeweiligen Social Graphs (Freundesnetzwerken), bekommt man auch einen Großteil aller anderen raus. (Dies ist ein einfaches, plakatives Beispiel. Das geht natürlich noch viel mehr von hinten durch die Brust ins Auge.)

Und hier sind wir mitten drin in der wohl wichtigsten Streitfrage der aktuellen Datenschutzdiskussion: der Frage nach der Definition von personenbezogenen Daten, die auch bei der Diskussion um die EU-Datenschutzverordnung eine große Rolle spielt.

Datenschützer hätten deswegen gerne eine generell sehr weite Definition von „personenbezogenen Daten". Alle Daten, die – auch nur potentiell – auf Personen *beziehbar* sind, sollen dazugehören. In Anbetracht unserer obigen Überlegungen hieße das nichts anderes, als dass fast alle Daten personenbezogen sind.

Würden sich die Datenschützer an dieser Stelle durchsetzen, hieße das das Ende von Big Data. (Klar, es gibt den Erlaubnisvorbehalt, aber wie ich oben beschrieben habe, ist bei Big Data ja eben das Spannende, dass man *unvorhergesehene* Berechnungen macht. Und dafür können dann ja schlecht Erlaubnisse nachträglich eingeholt werden.)

Es würden – zumindest in Europa – alle Entwicklungen in Richtung Big Data extrem behindert werden. Aber nicht nur: Wenn zum Beispiel IP-Adressen zum personenbezogenen Datum werden (wie von manchen gefordert), kann ich keine Reportings mehr für meine Websites machen. Eine ganze Reihe von Netzwerkanalysetools würde illegal werden. Usertracking würde enorm erschwert werden und die eh schon dürren Geschäftsmodelle von Websitebetreibern ruinieren. Das Web würde sehr leiden unter einer solchen Definition.

Es war klar, dass der Datenschutz an einen Punkt kommen wird, an dem er von einem freiheitsermöglichenden Schutzrecht zu einem freiheitseinschränkenden Regime wird. Ich glaube, dieser Zeitpunkt ist jetzt.

Wenn der Datenschutz seine Vorstellungen von „Personenbezug" durchsetzt, erweitert er seine Kompetenzen auf beinahe alles. Dann wird er entweder totalitär, oder er wird an dieser Stelle schlicht und ergreifend ebenso armselig scheitern, wie es die tragische Figur Thilo Weichert heute schon beinahe täglich vormacht.

Die Alternative dazu wäre nicht nur, den „Personenbezug" so eng zu definieren wie möglich, sondern den Datenschutz vom Ansatz her neu zu denken. Es würde nämlich bedeuten, dass die Datenverarbeiter zwar zusichern können, alles zu tun, um Daten zu anonymisieren, dass sie aber keine Garantie geben könnten, dass die Daten nicht wieder deanonymisierbar sind. Es bräuchte einen Datenschutz, der den grundsätzlichen Kontrollverlust akzeptiert und dennoch alles Mögliche tut, die Folgen einzuschränken. (Beispielsweise wäre die derzeit wichtigste Aufgabe in dieser Hinsicht, gegen die Vorratsdatenspeicherung zu kämpfen.)

Ich denke, die Wahl ist nicht ganz leicht, aber sie stellt sich derzeit genau so. Ich bin für die letzte Variante, wie ich nicht müde werde zu betonen, aber ich kann schon verstehen, dass man sich damit schwer tut.

## Ein paar Gedanken dazu

1. Wir stehen in Sachen Datenverarbeitung immer noch am Anfang. Die Datenberge werden weiterhin exponentiell wachsen und ihre Möglichkeiten und Mächtigkeiten mit ihnen. Wenn wir jetzt einen restriktiven Faktor einbauen, dann wird diese Institution keine andere Chance haben, als mit den von ihr unter dem Deckel zu haltenden Möglichkeiten mitzuwachsen. Wenn wir also über eine machtvolle Datenschutzbehörde nachdenken, dann müssen wir bedenken, dass sie in zwei Jahren doppelt so mächtig sein muss, und in 10 Jahren 64mal. Mir macht das mehr Angst, als jeder Kontrollverlust über meine Daten.

2. Wir stehen mit unserem gesamten „Way of Life" derzeit an einer Weggabelung. Und zwar nicht in erster Linie durch das Digitale, sondern vor allem wegen der Endlichkeit der Ressourcen. Die Welt – aber zuerst der Westen – kann es sich nicht mehr länger leisten, seine Ökonomie auf einem ständigen Wachstum – und damit auf ständigem Mehrverbrauch von Ressourcen aufzubauen.

Meines Erachtens gibt es nur zwei Möglichkeiten aus der Misere: wir verbrauchen weniger, d. h., wir alle schnallen den Gürtel enger, schränken uns ein, etc. Das wird hart, vielleicht in gewissem Maße auch unumgänglich. Und/oder zweitens: Wir schaffen es, die vorhandenen Ressourcen effizienter zu verteilen. Ich bin überzeugt, dass wir uns keine Vorstellung davon machen, was für enorme Potentiale für Wohlstand bei gleichzeitiger Umweltverträglichkeit in der effizienteren Umorganisation von Ressourcen steckt. Und ich glaube, dass da gar kein Weg dran vorbei geht.

Wir können uns auf Dauer keinen motorisierten Individualverkehr mehr leisten. Wir könnten uns aber wenige selbstfahrende, jederzeit über ihre Fahrgäste und
ihre Position bewusste Taxis leisten. Wir können uns nicht leisten, auf regenera-
tive Energie zu verzichten. Dafür aber brauchen wir intelligente Stromnetze, die
in Echtzeit Strom dorthin schicken, wo er gebraucht wird. Wir können uns Fehl-
planungen beim Wohnungsbau nicht mehr leisten. Wir können uns nicht leisten,
weiterhin intransparente Märkte zu haben, indem wir uns weiter selbst zutrauen,
sie zu durchforsten. Wir können uns nicht mehr leisten, mit Werbung, die enorme
Streuverluste hat, die Welt vollzustellen. Wir können uns nicht mehr leisten, But-
terberge, Getreideberge etc. herzustellen und dann verrotten zu lassen. Und es gibt
viele, viele andere Beispiele, wie unsere Ökonomie zwar nicht mehr wachsen kann,
aber trotzdem nicht weniger lebenswert werden muss. Das Wachstum muss und
wird sich nach innen verlagern.

Um diese Dinge aber zu lösen, müssen wir von der Milchtüte bis zum Fenster-
scharnier alles mit Intelligenz ausstatten. Und um die Dinge intelligent und effizient auf einander einzustellen, werden wir jede Sekunde viele Petabyte an Daten
auswerten müssen. Und wir werden keine Rücksicht darauf nehmen können, wenn
Dinge aus diesen Daten herauslesbar sein werden, die uns manchmal nicht passen.
Big Data wird in jeder Hosentasche stattfinden, ob die Datenschützer es nun wollen
oder nicht.

URL: http://www.carta.info/54687/ vom 25. Februar 2013

# Das Anziehen der Schraube

## Alexander Winter

Eigentlich passieren immer wieder die gleichen Dinge. Es sind die alten Rollen, in die jeder schlüpft. Alte Verhaltensmuster, deren unweigerliches Opfer wir alle werden. Keiner ist sich selbst genug, natürlich nicht. *Aber halt jetzt bitte mal kurz die Fresse, ja?* Wie oft will ich eigentlich noch die F5-Taste drücken? Facebook wird immer die gleiche juckende Stelle bleiben, die ich nicht kratzen kann. Ein Smartphone hab ich nicht. Ich komme mit dem Lesen im Bus schon nicht voran. Wie oft könnte ich in dieser mir verbleibenden halben Stunde bloß meine E-Mails checken? Wie viele neue Produkte wären in der Zwischenzeit auf meiner unaufhaltsam wachsenden Amazon-Wunschliste?

Das Feuilleton nennt uns *Digital Natives*, und es ist so schrecklich langweilig. Den Hype ums Bloggen haben wir mittlerweile alle längst verkausalisiert. Plagiieren übrigens auch. Scheiße, wir haben Wikipedia. Ist klar jetzt. Wer hat's eigentlich noch nicht begriffen? Dass ich mir mehr als die Hälfte des reellen Wissens nicht mehr merken kann – ein Phänomen von vielen. Nächster Punkt? *Ich wünschte, ich könnte mein chaotisches Gefühlsleben genauso aktualisieren wie meinen Facebook-Status.* Tausendmal gehört, tausendmal gelesen. Von morgens bis abends ist alles eine Wiederholung, eine Beschäftigung, ein Eskapismus des Eskapismus' willen. Wer flieht denn noch. Alle bleiben da. Alle sitzen, sitzen, den ganzen Tag sitzt ein ganzes Volk und redet über Kinderbilder, Katzenvideos, darüber, was sie tun sollten, was sie machen wollten, und jedes verdammte Arschloch hat mittlerweile so einen Twitter-Account.

Neuheitswahn. Mehlstaubexplosion. Das eine Bild hat sich mit dem andren verknüpft; ich bin nicht immun dagegen. Im Gegenteil. Als Maßloser, als Habgieriger und Unersättlicher nehme grade ich von allem am meisten. Den ganzen Tag bin ich

A. Winter (✉)
Berlin, Deutschland
E-Mail: monsieur@gmx.eu

C. Kappes et al. (Hrsg.), *Medienwandel kompakt 2011–2013*,
DOI 10.1007/978-3-658-00849-9_19, © Springer Fachmedien Wiesbaden 2014

damit beschäftigt zu konsumieren. Mehr als 80 % meines momentanen Lebens drehen sich um die Aufnahme von Wissensfragmenten, Teilinformationen, Zensur-
modellen, persönlichen Notizen, persönlichen Bildern, persönlichen Substituten
von Persönlichkeiten, und weil ich grade blogge, bin ich Teil davon und kann nicht
und sollte nicht und darf nicht, und müsste eigentlich, weil: derjenige, der sich
innerhalb des Diskurses bewegt, und ihn nutzt, kann ihn nicht verneinen – blah,
blah, blah. Ja, ich hab Habermas gelesen, scheiße, also wie gesagt: *Halt die Fresse
jetzt. Darum geht's überhaupt nicht.*

Sondern? Genau. Es geht genau um die Tatsache. Die *Digital Natives* also? Ja?
Ich meine: Ernsthaft jetzt? Ich finde den Weg zu diesem vollgeschissenen Kino
auch wirklich ohne Google Maps, ja. Praktisch ist's doch, ja, praktisch. Praktisch
my ass. In der S-Bahn sind alle damit beschäftigt ihre Finger über Bildschirme zu
schieben, und sie nennen das Fortschritt; ich sei nur reaktionär, heißt's. Ich habe
den Knall nicht gehört. Früher dachten die Leute auch, keiner brauche Computer.
Die Wahrheit? Das Bedürfnis danach ist künstlich. Die Notwendigkeit artifiziell.
Wir erklären die Welt mit Tautologien, und zwar seit einer ganzen Weile schon.

Mehr Wahrheit? Streichen wir das Öl mal kurz aus der Hitlist der nutzbaren
Ressourcen – was bleibt von dieser modernen Welt? Schlägt der Blitz ein, und der
Stromausfall setzt das erstbeste eCommerce-Büro außer Gefecht – heißt das dann
*blitzefrei?* Was passiert denn hier eigentlich ÜBERHAUPT, dass ich nirgendwo
mehr meinen verfickten Espresso trinken kann, ohne irgendwo das Wort Facebook
hören zu müssen? (*Der benutzt das auch, und ewig das Nörgeln…*). Die Wahrheit
ist, dass ich den Umstand zu verstehen suche. Wovor flieht eine Generation von
Werbetextern, Grafikern, Medienwissenschaftlern und Modedesignern? Welche
Droge ist eigentlich noch stark genug für uns, ich meine: ernsthaft jetzt? Keine
Ahnung, keiner. Stattdessen soll ich auf der Stelle das Ring-Center liken. Keiner
kann mir erklären, wozu ich das tun sollte. Weil ich dann über Sonderangebote
informiert werde? Früher hat man genau so'ne Scheiße *Spam* genannt.

Was? Ach ja. Genau. Was hat die Technik eigentlich an unserem Leben ver-
bessert? Kontakte. Scheiß auf die Kontakte, wenn du sie jederzeit abschalten oder
zur Seite legen kannst. Informationen. Scheiß auf die Informationen, wenn sie dein
Leben nicht verändern. Entertainment, Pornographie, Prokrastination. Okay. Und
was daran war noch mal die Verbesserung? *Save your pleasure times* für all diejenigen, die's interessiert. Tatsache ist: Wir sind übrigens im Krieg mit Libyen; vielleicht
bald in Syrien. Auch in Afghanistan. Ach, was war der Stand noch mal in Palästi-
na… oder in Nigeria, in Simbabwe. Wie geht es einem Land wie Tschetschenien
eigentlich nach dem Krieg? Komm schon, du wusstest, dass ich noch mal nach-
fragen würde – irgendwann. Was ist er, der aktuellste Stand in der Kriegsberichts-
erstattung. Oder die Opfer des Tsunamis 2004, was ist mit denen? Und die Folgen
Katrinas…? Baaah. Die Liste ist lang. Ermüdend auch. Hilft keinem was.

▶ C'mon, digital native, show me what you got.
   Google it, if you need to.

Die Wahrheit ist: Wir säen längst keinen Wind mehr. Wir säen Stürme. Unermüdlich, Tag für Tag für Tag. Diese ganze übrige Show ist eigentlich komplett lächerlich, und wenn wir's genau bedenken, ein großer Bluff. Wir lenken uns solange ab, wie wir können. Wiederholen dieselben Gedanken von gestern, wiederholen die Sätze, die wir lieben, und die guten Erinnerungen an die glorreichen Zeiten. Sonst nichts. Die Wahrheit ist: Die Nostalgie kann sich nur der leisten, der die Zukunft bereits verloren hat. Die Wahrheit ist: Ich scheiß auf deinen flickr-Account. Ich scheiß auf deine postmoderne Leere.

Der Rest ist Reaktionismus. Da hast du vielleicht recht.

URL: http://monsieurmanie.wordpress.com/2013/10/08/das-anziehen-der-schraube/ vom 8. Oktober 2013

# Reclaim Identity

## Julius Endert

Es mag ein Zufall sein: Ausgerechnet, als in dieser Woche mit „reclaim social media" auf der re:publica in Berlin, Deutschlands größtem Digital-Kongress, ein Projekt zur Wiedererlangung der Herrschaft über die eigenen Inhalte im sozialen Netz vorgestellt wurde, droht uns an anderer Stelle ein viel gravierenderer Verlust als die mangelnde Verfügungsgewalt über die eigenen Inhalte auf sozialen Plattformen wie Facebook: Datenbrillen nach der Bauart der jetzt vorgestellten Google Glasses führen zum Verlust der Definitionsmacht über unsere Identität.

Darum ist es jetzt an der Zeit für die Forderung „Reclaim Identity".

Warum ist das nötig? Sind doch die Datenbrillen keine Revolution, sondern eher eine Evolution der schon seit Jahren verfügbaren Technologie der Augmented Reality. Insbesondere Anwendungen auf Smartphones ermöglichen den Nutzern die Kombination von selbst wahrgenommener Realität mit Informationen aus dem Netz.

Mit einer dieser Brillen auf der Nase kann man diese angereicherte Realitätssicht nun zum Dauerzustand machen. Mehr noch: Durch die eingebauten Foto- und Videofunktionen lassen sich der Realität selbst weitere Datenschichten hinzufügen, die, einmal gespeichert, wieder anderen Nutzern als Einblendung angeboten werden können.

## Die geraubte Seele

Genau an dieser Stelle beginnen die Probleme. Zur Verdeutlichung hilft ein Blick in die Geschichte: Es gibt die Anekdote, dass bestimmte Eingeborenenstämme den Verlust der Seele fürchteten, wenn ein eifriger Missionar oder fleißiger Forscher

J. Endert (✉)
Düsseldorf, Deutschland
E-Mail: julius.endert@netz-lloyd.de

C. Kappes et al. (Hrsg.), *Medienwandel kompakt 2011–2013*,
DOI 10.1007/978-3-658-00849-9_20, © Springer Fachmedien Wiesbaden 2014

ein Foto von ihnen anfertigte. Wir schmunzeln über diese Geschichte, schließlich ist ein Foto nur die Abbildung des Äußeren, eine schlechte Kopie von Haut und Haaren. Als einzelnes Objekt auf Papier bleibt es an der Oberfläche.

Doch schon mit der Veröffentlichung, beispielsweise in einem wissenschaftlichen Journal, beginnt die Vorstellung vom harmlosen Foto rissig zu werden: Wenn nämlich der in seinem Volk geehrte Häuptling dort als Wilder bezeichnet wird, ist er von diesem Augenblick an außerhalb seiner Gruppe, wenigstens aber bei den Lesern des Journals, der Wilde.

Viel drastischer wird die Situation für den Abfotografierten, wenn die Fotos digital vorliegen, in einer Datenbank und schließlich im Internet landen. Wer dort nach einem Foto von einem Wilden sucht, wird vielleicht auf genau diese Abbildung treffen und – sollte er nicht über ein gehöriges Maß an Unvoreingenommenheit verfügen – den Häuptling auch als Wilden ansprechen, falls er ihm eines Tages begegnet. So weit, so schlecht.

Wenn wir nun demnächst vor einem anderen Menschen mit Datenbrille auf der Nase stehen, wird dieser für uns eben jener Forscher sein, der uns die Seele raubt.

Unser Gegenüber wird von uns ein digitales Abbild zweiter Ordnung anfertigen, ein Bild, welches auch unter die Haut geht. Denn digitale Abbildungen haben Eigenschaften, die sich von der Vorstellung eines Abzugs auf Papier grundlegend unterscheiden: Sie sind beliebig kopierbar und manipulierbar und erlangen einen Großteil ihres Inhalts erst durch Kontextinformationen. Einmal in die digitale Welt entlassen, beginnen sie, eine Art Eigenleben zu führen, sie werden quasi immer neu beschriftet, sie verknüpfen sich mit anderen Bildern und Inhalten – was in der Folge zu immer neuen Interpretationen führt.

## Wir verlieren den Wissensvorsprung über uns selbst

Wir werden dadurch als Subjekt eine Art Entkleidung erleben, verwandelt zunächst zu einer Form eigenschaftsloser Objekte, die eine ständige Rekontextualisierung erfahren werden. Denn Datenbrillen nach Bauart der Google Glasses funktionieren in beide Richtungen: Sie sind Abbildungsmaschinen und zugleich Interpretationsgeneratoren der Wirklichkeit.

Das Paradoxe daran: Ihr Träger bekommt zunächst den Eindruck, als habe er an Gestaltungsmacht gewonnen. Schließlich ist er es, der entscheidet, wann und was aus seinem Leben aufgezeichnet wird. Doch zugleich wird er bei der Auslegung der Wirklichkeit einer wie auch immer autorisierten Information aus dem Netz vertrauen, welche ihm von der Brille angeboten wird. Wo die Abweichungen von der Konvention offensichtlich sind, wird er noch stutzen: Ein Auto ist ein Auto, kein Haus. Aber ein Kirschbaum ist ein Obstbaum wie ein Birnbaum oder ein Apfelbaum.

Und wer ist dieser Mensch, dem wir vormals unvoreingenommen gegenüberstanden? Die Gesichtserkennung wird weit mehr als nur den Namen liefern. Der Punkt Null eines Zusammentreffens wird nicht länger der Ausgangspunkt einer Beziehung sein, sondern quasi der Endpunkt, und zwar ohne Freiheitsgrade. Wir werden durch unsere Vergangenheit definiert werden und verlieren den Wissensvorsprung über uns selbst.

Der Philosoph Johann Gottlieb Fichte war der Meinung: „Das Ich setzt sich selbst". Es sei zugleich das Handelnde und das Produkt der Handlung:

> [..] das Tätige, und das, was durch die Tätigkeit hervorgebracht wird; Handlung, und Tat sind Eins und ebendasselbe; und daher ist das: Ich bin Ausdruck einer Tathandlung. (Wikipedia)

Nun wird das Ich gesetzt, im besten Fall ist es Ausdruck der Handlungen aus der Vergangenheit. Der Zeitstrahl kehrt sich um, die Definition erfolgt rückwärts gerichtet, auf Basis der gespeicherten Informationen.

## Diskussion über die Privatsphäre hinaus

Das ist erst der Anfang. Die Diskussion um die Datenbrillen hat dabei viel weniger mit Privatsphäre zu tun, als man derzeit glauben mag. Was daran liegt, dass der mögliche Verlust eines geschützten Lebensbereichs noch der nach traditionellen Vorstellungen naheliegendste Aspekt ist.

Doch er ist fast zu vernachlässigen, was mit einem zweiten Irrtum der aktuellen Diskussion zu tun hat. Bei der gerade aufkommenden Technologie der Augmented Reality (von der die Datenbrillen, wie beschrieben, ein Teil sind) handelt es sich nicht um eine Verschmelzung von Netz und Realität, es geht vielmehr um eine Auflösung der Welt im Digitalen. Die Welt wird zur Leinwand, zur inhaltslosen Projektionsfläche für Daten.

Die vollständige Abbildung des Realen in Daten – auch Bilder/Videos sind Daten – ist der erste Schritt dieser Auflösung. Sie umfasst das statische Leben, die Dinge, und das dynamische, also alle (Lebens-)Vorgänge in dieser Welt, am Ende bis hin zu unseren Gedanken und Absichten. Alles ist bzw. wird Datenbestand oder Datenstrom.

Allen voran betreibt Google diese allumfassende Abbildung und Durchsuchbarmachung der Welt. Hat der Konzern beim Projekt Street View sich noch selbst der Mühe unterziehen müssen, die reale Welt zu scannen und ins Netz zu speisen, werden das in Zukunft die Datenbrillennutzer übernehmen.

Der öffentliche Lebensraum wird vollständig digitalisiert, privatisiert und anschließend kapitalisiert. Während die reine Abbildung aus Schritt eins noch vergleichsweise trivial ist, wird der Schritt zwei, also die Auflösung der Welt, weit gravierender sein: Das Leben des Einzelnen wie der Gesellschaft wird ebenso durchsuchbar wie alle anderen Daten im Netz, berechenbar, prognostizierbar, manipulierbar, im schlimmsten Fall steuerbar.

Denn der Kontext und die Zuordnungsregeln kommen nicht länger aus der Gesellschaft selbst, sondern von denjenigen, die über die Datenbestände verfügen können und die Zuordnungsvorschriften programmieren lassen. Der Kontext unseres Lebens und unsere Identität werden im schlimmsten Szenario zur Laufzeit generiert, zusammengestellt im Augenblick der Betrachtung nach Vorschriften, die nur noch eine kleine Elite dieser neuen Wirklichkeitserzeuger in den Unternehmen kennt. Dabei arbeiten Unternehmen und nach immer mehr Überwachungsinstrumenten dürstende Staaten Hand in Hand. Den Behörden wird es nur recht sein, wenn das gesamte Leben digital gespiegelt wird.

So wird aus dem „In die Welt geworfen sein" nach Heidegger ein unheilbares Ausgeliefertsein. Die sinnhaften Bezüge zwischen uns und der Welt werden von zentraler Stelle vordefiniert und berechnet sein, noch bevor wir die Welt betreten.

Rechtliche, kulturelle, gesellschaftliche Vereinbarungen für diese Situation wurden bisher nicht getroffen. Doch kaum jemand wird sich dieser Entwicklung und seiner ganz persönlichen Teilnahme an der Verdatung entziehen können, will er am normalen Leben teilnehmen. In einer Welt voller Datenbrillen und Überwachungssensoren wird das Netz betreten, wer die Welt betritt.

Noch fehlt es am allgemeinen Bewusstsein für diese Entwicklung, dem Verständnis und dem Diskurs. Politik ist überfordert und scheitert schon an den einfachen Aufgaben der Strukturierung dieser Welt, wie die Debatten über Urheberrecht, Leistungsschutzrecht und Netzneutralität zeigen. Andere gesellschaftliche Institutionen wie Gewerkschaften oder Kirchen sind ebensowenig eine Hilfe. Als Getriebene wandeln sie sich mehr und mehr zu Traditionsvereinen und Bewahrern von Ideen aus der vordigitalen Zeit. Auch in der Forschung sieht es nicht viel besser aus: Die Geisteswissenschaften erlahmen, und die Technik- und Biowissenschaften erproben sich am Machbaren und treten als Beschleuniger auf.

## Ein neues Menschenrecht

Was also könnte man tun? Vielleicht ist es Zeit für ein neues Menschenrecht, wenigstens aber die Überarbeitung der Interpretation des Artikels von der Unantastbarkeit der Menschenwürde. Es wird höchste Zeit, eine erweiterte Definition für die Würde des Menschen zu finden. Denn sie hängt auch damit zusammen, dass der Mensch selbst festlegen und gestalten kann, was er ist und was er sein möchte. Ein (Vor-)Festlegung ist auszuschließen und widerspricht der Menschenwürde.

Wir benötigen dazu umfassende Transparenz- und Auskunftsrechte, die sich bis auf die Firmengeheimnisse, also die streng gehüteten Algorithmen erstrecken. Nur so können wir das Ausgeliefertsein ansatzweise heilen. Die Daten eines Lebens und seiner Beziehungen und Zusammenhänge dürfen nicht den black boxes verschwinden, wo sie derzeit aufbewahrt und nach geheimen Regeln verarbeitet werden.

Wir brauchen Datenbankauszüge, Eingriffs- und Löschmöglichkeiten. Wir brauchen digitale Ombudsleute, und das Recht am eigenen Bild muss auf das Recht am eigenen Datum ausgeweitet werden.

Wenn das Internet Allgemeingut und öffentlicher Raum ist – wie es längst der Fall ist – müssen die dort geltenden Regeln, Gesetze und Umgangsformen entsprechend öffentlich ausgehandelt und vereinbart werden.

Am Ende mag das die Geschäftsmöglichkeit der dort aktiven Unternehmen einschränken, aber die Gesellschaft in ihrer Funktionsfähigkeit erhalten. Denn Gesellschaften funktionieren nur mit Individuen, die als Subjekt selbst Herr über ihre Identitäten sind: Reclaim Identity.

URL: http://www.netz-lloyd.de/2013/05/13/reclaim-identity/ vom 13. Mai 2013

# 2013: Das Web zurückerobern

## Johnny Haeusler

Facebook, Twitter, Google, Tumblr, Apple, Instagram, Pinterest und wie sie alle heißen … sie machen das Web kaputt.

Vorbei die Zeiten, in denen für die Öffentlichkeit gedachte Inhalte im öffentlichen Raum – dem Web nämlich – stattfanden, wo sie in den meisten Fällen von allen Internet-Nutzern gefunden, gesehen, verlinkt und kommentiert werden konnten. Vorbei auch die Zeiten, in denen die eigene Repräsentanz im Netz gleichbedeutend mit einer eigenen Homepage oder einem Blog war, auf denen ein individuelles Archiv der Meinungen, Links und Netzfundstücke der Betreiber entstand.

Heutzutage vergraben wir unsere kurzen Gedanken und Links in der Twitter-Wüste, unauffindbar nach nur wenigen Tagen. Wir posten längere Artikel bei G+ und können nur hoffen, dass Google den Dienst nicht irgendwann genauso einstellt wie viele andere Dienste zuvor. Und wenn wir das tolle Video suchen, das neulich jemand auf Facebook geteilt hat, dann sind wir aufgeschmissen, sobald die Facebook-Timeline es verschluckt hat.

Wenn bit.ly und andere URL-Shortener den Geist aufgeben, funktionieren Millionen von Links im Web nicht mehr. Würde Apple beschließen, auf iOS-Systemen nur noch Apps und keine Web-Browser mehr zuzulassen, dann hätte das Unternehmen seine Nutzer effektiv aus dem WWW ausgesperrt und ein eigenes Netz kreiert. Doch Apps lassen sich nicht untereinander verlinken, und einzelne Beiträge in News- oder Blog-Apps lassen sich nicht bookmarken. Und wenn Facebook den automatischen RSS-Import von Blog-Beiträgen unterbindet und gleichzeitig privilegierten Unternehmen neue Möglichkeiten gibt, dann ist das Web, wie wir es kannten, tot.

Es wird also Zeit, dass wir uns – und damit meine ich alle Internet-Nutzer, deren Nutzungsverhalten über den gelegentlichen Online-Einkauf von Waren hinaus

J. Haeusler (✉)
Berlin, Deutschland
E-Mail: info@spreeblick.com

C. Kappes et al. (Hrsg.), *Medienwandel kompakt 2011–2013,*
DOI 10.1007/978-3-658-00849-9_21, © Springer Fachmedien Wiesbaden 2014

geht – das Web zurückholen. Nicht, indem die Nerds unter uns die Zeit zurück-drehen wollen und von früher™ schwadronieren. Und auch nicht, indem wir die genannten Gewinn-orientierten Unternehmen verteufeln, sie boykottieren und ig-norieren. Ganz im Gegenteil: Wir sollten von ihnen lernen. Denn sie alle sind nicht deshalb so erfolgreich, weil ihre Nutzer dummes Klickvieh sind, sondern weil sie auf Bedürfnisse vieler Internet-Nutzer reagiert haben und Dienste des Netzes auch für diejenigen leicht nutzbar gemacht haben, die sich weder mit Blog-Systemen und RSS noch mit Trackbacks beschäftigen wollten.

Während wir als Blogger, Podcaster, Programmierer und Web-Designer unsere eigene elitäre Geek-Suppe köchelten, immer mehr Gewürze hinein streuten, jeden auslachten, der den Fraß nicht einmal probieren wollte, und (fast) jeden mit Miss-achtung straften, der sich um die Monetarisierung dieser Kochkunst Gedanken machte, schoben sich ein paar kalifornische Rich Kids die Milliarden zu, schau-ten sich in Ruhe die Bedürfnisse der Durchschnittsnutzer an und bauten Online-Dienste für sie, die ohne jede technische Vorkenntnis funktionieren und Spaß machen. Dass die meisten dieser Dienste die Nutzer quasi rechtlos machen und nebenbei noch jede Menge Einnahmequellen auf Basis der Aktivitäten der Nutzer eingebaut haben, ist dabei ein Nebeneffekt, von dem allein die Betreiber der Diens-te profitieren.

Google hat die Währung des Webs, Links nämlich, mit AdWords und Adsense clever in Bares verwandelt. Twitter hat erkannt, dass es für einen coolen Link kei-nen Blogpost braucht. Facebook war bewusst, dass es nur eine Minute dauern darf, ins eigene Netzwohnzimmer einzuziehen. Und Apple hat für die um Viren, Spam und die dunkleren Seiten der Netzwelt besorgten Nutzer für ein eigenes Ökosys-tem der Online-Unterhaltung und nebenbei noch für Rechtssicherheit sowie Ein-nahmequellen für Coder und Rechteinhaber gesorgt. Pinterest weiß, dass ein Bild manchmal mehr sagt als tausend Worte oder ein kryptischer Link ohne Vorschau. Und sie alle zusammen haben vor allem frühzeitig auf das mobile Netz gesetzt.

Das wäre alles überhaupt nicht schlimm, würden die Unternehmen dabei nicht so oft die Gepflogenheiten eines offenen Webs ignorieren, das schließlich die Grundlage ihrer Dienste und Geschäftsmodelle ist. Und so wächst eine Generation von Netznutzern heran, die keine E-Mails mehr benutzt (weil alles über am Ende kommerzielle Dienste wie Skype oder WhatsApp oder Facebook-Nachrichten läuft) und die kaum noch weiß, was ein Web-Link ist (weil geteilte Inhalte direkt innerhalb von Facebook angezeigt werden und mit einem Klick weitergegeben werden können – ebenfalls innerhalb des Systems).

Ich trete an dieser Stelle mal kurz auf die Bremse und gebe zu, dass ich fast alle der genannten Dienste aus dem vermutlich gleichen Grund wie die meisten Anderen nutze: Ich bin faul. Es dauert wenige Sekunden, einen Gedanken oder Link per Twitter via Smartphone raus zu schicken, ein Posting auf Spreeblick würde mich hingegen mindestens einige Minuten kosten, denn ein gut funktionierendes mobiles Interface für WordPress ist mir immer noch nicht bekannt. Ich mag es, in den Kommentaren bei Facebook mal schnell nachsehen zu können, wer hinter einem besonders klugen Satz steht. Und ich muss zugeben, dass mir Instagram und Pinterest einfach Spaß machen.

Und trotzdem ärgert es mich, dass das Web immer mehr in die Hände und damit auch die Willkür von wenigen Unternehmern geht.

Wenn ich früher™ einen Artikel wie diesen hier auf Spreeblick veröffentlichte, stießen nach und nach ein paar andere Blogger darauf, verlinkten ihn vielleicht, und im besten Fall fand eine Diskussion dazu statt, die man auch Jahre später noch nachlesen konnte. Unter dem Artikel, direkt hier bei Spreeblick. Veröffentliche ich heute etwas, stoßen die meisten Leserinnen und Leser erst dann darauf, wenn ich den Link per Twitter und Facebook weitergebe, wo der Inhalt dann oft auch diskutiert wird. Ein Spreeblick-Artikel braucht heutzutage die Kommentar-Betreuung und ggf. meine Reaktion auf diversen Kanälen, die Debatte zerfasert, teilt sich auf und verschwindet schnell im Nirwana der Sozialen Netzwerke. Noch schlimmer: Wenn auf einen Tweet verschiedene interessante Antworten folgen, sind diese nach kurzer Zeit verloren, eine Dokumentation ist beinahe unmöglich. Und das ist Mist.

Das Web sammelt Wissen und dokumentiert Menschheitskultur. Es ist für jeden zugänglich, der einen Internet-Anschluss hat. Wenn dieses Wissen und diese Dokumentation jedoch immer mehr hinter verschlossenen Türen in Räumen stattfindet, die von wenigen kontrolliert werden, die nur diejenigen eintreten lassen, die zunächst ihre Daten hinterlassen und ihre Rechte abgeben, dann wird das Web verkümmern, zu einem obskuren Nerd-Spielplatz werden oder ganz sterben.

Es lässt sich jedoch jede Menge tun, um dies zu verhindern. Wir können – und das geht zu allererst an mich selbst – wieder mehr bloggen, auch wenn es sich nur um einen kleinen Link handelt, den man postet. Wir können – und das geht zu allererst an mich selbst – wieder mehr Blogs verlinken und wieder mehr auf Blogs kommentieren statt auf Facebook oder Twitter. Und wir können – und das geht zu allererst an diejenigen, die coden können – uns kommerzielle Dienste ansehen und von ihnen lernen. Mobile Apps, die uns die Arbeit erleichtern; Blog-Designs, die klar verständlich auch für Erstbesucher sind; Tools, welche die Vernetzung unter Blogs weiter verbessern; Werkzeuge zum Abonnieren von Blogs, die keine Auseinandersetzung mit RSS-Readern brauchen (Mail-Abos z. B. dürften für die meisten Nutzer einfacher sein); vielleicht sogar Rating- oder „Like"-Systeme, die Blog-System-übergreifend funktionieren … mir und vor allem den Leserinnen und Lesern dieser Zeilen fällt sicher noch viel mehr ein, das man tun könnte, um das offene und nicht von Großunternehmen bestimmte Web weiter voran zu treiben. Ich denke seit Wochen darüber nach, wie Spreeblick aussehen müsste, was man mit Spreeblick noch machen könnte, um Blog-Kultur voranzutreiben und zu unterstützen, und sobald ich tolle Ideen (und die Zeit zur Umsetzung) hatte, werdet ihr es hier erfahren.

Ich werde Twitter, Facebook und alle anderen Dienste weiterhin nutzen, denn immerhin bringen sie euch oft genug auch hier hin und schließlich bieten sie allesamt auch Vorteile im digitalen Alltag. Ich werde jedoch verstärkt darauf achten, dass die Inhalte, die mir am Herzen liegen, in erster Linie auf Spreeblick passieren. Irgendetwas muss man sich ja vornehmen für das neue Jahr.

Welches, das wünsche ich uns allen, großartig wird!

*Update Ich habe hier eine kleine Nachbearbeitung zu diesem Artikel getippt.*

## Nachbearbeitung: Das Web zurückerobern

*Update Hier noch ein Beitrag aus der „Breitband"-Ausgabe von DRadio Kultur mit Stefan Heidenreich, Jens Best und ein paar O-Tönen von mir.*

Knapp 300 Trackbacks und Kommentare, die sich auf meinen letzten Artikel beziehen und ihn diskutieren, bezeugen, dass die Blogosphäre alles andere als tot ist, was mich enorm freut. Ihr findet alle Trackbacks auf der Artikelseite (gleich rechts oben), durchklicken lohnt sich nicht nur wegen der verschiedenen Texte, sondern auch und besonders, um neue Blogs kennenzulernen oder mal wieder bei bekannten reinzulesen.

Bei hackr.de zum Beispiel, der meinen Text für zu romantisch hält und Öffentlichkeit (allgemeines Web) vs. Suböffentlichkeit (Facebook etc.) ins Spiel bringt. Oder bei Mathias Richel, der sich über ein öffentlich-rechtliches Web und Public Space Server Gedanken gemacht hat. Und wer es lieber hören mag, der bekommt im Ffluid-Podcast etwas auf die Ohren, wenn es u. a. um die Replik von Martin Weigert geht (Kurzversion: Die alten Säcke kommen nicht damit klar, dass die Jungen das Ruder übernommen haben). Und auch die „klassischen" Medien bleiben aufmerksam: Der Berliner Tagesspiegel hat den Text in seiner Ausgabe am 5. Januar abgedruckt, DRadio Wissen hat ihn seiner Webschau thematisiert.

Auch auf Facebook wird natürlich diskutiert, u. a. sehr spannend unter einem Posting von Patrick Breitenbach – ich weiß nicht, wer das ohne FB-Account oder einem bestimmten Freundschaftsgrad lesen kann, doch wenn wir es hierbei mit Sub-Öffentlichkeit zu tun haben, möchte ich auch nicht zitieren.

Wie bei jedem Text, den man ins Netz schreibt, gibt es bei den Trackbacks und Kommentaren natürlich auch jede Menge sehr unterschiedlicher Interpretationen (manchmal lesen Menschen halt, was sie lesen wollen, manchmal liegt es aber auch am Text selbst, der vielleicht nicht genau genug ist), weshalb ich folgende Zeilen nachschieben mag:

Es geht mir mit dem Text keineswegs darum, die Zeit zurückzudrehen oder alten Internet-Zeiten hinterher zu weinen. Das Usenet war toll, würde aber heutzutage ob der viel höheren Verbreitung von Internet-Zugängen wahrscheinlich nicht mehr funktionieren; für bestimmte Aktivitäten sind Twitter und sogar Facebook super; ich finde iOS- oder Android-Tablets für die Nutzung einiger Netzbereiche inzwischen angenehmer als Laptops oder gar Desktop-Rechner; und dass eine junge Generation ein ganz anderes Netz auf ganz andere Arten nutzt als ich es tue, sehe ich nicht nur täglich bei meinen Söhnen (schließlich handelt auch <u>unser Buch</u> davon), sondern finde es das auch völlig normal und prima.

Ich glaube auch nicht, dass es mit „wieder mehr bloggen" getan ist oder dass das etwas Wesentliches verändern oder vorantreiben wird. Nebensätze des Artikels wie „(…) mir und vor allem den Leserinnen und Lesern dieser Zeilen fällt sicher noch viel mehr ein, das man tun könnte, um das offene und nicht von Großunternehmen bestimmte Web weiter voran zu treiben (…)" oder „(…) Wir sollten von ihnen (Anm.: den Web-Unternehmen) lernen (…)" wurden nicht ganz so oft zitiert wie andere, doch diese waren mir sehr wichtig. Ich stelle mir die Frage, wie die nächsten Schritte im Web aussehen könnten, nach wie vor, und mein Vorhaben, Spreeblick wieder besser zu füttern, kann nur ein klitzekleiner Teil davon sein.

Doch glücklicherweise gab es auch zur Weiterentwicklung einige Reaktionen. Christoph Kappes schrieb auf Facebook (nun zitiere ich doch kurz): „(…) Neue Software wird kommen, irgendeine verteilte Blog-Architektur, und dann bin ich der erste, der umschwenkt" und wartet somit gelassen auf die nächsten Entwicklungen. <u>Andi</u> Herten <u>zeigt</u>, wie er seine Instagram-Fotos auf den eigenen Webspace und sein Blog holt. Und <u>Steffen Voß</u> wies mich auf <u>auf diesen Artikel</u> und damit auf die richtige Frage hin, warum man nicht Blog-Systeme wie WordPress (aber auch andere) mit verschiedenen Tools besser miteinander verknüpft und sich dabei teilweise ein Beispiel an der Usability von Facebook nimmt.

Das alles ist Futter fürs Hirn und ich hoffe, dass mich die Euphorie der letzten Tage nicht verlässt, denn es macht mir Spaß darüber nachzudenken, was man tun kann statt abzuwarten – wobei Abwarten auch eine völlig legitime Option ist, denn dass Facebook nicht ewig der Platzhirsch bleiben wird und dass sich auch Blogs (oder wie immer man persönliche Publishing-Tools dann nennen wird) weiterbewegen werden, steht fest.

Und zu guter Letzt: Ja, da war eine Menge Pathos bei, als ich den Artikel schrieb und als eine Art persönliche Neujahrsresolution veröffentlichte. Und warum auch nicht. In einer Welt der Märkte und Strategien, der emotionslosen Ratio und durchdachten Planung kann ein bisschen Pathos nicht schaden. Denn es geht nicht immer nur um Apps, Start Ups und Geschäftsideen, um Nutzerzahlen und Traffic, sondern eben auch um Kultur und Leidenschaft. Bloggen, so sehe ich das immer noch, ist lautes Nachdenken, aber auch ein bisschen Kunst. Ein eigenes Blog zu haben, stunden- oder gar tagelang an einem Text zu feilen, sich um das Design zu kümmern, die Ansprache zu wählen, die Kommentare zu betreuen, das ist wie die eigene kleine Kneipe zu führen und die Musik auszuwählen … und ein Blog-Text kann wie ein Song sein. Inspirierend oder erschütternd, aggressiv oder wohltuend. Oder einfach nur gut.

An dieser Stelle daher noch weiter Vorsätze.
Mehr Pathos.
Mehr Leidenschaft.
Und ich wollte auch weniger so bierernste Texte schreiben,
verdammtnochmal!

URL: http://www.spreeblick.com/2012/12/28/2013-das-web-zuruck-erobern/vom
28. Dezember 2012.

http://www.spreeblick.com/2013/01/07/nachbearbeitung-das-web-zuruckero-
bern/vom 07. Januar 2013.

# Wieso wir uns veröffentlichen

## Kristian Köhntopp

„Wieso wir uns veröffentlichen" oder warum Menschen „so dumm sind" und „ihre Daten" Facebook und Google geben, obwohl jeder weiß, dass „sie" nur Böses im Schilde führen.

Eine der am meisten Energie kostenden Tätigkeiten im Leben ist es, Menschen zu finden, die meine Überlegungen bestätigen, ausbauen, reflektieren, freundlich hinterfragen und korrigieren. Menschen, die uns nahe genug sind, dass sie mit uns elementare Grundsätze teilen, und dass sie unsere Probleme und Überlegungen verstehen können, die andererseits uns fremd genug sind, dass sie uns zum weiterdenken inspirieren und uns mit neuen Ideen konfrontieren.

Soziale Netzwerke im Internet sind dabei ein verhältnismäßig neues Instrument, aber keineswegs eine komplette Neuentwicklung. Vor der Etablierung des Internets im Alltag spielten – neben der Familie – lokal ausgerichtete Gruppen wie Vereine, Interessenverbände oder sich lose über Kleinanzeigen oder bei Veranstaltungen bildende Gruppen die dominante Rolle bei der Erzeugung von Kommunikationsräumen.

Das Internet in seiner reinen Form kennt keine Regionen: Gefühlt ist die Verbindung in die USA oft kaum von einer nach Deutschland oder Indien unterscheidbar. Soziale Netze im Internet erben diese Eigenschaft, und so ist man bei der Findung von interessanten Kommunikationspartnern nicht mehr durch regionale Einschränkungen gegängelt: Potentieller Kommunikationspartner ist die ganze Menschheit (sofern ein Netzzugang vorhanden ist). Das gruppierende Element ist nicht länger die Region oder das Land, es ist das Thema.

Eine solche Gruppe kann dabei thematisch eng gefasst aufgestellt sein („Benutzer des Binford 6000"), ein großes und komplexes Anliegen haben (Stuttgart 21), oder gar bis an eine Subkultur heranreichen (Piratenpartei). Wie sich allerdings

K. Köhntopp (✉)
Berlin, Deutschland
E-Mail: kris@koehntopp.de

C. Kappes et al. (Hrsg.), *Medienwandel kompakt 2011–2013*,
DOI 10.1007/978-3-658-00849-9_22, © Springer Fachmedien Wiesbaden 2014

zeigt, sind die Gruppen, die sich über soziale Netzwerke konstituieren, nicht „fertig", nicht „abgeschlossen", sondern tendieren ganz klar dazu, größer werden zu wollen, mehr „Anhänger" zu finden und dadurch auch mehr themenbezogene Impulse für alle Gruppenangehörigen zu generieren.

Doch damit das gesamte System funktionieren kann, muss das einzelne Individuum dem Netz Informationen über sich zur Verfügung stellen. Simple Fakten wie „ich bin Binford 6000 User", ein „S 21 Gegner/Unterstützer" oder ein „Pirat" vermitteln zusammengesetzt natürlich ein gewisses Bild einer Person. Daneben erlauben persönliche Meinungsäußerungen wie „Ich finde ja, dass XY im Fall Z Mist gebaut hat" oder auch klar abgebildete Beziehungen zwischen Menschen eine deutlich bessere Einschätzung einer bisher fremden Person: Aus größeren Überschneidungen im Bekanntenkreis kann beispielsweise sehr oft eine gewisse Kompatibilität abgeleitet werden (oder, wenn es die nervigen Bekannten sind, auch ein Hinweis auf wahrscheinliche Inkompatibilität).

Diese Einschätzungen sind zentral für das Knüpfen neuer sozialer Bindungen. Hier spielen internetbasierte soziale Netzwerke aufgrund ihrer expliziten Daten ihre Stärke in Form von Effizienz aus. Füttere ich ein soziales Netzwerk nur ein wenig, wird es sehr schnell in der Lage sein, mir meist durchaus relevante Vorschläge für neue Kontakte und Themengruppen zu machen. Kommunikation und Austausch zwischen den Mitgliedern tun dann ein Übriges, und schnell hat man die Kontakte zum gewünschten Thema, die man gesucht hat.

Und genau deshalb „enthüllen" sich so viele Menschen auf *Twitter*, *Facebook*, *Google +*, *Path* oder sonstwo: Sie machen sich sichtbar, findbar. Um im Rückschluss selber relevantes zu finden.

Der Preis ist Vertrauen. Vertrauen in unsere Mitmenschen, in Plattformbetreiber und manchmal sogar in den Staat (auf den wir gut aufpassen, damit er's nicht missbraucht). Doch dieses Vertrauen ist nicht verschenkt, denn es hilft anderen, uns zu vertrauen. Vertrauen vereinfacht die soziale Interaktion. Dadurch, dass wir unsere Vorlieben, Ängste und Anliegen veröffentlichen, erlauben wir es anderen, uns nahe zu kommen – und hoffen zugleich, dass die, die uns nahe kommen, Personen sind, an denen wir wachsen können, dass sie Leute sind, die unser Leben bereichern. Das ist technisch gesehen eine Filterblase, aber vor allem ist es eine massive Kooperationserleichterung.

Die Filterblase erweist sich bei näherer Betrachtung als strukturiert, vielfältig und durchlässig. Jeder von uns steckt nicht in *einer* Blase, sondern in mehreren, und in jeder Blase finden wir Menschen mit eigenem Profil. Feste Wände gibt es nicht, im Gegenteil. Wir hören von und kommunizieren mit wildfremden Menschen – wenn es für ihr Thema einen Weg durch unser soziales Netz gibt. Unsere Kontakte sind dabei keine Filter, sondern Verstärker. Aus dem Rauschen der Welt extrahieren sie ein Signal. Wir wissen nicht, wie wir selbst nach diesem Signal suchen sollten, wir können es nicht beschreiben. Aber wenn wir es sehen, wissen wir, dass es uns interessiert.

Die Erfahrung gibt der Mehrzahl von uns in den meisten Fällen Recht: Wir sparen durch die Veröffentlichung eine Menge Zeit und Energie, und wir bekommen mehr vom Netz zurück, als wir dort hineinstecken: Mehr und vielfältigere Kontakte überall auf dem Globus, mehr Input und eine buntere und hoffentlich tolerantere Sicht auf die Welt. Menschen sind also keineswegs „dumm", wenn sie in soziale Netzwerke publizieren, sie bewerten den Nutzen schlicht und ergreifend als höher als die potentiellen Gefahren. Sie interessiert nicht, wer ihre Daten hat, sondern was damit geschieht.

Vielleicht verlieren wir die Kontrolle über manches. Wir gewinnen aber auch Unabhängigkeit. Die Bestandsdaten unserer sozialen Beziehungen sind nicht in den CRM-Systemen unserer Ex-Arbeitgeber vergraben und vor unbefugtem, das heißt, unserem Zugriff geschützt, sondern sie sind in Plattformen repräsentiert, die wir uns ausgesucht haben. Das nivelliert die Machtverhältnisse: Wenn eine Plattform systematisch Mist baut, ziehen wir um.

Wir geben auch nicht unsere Privatsphäre auf. Soziale Netze sind (halb-)öffentliche Räume. Wir bewegen uns dort, wie wir es vor einer Generation im Sportverein oder am Stammtisch getan hätten: Wir verraten nicht alles über uns, aber wir verstecken uns auch nicht vor der Welt.

URL: http://www.carta.info/41830/wieso-wir-uns-veroffentlichen/ vom 4. März 2012

# Parasoziale Interaktion in sozialen Medien: Kennst du mich?

## Till Westermayer

Durch die Verschmelzung der realen mit der Netzwelt verändert sich die Wahrnehmung sozialer Beziehungen.

Wenn nun das „Problem" von Twitter und Co. nicht die (zu harten) Leserkommentare wären, sondern die Vortäuschung von Gesellschaft, Nähe ...? Julia Seeliger

Das passt ganz gut zu dem, was in der Medienpsychologie als parasoziale Interaktion bekannt ist. (Ich verlinke auf die englische Wikipedia, weil der Artikel mal wieder deutlich besser als sein deutschsprachiges Pendant ist.) Mir ist dieser Begriff im Studium begegnet, als es darum ging, was Menschen mit Fernsehserien machen.

Parasoziale Interaktion beschreibt etwas, das auf den ersten Blick wie eine soziale Interaktion aussieht: zwei Personen handeln in wechselseitigem Bezug aufeinander. Parasozial ist sie deshalb, weil dieses Handeln einseitig stattfindet.

Auf der einen Seite steht eine reale Person, die das Gefühl hat, mit einer zweiten, fiktiven Person – z. B. einem Charakter in einer Fernsehserie oder dem Medienbild einer „celebrity" – sozial zu interagieren. Sie verfolgt das Leben der fiktiven Person, fiebert mit, lernt ihn oder sie kennen, kurz, die reale baut über die Zeit eine emotionale Bindung zur fiktiven Person auf. Die Bindung bleibt allerdings notgedrungen einseitig; der Fernsehbildschirm wirkt als Einwegspiegel im sozialen Handeln.

Der Fernseherfolg von Serien, aber auch von Talkshows und Reality-Formaten hat einiges mit der menschlichen Fähigkeit zu tun, parasozial zu interagieren. Und weil das auch die ProduzentInnen dieser Formate wissen, sind diese vielfach darauf ausgelegt, den Eindruck sozialer Interaktion zu verstärken.

Parasoziale Interaktion muss jetzt kein pathologischer Befund sein. Vielmehr ist sie in einer massenmedialen Gesellschaft relative Normalität. Auch, wer bei einer

T. Westermayer (✉)
Freiburg, Deutschland
E-Mail: webmaster@tillwe.de

C. Kappes et al. (Hrsg.), *Medienwandel kompakt 2011–2013*,
DOI 10.1007/978-3-658-00849-9_23, © Springer Fachmedien Wiesbaden 2014

Fernsehserie mitfiebert und dabei so handelt, als ob es tatsächlich um die eigenen Bekannten ginge, die da gerade zu sehen sind, tut dies zumeist im Bewusstsein der Fiktionalität. Es geht – wenn ich mich an die Literatur aus meinem Studium richtig erinnere – entweder eher um ein Substitut für fehlende alltägliche Beziehungen, oder zum Teil auch um eine Möglichkeit, soziales Interagieren und den Aufbau von Bindungen einzuüben.

Und ich sprach bewusst von einer menschlichen Fähigkeit: Die deutschsprachige Wikipedia verweist darauf, dass auch das Gebet als eine Form parasozialer Interaktion verstanden werden kann. Ähnliches gilt meines Erachtens für die Immersion in literarische Formate – ein Buch nicht weglegen zu können hat oft auch etwas damit zu tun, dass eben eine parasoziale Beziehung zur Hauptfigur des Buches aufgebaut wird.

Soweit allgemein zu diesem Konzept.

Interessant finde ich nun die Frage, was bei der Nutzung sozialer Medien wie Facebook und Twitter geschieht. Dazu gibt es, der Gedanke ist naheliegend, inzwischen eine ganze Reihe wissenschaftlicher Studien. Ich will diese Studien hier ignorieren (zum Glück gilt für Blogposts kein wissenschaftlicher Anspruch), und meinen Gedankengang dazu in fünf Schritten skizzieren.

1. Alltägliche soziale Interaktionen können (dann streng genommen als Kommunikation) auch durch technische Medien vermittelt stattfinden. Der Unterschied zwischen direktem Gespräch, Telefonat, Skype-Gespräch, EMail-Austausch, Chat, SMS und aufeinander bezogenen Tweets ist ein gradueller, wenn zwischen den beiden handelnden Personen eine soziale Beziehung besteht. Demnach kann ein Tweet ein Element einer beidseitigen, echten sozialen Interaktion sein – zumindest dann, wenn Interaktionen nicht auf realräumliche Kontakte beschränkt werden.

2. Die aus dem Fernsehen bekannten Berühmtheiten – egal, ob es SportlerInnen, Fernsehstars oder PolitikerInnen sind – haben in sozialen Medien zumeist extrem asymmetrische Follower-Followed-Zahlen: viele Leute – bis hin zu Millionen – interessieren sich dafür, was die Person A macht, aber die Person A wird nur ganz wenigen davon folgen, wenn sie es denn überhaupt tut (und der Account nicht eh von einem Büro bearbeitet wird).

Auf Twitter ist das beim Blick auf die Profile sofort klar. Auf Facebook sind Beziehungen eigentlich bidirektional. Faktisch sind sie es auch dort nicht, sondern werden mit verschiedenen Mitteln asymmetrisiert – dadurch, dass ein privates und ein öffentliches Profil genutzt werden, oder dadurch, dass statt einem

Personenaccount eine Seite – der gefolgt werden kann, ohne zurückzufolgen – verwendet wird.

Tweets dieser Personen entsprechen dem klassischen Material parasozialer Interaktion: A lässt uns am Mittagessen teilhaben, an fußballerischen Emotionen, berichtet, was A gerade tut, meint oder wo sie sich befindet. Wir, die wir A folgen, geraten schnell in die Illusion, eine persönliche Beziehung zu A aufgebaut zu haben – parasoziale Interaktion at its best.

3. Twitter, Facebook etc. produzieren nun eine doppelte Vermischung (und unterscheiden sich vermutlich jeweils darin, wie dieses Mischungsverhältnis spezifisch ausfällt).

Die erste Vermischung ist eine zwischen sozialen und parasozialen Beziehungen. Ein Indiz dafür, dass es sich um eine parasoziale Beziehung handelt, sind auf Twitter einseitige Follower-Followed-Verhältnisse: Ich folge A, aber A folgt mir nicht zurück. In meiner Timeline läuft beides wild durcheinander: Tweets mir tatsächlich bekannter Personen, die sich vielleicht sogar ganz persönlich an mich richten, oder zumindest in einer, wie schwammig auch immer, definierten sozialen Gruppe kontextuiert sind, und Tweets von personae, zu denen ich nur in parasozialer Beziehung stehe.

Diese Mischung ist recht offensichtlich und macht vielleicht auch den besonderen Reiz sozialer Medien aus. (Aber letztlich war auch der Griff in den Briefkasten ähnlich: neben Geschäftsbriefen gab es persönliche Post und ab und zu Post, die so tat, als wäre sie ganz persönlich, die aber in Wahrheit nur Lottoscheine verkaufen wollte …)

4. Spannender ist die zweite Vermischung. Auf Twitter kann ich auf einen Tweet der Berühmtheit A reagieren, auf Facebook kann ich kommentieren. Dies erlauben nicht nur die Techniken, sondern auch die Praktiken und Konventionen der jeweiligen sozialen Medien: die Einmischung in das Gespräch Dritter ist erlaubt. Diese Niedrigschwelligkeit trägt ebenfalls dazu bei, soziale Medien reizvoll zu machen. Jetzt kann allerdings etwas passieren, das das schöne Sortierschema durcheinander bringt: A kann reagieren. Aus einer Laune heraus, um eine bestimmte Position zu verteidigen, aus echter persönlicher Bekanntheit zwischen A und B, oder nur im Sinn einer Beantwortung von Fanpost. Aus der nur imaginierten Interaktion wird damit eine echte Interaktion, die allerdings möglicherweise parasozial bleibt.

Die Scheinwelt hat nun plötzlich einen Rückkanal, aber der kommunikative Interaktionsakt kann aus beiden Richtungen sehr unterschiedlich wahrgenommen werden: B folgt der Berühmtheit A. A twittert etwas. B reagiert. A reagiert nun wieder auf B. Für B die Bestätigung, von A wahrgenommen zu werden, also in einer echten sozialen Beziehung zu A zu stehen. Für A dagegen ein Routine-akt, um einer bestimmten Rolle gerecht zu werden, um etwas zu vermarkten – B als Person interessiert nicht.

Hier wird es nun schon schwieriger, zwischen sozialen und parasozialen Inter-aktionen auf Twitter zu unterscheiden. Erst die Wiederholung einer kommuni-kativen Interaktion A-B-A lässt die Vermutung zu, dass die Beziehung sich von parasozial in Richtung sozial bewegt. Aber eine Spur Unsicherheit bleibt.

5. Als – dank Rückkanal – vollendetes Medium parasozialer Interaktion beendet Twitter die Bipolarität zwischen sozial und parasozial. Diese wird ersetzt durch ein Kontinuum von Beziehungen und Interaktionsformen, die von enger sozia-ler Beziehung/Interaktion über lose soziale Beziehungen bis hin zu gelegent-lichen Interaktionen und echter parasozialer Interaktion/Beziehung reichen. In welchem Verhältnis A und B stehen, ist dabei nicht fix, sondern kann sich über die Zeit verändern. Aus der Star-Fan-Beziehung kann bei wiederholter Reaktion über die Zeit hinweg eine lose soziale Beziehung entstehen, die beispielsweise dadurch, dass A nun B folgt, noch verstärkt wird. Sicherheiten gibt es keine – und was für A parasozial bleibt, kann von B längst als weit mehr verstanden werden.

Das erklärt nun, wenn es so stimmt, zwei Dinge: Den harten Realitätscheck, wenn das Medium gewechselt wird – die leichte, schwellenlose Gruppenzugehörigkeit im Netz läuft bei der Begegnung im realen Raum Gefahr, zu zerschellen; begleitet von dem Gefühl, aus dem Netz sozialer Beziehungen zu fallen.

Und, zweitens, im Umkehrschluss: Ist es nur auf Twitter so, oder sind nicht – und das geht über strong and weak ties hinaus – soziale Beziehungen auch außer-halb sozialer Medien weniger fest und klar definiert, als es vielleicht gemeinhin den Anschein haben mag?

Wer sind unsere parasozialen Interaktionspartner im realen Raum – und wer, glauben wir, steht zu uns in einer sozialen Beziehung, sieht das aber nicht so?

Nicht zuletzt: Wenn dem so ist und die Grenzen zwischen verschiedenen For-men sozialer Beziehungen fluider werden, was heißt das? Lieber paranoid sein, ob es wirklich eine echte soziale Beziehung ist – oder einfach die Parasozialität aus-leben, auf die Chance hin, das aus der parasozialen eine soziale Interaktion wird?

*Warum blogge ich das? Letztlich als ausführliche Reaktion auf den eingangs zitierten Tweet. Und mit einigen mal ins Unreine gedachten Gedanken zur Sozialität sozialer Netzwerke.*

URL: http://www.carta.info/58825/parasoziale-interaktion-in-sozialen-medien-kennst-du-mich/ vom 29. Mai 2013

# Unzweifelhafte und zweifelhafte Erfolgsfaktoren von Facebook: Isolationsfurcht als Klammer!?

Jan Krone

Die Digitalisierung der Kommunikationswege hat maßgeblich zur Verbreitung von Social Media-Plattformen beigetragen. Der Börsengang des Marktführers Facebook monetarisiert den vermuteten Wert der Ressource „Mitglied". Zur Motivation hundertmillionenfacher teil-öffentlicher Gruppenkommunikation liefert die Wirkungs- und Rezeptionsforschung Erklärungsansätze.

Die Geister, die Klaus Raab im Altpapier vom 7. Mai 2012 gerufen hat, lassen sich nicht lange bitten: über *Facebook* wurde bereits viel geschrieben und muss aktuell selbstverständlich viel geschrieben werden, denn immerhin nähert sich der Börsengang der – gemessen an der durch das Unternehmen veröffentlichten Mitgliederzahl – weltweit größten Social Community of Relationship, einer Kommunikationsplattform zur Pflege und Anbahnung von sozialen Beziehungen im Allgemeinen (vgl. Kap. 2.3/Klassifikation).

## Unzweifelhafte Erfolgsfaktoren

Erfolg ist die Klammer, die Ökonomie und Kommunikation in ein verwandtschaftliches Verhältnis setzt. Spezifische Erfolgsfaktoren haben spezifische Auswirkungen auf die Dimension des Erfolges.

Betrachtet man unzweifelhafte Erfolgsfaktoren, sind diese für *Facebook* der Handel mit der Privatsphäre durch Überlassung eines Kommunikationsraumes, also das Sammeln von Persönlichkeits- und Kommunikationsprofilen zur Vermittlung gezielter Werbekommunikationsmaßnahmen sowie der davon abhängigen

J. Krone (✉)
FH St. Pölten, St. Pölten, Österreich
E-Mail: Jan.Krone@fhstp.ac.at

C. Kappes et al. (Hrsg.), *Medienwandel kompakt 2011–2013*,
DOI 10.1007/978-3-658-00849-9_24, © Springer Fachmedien Wiesbaden 2014

Optimierung der zugelassenen Kommunikationsstruktur der Mitglieder. Geheimdiensten und solchen, die es gerne wären, gefällt das natürlich auch.

   Der unzweifelhafte Erfolgsfaktor aus der Nutzerperspektive besteht im Angebot
multimedialer Kommunikationswege in einem entgrenzten geografischen Raum
gegen die Überlassung eines individuell interpretierten Grades von teilöffentlicher
Privat- und Intimsphäre. Der Nutzen basiert zu großen Teilen auf der Option für
das Mitglied, sein Kommunikationsverhalten mit geringem Aufwand auszudehnen
und die in der analogen Fern- und Nahkommunikation mäßig erfüllbaren Bedürfnisse *(Vgl. Leky, Gisela/Schuhmacher, Heidemarie [1989]: Aspekte mediengebun-
dener Kommunikation am Beispiel Telefontreff Köln, in: Forschungsgruppe Telefon-
kommunikation [Lange, Ulrich T./Beck, Klaus/Zerdick, Axel als Hrsg.]: Telefon und
Gesellschaft. Beiträge zu einer Soziologie der Telekommunikation, Berlin. S. 167–185)*
befriedigt zu wissen.

## Zweifelhafte Erfolgsfaktoren

Zweifelhafte Erfolgsfaktoren, auf der anderen Seite, weisen ungleichgewichtige
bis gar keine Wechselbeziehungen zwischen Kunden und Anbieter auf. So sind es
beispielsweise indirekt von *Facebook* angezogene Branchen, die „signifikantes Ge-
winnpotential" in neuen Möglichkeiten der Kundenbindung sehen. Sie tun sich oft
schwer mit der Einschätzung von Erfolgsaussichten und laufen Gefahr, mit halb-
herzig betriebenen Profilen (Angst davor, nicht rückholbar Unvorteilhaftes zu posten) gerade das Gegenteil, nämlich Kundentrennung, zu betreiben.

   Diese in Summe der Mitglieder vermutlich nicht repräsentative Gruppe der institutionellen Profile ist darob kein direkter Erfolgsfaktor für den Kunden, wohl
aber für den Anbieter. In wie weit gar von einer erfolgreichen Börsennotierung
erfolgreiche Kommunikation und Kommunikationsbereitschaft beeinflusst werden, ist nicht direkt ableitbar. Das gilt ebenso für den privaten Nutzer und private
Nutzergruppen.

   Dass die intransparente Kommerzialisierung sozialer Beziehungen über den
Transportkanal von Kommunikation hinaus bereits eine offenbar akzeptier-
te Nebenwirkung des 21. Jahrhunderts darstellt, stimmt nicht nur Eben Moglen
nachdenklich, der auf eine Art Opferritual der Teilnehmer zur Teilhabe an digitalen sozialen Sphären hinweist. Die Opfergaben, das graduelle Einverständnis in
die Aufgabe von Kontrolle über das eigene Tun und Sein, der Gedankenfreiheit an
unbekannte Dritte, sind lange Bestandteil (zum Beispiel Cloud-Computing) nicht
nur in der publizistischen Auseinandersetzung mit dem Medienwandel und bedeuten einen im Vorfeld (zumindest angenommenen) erfolgten Abwägungspro-

zess zwischen „Dabeisein", „Bequemlichkeit" und „Ignoranz" im modernen Jetzt. Eine Mitgliedschaft bei *Facebook* kann heute – unreflektiert – ohne weiteres als ein „Quasi-Muss", als eine geleitete Selbstverständlichkeit der Kommunikationsgesellschaft bezeichnet werden.

## Ursache und Wirkung

Neben dem Umgang mit (höchst)persönlichen Daten geht es in der Analyse um zweifelhafte Erfolgsfaktoren am Beispiel *Facebooks* auch um die Auswirkungen eines Communication Overkill auf das menschliche Nervensystem in einer Phase der Sozialisation mit neuen, sozialen Kommunikationsangeboten, über deren tatsächlichen Nutzen, mit vernunftgeleitetem Abstand, gestritten werden kann. Weshalb nun treten solche Symptome zweifelhaften Erfolgs auf? Liegen die Ursachen dafür in sozialgesellschaftlich verankerten Kommunikations- und Beziehungsmustern oder sind sie einfach unumgänglich banale Folgen der technologischen Innovation? Existiert, als Ursache, etwa eine Furcht von Individuen, als unmodern zu gelten, soziale Kontakte ohne digitale Kommunikationsplattformen nicht aufrecht erhalten zu können oder nicht mit dem sozialen Umfeld „mithalten" zu können und als rückständig charakterisiert zu werden?

## Isolationsfurcht

Die von Elisabeth Noelle-Neumann Mitte der 1970er Jahre veröffentlichte „Theorie der Schweigespirale", geschichtlich der Annahme starker Medienwirkungen zurechenbar, geht davon aus, dass Menschen nicht zu einer Minderheit gehören wollen. Sie seien gesellig und wollen soziale Isolation vermeiden. Der Mensch verfüge über ein quasi-statistisches Organ, das permanent Mehrheits- und Minderheitsmeinung erkenne und sich in der Folge in seinem sozialen Handeln danach ausrichte. Menschen schließen sich demnach, unter Gruppendruck, einer Mehrheitsmeinung an, selbst wenn diese offenkundig Anlass zur Kritik gibt. In dieser Diktion sind beispielsweise drei Studienergebnisse lesbar (hier, hier und hier), nach denen Mitglieder von Social Communities of Relationship einerseits den Datenhunger der Betreiber kritisieren, andererseits aber nicht in Erwägung ziehen, die Netzwerke aufgrund dieser Umstände zu verlassen. Die Theorie steht demnach für ein sozialpsychologisches Experiment zum Konformitätsdruck der Öffentlichkeit auf das Individuum.

## Massenmedien und Blogosphäre als Verstärker

Daneben beruht der Ansatz Noelle-Neumanns auf der expliziten Annahme mächtiger Medien. Durch ihre Gleichförmigkeit entstehen Öffentlichkeitseffekte wie beispielsweise die Versorgung der Meinungsbefürworter mit Argumenten (ohne notwendige Verlinkung; pro Partizipation *Facebook*). Es existieren praktisch kaum Angebote, die nicht auf die Vorteile der interpersonalen und Gruppenkommunikation verweisen und nicht selbst aktiv in das Ökosystem *Facebook* eingebunden sind. Sie erheben damit die Plattform, im Sinne einer Unternehmensstrategie, quasi zum Dreh- und Angelpunkt moderner Kommunikation und modernen Journalismus.

## Meta-Erfolgsfaktor Isolationsvermeidung

Ausgehend von diesen Annahmen lässt sich ableiten, dass diejenigen Individuen, die ihre Netzwerke erst bilden – insbesondere Jugendliche und junge Erwachsene –, sich aus Furcht vor einer Isolation von ihren sozialen Umfeldern einer Partizipation nur schwer entziehen können, obschon sie Vorbehalte gegen eine Teilnahme an diesbezüglichen Plattformen und deren „Deals" zu entwickeln imstande sind. *Facebook* erfüllt hier die Grundannahmen der Theorie und lässt eine Argumentation pro Isolationsfurchtvermutung als nachhaltigen Erfolgsfaktor zu.

## Kritik: empirisch nicht belegt

Empirisch wurde die Theorie Noelle-Neumanns bislang nicht bestätigt; neuere Untersuchungen ergaben beispielsweise, dass „Anpasser" nur eine kleine Gruppe ausmachen, wenngleich Reaktanzen bei Befragungen (Selbstbezichtigung) nicht ausgeschlossen werden könnten. Auch verfügen Individuen über heterogene Persönlichkeitsstrukturen, die sie spezifische Kommunikationssituationen, -strukturen und –orte unterschiedlich beurteilen lassen und ein dementsprechendes Kommunikationshandeln offenbaren.

## Perspektiven

Diese Gedanken können zu der Prognose führen, dass, sollte sich die Datenschutzsensibilität in der Bevölkerung weiter erhöhen und die Medienkompetenz Anschluss an die Medientechnologie gewinnen, es Social Communities of Relationship in Zukunft schwerer fallen wird, relevante Informationen ihrer de-anony-misierten User für ihren „Deal" weiterverwerten zu können. Denn niemand (der sich nicht von seinem Smartphone aktiv verfolgen lässt) wird nach seinem Namen oder Vorlieben gefragt, wenn in einem Geschäft Waren bezahlt werden, und noch ist es nicht in der Macht eines Unternehmens mitzuverfolgen, wohin ein Kunde nach einem Einkauf mit Bekannten einen Kaffee trinken geht, wer die Bekannten sind und wo sich das Cafe befindet. Diese Analogie lässt sich beliebig erweitern und stellt den Großteil der sozialen Aktivität, auch im 21. Jahrhundert, dar.

Dem Autor ist mulmig bei dem Gedanken an unkontrollierbare Überwachung durch unbekannte oder bekannte Dritte mit nicht immer zu begrüßenden Intentio-nen und einer Öffentlichkeit, die bewusst Maschinen – die nicht im Stande sind zu denken und wenn, dann nur so weit, wie es ein Entwickler- oder Entwicklerteam zu leisten vermochte (und damit selbstverständlich an der Komplexität des Lebens im Allgemeinen und an doppeldeutiger Kommunikation im Speziellen zum Scheitern verurteilt ist) – als ihre verlässlichen Kommunikationspartner begreift. Eine unre-flektierte Technologie- und Innovationsaneignung mag der spielerischen Natur des Menschen nahe sein, aber die Rechte des Einen finden immer dort ihre Grenzen, wo die Rechte des Anderen berührt werden. Das mag kulturpessimistisch und re-aktionär klingen, ist im Grunde genommen aber genau das Gegenteil von dem, was durch eine Art „Misstrauensmanagement" der Beobachtung gegenüber Menschen in den Rang des Zeitgeistes (oder höher; sic!) gehoben wird.

## Epilog

Die Kommunikationswissenschaft ist beileibe nicht die einzige Disziplin, die Er-klärungsmodelle für zweifelhafte Erfolgsfaktoren *Facebooks* bereithält: eine Ver-wandtschaft der Isolationsfurchthypothese besteht zweifelsfrei zum so genannten „Stockholm-Syndrom". Man arrangiert sich mit dem Kontrollverlust, so lange man sich digital wahrnehmbar fühlt und multimedial kommunizieren kann. So gesehen ist auch die Wechselseitigkeit des Nutzens zwischen Anbieter und Nachfrager wie-derhergestellt und das Vorhaben der Marktkapitalisierung bis auf den Zeitpunkt intervenierender Ereignisse/Entwicklungen gesichert.

Dem Zusammenspiel von Ökonomie und Kommunikation muss also ein wich-tiges Merkmal, das der Kraft, hinzugefügt werden, die sich in der Regel politisch manifestiert. Denn, die Frage muss gestattet sein, warum unter dem Verdacht einer unternehmerisch tolerierten Form der Kommunikationsfreiheit *(Facebook ist eine definierte Kommunikationsplattform mit einem Fokus auf Kommunikationsinhalte; Telekommunikationsunternehmen bieten undefinierte Kommunikationskanäle mit einem Fokus auf Transportqualität)* die positiven Effekte alternativer Öffentlichkeiten heben, die die Bürger von den als „Gatekeeper" fungierenden <u>Massenmedien emanzipiert</u>? Eingriffe von kommerziellen Playern der Social Media-Branche sind keine Ausnahme und geben zum Nachdenken über die Wahl des bequemsten Mittels Anlass. Letztlich lösen sich Unsicherheiten überwiegend durch Wissen (<u>ein Beispiel</u>) auf.

URL: http://www.carta.info/43702/ vom 14. Mai 2012

# Bei Facebook wohnen wir nur zur Miete

Julius Endert

Bevor die Plattform an die Börse geht, wird sie von ihren 800 Mio. Bewohnern noch hübsch gemacht.

Das Netz quillt gerade über vor Anleitungen und schlauen Hinweisen zur Bedienung der Facebook-Timeline: Hier ein Häkchen setzen, dort eine Einstellung ändern und da noch ein schickes Profilbild dazu – fertig ist der öffentliche Lebens(ver-)lauf, der mehr oder weniger nah an der Realität liegen kann aber nicht muss.

Dabei geht die Diskussion in eine merkwürdige Richtung: Datenschutz, Privacy und die ganze alte Leier. Was darf, soll, kann in Zukunft jeder über mich wissen. Fest steht: Es ist Zeit, das ganze Facebook-Dings neu zu justieren. Darf man dabei gar lügen (ganz schlimm!) oder wenigstens das Erscheinungsbild ein wenig tunen? Viele Texte drehen sich aktuell um diese Fragen.

Doch Wahrhaftigkeit ist gar nicht das Thema, welches jetzt diskutiert werden sollte. Es geht auch nicht um das Thema Datenschutz. Schon gar nicht geht es um die Gebrauchsanleitung. Vielleicht nicht heute oder morgen, aber schon sehr bald werden die allermeisten Facebook-Nutzer ihr Profil blind bedienen können – wie ihr Autoradio bei Tempo 220 auf der Autobahn.

Und wer die Facebook-Bedienung nicht begreift, dem ist eh nicht zu helfen. Der wird aus der Zeit gefallen sein oder er gehört zu denjenigen, die auch schon früher jedem hergelaufenen Haustürwerber ganz blauäugig die Wahrheit und nichts als die Wahrheit über sich erzählt haben und sich dann wunderten, wenn sie anschließend den Briefkasten voller Müll hatten oder ein unkündbares TV-Schlau-Abo.

J. Endert (✉)
Düsseldorf, Deutschland
E-Mail: julius.endert@netz-lloyd.de

C. Kappes et al. (Hrsg.), *Medienwandel kompakt 2011–2013,*
DOI 10.1007/978-3-658-00849-9_25, © Springer Fachmedien Wiesbaden 2014

## Schwarzes Loch Facebook

Facebook hat es mit der <u>zwangsweisen Einführung</u> der Timeline wieder mal geschafft, dass die Öffentlichkeit über ein Phänomen innerhalb von Facebook diskutiert, nicht aber über Facebook selbst. Mit anderen Worten: Die Diskussion zu Facebook findet nur noch innerhalb der von Facebook gesetzten Grenzen statt. Wie bei einem schwarzen Loch wird sämtliche Materie angezogen und aufgesogen. Und so, wie bei einem schwarzen Loch kein Lichtstrahl mehr nach außen entfliehen kann, verlässt bei Facebook kein Gespräch mehr die geschlossene Umgebung.

Noch nicht einmal gedanklich sind wir also in der Lage, ein Leben außerhalb von Facebook zu denken – wir setzen brav unsere Häkchen an den vorgegeben Stellen und freuen uns über das schöne Profilbild. Wir lassen uns nun sogar bereitwillig einspannen und arbeiten damit unentgeltlich für den Überfreund Zuckerberg, pflegen ab jetzt als digitale Schrebergärtner unser kleines Ich-Gärtchen umso sorgsamer, auf dass es auch nach außen prächtig blühen möge.

Ich glaube dabei nicht – wie <u>Matthias Schwenk</u> – dass das am Ende zu einem Problem für Facebook werden könnte. Im Gegenteil: Die von uns sorgsam kuratierte, sortierte und schön gestaltete Timeline wird Facebook in vielerlei Hinsicht helfen.

Denn viele werden sich jetzt verpflichtet fühlen, mehr Arbeit in Facebook zu investieren, damit „es" gut aussieht. Und genau das ist die Absicht hinter der konsequenten Einführung der Timeline. Es induziert die fällige Investition, die Facebook jetzt zu noch mehr Erfolg verhelfen wird.

## Wir wohnen nur zur Miete

Man stelle sich das einmal vor: Wenn jeder der 800 Mio. Nutzer auch nur zusätzlich zehn Minuten investiert, sind das 1,3 Mrd. h – das wäre bei einem Stundenlohn von 7,50 € ein Wert von fast zehn Milliarden Euro. HALLO!? Wir selbst räumen jetzt den Laden auf, machen digitale Inventur und packen alle Informationen über uns schön in die Regale und machen Facebook hübsch für den Verkauf an die Aktionäre.

Einige Privacy-Probleme werden sich dabei von selbst lösen, was die Datenschützer dann plötzlich ohne Argumente dastehen lässt. Doch leider gilt – um noch ein anderes Bild zu bemühen: Bei Facebook wohnen wir nur zu Miete und leisten nun für den Vermieter die Luxussanierung pünktlich zum Börsengang.

Die große Kehrwoche hat begonnen und Zuckerberg ist der strenge Hausmeister. Wir selbst haben nicht viel davon, werden dem Dienst aber anschließend umso treuer verbunden sein. Denn: Wer würde sich jetzt noch von seinem digitalen Zuhause trennen, nachdem er so viel investiert hat.

Wäre es jetzt nicht endlich mal an der Zeit, über Eigentum nachzudenken?
URL: http://www.carta.info/40937/ vom 26. Januar 2012

# Auf dem Weg zum Dauerwerbe-Internet

## Daniel Leisegang

Traditionell hat YouTube zu Jahresbeginn einen Rückblick auf die erfolgreichsten „YouTube ads of 2010" veröffentlicht. An der Spitze steht – wenig überraschend – das Old-Spice-Video „The Man Your Man Could Smell Like". Derartige Werbevideos gehören heute zum Internet wie das „www". Welche Folgen aber hat das Virale Marketing für die „digitale Öffentlichkeit" und die Kommunikation im Internet?

In den „klassischen" Printmedien ist Werbung für den Verbraucher in der Regel klar als solche erkennbar. Das Label „Anzeige" trennt – bei funktionierender Selbstkontrolle unabhängiger Medien – den käuflichen vom unverkäuflichen Teil der Druckseiten. Daraus folgt auch, dass Schleichwerbung hierzulande grundsätzlich unzulässig ist.

Das kommerzielle Werben in die Privatsphäre hinein ist zudem noch weitaus strenger reglementiert. Beispielsweise ist Telefonwerbung, die ohne vorheriges Einverständnis des Verbrauchers erfolgt, seit Mitte 2009 strikt untersagt, um die Belästigung durch Anrufe von Call-Centern zu unterbinden. Bei einem Verstoß droht den Unternehmen eine Geldbuße bis zu 50.000 €.

Wie aber sieht es im Internet aus? Hier hat sich der kommerzielle Kundenfang in eine nur schwer zu kontrollierende Plage entwickelt. Der allgegenwärtigen Reklame müssen sich die Nutzer zudem mit eigenen Mitteln erwehren – gleich ob sie privat oder öffentlich kommunizieren: Adblocker unterdrücken aufdringliche Werbebanner und hinterhältige Layer Ads; Spamfilter verbannen einen Großteil „sex-ueller Akt*i-vitaeten" aus der privaten Inbox.

Vor einer bestimmten Art der Werbung können sich die Nutzer allerdings nur schwerlich schützen: viralen Werbevideos. Im Gegenteil wirken jene an der Verbreitung dieser zumeist unterhaltsamen Filmchen aktiv mit.

D. Leisegang (✉)
Berlin, Deutschland
E-Mail: kontakt@tinbrain.de

C. Kappes et al. (Hrsg.), *Medienwandel kompakt 2011–2013*,
DOI 10.1007/978-3-658-00849-9_26, © Springer Fachmedien Wiesbaden 2014

Erst vor wenigen Tagen hat Youtube einen Rückblick auf die besten „YouTube ads of 2010" veröffentlicht. An der Spitze steht – wenig überraschend – das sensationell erfolgreich Old-Spice-Video „The Man Your Man Could Smell Like". Über 25 Mio. Nutzer klickten das Video mit dem ehemaligen NFL-Spieler Isaiah Mustafa allein 2010 an. Die rasante Verbreitung des Videos ließ die Verkaufszahlen der einst angestaubten Herrenpflegeserie rasant in die Höhe schnellen.

*Wie aber erklärt sich der Erfolg solcher Viral-Marketing-Kampagnen?*

Zum Ersten entlassen die Marketingabteilungen ihre Werbeviren gezielt in jene Kanäle, die die meisten von uns inzwischen zur alltäglichen Kommunikation verwenden: Facebook, Twitter und YouTube. Die Gerade Soziale Netzwerke bieten den idealen Nährboden, die Werbebotschaften „viral", wie Viren, innerhalb kürzester Zeit von einem Nutzer zum anderen zu übertragen.

Ein zweiter Grund für den Erfolg: Bei diesen Werbefilmen versagen herkömmliche Filtersysteme. Fraglich ist zudem, ob die Mehrheit der Internetnutzer die Videos ausblenden würde, selbst wenn sie es könnten. Denn die Kurzfilme werden drittens häufig auf Empfehlung von Freunden, Kollegen und Bekannten weitergeleitet – auch weil – last but not least – die jeweilige Produktempfehlung durch den humorvollen, erotischen oder einfach auch nur kreativen Inhalt subtil in den Hintergrund gerückt wird.

Der Erfolg im Netz geht inzwischen auch zu Lasten herkömmlicher Werbung – sehr zum Verdruss bisheriger Werbepartner. Volkswagen setzt bereits heute bisweilen voll und ganz auf das Social Web. Erstmals stellte der Wolfsburger Autobauer im vergangenen Jahr den neuen Polo-GTI im Rahmen der Kampagne „Fast Lane—Driven by Fun" ausschließlich auf Facebook vor. In dem dazugehörigen Werbevideo ist das angepriesene Automodell gar nicht zu sehen. Überhaupt: Erst am Ende des Films erschließt sich Herkunft und ungefährer Zweck der gut gelaunten Botschaft.

Bisweilen kann solche – buchstäblich mysteriöse – Werbung auch für kalkuliertes Entsetzen sorgen: Im Herbst vergangenen Jahres tauchte bei Chatroulette ein Video auf, das eine vermeintlich freizügige Frau zeigte, die sich – statt zu entkleiden – plötzlich in eine furchteinflößende Dämonin verwandelte. Entsprechend groß fiel der Schock bei den zumeist männlichen Gesprächspartnern aus. Dabei kündigte der kurze Einspieler nur einen neuen Horrorfilm, „Der letzte Exorzismus", an.

So unterhaltsam dies Form der Produktwerbung auch sein mag – fragwürdig ist, dass sie ohne Folgen für die „digitale Öffentlichkeit" und die Kommunikation im Internet bleibt.

Tatsächlich stellt virales Online-Marketing, da es ohne Unterschied auf sämtliche Kommunikationskanäle zugreift, ein mächtiges, zugleich aber ebenso beunruhigendes Instrument dar. Denn im Zuge der kommerziellen Verseuchung

„digitaler Öffentlichkeit" wandelt sich nach und nach der Kontext unseres gesamten Kommunikationsverhaltens.

In dem zunehmenden Störfeuer latenter Werbebotschaften stellt die Einhegung der Reklame und damit die Filterung relevanter Informationen eine zusehends größere Herausforderung dar. Die Camouflage-Werbung fordert dem Nutzer weitaus größere hermeneutische Leistungen ab, als beispielsweise das private Telefongespräch. Schon heute sind wir gezwungen, unentwegt die „lebensweltlichen" von den kommerziellen Botschaften zu unterscheiden, um die für uns unmittelbar relevanten Nachrichten aus dem Gesprächsstrom herausfiltern zu können.

In Folge dessen drohen ökonomische Interessen unser Selbstverständnis wie auch die Wahrnehmung des Gegenüber zu okkupieren und nachhaltig zu verändern. Kurzum: Am Ende dürfte sich nicht weniger als unser gesamter Kommunikationskontext grundlegend zu wandeln. Denn die allgegenwärtigen, unterschwelligen Werbebotschaften führen dazu, dass wir uns im Netz – selbst in geschlossenen, virtuellen Freundeskreisen – zunehmend weniger als Homme oder Citoyen begreifen, sondern mehr und mehr als Consommateur verstehen – und als solche interagieren.

Nutznießer dieser konsumtiven Durchdringung der Kommunikation wären jedoch ausschließlich die werbenden Unternehmen. Die „digitale Öffentlichkeit", verstanden als soziale Handlungssphäre, bräche hingegen bereits auseinander, bevor sie sich überhaupt voll entfalten konnte.

URL: http://www.tinbrain.de/2011/01/vom-citoyen-zum-consommateur-auf-dem-weg-zum-dauerwerbeinternet/ vom 21. Januar 2011

# E-Mail: Unverwüstlich auch dann, wenn nichts mehr geht

## Martin Weigert

Der E-Mail wird immer häufiger das baldige Ende prognostiziert. Doch in Extremsituationen zeigt sich, dass sie ihren Social-Media-Alternativen noch immer überlegen ist.

E-Mail steht vor der Ablösung. Social Networks und mobile Chatdienste laufen der E-Mail den Rang ab. Firmen wollen die Mail als internes Kommunikationsmittel abschaffen… egal wohin man schaut – überall wird der guten alten E-Mail das Ende prognostiziert. Und wahrscheinlich ist es Realität, dass durch die veränderten Nutzungsmuster junger Generationen die Mail als privates Kommunikationsmittel sukzessive an Bedeutung verliert.

Dennoch gibt es einen Vorzug des E-Mail-Protokolls, der gerne ignoriert wird, aber so lange Wertschätzung verdient, bis rund um den Globus in sowohl städtischen als auch ländlichen Regionen blitzschnelle, omnipräsente mobile Breitbandverbindungen existieren. Und bis dahin dürften noch einige Jährchen vergehen: E-Mail funktioniert als eines der wenigen datenbasierten Kommunikationstools auch dann noch zuverlässig, wenn eine Überlastung des Netzes oder eine schlechte mobile Abdeckung alle anderen Arten des digitalen Austausch unmöglich macht.

Was das in der Praxis bedeutet, konnte ich jüngst in Berlin auf der re:publica erleben: Das Konferenz-WLAN funktionierte fast schon traditionell ohnehin nicht, und aufgrund der Konzentration von 4000 Netzbürgern an einem Ort gerieten auch die mobilen Datenverbindungen der Provider schnell an ihre Kapazitätsgrenze. Die Folge: Weder das Aufrufen von Websites noch der Zugriff auf Twitter, Facebook oder Chatdienste wie Kik beziehungsweise WhatsApp klappte reibungslos. Besonders in den zwei großen Konferenzsälen waren mein iPhone und Rechner sozusagen von der Außenwelt abgeschnitten – bis auf eine Ausnahme: Der Versand

M. Weigert (✉)
Zürich, Schweiz
E-Mail: m-w@pop.ms

C. Kappes et al. (Hrsg.), *Medienwandel kompakt 2011–2013*,
DOI 10.1007/978-3-658-00849-9_27, © Springer Fachmedien Wiesbaden 2014

und Empfang von E-Mails funktionierte nämlich trotzdem – wenn auch mit Verzögerungen und einigen fehlgeschlagenen Versuchen.

So saß ich im Publikum und versuchte vergeblich, TweetDecks iPhone-App zum Anzeigen neuer Tweets und Direktnachrichten zu bewegen. Die dafür zu übermittelnde Datenmenge wird nicht gerade außerordentliche Ausmaße besessen haben, war jedoch bereits zu umfangreich, um sich durch die überlasteten Zellen der Mobilfunker zu quetschen. Während ich beim zehnten Versuch des TweetDeck-Reloads war, präsentierte mir mein iPhone den Eingang einer neuen Benachrichtigungs-E-Mail von Twitter – mit einer darin enthaltenen Direktnachricht.

Einige Male war meine mobile Internetverbindung auch ganz verschwunden – doch das hinderte mich nicht daran, während der Vorträge nebenbei einige Mails zu beantworten. Hatte mein iPhone die Connectivity wiedererhalten, fanden diese umgehend ihren Weg zu den Empfängern. Ohne dass ich dazu noch einen Finger rühren musste. Sämtliche Social-Media-Apps hingegen ließen mich weiterhin hängen.

Sicherlich hoffen viele von uns darauf, dass die Momente wackeliger Internetverbindungen demnächst zumindest in Industrieländern einen Exotenstatus einnehmen. Wann es aber wirklich dazu kommt, ist unklar. Zur ersten re:pulica vor fünf Jahren hätte sicher keiner der Teilnehmer erwartet, dass auch 2012 der Webzugang zum Glücksspiel wird, wenn sich einige tausend oder mehr Menschen in unmittelbarer Nähe zueinander befinden und gleichzeitig ins Netz wollen.

Prognosen einer abnehmenden Relevanz und Nutzung von E-Mail möchte ich nicht in Frage stellen. Dennoch sollte niemand vergessen, welche Unverwüstbarkeit die Mail-Protokolle SMTP und IMAP mitbringen und wie sie auch dann noch zuverlässig ihre Dienste leisten, wenn sämtliche zeitgemäßeren Kanäle ihren Geist aufgegeben haben. Für Leserinnen und Leser hinter 20 Mbit-Leitungen, die diese Zeilen gerade lesen, mag dieses Szenario recht trivial klingen. In Augenblicken, in denen selbst die Übertragung einzelner Bytes auf Smartphones zu einem Geduldsspiel wird, entsteht allerdings ein Gefühl großer Dankbarkeit darüber, wenigstens noch auf eine (wenn auch altmodische) Art kommunizieren zu können.

Sollte die E-Mail eines Tages verschwinden, stirbt mit ihr auch ein extrem stabiles Instrument der Informationsübermittlung.

URL: http://netzwertig.com/2012/05/18/e-mail-unverwuestlich-auch-dann-wenn-nichts-mehr-geht/ vom 18. Mai 2012

# Durchbruch: Die Befürworter der Bildtelefonie hatten doch Recht

Martin Weigert

Mehrfach versuchte die Telekombranche vergeblich, Bildtelefonie zu etablieren. Relativ unbemerkt haben sich Videogespräche mittlerweile doch zum Standard entwickelt – allerdings auf anderen Wegen als ursprünglich erwartet.

Jedes Mal, wenn ich beruflich oder privat ein Skype-Gespräch führe, stellt sich mir die Frage: „nur Audio oder auch Video?". Als Anhänger des Home Office kann ich zwar den insbesondere in den Sommermonaten äußerst angenehmen Luxus eines leichteren Bekleidungsstils genießen, muss dann jedoch durchaus kleine Anpassungen vornehmen, sofern ich zum Skype-Call auch die Kamera des Rechners, Smartphones oder Tablets aktiviere. Und das geschieht immer häufiger. Mittlerweile führe ich die Mehrzahl meiner gelegentlichen VoIP-Telefonate mit zusätzlichem Bewegtbild. Weniger aus eigenem Antrieb, sondern weil meine Gesprächspartner nicht selten ihre Kamera wie ganz selbstverständlich einschalten und ich dies dann aus Höflichkeit ebenfalls mache.

Was auf den ersten Blick trivial klingen mag, ist nichts Geringeres als der späte Durchbruch einer seit mindestens anderthalb Jahrzehnten angepriesenen Technologie. Ende der 90er Jahre führte die Deutsche Telekom ISDN-Bildtelefone ein und hoffte, mit den im Zweierpack für 1798 Mark angebotenen Geräten eine neue Cash Cow gefunden zu haben. Telefongespräche um Live-Bilder der Gesprächspartner zu erweitern, galt zumindest kurzzeitig als die selbstverständliche Evolution der Telefonie. Doch Stand-Alone-Geräte floppten, und auch bei der Jahre später erstmalig lancierten UMTS-Mobiltelefonie lösten sich die Hoffnungen der Provider auf einen Videoboom vorerst nicht ein. Geringe Nachfrage und schlechte Übertragungsqualität bremsten den Erfolg und auch die Erwartungen. „Videotelefonie: Seit Jahrzehnten propagiert, seit Jahrzehnten ein Flop", hieß es beim Schweizer Fernsehen sogar noch im vergangenen Jahr.

M. Weigert (✉)
Zürich, Schweiz
E-Mail: m-w@pop.ms

C. Kappes et al. (Hrsg.), *Medienwandel kompakt 2011–2013*,
DOI 10.1007/978-3-658-00849-9_28, © Springer Fachmedien Wiesbaden 2014

Doch mittlerweile sieht die Realität anders aus. Nahezu ohne groß beachtet zu werden, ist Videotelefonie doch noch bei der breiten Masse angekommen. Anders als einst erwartet geschah dies jedoch nicht mittels spezifischer Hardware und als kostenpflichtige Ergänzung herkömmlicher Festnetz- und Handygespräche, sondern als „Dreingabe" softwarebasierter VoIP-Angebote.

## 31 % der deutschen Nutzer verwenden Videotelefonie

Dass Videotelefonie mittlerweile eine breite Akzeptanz erlebt, belegt eine repräsentative Forsa-Untersuchung vom Juni dieses Jahres im Auftrag des Bitkom: Demnach verwenden 31 % der User in Deutschland – 17 Mio. Bundesbürger – zumeist kostenfreie Onlineservices von Skype über Facebook und Google bis zu Apples Face Time, um Videogespräche zu führen. Vor zweieinhalb Jahren waren es nur sieben Millionen. In der Altersgruppe der 14- bis 29-Jährigen sind sogar 40 % Anhänger von Telefonaten mit Bild und Ton. Der Großteil der Videogespräche dient dabei privaten Zwecken. Nur 19 % der Bildtelefonierer nutzen Bewegtbildanrufe auch für berufliche Zwecke.

Der Produktlebenszyklus der Bildtelefonie ähnelt dem des Bluetooth-Übertragungsstandards: In beiden Fällen gelang es der Industrie trotz erheblicher Anstrengungen und Marketingaufwendungen nicht, die Neuerungen nachhaltig im Markt zu etablieren. Sukzessive jedoch räumten veränderte Rahmenbedingungen die bisherigen Hindernisse auf dem Weg zur Adaption durch die Konsumenten aus dem Weg. Manche Beobachter hatten da den Glauben an das dauerhafte Potenzial des jeweiligen Verfahren schon längst aufgegeben.

Mehr als 40 % des Skype-Traffics wird laut einer Studie vom Jahresbeginn mittlerweile durch Videogespräche verursacht. Auch Apples Face Time, Googles Hangouts-Dienst und diverse andere VoIP-Apps wie etwa der mehr als 100 Mio. Nutzer zählende Service Tango tragen ihren Teil zum Boom der Videogespräche bei.

Am Ende sollten die Sympathisanten der Bildtelefonie aus den späten 90ern Recht behalten: Menschen sind tatsächlich daran interessiert, einander zu sehen, wenn sie von unterschiedlichen Orten aus miteinander sprechen. Nur extra bezahlen wollen sie dafür nicht.

URL:  http://netzwertig.com/2013/07/31/massentauglichkeit-die-befuerworter-der-bildtelefonie-hatten-doch-recht/ vom 31. Juli 2013

# Teil III
# Journalismus im Medienwandel

# Es gibt keine vierte Gewalt. Es gibt nur Medien

Wolfgang Michal

Öffentlichkeit und Transparenz erscheinen als letzte Flausen einer pubertierenden Postdemokratie. Alles soll immer öffentlicher und transparenter werden. Nur ändern tut sich nichts.

Kai Biermann schrieb kürzlich in der *ZEIT* einen einfühlsamen Bericht über den Whistleblower Edward Snowden, der die globalen Überwachungspraktiken des amerikanischen Militärgeheimdienstes NSA enttarnt hatte. Jeden Satz in diesem Text möchte man unterstreichen. Oder sagen wir: Fast jeden. Denn ein Satz in Biermanns „Plädoyer für mehr Öffentlichkeit" klingt eher wie eine Pflichtübung, hingeschrieben, ohne viel darüber nachzudenken. Er lautet:

> In demokratischen Gesellschaften ist es die Öffentlichkeit, die beim Korrigieren von Fehlentwicklungen helfen kann.

Dass ein Journalist die Bedeutung seines eigenen Gewerbes hoch einschätzt, ist verzeihlich und nicht weiter verwunderlich. Medien haben – so lehrt es schon der Politikunterricht – die *unersetzliche* Aufgabe, beim Korrigieren von Fehlentwicklungen zu helfen. Auch auf Medienkongressen oder in Diskussionen über den Qualitäts-Journalismus wird die Aufgabe der vierten Gewalt so definiert. Die Medien sind unser Freund und Helfer. Die Medien sind die vierte Gewalt.

Moralisch gesehen ist das richtig. Nur leider wird diese Zuschreibung nicht von Fakten untermauert. Jeder, der einigermaßen aufmerksam in die Welt blickt, wird feststellen müssen, dass die Überwachungsmaschinerien über viele Jahrzehnte *in einer ganz und gar demokratischen Gesellschaft groß geworden sind*. Also in einer Gesellschaft, in der die Öffentlichkeit Fehlentwicklungen angeblich korrigiert. Doch die Fehlentwicklungen der Geheimdienst-Schnüffelei wurden trotz zahlrei-

W. Michal (✉)
Salzhausen, Deutschland
E-Mail: michal.wolfgang@t-online.de

C. Kappes et al. (Hrsg.), *Medienwandel kompakt 2011–2013*,
DOI 10.1007/978-3-658-00849-9_29, © Springer Fachmedien Wiesbaden 2014

cher „Enthüllungen" keineswegs korrigiert, sondern ausgeweitet. Es wurden zwar kritische Fragen und ein paar scharfe Kommentare formuliert, aber anschließend wurde fleißig weiter spioniert.

Oder werden nach den vielen unschuldigen Opfern von Drohnenangriffen jetzt keine Drohnen mehr für völkerrechtwidrige und staatsterroristische Angriffe benutzt? Ist das Geheimgefängnis Guantanamo endgültig geschlossen worden? Sind die suspendierten Bürgerrechte wieder in Kraft?

Hat die Öffentlichkeit in irgendeiner Weise geholfen, die Fehlentwicklungen der letzten Jahrzehnte zu korrigieren – von der Finanzkrise bis zu den militärischen Interventionen? Hat *OccupyWallstreet* die Wallstreet korrigieren können? Oder hat die Berichterstattung über *OccupyWallstreet* nicht eher die soziale Bewegung korrigiert? Sind es nicht die Medien, die noch jede Protestbewegung zerreden, entpolitisieren und spalten? Und sich dann vor Langeweile abwenden?

## Ergebniskontrolle? Fehlanzeige

Hat die Öffentlichkeit jemals darauf *BESTANDEN* (das wäre der springende Punkt, wenn man von vierter *Gewalt* redet!), dass Fehlentwicklungen korrigiert werden? Hat sie nach den *WikiLeaks*-Enthüllungen über die Willkürherrschaft von Söldnerarmeen und Spezialkommandos auf Korrekturen *BEHARRT*? Hat sie die Fehlentwicklungen in den Folterkellern und Militärgefängnissen korrigieren helfen? Hat sie mitgeholfen, die Verantwortlichen im Pentagon in einer ecuadorianischen Botschaft in London festzusetzen? Oder hat sie doch lieber mitgeholfen, *WikiLeaks* zu demontieren?

Müssen die Öffentlichkeitsarbeiter heute nicht eingestehen, dass die Öffentlichkeit ein zahnloser Tiger ist? Ein Bettvorleger vor den King Size-Betten der Macht?

Wurden die Fehlentwicklungen bei den Investmentbanken und Versicherungen korrigiert? Wurden die Steueroasen ausgetrocknet? Welche Korrekturen gibt es nach der weltweiten Enthüllungsserie namens offshoreleaks?

Wurden die Fehlentwicklungen bei der Vergabe von Rüstungsaufträgen korrigiert, oder die horrende Geldverschwendung bei zivilen Großprojekten? Nein. Es kümmert die Medien nämlich einen Scheißdreck, ob eine Korrektur tatsächlich stattfindet. *Es gibt bis heute keine Ergebniskontrolle in den Medien für das, was man hochtrabend vierte Gewalt nennt.* Keine Redaktion muss sich und anderen Rechenschaft darüber ablegen, was sie im Sinne der vierten Gewalt geleistet hat. Kein Presserat, kein Mediendisput, kein Netzwerk kümmert sich darum. Wo haben Medien Fehlentwicklungen korrigieren können? Okay, es werden Minister gestürzt. Aber wenn das alles ist, was Journalisten können, dann Gute Nacht. Minister stürzen kann heute jeder kleine „Blogger auf Hartz IV-Niveau".

Die Medien spielen ihre „Leaks" wie Trümpfe aus. Der zu Ruhm und Ehre gekommene Datenjournalismus protzt mit seinen Gigabytes. Und was ist passiert? Die Reichen sind reicher und die Armen sind ärmer geworden. Vermutlich könnte der Datenjournalismus die globalen Besitzverhältnisse in einer Excel-Tabelle ausbreiten, die so groß ist wie das Steinhuder Meer; am Ende würden Leitartikler, Wetterfrösche, Glossenschreiber und Klatschkolumnisten doch wieder alles relativieren. Medien sind ungeheuer geschickt darin, Aufreger zu dosieren. Sie nennen es gelungene Mischung. Jede Zeitschrift, jedes *heute journal* ist so eine gelungene Mischung.

Es stimmt schon: Der Journalismus ist deutlich „aggressiver" geworden. Nicht in eigener Sache, aber in fremden Angelegenheiten. Er prangert hemmungslos an und enthüllt, investigiert und skandalisiert. Überschriften sind heutzutage fetter und grausamer und frecher, Bilder unverschämter. In jeder x-beliebigen Qualitätszeitung schreien uns die Ungerechtigkeiten und Zumutungen nur so ins Gesicht. Aber was davon wird korrigiert durch jene ominöse vierte Gewalt? Versteuern die multinationalen Konzerne jetzt ihre exorbitanten Gewinne? Wird die Europa-Politik von den Bürgern bestimmt? Ist Stuttgart 21 vom Tisch? Hat die Trauer nach dem Amoklauf von Newtown den Verkauf halbautomatischer Waffen gestoppt? Nein, mehr Öffentlichkeit führt nur zur Radikalisierung und Verfeinerung der Veröffentlichungs*techniken*, zu einer Art Skandalisierungs-Wettbewerb.

## Steile, aber folgenlose Kommentare

Nach jeder Katastrophe, nach jedem technischen Versagen, nach jedem Finanzdesaster, nach jedem Gewaltakt, nach jedem Missbrauchsskandal werden die gleichen Fragen gestellt, die gleichen Schwüre geleistet, wird in tausend Kommentaren Umkehr gepredigt. Dann rattern für einige Tage die analogen und digitalen Gebetsmühlen. Journalisten werden zu Experten, bepreist und in Talkshows herumgereicht. Aber worauf setzt Japan zwei Jahre nach der Katastrophe von Fukushima? Auf Atomkraft! Es ist uns kein Teelöffelchen Empörung mehr wert.

Der Hochwasserschutz, der nach der Oderflut vor elf Jahren entstehen sollte, ist nicht gebaut worden. Hat jemand NACHGEFRAGT? Der nächste Tsunami wird erneut die Frage nach der unverantwortlichen Küstenbebauung aufwerfen, so wie das nächste Erdbeben wieder die gemeingefährliche Billigbauweise korrupter Baulöwen anprangern wird, und der nächste Amoklauf wieder den Ruf nach einer Verschärfung der Waffengesetze „laut werden lässt". Der nächste Lebensmittelskandal wird erneut Zehn-Punkte-Pläne zur besseren Kontrolle hervorbringen, und der nächste Abrechnungsbetrug bei den Krankenkassen und der nächste Organspendeskandal natürlich auch.

Wir werden dann wieder tolle Graphiken präsentiert bekommen, wie unsere Lebensmittel in Europa herumgefahren, umetikettiert und verschoben werden, wir werden en detail die Mechanismen der Organtransplantation kennenlernen. Und anschließend wieder vergessen. Natürlich werden auch die nächste Elbphilharmonie und der nächste Großflughafen wieder zehn Mal so teuer werden wie geplant. Die Regierung wird weiter unbrauchbaren Militärschrott in Milliardenhöhe bei den Rüstungsfirmen bestellen, und die Pharmaindustrie wird erneut überflüssige Grippeimpfstoffe für Hunderte von Millionen Euro an die Regierungen verkaufen. Haben die Medien geholfen, Fehlentwicklungen zu korrigieren?

Sie schreiben bloß drüber. Unbestechlich, integer, gutwillig. Ein bisschen sensationsgierig. Denn sie leben in ihrem kleinen Luhmannschen Subsystem. Und am Ende – wenn das politische Personal ausgewechselt ist – rufen sie die Gesellschaft zur Mäßigung auf und flechten den Neuen im Amt neue Kränze aus Vorschusslorbeeren. 100 Tage Schonfrist. Das Übliche. Zwar stürzt jeder zweite Verteidigungsminister über einen Skandal, aber die Einflusslobbys im Beschaffungswesen bleiben die gleichen.

Der Whistleblower Edward Snowden hat vor kurzem gesagt, das Schlimmste, was er befürchte, sei, dass seine Enthüllungen einfach verpuffen, und dass alles immer so weiter geht. Genau das ist das Problem. Es gibt keine vierte Gewalt. Es gibt nur Medien.

URL: http://www.carta.info/60125/es-gibt-keine-vierte-gewalt-es-gibt-nur-medien/ vom 25. Juni 2013

# Die Illusion von Medien als „Vierte Gewalt"

## Frank Lübberding

Wolfgang Michal hat gerade auf Carta einen spannenden Text über unser Mediensystem geschrieben. Er kritisiert deren Versagen als sogenannte „Vierte Gewalt" und fordert eine „Ergebniskontrolle" journalistischen Handelns. Er bringt in seiner Abrechnung, der Begriff ist in seiner doppelten Bedeutung zu lesen, unzählige Beispiele dafür, wie Mediendebatten nichts verändert haben. Journalisten, ob nun als Blogger oder im sogenannten Mainstream, schreiben und senden, Leser kommentieren: Das Ergebnis, so Michal, es ändert sich nichts. Alles bleibt so, wie es schon vorher gewesen ist, nur die mediale Skandalisierungsmaschinerie erreicht immer höhere Drehzahlen. Einen Effekt will Michal aber durchaus konstatieren:

> Minister stürzen kann heute jeder kleine ‚Blogger auf Hartz IV-Niveau'

Ob das so ist, kann man zwar ebenfalls bezweifeln. Mir ist wenigstens kein Fall bekannt, wo das tatsächlich passiert sein könnte. Aber Michal wirft in seiner Abrechnung ohne Zweifel wichtige Fragen auf.

Nun stützen viele Beispiele Michals These vom Versagen der 4. Gewalt nur auf den ersten Blick. Warum sollen die Medien für den Weiterbau von Stuttgart 21 verantwortlich gemacht werden? Diese Entscheidung war das Ergebnis einer Volksabstimmung gewesen. Und wieso sollen alle Medien der Meinung gewesen sein, dass der Bahnhof *nicht* weitergebaut werden soll? Gerade in Baden-Württemberg waren die meisten Journalisten entschieden anderer Meinung gewesen. Insofern wäre der Weiterbau eher eine Begründung für die positive Wirkung der 4. Gewalt. Das spräche zudem für die These der Nachdenkseiten, die fast keinen Tag vergehen lassen, um auf den manipulativen Charakter der Berichterstattung der meisten Me-

F. Lübberding (✉)
Arnsberg, Deutschland
E-Mail: luebberding@wiesaussieht.de

C. Kappes et al. (Hrsg.), *Medienwandel kompakt 2011–2013*,
DOI 10.1007/978-3-658-00849-9_30, © Springer Fachmedien Wiesbaden 2014

dien hinzuweisen. Das ergibt natürlich nur Sinn, wenn man von der Wirkung der Medien auf die öffentliche Debatte überzeugt ist.

Das ließe sich auf viele der von Michal genannten Belege anwenden. Warum soll die deutsche Debatte über die Folgen von Fukushima irgendeinen Einfluss auf Japan haben? Deutschland wird bekanntlich aus der Atomkraft aussteigen. Michal kritisiert den Skandalisierungsmodus – und verlangt jetzt Empörung über die japanische Energiepolitik? Selbst bewährte Mitarbeiter des japanischen Geheimdienstes in diesem Blog werden ihren Einfluss nicht überschätzen. (Dieser Witz muss jetzt einfach sein). Oder die Frage, ob denn Journalisten nach früheren <u>Hochwassern</u> die Maßnahmen der Politik kritisch hintergefragt haben? Jenseits dessen: Es ist ein Irrtum, dass die Politik etwa seit dem „Jahrhundert-Hochwasser" von 2002 nichts gemacht habe. Allein die These völligen politischen Versagens ist schon dem Skandalisierungsmodus geschuldet, den Michal so vehement kritisiert. Eine ähnliche Rechnung lässt sich für fast jedes Beispiel von Michal aufmachen: Die Politik hat nach Lebensmittel- oder Pharmaskandalen reagiert. Sie reagiert, wenn <u>Kampfhunde beißen</u> oder Rentner in Menden im Sauerland in <u>Festumzüge fahren</u>. Sie verschärft für alle ehrenamtlichen Jugendbetreuer die Kontrollmechanismen, wenn Fälle sexuellen Missbrauchs auftreten. Die Anzahl der bekannt gewordenen Fälle im Jahr liegt (noch nicht einmal) im Promillebereich. Aber in einem Punkt hat Michal völlig recht:

## Die Welt ist weder besser geworden, noch sind alle Probleme gelöst

Es gibt weiterhin aus dem Kostenruder laufende Bauprojekte. Desaströse Anschaffungsprojekte im Militär. Auch der Klimawandel ist nicht zu Ende und der Krieg immer noch ein Mittel der Politik. Weder in Syrien, noch in Afghanistan scheint man auf die klugen deutschen Leitartikler und empörten Blogger zu hören. Sie werden dort noch nicht einmal gelesen. Und selbst wenn sie denn einmal gelesen werden, etwa von amerikanischen und britischen Geheimdiensten, sind die Leitartikler und Blogger ebenfalls empört. Es sollten schon wenigstens Obama und Cameron auf uns hören. Unter diesem Anspruch greifen wir gar nicht erst zur Feder. Die Bundeskanzlerin ist bekanntlich ein Sonderfall: Wir wissen nicht, worauf sie hört, weil wir noch nicht einmal ahnen, was sie meinen könnte.

Michals Irrtum betrifft den Begriff der „4. Gewalt". Das ist eine mediale Selbstetikettierung. Die Medien sind nicht wichtig, weil sie Meinungen haben, sondern lediglich aus einem einzigen Grund: Sie liefern mit ihrer Berichterstattung den Rohstoff für die Herstellung dessen, was wir Öffentlichkeit nennen. Damit sind aber nicht die Medien selber gemeint, sondern der Staatsbürger. Dessen Gesamtheit ist die demokratische Öffentlichkeit, die über „Wahlen und Abstimmungen" (Grundgesetz) politische Entscheidungen möglich macht. Die Medien sind nur eine Krücke, um das alte Problem der Macht als demokratische Herrschaft zu lösen.

Jeder andere Anspruch ist nur der Eitelkeit von Leitartiklern und Kommentatoren geschuldet, die jeden Tag ihre Meinung sagen. Das betrifft übrigens auch den Autor dieses Textes. Allerdings nur die Eitelkeit, nicht den Anspruch.

URL: http://www.wiesaussieht.de/2013/06/25/die-illusion-von-medien-als-viertegewalt/, vom 25. Juni 2013

# Software-Engineering als Muster für Journalismus der Zukunft

Christoph Kappes

Der folgende Beitrag erschien bei der Berliner Gazette und ist eine Erweiterung der auf Soundcloud dahingeworfenen Gedanken.

Ein kurzes Statement zur Frage, die in jüngerer Zeit immer wieder auftaucht, nämlich: sollen Journalisten programmieren lernen? Und ein Gedanke danach, der diese Frage in anderem Licht erscheinen lässt.

## Programmierenkönnen ist kein Muss, auch nicht für Journalisten

Datenjournalismus ist eine sehr ansehnliche Sache mit neuen Sichtweisen auf Daten, die sich interaktiv erschließen lassen, die große Datenmengen leichter verständlich macht und bei der man auch über logische und mathematische Operationen neue Daten erzeugen kann. Wer Datenjournalismus nicht kennt, bekommt im Data-Journalism-Blog des *guardian* einen guten Überblick. In der *New York Times* ist jüngst auch ein Überblick über die besten interaktiven Grafiken des Jahres 2012 erschienen, die ähnliche Ergebnisse zeigen. Auch in Deutschland gibt es gute Beispiele: In der *Süddeutschen Zeitung* etwa gab es ein Beispiel mit Zugverspätungen und *ZEIT Online* hat Bewegungsdaten veröffentlicht von jemandem, der sich mit seinem Handy bewegt hat und dessen Daten dabei von der sog. Vorratsdatenspeicherung erfasst wurden.

Sollen Journalisten künftig diese Art von Journalismus beherrschen, noch weitergehender: sollen Journalisten programmieren können? Meine Meinung: Das

C. Kappes (✉)
Fructus GmbH Hamburg, Deutschland
E-Mail: ck@christophkappes.de

C. Kappes et al. (Hrsg.), *Medienwandel kompakt 2011–2013*,
DOI 10.1007/978-3-658-00849-9_31, © Springer Fachmedien Wiesbaden 2014

kann nicht schaden, aber es muss nicht sein. Wichtiger wäre, die Prinzipien des professionellen Softwareentwicklungsprozesses auf den Journalismus anzuwenden. Doch der Reihe nach.

Zunächst zur Programmierung selbst. Programmierung ist ein Handwerk, das sicherlich gut erlernen kann, wer ein Grundverständnis für Analyse, Mathematik und Logik mitbringt. Es zu Erlernen braucht – wie jedes andere Handwerk auch – seine Zeit. (Ich weiß gar nicht, wie viele Jahre ich programmiert habe, es mögen 15 sein; ich würde mich heute immer noch nicht als guten Programmierer bezeichnen.) Die hohe Dynamik dieses Gebiets sollte nicht darüber hinwegtäuschen, dass viele Grundstrukturen von Dauer sind, also zum Beispiel Rekursion (sich selbst aufrufende Funktionen), Befehlsabfolgen, Schnittstellen (mit denen Programme miteinander kommunizieren) oder Datenstrukturen – auch dort ändert sich nicht so viel, zum Beispiel wie Tabellen funktionieren. Es mag dann ein Jahr oder ein halbes Jahr dauern, bis man da Grundkenntnisse hat und das erste Gefühl dafür entwickelt.

Gegen das Erlernen einer Programmiersprache spricht nichts. Ich denke sogar, dass es heute in die Schulausbildung gehört. Auch in der Journalistenausbildung ist es sinnvoll, programmieren zu vermitteln. Es ginge dann dort aber nicht nur am das bloße Programmieren, sondern um Informationsverarbeitung im weitesten Sinne. Zum Beispiel darum, wie man auf welche Datenquellen zugreift, wo diese Datenquellen sich befinden, wie der Zugriff rechtlich zu handhaben ist und wie Nutzer-Interaktion konzipiert werden muss. Es ginge also nicht nur um Datenoperationen, sondern auch um Werkzeuge, Anwendungskonzepte, Interaktionskonzepte und User Experience. Ein weites Feld, für das es in „meiner Internetbranche" schon mehrere Spezialberufe gibt, die mit Massenmedien gar nichts zu tun haben. En passant würde wohl auch besser erlernt werden, wie vielfältig Daten interpretiert und missinterpretiert werden können.

Hinzu kommt: Programmierung ist das Paradigma des digitalen Zeitalters. Viele Erscheinungen lassen sich nur vor diesem Hintergrund erklären und verstehen; und zwar nicht nur naheliegende Strukturen von Internet-Informationsökosystemen (Aggregation, Filter usw.), sondern auch weiter entfernte Themen wie Finanztransaktionen, Logistikfortschritt, E-Partizipation.

Datenjournalismus aber ist, genauso wie Bewegtbild-Journalismus und eine Unmenge weiterer Spezialisierungen, eine Unter-Disziplin von Journalismus. Ich glaube nicht, dass diese Spezialisierung jeder können muss, im Hinblick auf das Ergebnis von gutem Journalismus hat Programmierkompetenz unter allen Spezialisierungen keine herausragende Sonderrolle. Aus dem Grund würde ich es ablehnen, ganz allgemein zu fordern, dass Journalisten programmieren können müssten. Manche Leute fordern, jeder solle Javascript und HTML können. Das halte ich nicht für zwingend. Es ist in einer modernen Gesellschaft aus meiner Sicht nicht mehr möglich, die Technik, die uns umgibt, im Detail zu verstehen und zu beherrschen, zumal es – das vergessen Onlineprofis gerne – auch in anderen Fachgebieten sich Wissen vermehrt, das man eigentlich haben müsste, beispielsweise in Biologie, Chemie, Neurowissenschaften, Psychologie und Soziologie. Ich würde sogar behaupten, dass jemand, der Menschen und Gesellschaft beobachtet, seine Zeit besser in Psychologie und Soziologie stecken sollte, weil sein Beobachtungsgegenstand nach den Gesetzen dieser Wissenschaften funktioniert und nicht programmierbar ist. Schön ist natürlich, wenn jemand alle Fähigkeiten und Kenntnisse aus Informatik, Politologie und Soziologie mitbrächte, gut und verständlich schreiben kann sowie einen guten Riecher für Relevanz und Zusammenhänge hat. Das sollte man jedoch angesichts der typischen Bezahlung nicht erwarten.

## Software-Engineering als moderner Prozess der Informationsverarbeitung

Ich glaube, dass hinter der vordergründigen Diskussion vielleicht ganz andere Fragen stecken. Programmierung (oder besser: Software-Engineering insgesamt) ist etwas möglicherweise Modellhaftes für informationsverarbeitende Berufe, weil die Dienstleistungsgesellschaft in ihrer modernen Prägung vor allem eine sog. „Informationsgesellschaft" ist und auch Medienberufe im weitesten Sinne zu den informationsverarbeitenden Berufen gehören. Und weil beim Gegenstand von Medien häufig die Komplexität zunimmt, sind Phänomene im Software-Engineering möglicherweise hoch interessante Hinweise auf Lösungen zur Bewältigung dieser Komplexität:

1. Verteilte Wissensverarbeitungsprozesse: Wir haben in der Softwarebranche fast immer Teams, die eng zusammenarbeiten. Natürlich kann man Programme alleine schreiben und häufig sind Kernteams von Software auch sehr klein (bei einem Softwarehersteller mit 1.000 Mitarbeitern sind es manchmal keine zehn Core-Entwickler), aber Software-Engineering ist oft auf verteilte Wissensverarbeitungsprozesse ausgelegt, wo Teams in Gruppen mit bestimmten Rollen zusammen arbeiten und der Anspruch an die Zusammenarbeit sehr hoch ist, weil die einzelnen Gewerke (Module) nahtlos miteinander zusammenwirken müssen. In jüngerer Zeit wird auch verteiltes Arbeiten an entfernten Standorten zum Normalfall, wobei auch die Organisation zunehmend loser, entgrenzter wird (vor allem im Offshore- und Nearshore-Bereich). Das Phänomen ist zunehmende Arbeitsteilung bei gleichzeitig stärkerer prozessualer Verzahnung und Steuerung der Einzelschritte. Dies weist meines Erachtens für den Journalismus in eine Richtung, um die Qualitätsprobleme zu lösen, die immer mehr wahrzunehmen sind. Vielleicht ist nämlich, was von Journalisten als „Zeitdruck" und vom Leser als „Schlamperei"

wahrgenommen wird, das Ergebnis gestiegener Anforderungen. Mein Vorschlag ist, beispielsweise Tandems zweier Personen zu bilden oder mehrstufige Arbeitsprozesse. Zum Beispiel (ich kenne das von eigenen Texten zu Internetthemen nur zu gut) kann ein Experte am Anfang einer journalistischen Arbeit Input geben, wie ein Problem angegangen werden könnte, also beispielsweise ein WLAN-Sniff von Google, und auch am Ende könnte vielleicht ein Fachmann noch mal auf das Ergebnis schauen und qualitätssichern. Es gibt tausende von Experten, die das aus dem Stand könnten. In diesem Beispiel mit dem WLAN-Problem hätte jeder Experte sofort erklärt, dass auch eine Google-Software gar nicht anders operieren konnte, als erst alle Daten „abzuhören" (einschließlich der WLAN-Namen!), bevor sie entscheiden kann, ob sie die Daten speichert. Auch wir müssen erst die Trillerpfeife hören, bevor wir uns die Ohren zuhalten. Und am Ende hätte vielleicht ein Experte einmal vorrechnen können, wie homöopathisch die E-Mail-Dosis sein muss, wenn man nur Netto-Daten betrachtet, nur Mails und nur die Sekundenbruchteile, in denen sinnhafte Worteinheiten erkennbar waren. Am Ende schaut also ein Fachmann darauf, genauso wie bei Texten über irgendwelche Facebook-Miniaturbilder, was ja im Kern ein juristisches Thema ist (bei urheberrechtlichen Fragen wundere ich mich regelmäßig über das eigenartige Selbstverständnis von Journalisten, die über so ein Fachthema schreiben, ohne auch nur über Grundlagenkenntnisse zu verfügen). Es gibt fast keinen Text auf meinem Fachgebiet, der in technischer, wirtschaftlicher und rechtlicher Hinsicht zugleich fehlerfrei ist – und ich laste das nicht so sehr den Journalisten an, sondern sehe die Ursache im Fachgebiet, das mit *common sense* nicht mehr durchdrungen werden kann. Die Lösung ist, arbeitsteilig vorzugehen: Schulterblickverfahren, Pärchenverfahren, gewisse Schrittweise und Prozesse, bei denen man sich näherungsweise an die Lösungen heranarbeitet. Das benötigt natürlich ein bisschen Zeit – aber auch die Softwarebranche kennt mit *„Extreme Programming"* sehr kurze Zyklen und Verfahren, wie man zum Beispiel innerhalb eines Tages zusammenarbeitet, auch Software entsteht ja häufig unter Zeitdruck. Ich glaube übrigens auch, dass die Erfahrung von Teamarbeit sehr wichtig ist, damit das schillernd-schrullige Genie ein Korrektiv erfährt. Die tatsächliche Sozialkompetenz so manches Leitkommentators, der Dritte öffentlich herabsetzt (Ich denke an Broder vs. Augstein beispielsweise), ist keinen Deut besser als das Zerrbild des bleichen und schüchternen Programmiernerds, der vom Ketchup Flecken auf der Hose hat.

2. Prozess: Der zweite Punkt ist, dass man im Software Engineering Arbeitsergebnisse als Prozess versteht. Ich halte es für faszinierend, dass das Nachrichtensystem so Event-getrieben funktioniert und auch heute noch so kurzlebige Ergebnisse produziert, obwohl es vielleicht anders möglich wäre: Hier wird jemand erschossen, da sagt jemand einen Satz, dort lassen sich zwei scheiden – und schon rauscht für 72 h der Blätterwald, um danach nur noch ein Annex-Link zum nächsten Text

zu sein, der über Ähnliches handelt. Der alte Text wird dann nur an den neuen Text angehängt, meistens um Kontexte wiederherzustellen oder um den Traffic zu erhöhen, aber dieses Verfahren ist meines Erachtens auf Dauer falsch. Von der Grundidee sind es Themen, die sich gewissermaßen „quer durch die News" durchziehen und die tatsächlich kontinuierlich über drei Monate, drei Jahre oder dreißig Jahre Gültigkeit haben.

Mehr vom Prozess und weniger von der Publikation her zu denken, ist eine Denkweise, die Journalisten helfen würde, nicht mehr so stark getrieben zu sein, und die auch dem Publikum helfen würde, nicht ständig von einer Irritation in die nächste zu taumeln – es ist ja eigentlich das Wesen nicht von Wissenserwerb, sondern von Unterhaltung, das psychische System zu irritieren und diese Irritation dann wieder aufzulösen.

Was die Software-Branche hier bietet, ist eine ganz andere Sicht, nämlich Software als Prozess. Software wird natürlich wegen des Ergebnisses für Jahre geschrieben (natürlich hält sie keine zwanzig Jahre), aber es gibt eben auf dem Weg dahin Methoden, wie man Software in verschiedenen Stages entwickelt, wie man Release-Stände weiterentwickelt, wie man Change-Requests verfasst und wie man das systematisch managed. Es hilft, wenn man einmal diesen Softwareprozess mitbeobachtet hat, um diese Grundstrukturen möglicherweise auch auf journalistische Prozesse zu übersetzen.

Ich glaube, dass dies grundsätzlich die richtige Richtung ist. Für bestimmte Bereiche gibt es natürlich immer Ausnahmen, viele Agenturnachrichten müssen in Windeseile vom Ticker zum Publikum. Für hochwertige Medienmarken wäre es aber die bessere Lösung, dieses Feld den Marktführern zu überlassen oder es zu delegieren und ansonsten alle Nachrichten als Micro-Beiträge zu einem größeren Wissensprozess zu begreifen. So könnte man, wie es beispielsweise Wikipedia macht, in Seiten denken, die miteinander verlinkt sind und die in komplexen Strukturen wachsen – mit neuen Zweigen, die weiter sich verzweigen und die aber auch sterbende Zweige haben, die man wieder pflegen muss. Hierzu muss man sich ein paar neue Ansätze ausdenken. Das wäre gerade für den hochwertigen „Long-Tail-Content" wichtig, der zwischen 20 und 50 % des Inhaltes vieler Nachrichtenangebote ausmacht und den zu verwerten bei allen Nachrichten-Websites Schwierigkeiten macht; der wird meistens mühselig wieder neu paketiert, als Dossier oder als ausgelagerte Website recycelt. Es wäre ein großer Fortschritt, wenn man diesen wertvollen Inhalt um seine tagesaktuellen Aufhänger gewissermaßen „entmanteln" könnte, weil dann meistens ein hintergründiges und komplexeres Thema zum Vorschein kommt.

3. Quellcode: Das Dritte Thema ist, dass Software-Ingenieure die sog. *Runtime* (Laufzeitversion von Software) von *Quellcode* unterscheiden. Die Runtime ist, was im Computer des Benutzers ausgeführt wird; der Quellcode ist etwas anderes,

er ist das lesbare Ausgangsmaterial (Informatiker mögen mir diese Beschreibung nachsehen). Ich denke, da ist eine Parallele zum Quellmaterial und dem Textergebnis des Journalisten. Unter Journalisten ist es bisher nicht sehr üblich, dass man Quellen zusammenstellt und verlinkt (letzteres ein Dauerstreit zwischen Onlinern wie mir und klassischen Journalisten, das möchte ich hier nicht vertiefen). Aber das Verfahren, dass man die Quelle mit dem Arbeitsergebnis „zusammenhält" und auch immer wieder den Prozess rückwärts vom Arbeitsergebnis auf die Quelle machen kann, wenn man Probleme mit dem Ergebnis hat, das ist eine grundsätzliche Struktur, die vom Software-Engineering abgeguckt werden kann. Wenn ich als Leser einen Text nicht gut interpretieren kann, möchte ich einen Schritt auf das Quellmaterial zurückgehen können – und diese Option würde, wenn sie denn journalistischer Standard würde, auch die Qualität journalistischer Endergebnisse verbessern wie auch den Zwist um Fehlinterpretationen von Quellen verringern.

4. Fehlerkultur: Das vierte Thema ist der Umgang mit Fehlern. Jeder Software-Ingenieur sagt ganz entspannt, wach wenn schwere Probleme auftreten, dass „Software Fehler" habe sei „bekannt". Es ist ja in der Tat ausführlich erforscht, wie hoch Fehlerquoten bei Software sind. Niemand dort würde sich gekränkt fühlen oder es sonst wie persönlich nehmen, wenn man ihm einen Fehler nachweist; vielmehr ist das gelangweilte Reaktionsmuster meistens: „Ja, bitte trag meinen Fehler ins Bugtrackingsystem ein und dann wird ihn jemand korrigieren." Auch gibt es die freudigen Ankläger nicht, die auf Twitter teilweise zu beobachten sind, und die wegen jedes Fehlers mit dem Empörungsfinger auf andere zeigen. Fehlerkultur ist der vierte Gesichtspunkt, bei dem Journalismus von Software-Engineering lernen kann. Das gilt auch gegenüber dem Publikum, wo der Software-Entwickler seine Nutzer inzwischen regelmäßig zur Kritik einlädt, wer kennt nicht die Feedback-Flyouts am Rande moderner Webseiten (z. B. von UserVoice http://www.uservoice. com/feedback/). Wo sind die Fehler-Flyouts auf Online-Publikationen während der ersten Stunden nach dem Onlinegang?

Denkt man noch ein wenig länger nach, wird es noch viel mehr Punkte geben. Beispielsweise ist *Cross-Platform-Development* möglicherweise ein Muster (*pattern*) für Cross-Media-Contenterstellung. Und Binnenpluralismus von Medienredaktionen in der Software-Welt einem *Multi-Tasking/Threading-System* vergleichbar, dessen Tasks/Threads parallel und gleichberechtigt ablaufen. Wie wäre es, längere Texte als Featureliste vorzuplanen und ganze Artikelstrecken kollaborativ zu planen und zu schreiben? (Auch ich habe mich vor zwei Jahren noch dagegen gewehrt und arbeite heute so mit großer Freude und gutem Ergebnis.) Ja, vielleicht sind auch manche Debattenthemen wie ein *Virus*, der von Akteur zu Akteur getragen wird, mit dem wir uns anstecken, der sich von Tag zu Tag modifiziert und der unser Informationsökosystem aus dem Gleichgewicht bringt. Oder ist der Lobbyist ein Virus, der fremde Systemressourcen für eigene Zweck nutzt? Brauchten wir den alten Rhythmus der Print-Publikationen zur Denkpause mit *„Garbage collection"?* Es lohnt sich bestimmt, den Faden noch ein bisschen weiterzuspinnen.

URL:   http://christophkappes.de/software-engineering-als-muster-fur-journa-lismus-der-zukunft-2/ vom 21.02.2013

# Programmier-Crashkurs für Journalisten

## Julius Tröger

Online-Journalismus ist so viel mehr als nur Text, Bild, Foto, Audio oder Video. Erst wenn Medien kombiniert werden, ergeben sich Geschichten, wie sie nur im Web gezeigt und nicht in der Zeitung, im Fernsehen oder im Radio dargestellt werden können. Mit Content Management Systemen und Tools, die in Redaktionen eingesetzt werden, stößt man allerdings schnell an seine Grenzen, wenn man einzigartige, auf bestimmte Geschichten zugeschnittene Darstellungsformen haben will.

*Journalisten müssen nicht zwingend selbst programmieren können. Allerdings sollten vor allem Online-Journalisten die Arbeit eines Programmierers so gut kennen wie der Fernsehredakteur die Arbeit eines Cutters kennt: Kurze Nachrichtenstücke können Fernsehredakteure selbst schneiden. Bei großen Reportagen sollte lieber der Cutter ans Werk.*

Sprich: Bei größeren Datenjournalismus- und Multimedia-Projekten sollte man nicht auf Programmierer verzichten. Es ist aber hilfreich, schnell einen Datensatz selbst zu scrapen, eine API auszulesen oder eine interaktive Karte erstellen zu können. Oder zumindest zu wissen, was technisch möglich ist, um den Aufwand für eigene Format-Ideen realistisch einschätzen zu können.

Dieser Beitrag erklärt erst die Grundlagen und die Grundausstattung der Web-Entwicklung und bietet dann einen Überblick über aktuelle Web-Techniken und Frameworks, die man als Journalist zumindest einmal gehört haben sollte.

J. Tröger (✉)
Berlin, Deutschland
E-Mail: julius@digitalerwandel.de

C. Kappes et al. (Hrsg.), *Medienwandel kompakt 2011–2013*,
DOI 10.1007/978-3-658-00849-9_32, © Springer Fachmedien Wiesbaden 2014

## Grundlagen

Als erstes benötigt man Grundkenntnisse in der Auszeichnungssprache HTML, der Layoutsprache CSS und der clientseitigen Skriptsprache Javascript. Ob Datenvisualisierung, Multimedia-Reportage oder webbasierte Smartphone-App: Grundsätzlich basiert fast alles auf diesen drei Web-Techniken.

**HTML(5)**

Die Auszeichnungssprache Hypertext Markup Language (HTML) ist die Grundlage prinzipiell aller Webseiten im Netz. Man erstellt eine. html-Datei, schreibt etwas Code, lädt die Datei per FTP auf einen Webserver hoch und kann sie dann von dort von jedem Browser aus aufrufen.

Zwar kann man HTML einfach in jedem x-beliebigen Text-Editor schreiben. Komfortabler ist aber eine Entwicklungsumgebung. Zu empfehlen sind die einfachen, ~~kostenlosen~~ HTML-Editoren wie Phase oder Smultron (kostenlos). Häufig genutzt werden auch Sublime Text, Coda und Espresso. Größere IDE (Integrierte Entwicklungsumgebungen) wie Komodo Edit oder Aptana (kostenlos) helfen unter anderem bei der Kontrolle und dem schnelleren Schreiben der Syntax, also der „Code-Grammatik". Zusätzlich sollte man sich Tools wie Firebug oder Chrome Developer Tools und Code-Hosting-Dienste wie Github einrichten. Als eigene CMS können Drupal oder WordPress eingesetzt und individuell angepasst werden.

Erst 2014 will das World Wide Web Consortium (W3C), das sich für einheitliche Standards im Web einsetzt, HTML5 offiziell empfehlen. Faktisch kann man es aber schon jetzt benutzen. Ältere Browser haben aber Probleme damit. Für die muss man dann eigene Versionen oder abgespeckte Fallback-Varianten erstellen. Oder man fordert den Nutzer gleich zu Beginn auf, die neueste Version eines bestimmten Browsers zu installieren.

In HTML werden nur die Inhalte mit ihrer entsprechenden Auszeichnung geschrieben. Mit Tags wie <h1>, <p> oder <div> gibt man an, welcher Abschnitt Überschrift, welcher Fließtext und welcher eine Box sein soll. Das Layout wird später mit Cascading Stylesheets (CSS) festgelegt. Inhalt und Layout sollten immer voneinander unabhängig erstellt werden.

**Einstieg und Tutorials**

http://de.selfhtml.org

http://docs.webplatform.org/wiki/html

http://www.codecademy.com/de

http://multimedia.journalism.berkeley.edu/tutorials/html/

http://christiandunn.blogspot.de/2009/03/basic-html-for-journalists-video.html

http://www.mediabistro.com/10000words/learn-to-code-today-with-google-code-university_b9717

http://blogs.journalism.co.uk/2011/09/29/tip-of-the-day-from-journalism-co-uk-html5-for-journalists

http://berlindevschool.org

## CSS

Mit der Formatierungssprache Cascading Stylesheets (CSS) werden Layouts von HTML-Sciten unabhängig von der Funktionalität festgelegt. Derzeit wird CSS in der Version 2.1 vom W3C empfohlen. CSS3 kann aber noch einiges mehr – befindet sich aber derzeit noch in der Entwicklung. Teile der neuen Spezifikation werden aber schon von aktuellen Browsern unterstützt.

Die größten Neuerungen von CSS3 sind Elemente wie Animationen und Übergänge. Damit können Effekte mit Texten und anderen Objekten im Browser dargestellt werden, wie sie bisher nur etwa mit Flash möglich waren. Ein weiterer wichtiger Aspekt dabei ist Responsive Webdesign, einer Technik, Webseiten so zu gestalten, dass sie sich verschiedenen Endgeräten und deren Bildschirmgrößen anpassen.

Will man also einem HTML-Element wie einer <div id="box">-Box nun eine Layout-Eigenschaft wie einen roten Hintergrund zuweisen, so kann man das mittels Name-Wert-Zuweisung in einer eigenen.css-Datei, direkt an dem entsprechenden HTML-Element oder im HTML-Vorspann definieren. Also konkret: #box { background-color: #cc0000; }

**Einstieg und Tutorials**

http://www.codecademy.com/de

http://docs.webplatform.org/wiki/css

http://css-tricks.com/

http://www.css4you.de

http://www.newsu.org/CSS101-tutorial

http://multimedia.journalism.berkeley.edu/tutorials/css-intro

http://t3n.de/news/kostenloses-css-framework-387402

**JAVASCRIPT**

HTML-Seiten sind statisch. Um aber dynamische Webseiten zu erstellen – z. B. wenn sich ein Inhalt bei Klick auf einen Button ändern soll, benötigt man eine Skriptsprache. Es gibt serverseitige Skriptsprachen wie PHP, Python oder Ruby und clientseitige Skriptsprachen wie Javascript (Javascript wiederum ist auch serverseitig einsetzbar).

Javascript hat den Vorteil, dass es direkt vom Browser gelesen und ausgegeben werden kann. Auch ist Javascript recht einfach und es existieren dafür unzählige Javascript-Bibliotheken, also bereits programmierte Module, die im eigenen Code geladen und eingesetzt werden können. Diese bindet man im <head>- oder <body>-Bereich des HTML etwa so ein: <script src="processing-1.3.6.min.js"></script>.

Außerdem gibt es Javascript-Frameworks wie jQuery, Prototype, Backbone, Underscore oder Angular, die Programmierarbeit abnehmen. Nicht nur deswegen hat die Popularität und Relevanz von Javascript in letzter Zeit enorm zugenommen, da auch aufwendigste Anwendungen damit umgesetzt werden können.

**Einstieg und Tutorials**

http://www.codecademy.com/de

http://www.htmldog.com/guides/javascript/

https://developer.mozilla.org/en-US/docs/Web/JavaScript

http://molily.de/js

## Text und Daten

Weltweit öffnen Unternehmen und Verwaltungen nach und nach ihre Datenbanken für die Öffentlichkeit. Dadurch entstehen immer größere Datenmengen, die in unterschiedlichen Formen zugänglich gemacht werden.

Im schlechtesten Fall werden die Daten im geschlossenen Portable Document Format (PDF) bereitgestellt. Beispiel: Fahrradunfälle in Berlin nach Straßen. Diese Dateien müssen umständlich mit entsprechender Software wie dem kostenpflichtigen Abby Finereader oder dem kostenlosen Tool Documentcloud umgewandelt werden. Besser ist es, wenn die Daten im Sinne des Open Data in maschinenlesbarer Form als Comma-Separated Values (CSV), Extensible Markup Language (XML), Javascript Object Notation (JSON), als Ressource Description Framework

(RDF) oder zumindest als Excel-Tabelle zum Download bereitgestellt werden. Im besten Fall werden die Daten per Schnittstelle (API) veröffentlicht.

**WEB APIS**

Ein Weg, dynamisch und in Echtzeit an Daten zu gelangen, ist der über eine Schnittstelle, einem Application Programming Interface (API). Über sie können Daten von Maschine zu Maschine ausgelesen und dann weiterverarbeitet werden. Es existieren mehrere Tausend solcher Web APIs im Netz. Es gibt APIs von sozialen Netzwerken wie Twitter oder Facebook über APIs von Städten wie Leipzig mit Verwaltungsdaten oder Verkehrsdaten von Verkehrsbetrieben wie dem VBB bis hin zu Nachrichten APIs, die so ihre Artikel nach außen hin öffnen wie die New York Times oder der Guardian.

Prinzipiell funktionieren Web-APIs so, dass man durch die bestimmte Eingabe einer URL ein entsprechendes Ergebnis geliefert bekommt. Ein Beispiel: Die Eingabe der URL http://search.twitter.com/search.json?q=Stromausfall gibt sämtliche Tweets aus, die den Suchbegriff „Stromausfall" enthalten (*Update 08.10.2013: Twitter hat auf eine neue API-Version umgestellt. Ein ähnliches Beispiel wäre die API von Wikipedia*). Die Ausgabe erfolgt in diesem (und in den meisten Fällen) als eine lange Zeichenkette im Format JSON. Diese müssen dann im Programmcode verarbeitet werden.

Diese Tweets können auch automatisiert in eine Datenbank geschrieben werden. So können sich Journalisten eigene Recherchedatenbanken zu verschiedenen Themen aufbauen. Für Mashups können verschiedene APIs miteinander kombiniert werden, was zu völlig neuen Erkenntnissen führen kann. Auch ist es für Journalisten sinnvoll, APIs zu eigenen Projekten anzubieten – etwa unter einer nichtkommerziellen Creative-Commons-Lizenz. So können Nutzer selbst eigene oder neue Erkenntnisse aus den Datensätzen ziehen.

**Einstieg und Tutorials**

http://www.restapitutorial.com

http://archive.p2pu.org/general/open-journalism-open-web

http://handbook.schoolofdata.org/en/latest/index.html

http://blog.zeit.de/open-data/2012/03/13/api-werkzeug-journalismus

http://www.poynter.org/how-tos/digital-strategies/165347/8-apis-your-news-organization-should-start-using-today

## WEB SCRAPING

Werden im Netz verfügbare Daten nicht in einem der oben genannten Formate oder eine API bereitgestellt, bleibt neben der händischen Auswertung nur, die Informationen auf Webseiten mit einem <u>Programm</u> auszulesen und – <u>unter Beachtung der rechtlichen Hintergründe</u> – weiterzuverarbeiten beziehungsweise in einer eigenen Datenbank abzuspeichern. <u>Außerdem sind große Teile des Web überhaupt nicht indexiert</u>, weil die Inhalte etwa hinter dynamischen Formularen oder Anmeldeschranken versteckt sind. Auch diese Daten können automatisiert ausgelesen und gespeichert werden. Dieser Vorgang wird als Web Scraping bezeichnet.

Es gibt viele Möglichkeiten, mithilfe freier Web-Technologien so an Daten von Webseiten zu gelangen. Grundsätzlich wird eine serverseitigen Skriptsprache wie PHP, Python, Perl oder Ruby benötigt, um einen eigenen Parser zu schreiben, der diese Arbeit entweder manuell oder per <u>Cronjob</u> in bestimmten Zeitfenstern verrichtet. Allerdings kann man auch clientseitig <u>mit der Unterstützung von Node.js scrapen</u>. Frameworks hierfür wären etwa <u>Scrapy</u> oder <u>Node.io</u>.

Die einfachste Vorgehensweise ist, die Inhalte der entsprechenden HTML-beziehungsweise XML- oder auch CSS beziehungsweise X-Path-Markup auszulesen. Dafür gibt es zahlreiche Bibliotheken für die oben genannten Skriptsprachen wie <u>Nokogiri für Ruby</u>. Sollen Daten hinter Formularen oder Suchfeldern gescrapt werden, so muss etwa die <u>Ruby-Bibliothek Mechanize</u> zusätzlich eingesetzt werden.

Die Aufbereitung der Daten – das so genannte Data Wrangling – erfolgt dann meist über Tools wie <u>Data Wrangler</u>, <u>Google Refine</u> oder <u>Mr. Data Converter</u>.

### Einstieg und Tutorials

http://blog.dtrejo.com/scraping-made-easy-with-jquery-and-selectorga
http://www.slideshare.net/opendata/handson-coding-for-datajournalism
http://www.propublica.org/nerds/item/doc-dollars-guides-collecting-the-data
http://www.propublica.org/nerds/item/scraping-websites
https://scraperwiki.com
http://shaw.al.s3.amazonaws.com/node-nicar/index.html
http://leanpub.com/scrapingforjournalists
http://net.tutsplus.com/tutorials/javascript-ajax/this-time-youll-learn-node-js

**DATENBANKEN**

Da mit lokal abgespeicherten Daten wie im oberen Beispiel nicht viel angefangen werden kann, müssen sie online in Datenbanken gespeichert werden.

Dafür kommen zurzeit häufig proprietäre Tools wie etwa <u>Spreadsheets</u> oder <u>Fusion Tables</u> von Google zum Einsatz. Zugriff auf die Tabellen in Form einer relationalen Datenbank erhält man bei ersterem entweder <u>über die eigene API</u> oder zusätzliche Javascript-Bibliotheken <u>wie Tabletop.js</u>.

Allerdings gibt es auch eine große Anzahl an Open-Source-Datenbanken. Die seit längerer Zeit am meisten genutzten sind die relationalen Datenbanken <u>MySQL</u> und <u>Postgres</u>. Der Grundaufbau bei der SQL-Datenbankabfragesprache SQL-Syntax. ist: SELECT *spalte* FROM *tabelle* WHERE *bedingung*. Ähnlich funktioniert das auch bei <u>Google Fusion Tables</u>.

Derzeit setzen sich auch vermehrt nicht-relationale Datenbanken durch. Der Grund: Im Gegensatz zu relationalen Datenbanken verfügen „NoSQL" (Not only SQL)-Datenbanken über eine schemafreie Struktur, sind horizontal skalierbar und damit besser für große Datenmengen wie etwa in sozialen Netzwerken einsetzbar. <u>Es existieren mehr als hundert solcher Datenbanken</u>. Zu den bekanntesten Vertretern zählen <u>MongoDB</u> und <u>CouchDB</u>.

**Einstieg und Tutorials**

http://nosql-database.org

http://borasky-research.net/2012/05/09/seven-plus-or-minus-two-databases-for-computational-journalists

## Grafik und Animation

Während Elemente wie interaktive Grafiken und Animationen im Web lange Zeit vorwiegend mit <u>Adobe Flash</u> umgesetzt wurden, können gleichwertige Multimedia-Applikationen heute direkt im Browser mit freien Web-Technologien, Tools und Frameworks auf Basis von HTML5 umgesetzt werden. Sie sind so auf prinzipiell allen Endgeräten – auch iPhone und iPad – darstellbar.

Dabei haben sich zwei grundsätzliche Herangehensweisen durchgesetzt. Einerseits die Arbeit mit dem Grafikformat <u>Scalable Vector Graphics (SVG)</u> und andererseits mit dem <u>HTML5-Canvas-Element</u>.

Für beide Herangehensweisen existieren zahlreiche Bibliotheken und Frameworks, die einfach in den HTML-Code eingebunden werden und von dort aus angesteuert werden können. Eine für Journalisten relevante Auswahl wird im Folgenden vorgestellt.

## SVG/D3.JS UND RAPHAEL.JS

SVG ist kein neues Grafikformat. Da es aber erst seit kurzer Zeit von beinahe allen gängigen Browsern unterstützt wird, kommt es immer häufiger
zum Einsatz. Mit SVG lassen sich zweidimensionale Vektorgrafiken direkt
im Browser darstellen. Es wird also keine Grafik-Datei wie <u>Portable Network
Graphics (PNG)</u> lediglich statisch eingebettet, sondern man schreibt SVG
direkt in den Quellcode. Dieses DOM kann dann direkt per Javascript – etwa
mit <u>Event Handlern</u> – manipuliert, also dynamisiert werden.

SVG-Dateien bekommt man an vielen Stellen im Netz, wie etwa <u>die
Wahlkreise von Berlin auf einer Karte</u>. Man kann die Elemente aber auch
mit kostenlosen Tools wie <u>Inkscape</u> und <u>SVG Edit</u> selbst zeichnen und den
Code davon direkt in den Programmcode übertragen.

Um aus diesen reinen Vektorgrafiken interaktive Infografiken zu erstellen, gibt es dann Frameworks wie <u>d3.js</u> oder <u>Raphael.js</u>.

D3 ist das Kürzel von Data-Driven Documents und ist ein Framework für
Datenvisualisierung. Es bietet spezielle Funktionen für die Manipulation von
DOM-Objekten auf Basis von Daten. D3 stammt von <u>Protovis</u> ab.

Raphael.js erleichtert vor allem das Zeichnen und Animieren von Vektorgrafiken. Mit <u>gRaphael</u> gibt es auch ein Framework speziell für die Erstellung
von Diagrammen.

**Einstieg und Tutorials**

http://alignedleft.com/tutorials/d3

http://www.schockwellenreiter.de/blog/2012/02/10/data-driven-docu-
ments-d3

http://bost.ocks.org/mike

http://vis4.net/blog/

http://selection.datavisualization.ch

http://raphaeljs.com/reference.html

http://net.tutsplus.com/tutorials/javascript-ajax/an-introduction-to-the-
raphael-js-library

http://www.html5rocks.com/en/tutorials/raphael/intro

http://misoproject.com/dataset

**Praxisbeispiele**

http://www.uefa.com/uefaeuro/season=2012/matches/

http://www.nytimes.com/interactive/2012/02/13/us/politics/2013-bud-
get-proposal-graphic.html

http://www.nytimes.com/interactive/2012/05/17/business/dealbook/
how-the-facebook-offering-compares.html

http://static.apps.morgenpost.de/redaktion/svg/svg.html

## HTML5-CANVAS/ PROCESSING.JS

Das Canvas-Element in HTML5 erlaubt es, direkt im Code dynamisch zweidimensionale Bitmap-Grafiken zu erzeugen und diese pixelgenau zu manipulieren. Es ist nicht besonders komfortabel zu nutzen. Daher gibt es auch hierfür Frameworks wie Paper.js, die die Arbeit sehr vereinfachen. Hervorgehoben soll hier aber Processing.js.

Processing.js stammt von Processing, einer Open-Source-Programmiersprache und -entwicklungsumgebung für Visualisierungen und Animationen, ab. Die Javascript-Bibliothek erweitert das Canvas-Element um weitere Funktionen, wie die Möglichkeit, Formen und Animationen zu erstellen – und das direkt im HTML/Javascript-Code ohne den Einsatz von Plugins wie Flash oder Java. Auch kann hier mit SVG gearbeitet werden.

**Einstieg und Tutorials**

http://www.aosabook.org/en/pjs.html

http://lethain.com/getting-started-with-processing-js

http://processingjs.org/learning

http://blog.blprnt.com/blog/blprnt/tutorial-processing-javascript-and-data-visualization

http://joeycadle.com/blog/article/1/2012/22/01/html5-canvas-and-processing-js

https://github.com/processing-js/processing-js

**Praxisbeispiele**

http://dl.dropbox.com/u/466610/nevada_map/index.html

http://mattmckeon.com/facebook-privacy

## WEB GL

Die Spezifikation Web Graphics Library (WebGL) ist kein offizieller Teil von HTML5, wird aber dennoch von den meisten aktuellen Browsern unterstützt. Der Internet Explorer unterstützt den Standard allerdings derzeit ebenso wenig wie das mobile Betriebssystem iOS. Allerdings soll die Unterstützung weiter ausgebaut werden.

WebGL erweitert das Canvas-Element um die Möglichkeit, 3D-Grafiken direkt im Browser darzustellen. Eine weitere Besonderheit an WebGL ist, dass es hardwareunterstützt, also direkt von deiner Grafikkarte läuft. Das ermöglicht etwa 3D-Spiele oder menschliche Modelle. Und etwas journalistischer ist die Darstellung von Achsen auf einer dreidimensionalen Weltkugel.

Infografiken kann so etwa eine dritte Achse hinzugefügt werden. So lassen sich aber auch Graphen und ihre Verbindungen in einem dreidimensionalen Raum darstellen. Realisiert wurde dieses Beispiel mit der Javascript-Bibliothek three.js. (Zweidimensionale Graphen lassen sich mit der Javascript-Bibliothek sigma.js darstellen.) Auch die Library C3DL bietet zusätzliche Funktionen für die Entwicklung mit WebGL.

**Tutorials**

http://www.aerotwist.com/tutorials/getting-started-with-three-js

http://learningwebgl.com/blog/?p=28

https://developer.mozilla.org/en-US/docs/Web/WebGL

**Praxisbeispiele**

http://highrise.nfb.ca/tag/one-millionth-tower

## INTERAKTIVE KARTEN

Karten lassen sich sehr leicht mit Tools wie Google Maps oder Google Fusion Tables erstellen. Dabei ist allerdings problematisch, dass, wie bei allen externen Tools, eigene Daten fremden Unternehmen übergeben werden. Wer diese aber bei sich behalten will, muss eine eigene Kartenlösung aufsetzen.

Das lässt sich etwa mit Openlayers, Modest Maps oder Mapstraction umsetzen. Dazu benötigt man noch einen Tilecache-Server und einen Map-Server wie Mapnik, Geoserver oder Mapserver. Außerdem müssen die Geodaten in Datenbanken abgespeichert werden. Dafür eignen sich besonders gut PostGIS zusammen mit PostgreSQL als Abfragesprache. Und dann benötigt man für seine Karte noch einen Straßenlayer. Den gibt es etwa bei Openstreetmap. Ein weiteres wichtiges Programm für die Verarbeitung von Daten auf Karten ist das Programm QGis.

Geodaten werden häufg als Keyhole Markup Language (KML) oder Shapefile bereitgestellt. So bietet das Land Nordrhein-Westfalen seine Wahlkreise als Shapefile an. Die Berliner Ortsteile werden als KML angeboten.

Darüber hinaus existieren zahlreiche Frameworks wie Kartograph.js, mit denen interaktive Karten erstellt werden können, oder OSM Buildings, mit dem sich Gebäude auf einer Karte dreidimensional darstellen lassen.

**Einstieg und Tutorials**

http://www.alistapart.com/articles/takecontrolofyourmaps

http://multimedia.journalism.berkeley.edu/tutorials/qgis-basics-journalists

http://www.poynter.org/how-tos/digital-strategies/146263/introduction-to-open-source-gis-tools-for-journalists
http://hub.qgis.org/projects/quantum-gis/wiki/How_do_I_do_that_in_QGIS
Praxisbeispiele
http://www.kartograph.org/showcase

## TIMELINES

Es gibt im Netz viele interaktive Zeitleisten-Tools wie Tiki-Toki oder Dipity. Allerdings stößt man mit denen schnell an seine gestalterischen Grenzen. Es existieren Frameworks, mit denen man Timelines leicht selbst erstellen kann.

Ein solches offenes Framework ist der Timeline-Setter des NewsApps-Teams von Propublica. Damit lassen sich schlanke Zeitleisten auf HTML-Basis erstellen. Unter anderem kann die Quelle ein Spreadsheet sein.

Auch Timeline.js erleichtert die Implementierung von verschienen Quellen wie Twitter, Youtube oder Facebook in eigene Zeitleisten.

Sehr interessant ist auch Timeflow, das die Darstellung von großen Datenmengen in unterschiedlichen Formaten erlaubt.

Anstatt der üblichen horizontalen Zeitleisten bietet das Timeline-Framework von WNYC eine vertikale Anordnung. Es zieht sich die Daten aus einer Spreadsheet-Vorlage.

**Einstieg und Tutorials**

http://propublica.github.com/timeline-setter/doc/twitter-demo.html
https://github.com/FlowingMedia/TimeFlow/wiki
http://www.tobiaskut.de/2011/04/14/timelinesetter-tiki-toki-zeitleisten-tools-fur-entwickler-und-journalisten
http://hint.fm/blog/2010/07/29/a-timeline-takes-its-first-steps

**Praxisbeispiele**

http://timelines.latimes.com/syria
http://www.lemonde.fr/election-presidentielle-2012/visuel/2012/04/21/chronologie-une-si-longue-campagne-presidentielle_1681661_1471069.html
http://www.wnyc.org/blogs/empire/2012/may/07/timeline-pedro-espadas-long-dance-law
http://www.einsteins-magazin.de/?p=1800

## Audio und Video

Das World Wide Web als Teil des Internet ist ein interaktives System, in dem Dokumente untereinander per Hyperlink verbunden sind. Es verändert sich derzeit vor allem dahingehend, dass Multimedia-Elemente wie Animation, Video oder Audio nativ eingebunden und vollständig in das Web integriert werden können – Stichwort: Hypervideo, Hyperaudio. Was früher nur etwa mit Plugins ging, kann heute direkt im HTML/Javascript-Code gemacht werden.

### HTML5 VIDEO- UND AUDIO-TAG

Viele Nachrichtenseiten veröffentlichen auch 2012 noch multimediale Anwendungen mit Flash-, Silverlight- oder Java-Plugins beziehungsweise verzichten gänzlich auf den Einsatz von HTML5. Dabei bieten neben dem bereits beschriebenen <canvas>-Tag auch der <video>- und der <audio>-Tag großes Potenzial für multimediale Darstellungsformen.

Die native Einbindung von Medienelementen wie Audios und Videos bringt vor allem den Vorteil, dass sie mit HTML5-Befehlen per Javascript interaktiv gesteuert werden können. Es werden kontinuierlich Events geworfen, wie etwa „progress" – bzw. der Eventhandler „onprogress", das einen Wert für den Ladezustand ausgibt, oder „seeked" – und der entsprechende Eventhandler „onseeked", das ausgibt, wie oft im Video gespult wurde. Außerdem können noch Properties wie „currentTime", das die aktuelle Zeit aus dem Audio oder Video ausgibt oder etwa „volume" der das den Wert für die Lautstärkeeinstellung bereitstellt, genutzt werden. Das ermöglicht etwa direkte Verlinkungen in stetigen Multimedia-Elementen und die Interaktion mit anderen Medien.

Auch bieten Player wie Youtube oder Vimeo auf ihren Developers-Seiten eine solche Interaktions- und Individualisierungsmöglichkeit, wenn auch eingeschränkt, an.

#### Einstieg und Tutorials

http://mediaelementjs.com
http://html5doctor.com/video-canvas-magic
http://t3n.de/news/sponsored-post-audio-video-html5-398726
http://www.currybet.net/cbet_blog/2010/08/html5-for-journalists.php
http://heinz.typepad.com/lostandfound/2010/08/was-m%C3%BCssen-journalisten-und-prleute-%C3%BCber-html5-wissen.html

http://www.innovation-series.com/2012/06/05/html5-video-and-next-gen-journalism

http://html5video.org

**Praxisbeispiele**

http://www.open-hypervideo.org/prototype.html

## POPCORN.JS

Popcorn.js ist eine Javascript-Bibliothek, die Audio- und Videodateien zeitgesteuert mit Kontext aus dem Web anreichern kann. Sie bietet die Möglichkeit, Webinhalte vom reinen Text über Links bis hin zu Karten, Twitter-Feeds oder Text zeitgesteuert in und um Audio- oder Videoelemente herum darzustellen. So können sich Nutzer etwa durch die Zusatzinformationen tiefer mit dem Thema im Video befassen zu können. Popcorn.js „befreit" also Multimedia-Elemente im Web – weg von etwa im Video durch die Schnittsoftware unwiederbringbar „eingebrannten" Elementen wie statische Bauchbinden.

Es stehen zahlreiche vorgefertigte Plugins zur Verfügung, die auch kombiniert werden können. Die Web-Technik wurde etwa bei dem Multimedia-Feature DDR-Flüsterwitze – Protest hinter vorgehaltener Hand vom Autor dieses Blogs, Julius Tröger, eingesetzt. In dem Beitrag Webinhalte in Webvideos darstellen – Popcorn.js für Journalisten auf diesem Blog gibt es dazu einen praxisnahen Erfahrungsbericht. Mit dem Popcorn Maker wird ein Tool angeboten, das wie ein Online-Schnittprogramm funktioniert und zum Video passenden Quellcode ausgibt.

**Einstieg und Tutorials**

http://www.digitalerwandel.de/2011/12/30/webinhalte-in-webvideos-popcornjs-fuer-journalisten

http://popcornjs.org/documentation

http://net.tutsplus.com/articles/news/a-look-at-popcorn

**Praxisbeispiele**

http://www.morgenpost.de/fluesterwitze

http://www.popcornjs.org/demos

http://livingdocs.github.com/greencorps

## HYPERAUDIO

Audio kann besser dargestellt werden, als in einem Embed-Player. Mit Hyperaudio wird Audio Teil des Netzes und im Sinne des Hypermedia vollständig ins Web integriert.

Es existieren bereits Projekte, bei denen etwa durch die Synchronisation von Audio und Transkripten Interviews völlig neu dargestellt werden. Dabei läuft neben dem Audio live ein Transkript mit, das auf Wunsch sogar angeklickt und an die entsprechende Stelle gesprungen werden kann. Weitere interessante Beispiele sind der Einsatz des Audiodienstes Soundcloud für Flash-freie Audio-Slideshows oder eine interaktive Radiosendung. Umgesetzt wird das unter anderem auch mit dem Framework Popcorn.js beziehungsweise dem offenen Player jPlayer. So können etwa in Kombination mit APIs wie der des Audiodienstes Soundcloud völlig neue Web-Formate erstellt werden.

**Einstieg und Tutorials**

http://yoyodyne.cc/radiolab

http://yoyodyne.cc/hyperdisk

https://github.com/maboa/hyperaudiopad

**Praxisbeispiele**

http://hyper-audio.org/r

http://yoyodyne.cc/h

http://johntynan.com/presentations/popcorn/bernardconstant

http://happyworm.com/clientarea/hyperaudio/htdemo

## SMIL TIMESHEET.JS

Neben HTML5 – in der Kombination mit Frameworks wie Popcorn.js – gibt es eine weitere Möglichkeit, Multimedia-Elemente interaktiv, aufeinander abgestimmt, zeitbasiert und direkt im Web integriert darzustellen.

Die Synchronized Multimedia Integration Language gibt es bereits seit 1998. SMIL ist ein Web-Standard für die zeitsynchrone Einbindung, Steuerung und Integration multimedialer Inhalte. Allerdings wird es von keinem gängigen Browser unterstützt. Es gibts aber die Möglichkeit, SMIL-Elemente mit Javascript-Bibliotheken wie Timesheet.js in HTML einzusetzen und wird daher auch für den journalistischen Einsatz interessant.

Denn: Nachrichten bauen sich eigentlich immer aus aus mehreren Medienelementen zusammen. Eigenen oder fremden. Mit Techniken wie

SMIL können Roh-Audio- und Videomaterial, Grafiken, Animationen und Text sowie weitere Medienelemente wie Tweets oder Youtube-Videos im Quellcode zu einem Beitrag geschnitten werden. Durch die Beibehaltung der Original-Medien im Gegensatz zum in sich geschlossenen Multimedia-Element kann eine völlig neue journalistische Transparenz, Nutzerintegration, Wiederverwendbarkeit und Medienkombination geschaffen werden.

**Einstieg und Tutorials**
http://scenari.utc.fr/c2m/res/DocEng2011.pdf
http://wam.inrialpes.fr/timesheets/docs
**Praxisbeispiele**
http://wam.inrialpes.fr/timesheets/public/webRadio
http://wam.inrialpes.fr/timesheets/annotations/audio.html

# Fazit

Web-Techniken ersetzen nicht das klassische journalistische Handwerk, sie ergänzen es.

„Wir brauchen mehr Entwickler im Newsroom und mehr Journalisten, die programmieren können." Die Interaktiv-Chefin der AP, Shazna Nessa, geht sogar noch einen Schritt weiter und sagt, man trenne ja auch nicht zwischen Journalismus und der Fähigkeit auf Computern schreiben zu können. Andere sind der Meinung, dass Programmieren Programmierern überlassen werden sollte.

Fest steht: Es sind interessante Zeiten, in denen viel experimentiert werden kann. Deutsche Verlage betreiben kaum Forschungseinrichtungen, wie sie etwa aus der Industrie bekannt sind. Experimente müssen also aus der Redaktion kommen. Mit einem konkreten, kleinen Projekt im Kopf sollte man einfach loslegen und dabei seine Fähigkeiten erweitern. Wer an seine Grenzen stößt, der kann sich für kleine Programmieraufgaben über Freelancer-Portale Spezialisten suchen.

Bei größeren Projekten sollte die Arbeit Programmierern überlassen werden. Die in diesem Beitrag gezeigten Web-Techniken und Frameworks sind nur ein subjektiver Ausschnitt von dem, was bei der Web-Entwicklung möglich ist. Einen tieferen Einblick in „Journo-Hacking" findet man vor allem im Datadesk-Blog der LA Times, dem Entwickler-Blog der New York Times, dem News-Apps-Teams der Chicago Tribune und den Propublica-Nerds.

Über Hinweise, Links, Korrekturen, Praxisbeispiele und Kritik würde ich mich in den Kommentaren, auf Facebook, Google Plus und Twitter, sehr freuen.

## Update (2. August 2012)

Die Drehscheibe, Fachmagazin für Lokaljournalismus, hat mich zu diesem Blog-
beitrag interviewt. Ich habe ihnen den Beitrag als Online-Workshop zur Verfügung
gestellt.

## Weiterführende Links

http://www.interactivenarratives.org
   http://www.hackshackers.com
   http://help.hackshackers.com/questions/semi-comprehensive-list-of-newsrooms-
doing-news-applications
   http://blog.zdf.de/hyperland/2012/02/hackshackers-wenn-aus-schreiberlingen-
programmierer-werden
   http://www.mediabistro.com/10000words/why-journalists-should-learn-to-co-
de_b319
   http://www.codinghorror.com/blog/2012/05/please-dont-learn-to-code.html
   http://stdout.be/2012/05/04/fungible
   http://johnkeefe.net
   http://blogs.journalism.co.uk/2011/11/08/mozfest-six-lessons-for-journalists-
from-the-mozilla-festival
   http://www.chryswu.com/blog/2012/02/22/tools-slides-and-links-from-ni-
car12
   URL: http://www.digitalerwandel.de/2012/07/16/programmier-crashkurs-fuer-
journalisten/ vom 16. Juli 2012 und (Update) 2. August 2012

# Datenjournalismus und die Zukunft der Berichterstattung

## Lorenz Matzat

Innerhalb eines halben Jahres hat sich das vormals exotische Thema Datenjournalismus zu einem ernstzunehmenden Genre gemausert. Es ist zwar weiterhin eine spezielle Nische, die sich zwischen Infografik und Multimedia-Storytelling behaupten muss. Aber 2011 dürfte deutlich werden, dass diese Nische ein wichtiges Alleinstellungsmerkmal für Onlinejournalismus werden kann. Auch in dem Zusammenhang sollten Zeitungsverlage und Medienhäuser endlich aktiv für Netzneutralität, Informationsfreiheit und OpenData eintreten:

Klickstrecken, „Bewegtbild", Podcasts und so weiter sind nur Remixe althergebrachter Medienformate. Datenjournalismus dagegen setzt auf Datenbanken und Interaktivität, die nur im Browser oder einer App funktionieren können. Er bohrt die Möglichkeiten auf, die über den Rahmen herkömmlicher Infografiken hinausweisen: data-driven journalism ist nicht nur Recherche sondern auch Veröffentlichungsformat; es kann Lesern Recherche-Umgebungen bieten, die den Einstieg in große Datensätze ermöglichen und diese dabei gleichzeitig in den Kontext klassischen Journalismus' setzen: Berichterstattung, Hintergrund, Analyse, Reportage.

Datenjournalismus grenzt sich vom althergebrachten CAR (computer-assisted reporting) ab, das rein auf Seiten der Recherche passiert. Letztlich meint Datenjournalismus ja immer auch die Bereitstellung der Rohdaten, bestenfalls im Sinne von OpenData in offenen maschinenlesbaren Formaten.

Die Veröffentlichung der Afghanistan-Kriegstagebücher im Juli 2010 dürfte als Durchbruch für Datenjournalismus gelten. *Guardian* und *NYT* demonstrierten, wie online zehntausenden Dokumenten aufbereitet werden können. Die zweite Welle, die Irak-Tagebücher, zeigte auch, wie die selben Redaktionen Erzählformate in Datenartikeln weiterentwickelten. *Spiegel Online* konnte in beiden Fällen nicht mithalten.

L. Matzat (✉)
Berlin, Deutschland
E-Mail: matzat@opendatacity.de

C. Kappes et al. (Hrsg.), *Medienwandel kompakt 2011–2013*,
DOI 10.1007/978-3-658-00849-9_33, © Springer Fachmedien Wiesbaden 2014

## Grenzen von Datenjournalismus

Allerdings wies der dritte *Wikileaks*-Datensatz von Ende vergangenen Jahres – die Botschaftsdepeschen – auf, wo die Grenzen für Datenjournalismus liegen. Während die Militärdaten klar strukturiert und somit verhältnismäßig einfach aufzubereiten waren, sind die oft sehr ausführlichen diplomatischen Texte schwer automatisch zu sichten.

Klar ist aber, dass es immer mehr große Datensätze geben wird, die Mittelpunkt einer Berichterstattung werden. Das liegt nicht nur daran, dass die Zahl der Leakingplattformen wächst. Vielmehr ist der Aufstieg von OpenData und OpenGovernment im vergangen Jahr ein weiterer Hinweis auf die zunehmende Bedeutung von Datensätzen in Politik und Gesellschaft. Journalismus, der sich selbst ernst nimmt, muss sich diesem Feld widmen. Mit der ihm eigenen Spezifik und seinen Werkzeugen. Von letzteren gibt es immer mehr, die auch von Nicht-Programmieren zu bedienen sind.

## Echtzeit und hyperlokal

Onlinejournalismus kennt keinen Redaktionsschluss mehr. Die Zunahme an „Live-Blogging" ist ein Fingerzeig dafür. Datenjournalismus kann hier auftrumpfen, da er das Echtzeit-Web filtern kann: *Twitter* und *Facebook* sind Seismographen für aktuelle Vorgänge. Darauf setzt beispielsweise *Yahoo*, das seine Finanzmarktberichterstattung mit Informationen des Dienstes StockTwits aufwertet.

Genauso wie im Echtzeitweb der aktuelle Zeitpunkt immer bedeutender wird, besinnt sich die auf Globalität ausgelegte Internettechnologie wieder auf den aktuellen Standort des Users. Das führt einerseits zur „Gamification" des Alltags durch Dienste wie *FourSquare*. Doch kann das viel gehypte „hyperlokal" durch den Zugriff auf Datenbanken, etwa voll mit OpenData, wirklich qualitativen informationellen Mehrwert bieten. Hier ist viel Platz für neue Erzählformate und Journalismusformen.

Datenjournalismus hat allerdings zwei zentrale Probleme. Er ist arbeitsaufwendig, erfordert Recherche und „computer-literacy", also die Fähigkeit des Journalisten, den Rechner zu bedienen und gar Programmierkenntnisse an den Tag zu legen. Sprich, es braucht das Berufsbild des Datenjournalisten, der in der Redaktion als Liaison dienen kann. Der einerseits als Vermittler zwischen Redakteuren und Programmieren fungiert; der in die Rolle des Produzenten von Datenartikeln schlüpft. Diese Person muss nicht zwangsläufig programmieren können, aber wissen, was technisch möglich und welcher Aufwand nötig ist. Der Datenjournalist muss dies allen Beteiligten, nicht zuletzt auch der Verlagsseite, deutlich machen können.

## Mangelnder Mut bei Verlagen

Das zweite Problem ist fundamentaler. Die mangelnde Stiftungslandschaft in Deutschland im Vergleich zu der in den USA, die dort fleißig neue Journalismusformen sponsert, ist nur Ausdruck davon: Es handelt sich um ein kulturelles Problem, das des mangelndes Mutes in Verlagshäusern und Redaktionen, neue Formate und Konzepte auszuprobieren. Lieber wird sich weiterhin Online an Zeitungs- und Zeitschriftenformaten abgearbeitet. Oder es wird dem Marketing-Geblubber von Apple und den Prognosen journalistischer Unheilsbringer wie Rupert Murdoch und Mathias Döpfner hintergelaufen. Denen wird geglaubt, dass der heilige Gral in Sachen Onlinejournalismus, ein schlüssiges Erlösmodell, hinter der Paywall – der Zahlschranke – liegt. Warum wird stattdessen nicht auf Micropayment gesetzt, das grandios in der Gamingindustrie funktioniert, bei Flattr brauchbare Ergebnisse zeigt und letztlich den Weg in Richtung Kulturflatrate weisen kann? Überhaupt stünde es den Zeitungsverlagen und ihnen anverwandten Unternehmen gut zu Gesicht, die Infrastruktur, von der sie profitieren, auch zu pflegen. Also konsequent eine Lanze für Informationsfreiheit und Netzneutralität zu brechen.

Doch wird das an einem nichts ändern: Einem Teil des Journalismus' steht der radikale Umbruch erst noch bevor. Neue semantische Fähigkeiten von Software werden einen Teil der gängigen Journalismusberufe durch Automatisierung ersetzen. „Demand Media" ist ein Vorgeschmack davon, was Algorithmusjournalismus bedeuten wird: Software bereit Artikel und Themen vor, Menschen fungieren nur noch als Kontrolleure. Die klassische Nachrichtenberichterstattung wird immer weniger Journalisten brauchen, vor allem falls Spracherkennung in den kommenden Jahren automatisch transkribieren kann.

## Automatisierung des Journalismus

Wer dieser Prophezeiung nicht Glauben schenken mag, sollte sich den raschen Aufstieg der Statistik im Sportjournalismus betrachten, dem Vorreiter des Datenjournalismus. Oder einmal ein aktuelles Fußballcomputergame spielen und auf die automatisierten Kommentatoren achten. Diese Form von Automatisierung lässt sich auf diverse Themenbereiche ausweiten, die heutzutage die Seiten füllen. Nur zu oft sind das von Hand gekürzte Texte von Nachrichtenagenturen. Warum sollte eine Software nicht automatisch Sätze wegstreichen können?

Was bleibt also dem Journalist, der nicht Reportagen, Feuilletonartikel, Analysen und Kommentare schreibt? Er kann sich in die Richtung orientieren, die derzeit gerne als „Kurator" bezeichnet wird. Er begibt sich auf Recherchereise in Datenberge, gräbt Zusammenhänge aus und bereitet sie in Datenanwendungen auf. Letztlich ist das die digitale Rückbesinnung auf journalistischen Tugenden, die gerade ihre Renaissance <u>in immer mehr Recherchepools</u> findet (die manche als verkappte Sparmaßnahmen sehen). So oder so: 2011 wird ein spannendes Jahr für den Online-Journalismus.

URL: http://datenjournalist.de/datenjournalismus-und-die-zukunft-der-bericht-erstattung/ vom 5. Januar 2011

# Lokaljournalismus im Web: Zwischen Idealismus und Verwahrlosung

Andreas Grieß

Am Samstag wird beim diesjährigen DJV-Kongress „besser online" auch der Lokaljournalismus im Web ein Thema sein. Hier wittern Medienexperten den Markt der Zukunft. Einzig: Innovativ ist der bislang nicht.

Vor bald einem Jahr startete das Hamburger Abendblatt einen „Straßentest" im Web, mit dem für klassische Medien in so einem Fall obligatorischen großen PR-Getöse und treuer Gefolgschaft der darüber berichtenden Kollegen. Zu jeder Straße Hamburgs gab es eine kurze Beschreibung und eine Bewertung zu unterschiedlichen Punkten. Auch die Leser wurden nach ihre Meinung gefragt. Das alles sollte den Auftakt für einen Neustart der hyperlokalen Bemühungen darstellen.

Doch nachdem der Werbeeffekt verflogen war, verebbte die Aktion schnell. Heute ist der Straßentest für mich trotz aktiver Suche schwer auffindbar, doch gut versteckt existiert er noch, und darin auch mein Leserkommentar. In diesem beklage ich, dass hinter meinem Haus nicht die U1, sondern die U3 fährt. Die ortskundigen Lokalreporter hätten das, besonders bei so einem Prestigeprojekt, eigentlich wissen müssen. Wussten sie aber nicht. Mein Kommentar wurde freigeschaltet – laut Beschreibung fährt aber weiterhin die U1.

Dies ist symptomatisch für die Verwahrlosung des Lokaljournalismus in großen Medienhäusern. Auf Podien und in Image-Mappen wird er als Herzstück dargestellt, in der Praxis jedoch nebenher oder von schlecht bezahlten Freien oder Dauerpraktikanten betrieben – insbesondere online. Das lässt Raum für neue Player. Die ersten hyperlokalen Angebote brachten einige Vorzeigeprojekte hervor, auf die immer wieder verwiesen wird, wenn über die Zukunft des Lokaljournalismus oder von einer Rückbesinnung darauf gesprochen wird. Mittlerweile gibt es – auch als Konsequenz aus weiterem Versagen klassischer Medien – an vielen Orten neue Online-Angebote.

A. Grieß (✉)
Hamburg, Deutschland
E-Mail: kontakt@andreasgriess.de

C. Kappes et al. (Hrsg.), *Medienwandel kompakt 2011–2013*,
DOI 10.1007/978-3-658-00849-9_34, © Springer Fachmedien Wiesbaden 2014

Doch sind die wirklich die Zukunft? Zunächst einmal muss bilanziert werden, dass der Großteil dieser Angebote keineswegs revolutionär, sondern vielmehr äußerst konservativ ist. Nur selten werden, inhaltlich wie technisch, neue Formate ausprobiert. Nur selten geht es um neue Themen, neue Aufbereitungs- oder Vertriebsformen. Innovation findet hier nicht statt, dafür umso mehr Protest, Trotz und Selbsthilfe. Auf die Motive für ihr Engagement angesprochen, sagen viele Betreiber, dass sie eine kritische Stimme als Gegengewicht zur vorherrschenden Zeitung vermissten oder das Gefühl hatten, es würde immer über das Gleiche geschrieben. Mit anderen Worten: Sie wollen die Befriedigung eines vermeintlichen Grundbedarfs gewährleisten oder wieder gewährleisten.

Die Folge: Einige Angebote verbreiten fast missionarisch, dass sie (wieder) besseren Journalismus machen wollen. Nicht selten arbeiten sie sich sogar regelmäßig am vorherrschenden Lokalmedium ab, wie ein Verlassener, der in enttäuschter Liebe ununterbrochen seine Ex vor anderen schlecht macht. Der Versuch der Abgrenzung zu den traditionellen Marken lässt viele neue Marken zu extremen Idealisten werden. Ist dieser Idealismus schlimm? Eigentlich nein, aber er trägt nicht zur Lösung der bestehenden Probleme bei. Die klassischen Medien schon aus Prinzip zu verteufeln, ist falsch, weil eine Lösung vermutlich auf Dauer nur *mit* ihnen funktionieren kann.

Zeitgleich stellen sich die neuen Player in ihrem Idealismus häufig selbst ein Bein, indem sie die Augen vor der Realität verschließen. Wenn auf Konferenzen wie der des Netzwerks Recherche im Sommer in Hamburg von Anwesenden fast jede mögliche Finanzierungsquelle entweder als zu PR-nah oder zu bettlerisch abgestempelt wird, ist das nicht hilfreich. Ohne Experimente, auch bei der Finanzierung, werden die Angebote trotz aller professionellen Ansichten nie mit Profis arbeiten können. Profis werden bezahlt und leben nicht von Idealismus und Liebe. Dass freie Journalisten eigene Angebote gründen, gleichzeitig jedoch sagen, sie wollen sich aus Gründen strikter Trennung von Verlag und Redaktion nicht mit Vermarktung beschäftigen, stimmt auch wenig optimistisch.

Und so streitet ein Teil der Portale noch darüber, ob eine Meldung über einen neuen Optiker im Hyperlokalen eine Nutzerwert-Information ist, die den Lesern geboten werden soll, oder ob das bereits Vermischung von PR und Journalismus ist, während dem anderen Teil die mühsam gesammelten Autoren mangels Bezahlung wieder davon laufen oder gar davon laufen müssen.

Die neuen Angebote hochzujubeln und darin blind die Zukunft und Rettung des Lokaljournalismus zu sehen, ist leider zu kurz gedacht. Es kann doch noch kein Fortschritt sein, wenn die Arbeit statt von Verlagen nun von Privatleuten gemacht wird, die dafür wenig oder gar kein Geld bekommen! Auch dann nicht, wenn sie zunächst einmal besser ist.

Aber was hilft nun wirklich, Bürgern dauerhaft guten und verlässlichen Lokaljournalismus zu bieten? Vermutlich ist es genau das, was immer wieder gefordert, aber viel zu selten umgesetzt wird: Mehr Blick für die Realitäten, mehr miteinander arbeiten, mehr Experimente wagen.

Das hyperlokale Online-Magazin *Mittendrin* aus Hamburg hat zum Beispiel eine Kooperation mit der *taz* Hamburg. *Mittendrin* kann auf diese Weise etwas Geld verdienen, die *taz* ihre Berichterstattung ohne erhöhten Personalaufwand verbessern. So etwas könnte auch anderswo funktionieren.

Wenn Zeitungen sich aus dem Lokalen zurückziehen oder hier nicht ausreichend viel leisten können, sollten sie damit offen umgehen. Oft ist bereits eine Verlinkung für die neuen Angebote hilfreich. Um wirtschaftlich erfolgreich zu werden, brauchen diese meist vor allem Reichweite. Jeder Klick, jeder neue Facebook-Fan und Twitter-Follower hilft, Anzeigenkunden und neue Autoren zu gewinnen.

Doch auch die neuen Angebote sind gefordert, mehr zu tun. Wenn sie es wirklich ernst damit meinen, besseren Journalismus machen zu wollen, dann werden sie keine Online-„Zeitung" betreiben. Sie werden neue Online-Formate entwickeln und ausprobieren. Sie könnten sich an *location based services* probieren, den Weg auf das Smartphone nehmen, stärker auf Daten- oder Prozessjournalismus setzen. Mit dem Know-how könnten sie dann als Dienstleister für traditionelle Medien auftreten und Einnahmen erwirtschaften. Zukunft ist da, wo vorangegangen wird.

Überspitzt ausgedrückt, stehen sich im lokalen Onlinejournalismus im Jahr 2013 unkreative Idealisten und lustlose Ökonomen gegenüber, bloß: sie begegnen sich nicht. Hoffentlich wird das in Mainz anders sein.

URL: http://www.carta.info/64041/lokaljournalismus-im-web-zwischen-idealismus-und-verwahrlosung/ vom 12. September 2013

# Besserwisser, Wichtigtuer und Paranoiker – was man vor fünf Jahren über Blogger dachte

Daniela Warndorf

Die guten alten Zeiten, als noch Einbahnkommunikation von einem Sender zu vielen Empfängern funktionierte und nicht jeder einfach seine Meinung in dieses Internets schreiben konnte, sind vorbei. Das kann man mit #hach kommentieren. Oder mitmachen.

Es ist keine fünf Jahre her, da wurden das Internet noch als vorübergehende Erscheinung und Blogs als nicht ernst zu nehmende Tagebücher von Freaks betrachtet. Netzwertig.com hatte sich im September 2007 mal die Mühe gemacht, eine Liste mit 50 Zitaten über das Internet und Blogs von Prominenten, Politikern, PR-Leuten und Journalisten zusammenzustellen.

Die Liste war damals schon sehr unterhaltsam, heute aber, fünf Jahre später, ist sie es noch viel mehr. Und man kann auf wunderbare Weise sehen, wie sehr sich seitdem die Wahrnehmung von Blogs verändert hat. Denn wer käme heute noch auf die Idee, Blogs wie zum Beispiel das Bildblog, das Lawblog von Udo Vetter oder das Medienblog von Stefan Niggemeier als „peinlich und pubertär" zu bezeichnen, oder sich darüber zu beschweren, dass Leute in Blogs „ungefragt ihre Meinung äußern" (Jean-Remy von Matt)? Eben!

Dazu kommt, dass sich Blogs mittlerweile völlig unauffällig in unseren Internet-Alltag integriert haben. Blogs sind im Grund nicht viel mehr als dynamische Webseiten, auf denen man auf sehr einfache Weise Texte, Fotos, Filme oder Tondokumente veröffentlichen kann. Die Leser können diese Inhalte per Feed abonnieren oder sogar Kommentare hinterlassen – also genau das, was mittlerweile jede kleine Tageszeitung auf ihrem Online-Auftritt bietet, ebenso wie die ganz großen Zeitungen und Magazine wie die Süddeutsche, Spiegel online, das Handelsblatt, die FAZ und wie sie alle heißen. Die meisten Unternehmensseiten basieren mittlerweile außerdem auf Blogsystemen wie Word Press: sie funktionieren zuverlässig, bieten

D. Warndorf (✉)
Köln, Deutschland
E-Mail: kontakt@warndorf-kommunikation.com

C. Kappes et al. (Hrsg.), *Medienwandel kompakt 2011–2013*,
DOI 10.1007/978-3-658-00849-9_35, © Springer Fachmedien Wiesbaden 2014

unendlich viele Gestaltungsmöglichkeiten und kosten nicht so viel wie ein CMS, das man sich für viel Geld kaufen oder mieten muss. Blogs sind mittlerweile aus unserem Alltag nicht mehr wegzudenken – doch vor einigen Jahren sah man das halt noch ein wenig anders…

## Hier die Zitate

- *„Blogger verdienen nach meiner Ansicht nicht den Schutz des Artikel 5.“* (Stephan Holthoff-Pförtner, Gesellschafter der „Westdeutschen Allgemeinen Zeitung“, auf dem Medienforum NRW 2007, Quelle)
- *„Na ja gut, es gibt das Internet. Aber es dauert zu lange, bis Sie sich dort alles zusammengesucht haben, und dann sollten Sie es auch noch an diesem unsäglich doofen Bildschirm lesen. Da hilft die Zeitung und sagt: Das ist heute für dich wichtig.“* (Michael Ringier, Verleger, im Interview mit der taz, 15.09.2007, Quelle)
- *„Im Internet wird zwar wahrscheinlich mehr kritisiert als in allen Zeitungen zusammen, aber kein Schwein interessiert das. Da gibt es Blogs und persönliche Homepages und weiß der Teufel was. Das findet aber niemand.“* (Michael Ringier, Verleger, im Interview mit der taz, 15.09.2007, Quelle, leider nicht mehr online, ersatzweise)
- *„Besserwissern, Wichtigtuern oder Paranoikern, die sich im normal life intellektuell verkannt, sozial missachtet fühlen oder einfach viel Zeit haben, bietet das Web 2.0 ein überaus reichhaltiges Angebot, ihren Neigungen rund um die Uhr nachzugehen. „You can't always get what you want“ – diese Songzeile der Rolling Stones von 1969 gilt fortan vielleicht nur für ihr reales Leben, aber nicht mehr für ihre virtuelle Existenz. Im Mitmach-Web bekommen sie jenen sozialen Kredit oder können jenes soziale Kapital anhäufen, das sie im Alltagsleben vermissen oder das ihnen aus welchen Gründen auch immer von Kollegen, Freunden oder Bekannten vorenthalten wird.“* (Rudolf Maresch im Januar 2007 in Telepolis, Quelle)
- *„Was berechtigt eigentlich jeden Computerbesitzer, ungefragt seine Meinung abzusondern?“* (Jean-Remy von Matt im Januar 2006 über Weblogs, die „Klowände des Internets“, Quelle)
- *„Die guten Redaktionen sollten ihre Siele geschlossen halten, damit der ganze Dreck von unten nicht durch ihre Scheißhäuser nach oben kommt.“* (Hans-Ulrich Jörges vom Stern im Juni 2007 über die „Blog-Szene“, Quelle)
- *„Seit Internetnutzer ihre Bilder und Texte unkontrolliert auf extra dafür geschaffene Webseiten stellen können, scheint die Moral im Netz endgültig erodiert. Gewaltvideos und selbst gedrehte Pornos sind besonders beliebt. Auf Blogs, eine Art von Internettagebüchern und Kommentarseiten, beschimpfen sich User gegenseitig als Idioten oder drohen einander Schläge an.“* (Marco Stahlhut im April 2007 anlässlich der re:publica bei Welt Online, Quelle)

- *„Blogs sind ja eine Aneinanderreihung von persönlichen Befindlichkeiten von Leuten, die eigentlich für den Journalismus oder für die Öffentlichkeit keine wirkliche Bedeutung haben."* (Manfred Bissinger, vielfacher ehemaliger Chefredakteur, im Deutschlandfunk, Mai 2007, (Quelle [mp3, leider nicht mehr online], gefunden bei Stefan Niggemeier)
- *„Schwätzen macht Spaß. Bloggen ist sogar geil. In Wahrheit ist es peinlich und pubertär."* (Klaus Kocks, PR-Berater, im November 2006, Quelle [das Blog scheint es nicht mehr zu geben])
- *„Blogs werden zu Briefen – und die werden ja auch oft nicht gelesen."* (Norbert Bolz, Medienwissenschaftler und Zukunftsforscher, auf der Next07-Konferenz, zitiert nach Thomas Knüwer, Quelle, [leider auch verschwunden])

Ich habe bei <u>Netzwertig</u> natürlich nachgefragt, ob ich die Zitate hier nochmals verbloggen darf – dafür nochmals vielen Dank!

URL:   http://www.carta.info/46832/besserwisser-wichtigtuer-und-paranoiker-was-man-vor-funf-jahren-uber-blogger-dachte/ vom 08.08.2012

# Frauen & Blogs: Die Rückkehr zur Normalität

## Vera Bunse

Ja, die gibt es tatsächlich. Zumindest, wenn man zwei Jahre zurückblickt.

Gestern rief eine Redakteurin von frau.tv an und wollte wissen, wie es denn mit den weiblichen Politbloggern aussehe: Ein Anlass, nach meiner letzten größeren Bestandsaufnahme vom Januar 2010 mal wieder darüber nachzudenken.

Es hat sich gleichzeitig viel und wenig geändert. Ehe ich das auseinanderklamüsere, will ich kurz erklären, weshalb ich mich aus dem Thema rausgezogen habe.

## Genderpolizei

2010 war ich sehr zuversichtlich, dass die vielen gescheiten Netzfrauen dabei sind, sich freizuschwimmen und die Möglichkeiten von Blogs und sozialen Netzwerken für ihre Anliegen zu nutzen. Die Mädchenmannschaft war eine Anlaufstelle, die auch Menschen angesprochen hat, die sich selbst als „nicht politisch" bezeichnen. Diskussionen wurden dort offen, sachlich und höflich geführt, außerdem waren viele Männer unter den regelmäßigen Kommentatoren, was der Lebenswirklichkeit entspricht. Leider hat sich das geändert.

Es war dieser neue, dogmatische Ton, der eine Zeitlang die gesamte Feminismusdebatte im Netz bestimmt und mich abgestoßen hat. Ich wollte mir nicht anhören, was ich erst mal alles lesen müsse, um überhaupt mitreden zu dürfen. Die akademische Diskussion ist wichtig, sollte aber an entsprechender Stelle stattfinden und nicht Frauen ausschließen, die sich mit dem ganz alltäglichen Wahnsinn der Geschlechterdebatte auseinandersetzen wollen. Eine neue, unabhängige Plattform dieser Art gibt es meines Wissens nicht, obwohl auf einzelnen Blogs weiterhin

V. Bunse (✉)
Bettenfeld, Deutschland
E-Mail: vbunse@posteo.de

C. Kappes et al. (Hrsg.), *Medienwandel kompakt 2011–2013*,
DOI 10.1007/978-3-658-00849-9_36, © Springer Fachmedien Wiesbaden 2014

sachlich und allgemein verständlich diskutiert wird. Dabei wäre sie dringend notwendig.

Antje Schrupps Beitrag „Kein Bock mehr" beschreibt gut, wie ich mich fühle. Auch der Ausdruck *Genderpolizei* gefällt mir sehr: So komme ich mir vor, wenn wütende Kommentare mir vorwerfen, dass ich in meinen Texten nicht gendere. Für mich ist das eine Lesebremse, und Sprache ist mir nun mal wichtig. Wenn andere gendern möchten, ist das auch in Ordnung. Wer deshalb aus meinen Artikeln herauszulesen meint, ich sei frauenfeindlich, bitte. Es gibt da dieses riesige Netz, da ist für jeden Geschmack was dabei.

Ich habe absolut keine Lust, mich auf Debatten über Feminismus einzulassen, die sich nicht im Geringsten mit lebendigen, atmenden Frauen beschäftigen oder nur den Versuch machen, sie mitzunehmen. Für mich ist die Durchschnittsfrau eine, die Alltagsprobleme hat, und wenn die mit ihrem Frausein zusammenhängen, braucht sie Lösungen, und keine 50 Bücher oder ein Soziologiediplom. Sie braucht Rückendeckung, Selbstbewusstsein und ganz normalen Hausverstand. Man kann tatsächlich nützliche Strategien entwickeln, ohne jemals von Gender Studies gehört zu haben.

## Ein falsches Politikbild

Mein Anliegen waren immer die Frauen, die sich selbst als unpolitisch bezeichnen. Es ist erstaunlich, wie weit dieses Selbstverständnis oft von der Wirklichkeit entfernt ist. Die Beschäftigung mit Politik machen viele Frauen immer noch daran fest, Namen von Politikern zu kennen, stets parat zu haben, welche Themen gerade im Bundestag behandelt werden und die weltpolitische Lage samt Akteuren in fünf Minuten auswendig zusammenfassen zu können. Falsch, Mädelz, das braucht kein Mensch.

Zu dieser Einstellung haben jahrzehntelang (Medienschelte, kommt jetzt, ihr habt sicher schon drauf gewartet) die Massenmedien beigetragen. Weder in der Sache, noch im Tonfall oder in der Ausdrucksweise haben sie beschrieben, was politische Ereignisse bedeuten und was an ihnen wichtig ist. Sie haben vergessen, einfach darzustellen, was an diesem und jenem den Einzelnen betrifft, welche Auswirkungen es auf jeden Bürger hat. Sie haben ihre Rolle als Übersetzer nicht wahrgenommen. Bis heute scheint ein Schreibwettbewerb stattzufinden, wer den abgehobensten politischen Text verfassen kann. Wenn Journalisten belehrend auf dem hohen Ross des Durchblickers sitzen und mit Fremdworten und Schachtelsätzen Vermutungen anstellen, ist das bestenfalls feuilletonistischer Unfug und die tätige Förderung von Politikverdrossenheit.

Hinzu kommt die gesellschaftlich verbreitete Ablehnung der politischen Klasse an sich, weil sie unverständlich, intransparent und/oder selbstsüchtig handelt. Eine Familienministerin etwa, die in der Seifenblase eines virtuellen Biedermeiers lebt und weltferne Gesetze beschließen lässt, hätte eigentlich die Aufgabe, sich mit den Lebensumständen „da draußen" vertraut zu machen und Bedingungen zu schaffen, die sie erleichtern oder vereinfachen.

Es ist verständlich, dass Frauen sich mit so etwas nicht beschäftigen wollen, sie haben wahrlich Besseres zu tun. Allerdings verzichtet diese schweigende Mehrheit dadurch freiwillig auf ihren politischen Einfluss. Mit dem Internet ist eine Ausdrucksmöglichkeit entstanden, die Abhilfe schaffen könnte, aber durch die eingangs beschriebenen Diskussionen im Elfenbeinturm ist eher Abschreckung entstanden.

## Das Netz hat sich verändert

Es gibt viel mehr Frauenblogs als noch vor zwei Jahren, auch solche, die sich mit den Alltagsproblemen von Frauen beschäftigen, und die das in verständlicher und oft amüsanter Form tun. Doch das Kind müsste erst aus dem Brunnen geborgen werden: Die erste Welle der Netzbegeisterung ist vorbei. Damit sind auch viele Frauen wieder verschwunden, die eigentlich Interesse gehabt hätten, sich aber in der damals vorhandenen, männlich dominierten Blogosphäre nicht zurechtfanden oder ihre Bedürfnisse nicht abgebildet sahen. Inzwischen hat sich die Bloglandschaft verändert und konsolidiert. Gründe sind unter anderem das Thema Netzpolitik, von dem sich viele betroffen fühlen, und die immens gestiegene Akzeptanz des Internets als Kommunikationsmittel, die langsam auch in der Politik ankommt. So hat Nessy heute auf ihren offenen Brief ans Familienministerium eine ausführliche Antwort auf ihrem Blog bekommen – vor zwei Jahren noch unvorstellbar.

Das Internet wird nicht mehr als Biotop für Spinner wahrgenommen. Neben der Tatsache, dass es ein riesiger Wirtschaftsfaktor ist (was zu neuen Problemen führt, aber das ist eine andere Baustelle), werden Blogs und soziale Netzwerke mittlerweile auch von Referenten und Mitarbeitern in netzferneren Dienststellen sorgfältig beobachtet. Das sollte nicht unterschätzt werden. Zwar stehen immer noch Netzangst und peinliches Unwissen im öffentlichen Fokus, aber die Einsicht, dass dieses Netz nicht mehr weggeht, ist doch Konsens. Und die Beschäftigten in den Ministerien sind großenteils jung und fit; dass sie keine Entscheidungsbefugnis haben, sagt nichts über ihren internen Wirkungsgrad aus.

Es ist ein großer Fortschritt, dass so unterschiedliche Politikerinnen wie Tabea Rößner (Grüne), Dagmar Wöhrl (CSU) oder Halina Wawzyniak (Die Linke) –

neben vielen anderen – engagiert bloggen und <u>twittern</u>. Dahinter steht auch die Erkenntnis, dass der Rückkanal für die politische Arbeit nur nützlich sein kann. Wer eine twitternde Politikerin anspricht, bekommt fast immer Antwort – Frauen scheinen da weniger Berührungsängste zu haben, denn bei den twitternden Männern sind (sinnvolle) Antworten immer noch die Ausnahme. Diese Präsenz wird weitere Frauen ermutigen, auch ins Netz zu kommen.

## Ins Netz schreiben

Die Debatte über die Unterschiede zwischen Bloggern und Journalisten ist weitgehend durch, unter Frauen hat sie auch kaum stattgefunden. Nach den Ereignissen während des arabischen Frühlings und in Fukushima hat sich die Erkenntnis durchgesetzt, dass Beide sich gegenseitig ganz gut ergänzen. Unter den Jüngeren ist das ohnehin kein Thema mehr. Das Argument, nicht schreiben zu können „wie ein Journalist", ist damit obsolet (wobei sowieso <u>nicht feststeht</u>, dass Journalisten per se *besser* schreiben).

Die Vernetzung hat sehr erfreulich zugenommen. Blogs verlinken sich gezielter. Auf Twitter findet schnelle Verständigung statt, wenn man etwas wissen oder ein Thema publik machen will. Man kennt sich, Neue werden freundlich und hilfsbereit aufgenommen. Retweets sind ein Gebot der Höflichkeit, wenn man weiß, das Thema liegt der Absenderin besonders am Herzen, Rückfragen oder Absprachen sind per DM unkompliziert und schnell möglich. Und natürlich ist es die großartigste Informations- und Gossipquelle, die ich mir denken kann (Facebook kann ich nicht leiden, dafür bin ich auf Google+).

Nun wird nicht Jede, die twittert oder auf Facebook oder G+ unterwegs ist, gleich ein Blog aufmachen. Wichtig ist aber, dass die Bekanntheit der verschiedenen Blogging-Möglichkeiten zugenommen hat. Es ist etwas anderes, beispielsweise auf dem einfach einzurichtenden und zu bedienenden <u>tumblr</u> mit ersten Gehversuchen zu posten, wenn man sowieso schon bei Facebook ist. Damit ist der erste Schritt zum eigenen, „richtigen" Blog getan, und man kann es ja erst mal ausprobieren und nur für den engsten Freundeskreis freigeben. Der auch kommerziell große Erfolg der Koch- und Modeblogs zeigt, dass es jede kann, die schreiben mag und ein Thema hat, mit dem sie sich auskennt.

Es fehlt eine Anlaufstelle, wo Frauen über gelegentliches Kommentieren allmählich ins selbst Schreiben reinrutschen können. Ich bekomme häufig Mails, die ohne Weiteres als Blogartikel taugen würden, die Absenderinnen möchten sie aber durchaus nicht veröffentlichen, nicht einmal in den Kommentaren. Im gestrigen Gespräch mit der Redakteurin vermutete sie, das habe vielleicht mit der Angreifbarkeit zu tun, der man sich damit aussetze. Ich glaube das nicht. Meine These von vor zwei Jahren „Klappern, laut sein!" steht noch, sie enthält aber keineswegs die Forderung, gleich mit dem Klarnamen loszulegen, und laut sein ist auch keine Voraussetzung, um seine Meinung im Netz aufzuschreiben. Die Pseudonymität ermöglicht ja gerade die geschützte Meinungsäußerung; sie ist für viele Bloggerinnen, die ich kenne, der entscheidende Auslöser gewesen, es zu versuchen. Diese Frauen wollen sich nicht verstecken, geschweige denn, irgendwelchen Unrat absondern. Sie schaffen sich dadurch vielmehr einen Freiraum abseits ihres Alltags und die Möglichkeit, eine bestimmte Seite ihres Wesens darzustellen. Das fordert Unterstützung und Anerkennung, denn je mehr Frauen ins Netz schreiben, desto besser werden sie wahrgenommen, desto mehr steigt insgesamt der Einfluss von Frauen.

## Traut euch!

Der Knackpunkt ist nach wie vor die eigene Einstellung, man „verstehe nichts von Politik". Dann beobachtet euch doch mal abends bei den Fernsehnachrichten. Ihr sitzt da bestimmt immer seelenruhig im Sessel, auch, wenn Frau von der Leyen und Herr Rösler einen geschönten Armutsbericht veröffentlichen wollen, nicht wahr? Findet ihr ganz normal, klar, wie auch das Betreuungsgeld, das der alleinerziehenden Sozialhilfeempfängerin nicht im Geringsten hilft, oder? Altersarmut ist natürlich auch nicht euer Bier. Denkt mal drüber nach.

Man muss nicht an hochgestochenen Diskussionen teilnehmen oder die veröffentlichte Meinung teilen, um mitreden oder -schreiben zu können. Es reicht ganz und gar, eine Meinung *zu haben* und genügend Deutsch zu können, um sie so aufzuschreiben, dass andere sie verstehen. Macht ihr doch jeden Tag – ihr unterhaltet euch bei der Arbeit, im Supermarkt, im Kindergarten oder in der Schule, im Bus, mit der Familie und mit Freunden. Und dabei sagt ihr nie etwas „Politisches"? Sorry, ihr seid lausige Schwindlerinnen.

Also: Es hat sich viel getan, das Internet ist keine Nerdecke oder Männerdomäne mehr. Frauen werden ebenso gerne gelesen wie Männer, und aus demselben Grund: Sie haben etwas zu sagen, weil sie über ihre Anliegen nachdenken und ihnen klar wird, dass andere dieselben haben. Es gibt kein Thema, das uninteressant ist. Wer im Netz unterwegs ist, weiß, dass es für die wildesten Hobbies und Interessen irgendwo ein paar Blogs gibt. Macht die Augen auf und sucht eure Nische.

## Nachsatz

Liebe Medien, von euch wünsche ich mir, dass ihr die Unwilligkeit der Politiker ausgleicht, sich mit Alltagsproblemen zu beschäftigen. Dafür seid ihr da: Dem gewöhnlichen Bürger zu erklären, was Sache ist. Nehmt zur Kenntnis, dass die Bevölkerung nicht überwiegend aus Akademikern und Feuilletonlesern besteht. Seht

euch die Sorgen und Nöte der Menschen an und fragt sie, was sie bewegt, beküm-
mert und freut. An frau.tv: Seid bissig. Macht den Frauen klar, dass sie etwas bewegen können – und dass sie sich dafür selbst bewegen müssen.

URL: http://www.carta.info/52381/ vom 19. Dezember 2012

# Finanzblogs: Intellektuelle Elite oder verständliches Massenmedium?

Dirk Elsner

Es gibt mittlerweile eine recht eindrucksvolle Finanz-Blogosphäre – eine gute Ergänzung zu entsprechenden Berichten im Mainstream und in den Fachmedien. Aber ein Massenmedium?

Heute ist die siebte re:publica in Berlin gestartet. Und gleich heute wurde der gut dotierte Finanzblog Award 2013 der comdirect verliehen, ein Preis, der mir im letzten Jahr sehr viel Freude gemacht hat. Bevor es zu dem spannenden Moment kam, gab es eine Podiumsdiskussion, an der Franziska Bluhm, Thomas Knüwer, Ulrich Hegge und ich teilnahmen. Moderiert wurde die Session zum Thema „Finanzblogs: Intellektuelle Elite oder verständliches Massenmedium?" von Jeannine Michaelsen.

## Wer bloggt was?

In meiner Mindmap deutscher Wirtschaftsblogs zähle ich mittlerweile 253 Webseiten, wobei die Übersicht sicher nicht umfassend ist.

Dort findet man ein sehr breites Themenspektrum: Das beginnt bei Anlagehinweisen oder Erklärstücken über die Wirtschaft, geht über tagesaktuelle finanz- und wirtschaftspolitische Ereignisse, und reicht bis hin zu anspruchsvollen Debatten über ökonomische Forschungsberichte.

Viele Blogs tragen dazu bei, die „narrativen Verzerrungen" zu reduzieren, mit denen wir es täglich zu tun haben. Wir Menschen lieben solche Narrative, weil sie uns eine komplizierte Welt einfach machen. Dabei geht es um fehlerhafte und unvollständige Erklärungen etwa aktueller Ereignisse, für die auf die Schnelle Ursa-

D. Elsner (✉)
Bielefeld, Deutschland
E-Mail: dirk.elsner@blicklog.com

C. Kappes et al. (Hrsg.), *Medienwandel kompakt 2011–2013*,
DOI 10.1007/978-3-658-00849-9_37, © Springer Fachmedien Wiesbaden 2014

chenanalysen konstruiert werden. Viele Berichte vermitteln z. B. im Nachhinein genaues Wissen darüber, wieso ein Unternehmen erfolgreich war, oder etwas, z. B. ein Börsencrash, aus ganz bestimmten Gründen genau so passieren musste.

Hier unterliegen wir oft der Illusion, zu glauben, etwas verstanden zu haben, weil Erklärungen so konstruiert sind, dass sie in unseren Wissenshorizont passen. Gerade in der Ökonomie ist das oft nicht so. Blogs können hier gängige Erklärungsklischees in Frage stellen. Das bedeutet aber nicht, dass sie damit automatisch bessere Erklärungen bieten, denn viele Ereignisse lassen sich nicht durch vereinfachte deterministische Zusammenhänge erklären.

Einige Blogs mag man vielleicht einer „intellektuellen Elite" zurechnen, ich mag allerdings den Ausdruck „Elite" nicht. Der Begriff ist mittlerweile zu negativ besetzt (siehe Ist Fairness nur für Muppets (Teil 5)? Elite demontiert sich selbst), und ich setze ihn häufig in Anführungszeichen. Klar ist aber, dass sich viele Blogs eher an ein Spezialistenpublikum richten und gar nicht Massenmedium sein wollen oder können. Wir haben den Luxus, den sich viele auf Reichweite zielende Medien nicht erlauben können: Wir können in die Tiefe bohren, wenn wir dazu Lust haben und das Thema kennen.

Der Anspruch, Massenmedium zu sein, steht auch meist aus ganz pragmatischen Gründen nicht auf der Agenda der Wirtschaftsblogs. Bis auf ganz wenige Ausnahmen werden die Blogs nebenbei betrieben, aus Leidenschaft und weniger aus kommerziellem Interesse. Die meisten Blogger verdienen anderswo ihr Geld. Oft hat dies nichts mit dem Blog oder Journalismus zu tun. Die Blogger können also, selbst wenn sie wollten, nicht so einfach massentauglich werden. Dazu müsste es geeignete Geschäftsmodelle geben, die zwar möglich sind, jedoch Investitions- und Risikobereitschaft voraussetzen.

## Aggregieren reicht nicht

Nimmt man heute das Gesamtuniversum an online – meist sogar frei – verfügbaren Wirtschaftsinformationen aus Presse, Blogs und Wissenschaft, dann gibt es nur wenige noch nicht abgedeckte Themenfelder. Dennoch höre ich immer wieder Klagen über zu wenige Informationen zu bestimmten Themen.

Analysiert man diese Klagen, dann stellt man schnell fest, dass es eher ein Verfügbarkeits- oder Präsentationsproblem gibt (Medienprofis kennen dafür sicher einen Fachbegriff). Es geht darum – und das wäre auch eine Herausforderung für professionelle Anbieter -, zu aktuell angesagten Wirtschaftsthemen die im Web in verschiedensten Tiefen verfügbaren Informationen schnell und gut aufzubereiten und anzureichern. Mit automatischen Newsaggregatoren funktioniert das nicht. Und die klassischen Medien verweisen in Specials meist auf eigenen Content. Hier gibt es in Deutschland eine große Lücke und eine Chance für einen von Fach- und Medienleuten gemachten Aggregator zwischen Blogs und Medien. Beispielhaft kann ich hier nur noch einmal auf die US-Webseite Business-Insider verweisen, die genau das schafft und damit auch noch kommerziell erfolgreich sein soll.

In einem gerade erschienen Interview mit der Börsen-Zeitung (leider kostenpflichtig) habe ich gesagt, dass Deutschland noch nicht so weit ist.

Man guckt sich Neues erst einmal an, möchte wissen, wie Andere Dinge angehen und ob man etwas falsch machen kann. Ich merke allerdings seit zwei Jahren, dass sich bei den Unternehmen – auch im Finanzbereich – eine ganze Menge tut. Da wird die Distanz abgelegt und über neue Medien wie Twitter, Facebook oder auch Blogs der Dialog mit der Öffentlichkeit gesucht. Von der Idee, diese Medien als Verteilungsschiene für PR zu nutzen, ist man inzwischen abgekommen. Viele Unternehmen haben gemerkt, dass klassische PR-Arbeit nicht mehr so gut funktioniert. Es interessiert einfach niemanden, weil es nicht authentisch ist. Unternehmen und auch der Finanzsektor suchen neue Wege, glaubwürdig zu sein.

Trotz dieser Entwicklung besteht die Blogszene vorwiegend aus Einzelkämpfern, die sich zwar gern austauschen, trotzdem aber ihre eigenen Seite hegen und pflegen. Eine tiefere Zusammenarbeit scheitert oft aus Zeitgründen.

Interessant dürfte die Frage sein, ob sich mit dem Start der Huffington Post in Deutschland etwas ändert. Die Webseite ist in den USA sehr erfolgreich und betreibt eben diese Mischung aus „Blog, Nachrichtenseite und Plattform" (taz). Ob das Modell in Deutschland Erfolg haben wird, wird man sehen. Das angebliche Win-Win-Modell erscheint mir freilich sehr einseitig zu sein: Bezahlt wird den Bloggern nichts, sie sollen mit der Popularität, also der Gnade eines Links auf ihre Webseite, bezahlt werden.

Wie auch immer sie aussieht, wir werden eine weitere Professionalisierung der Wirtschaftsblogosphäre erleben. In den USA gibt sind schon länger Ansätze zu beobachten, mit Finanzblogs auch kommerziell erfolgreich zu bestehen. Eine Alternative könnten stiftungsbasierte Angebote sein, wenn sie sich auf die Vermittlung von Wirtschafts- und Finanzwissen konzentrieren.

Was ich abschließend sehr positiv finde, ist, dass Medien und Blogs sich nicht mehr als Konkurrenten sehen, sondern sich zunehmend als Ergänzung verstehen.

Ich möchte hier noch einmal betonen, was ich dazu an anderer Stelle bereits einmal gesagt habe: Wir Blogs brauchen die professionellen Medien.

URL: http://www.carta.info/57933/finanzblogs-intellektuelle-elite-oder-verstand-liches-massenmedium/ vom 6. Mai 2013

# Embedded Blogs

## Wolfgang Michal

Die freien Blogs verlieren nicht nur an Substanz, sie verlieren ihre Funktion. Sie wandern in die großen Medien ab und bilden dort fluffige Anhängsel. Was bleibt, ist ein „Nice to have".

Die *FAZ*-Community zählt momentan 26 Blogs. Bei *Spiegel Online* wechseln sich 7 „Blogger" im Tagesrhythmus ab, als Bonusmaterial gibt's den *Spiegelblog* dazu. *ZEIT Online* führt 21 Blogs, der *Zürcher Tagesanzeiger* 10, die *Welt* 9, das *Handelsblatt* 8, der *Tagesspiegel* 6, die *Süddeutsche* 5, der *stern* 9, *Cicero* 8, das *ZDF* 8, die *Tagesschau* 5. Der *Freitag* unterhält eine ganze Blogger-Community, und die *taz* listet sage und schreibe 61 Blogs in ihrem Sperrbezirk auf.

Das Bloggen hat sich „im Mainstream" durchgesetzt, als Nische und Bonusprogramm. Die Blogs sind zum integralen Bestandteil vieler Zeitungen geworden, sie sind embedded. Das ist – ohne Frage – eine erfreuliche Entwicklung, weil sich die Medien auf diese Weise Kreativität, originelle Handschriften, frische Themen und preiswerte Arbeitskraft ins Haus holen können – und sich so allmählich erneuern.

Andererseits handelt es sich streng genommen bei den meisten Blogs gar nicht mehr um Blogs, sondern um ganz normale Kolumnen. Die kann ein Medium nach eigenem Ermessen ins Blatt holen und auch wieder hinauswerfen – wie es einigen *FAZ*-Bloggern jüngst passiert ist. Die Blogger (bei *Spiegel Online* heißen sie Kolumnisten, weil sie dort prominent platziert sind) bekommen für ihre Beiträge ein Taschengeld und manchmal auch richtige Honorare, aber sie treten dafür die Oberhoheit (also die Letzt-Entscheidung) sowie die Platzierung an das gastgebende Medium ab. Sie sind nicht wirklich frei, sondern so frei, wie freie Mitarbeiter eben sein können. Das wird manchen ganz recht sein – so lange es zu keinem Konflikt mit dem Gastgeber kommt, und so lange sich die Verantwortlichen in den Medien nicht mit ihren „eingekauften" Bloggern langweilen.

W. Michal (✉)
Salzhausen, Deutschland
E-Mail: michal.wolfgang@t-online.de

C. Kappes et al. (Hrsg.), *Medienwandel kompakt 2011–2013*,
DOI 10.1007/978-3-658-00849-9_38, © Springer Fachmedien Wiesbaden 2014

In der freien Blogszene hat diese an sich begrüßenswerte Entwicklung unübersehbar zu einer <u>Auszehrung</u> geführt. Auch zu einer Spaltung. Gute unabhängige Blogs sind rar geworden (aber es gibt sie noch!). Manche flüchten irgendwann unter die Fittiche edler Sponsoren oder dubioser PR-Agenturen und werden dadurch ungenießbar. Es sind jene (so die Häme aus ganz bestimmten Kreisen), die es nicht geschafft haben, zur ersten Garnitur in den Medien zu zählen. Sie bleiben in der Liga der B-Blogs hängen, um weiter auf ihren Ruf zu warten oder ihre Sonderstellung trotzig zu verteidigen. Die Blogszene ist für die Medien heute das geworden, was früher die *taz* war: die Journalistenschule der Nation, der Pool, aus dem sich die großen Medien die Vielversprechendsten herausfischen können.

## Der Vorsprung ist weg

Auch ihren <u>Unique Selling Point</u> (USP) haben die freien Blogs verloren. Dieser USP hieß: Vom Netz verstehen wir einfach mehr! Heute kann man den etablierten Medien nicht mehr vorwerfen, sie würden vom Internet nichts verstehen. Gerade in der netzpolitischen Expertise haben die alten Medien – unter dem Druck der ständigen Kritik aus den Blogs – enorm aufgeholt. Fast alle verfügen heute über einen oder mehrere Redakteure und freie Mitarbeiter, die auf digitale Themen spezialisiert sind; ihre Berichte, Reportagen, Interviews und Kommentare spiegeln auch zuverlässiger, was rund um die Uhr im Netz und in der Netzpolitik passiert. Denn anders als freie Blogger, die nur kommentieren, wenn sie Lust und Zeit dazu haben, arbeiten die Journalisten in den Digital- und Netzwelt-Ressorts unter den Bedingungen eines normalen Berufs. Sie produzieren täglich, und ihr Aufwand wird am Ende des Monats vom Arbeitgeber bezahlt.

## Was also bleibt den freien Blogs übrig?

Alle schnellen Antworten auf diese Frage sind vorhersehbar: Einige werden sagen, dass sie ihr (B)Logbuch völlig unabhängig von den Trends in den Medien schreiben und deshalb gar nicht verstehen können, warum man sich über die geschilderte Entwicklung überhaupt Gedanken macht. Blogs seien nun mal semi-private Tagebücher. Andere werden sagen: So ist der Lauf der Welt. Mit dieser Entwicklung müsse man sich abfinden! Die dritten werden mit dem Kopf nicken, die vierten werden ihn schütteln, die fünften werden den freien Bloggern aufmunternd zurufen: Weitermachen! Und die sechsten werden es an der üblichen Häme nicht fehlen lassen. Alle diese Reaktionen sind unnötig, denn sie wurden im vorliegenden Text bereits eingepreist.

Wer etwas länger darüber nachdenkt, wird die Folgen des „embedded blogism" vielleicht erahnen. Wenn die freien Blogs ihre Funktion verlieren, irrelevant werden oder in den alten Medien unterkommen, dann gibt es dort auch keinen Grund mehr, die Bezahlschranken nicht herunter zu lassen. Wer keine Konkurrenz mehr hat (wie schwach diese im Netz auch gewesen sein mag), kann machen, was er will.

Der einzige Ausweg, die belebende Konkurrenzsituation wieder herzustellen, also gebraucht zu werden, ist eine *inhaltliche Veränderung* der freien Blogs. Sie müssen sich neuen Themen, neuen Präsentations-, Vernetzungs- und Aktionsformen öffnen, um sich wieder einen Vorsprung (und damit den berühmten Mehrwert) zu sichern. Ein paar zarte Entwicklungen gibt es, aber die Aufgabe wird nicht leicht

URL: http://www.carta.info/50363/embedded-blogs/ vom 30. Oktober 2012.

# Mangelnde Ethik: Die Technologiepresse benötigt ein eigenes Watchblog

Martin Weigert

Die Technologieberichterstattung leidet unter ethisch problematischen Arbeitspraktiken und Einflussnahmen der großen Netzfirmen. Ein Watchblog für die Techpresse hätte viel zu tun.

Groß aufgeblasene Produktveranstaltungen der Technologiegiganten wie Facebook, Apple, Microsoft oder Google sind für die Unternehmen nicht nur Gelegenheit, die Programmierergemeinde enger an sich zu binden und ihnen zu zeigen, wie Dienste und Produkte sich für Entwickler nutzbarmachen lassen. Es ist auch jeweils eine riesige Chance, um massive Presseaufmerksamkeit zu erhalten und um Journalisten mit Goodies, Testgeräten und bisher sonst schwer zugänglichen Informationen zu versorgen, in der Hoffnung auf vorteilhafte Berichterstattung und langfristig „fruchtbare" Kontakte.

Die Konzerne selbst sind dabei in der Regel sehr großzügig. Es obliegt den Journalisten, Grenzen zu setzen und als Zähmungs- oder Anbiederungsversuche wahrzunehmende Angebote abzulehnen. Valleywag, ein Art Gossip- und Watch-Blog des Silicon Valley, das kürzlich nach zwei Jahren Pause sein Comeback feierte, machte gerade auf einen interessanten Fall aufmerksam: So stellte Google jedem Besucher der Keynote der diese Woche in San Francisco stattfindenden Entwicklerkonferenz I/O ein Pixel-Chromebook im Wert von $ 1300 zur Verfügung. Das Unternehmen überließ es den Empfängern der Geräte, ob sie diese als Leihgabe für die Zeit der Konferenz nutzen oder als Geschenk mit nach Hause nehmen wollten.

Dass Google das vorrangig aus Entwicklern bestehende Publikum seines Events mit den Werkzeugen zu versorgen versucht, die sie benötigen, um ideale Voraussetzungen für ihre Programmierarbeit rund um Google-Services zu schaffen, ist nachvollziehbar. Doch sollten Berichterstatter, die als Konferenzbesucher ebenfalls

M. Weigert (✉)
Zürich, Schweiz
E-Mail: m-w@pop.ms

C. Kappes et al. (Hrsg.), *Medienwandel kompakt 2011–2013*,
DOI 10.1007/978-3-658-00849-9_39, © Springer Fachmedien Wiesbaden 2014

in den Genuss des Angebots kamen, nicht selbstverständlich darauf verzichten, ein bereits vor Monaten auf dem Markt gelandetes und damit nicht mehr redaktionell relevantes Gerät auf Dauer mit nach Hause zu nehmen? Für mich lautet die Antwort ganz klar „ja". Doch eine Valleywag-Befragung einiger Reporter einschlägiger Techmedien zeigt: Nicht alle Blogger/Journalisten sehen dies so. Einige, wie Steve Kovach von Business Insider und Tim Stevens von Engadget gaben an, das im Falle des zeitweiligen Ausleihens zu unterschreibende Dokument nicht signiert zu haben. Kovach erklärte Valleywag allerdings, es trotzdem zurückgeben zu wollen, während Stevens verlautbaren ließ, das Pixel unter den Lesern verlosen zu wollen. Robert Scoble, der sich kürzlich mit Google Glass unter der Dusche ablichten ließ, verzichtete ebenfalls darauf, den Leihvertrag zu unterschreiben, plant also, das Gerät zu behalten. Bei ihm geht ohnehin niemand von seiner Unabhängigkeit aus.

Zahlreiche andere Reporter haben auf die Anfrage von Valleywag-Chefredakteur Sam Biddle noch nicht geantwortet. Die bisher eingesammelten Reaktionen zeigen, dass lediglich Mike Iscaac von AllThingsD sowie Farhad Manjoo von Slate das Pixel gar nicht erst in die Hand nahmen – in meinen Augen das für Journalisten einzig ethisch korrekte Verhalten. Nochmal zur Erinnerung: Die Reviews zum Pixel selbst gingen schon vor Monaten durch die Presse. Anders als Google Glass, das derzeit wohl jeder Technologie- und IT-Schreiberling liebend gerne einmal ausprobieren würde, gibt es also zumindest für US-Pressevertreter keinen beruflichen Grund, sich auf der Google-Konferenz ein teures Google-Notebook als temporäres Arbeitsgerät anbieten zu lassen. Zumindest dann nicht, wenn sie die Ambition weitgehender Unabhängigkeit hegen. Objektive, kritische Zeilen über das Treiben von Google schreiben sich auf einem mitgebrachten Rechner garantiert leichter als auf einem freundlicherweise von dem Internetkonzern zur Verfügung gestellten Edel-Chromebook.

Das Ereignis zeigt einmal mehr, was bereits seit langem ein großes Problem der im öffentlichen Rampenlicht stehenden Technologiebranche darstellt, und was ich in der Vergangenheit wiederholt moniert habe: die allseitigen Interessenkonflikte derjenigen, die über diesen wirtschaftlich, gesellschaftlich und politisch so wichtigen Sektor berichten. Die Verflechtungen zwischen Journalisten, Bloggern, Gründern, Investoren, Marketing- und PR-Managern sowie Entscheidern der großen Netzkonzerne sind so eng und die Grenzen zwischen einem legitimen, für die Ausübung des Berufs notwendigen Austausch und einer klaren, ethisch fragwürdigen Vorteilsnahme so fließend, dass Grenzüberschreitungen an der Tagesordnung stehen. Hinzu kommt, dass viele der technologieverliebten Pressevertreter ihre Prinzipien leichtfertig über Bord werfen, sobald sie ein exklusives, nagelneues Gadget anstrahlt. Die eigentliche Stärke für ihren Job, nämlich ihre Leidenschaft für Technologie, wird da schnell zum Fluch.

Angesichts des Stellenwertes, den der Technologiejournalismus im digitalen Alltag der Zukunft besitzt, halte ich diese Situation für äußerst bedenklich, denn sie fördert diejenigen, die hinreichend Ressourcen besitzen, um aus kritischen Berichterstattern zahme Lämmchen zu machen. Es bräuchte daher unabhängige Watchblogs für die Techpresse, die uns allen (ja auch netzwertig.com gehört zur Techpresse) bei unserer Arbeit auf die Finger schauen und die bei zu innigen Schmusekursen zwischen Firmen und den über sie berichtenden Journalisten/Bloggern Alarm schlagen. Valleywag ist sicher ein Anfang, befasst sich aber zu sehr damit, sich über den Technologiesektor als Ganzes lustig zu machen. Zudem betreibt das Mutterhaus Gawker selbst Techblogs wie Gizmodo und liefert sich immer wieder Fehden mit konkurrierenden Medien wie beispielsweise TechCrunch, insofern mangelt es Valleywag an Unabhängigkeit und Glaubwürdigkeit, um sich zu einem ernstzunehmenden Watchblog zu entwickeln.

Als ich letztens App.net-Gründer Dalton Caldwell fragte, wieso bei den führenden Techmedien bloggende US-Multiplikatoren wie beispielsweise MG Siegler (der den Begriff Interessenkonflikt völlig neu definiert) nicht oder nur selten über den Twitter-Konkurrenten schreiben, erklärte er mir, dass MG sehr gut mit einem hohen Tier bei Twitter befreundet sei, weshalb aus dieser Richtung wenig zu erwarten ist.

MG Siegler ist kein Journalist, dennoch beschreibt die von Caldwell beschriebene Dynamik sehr gut, in welchem Maße persönliche Netzwerke darüber entscheiden, wer im Internetsektor wann und von wem welche Aufmerksamkeit bekommt. Bisher wird all dies jedoch kaum hinterfragt oder beleuchtet. Es ist an der Zeit, dass sich dies ändert.

URL: http://netzwertig.com/2013/05/17/mangelnde-ethik-die-technologiepresse-benoetigt-ein-eigenes-watchblog/ vom 17. Mai 2013

# The revolution will not be televised – Youtube auf dem Weg zum Nachrichtenmedium?

Leonard Novy

Nichtlinearen Formen der Audiovisualität gehört die Zukunft. Was die neuen Medienrealitäten für etablierte TV-Anbieter bedeuten, ist nicht ausgemacht. Eine US-Studie sieht YouTube auf dem Weg zum Nachrichtenmedium.

Die durch das Internet beförderte Konvergenz individual- und öffentlichkeitsbezogener Kommunikation in Richtung dessen, was Manuel Castells „mass self communication" nannte, verändert Verbreitungsformen und Rezeptionsgewohnheiten, stellt klassische Geschäftsmodelle und Wertschöpfungsmuster in Frage und fordert tradierte Arbeits- und Denkweisen heraus. Soweit, so bekannt.

Untersucht und erörtert werden diese Strukturverschiebungen hauptsächlich am Beispiel der Printmedien, bei denen Auflagenschwund, zurückgehende Anzeigenerlöse und die Schwierigkeit, Reichweite in Erlöse zu überführen, zu den rauf und runter diskutierten Krisensymptomen führten. Dagegen schienen Internet und soziale Medien zwar den Konsum von TV-Nachrichten zu verändern (vor allem im Zuge der Entwicklung des Mobiltelefons zum Konvergenzmedium), etablierte Anbieter aber bislang kaum grundsätzlich herauszufordern. Die Fernsehnutzung blieb auf hohem Niveau, die Gewinne bei RTL-Group, ProSiebenSat.1 und Co auch.

Alles in Ordnung also? Natürlich nicht. Neuen, non-linearen und interaktiven Formen der Audiovisualität gehört die Zukunft (im Falle der jüngeren Zielgruppen bereits die Gegenwart), und was die neuen Medienrealitäten für etablierte Akteure wie ARD, ZDF, RTL und Co. bedeuten, ist nicht ausgemacht. Welch starke Rolle YouTube, mit über vier Milliarden Videoabrufen pro Tag die am dritthäufigsten frequentierte Seite der Welt, bei diesen auch das Nachrichtengeschäft erfassenden Umbrüchen spielt, dokumentiert eine Anfang der Woche veröffentlichte Studie des Pew Research Center for Excellence in Journalism. Ihr zufolge ist YouTube, sieben

L. Novy (✉)
Institut für Medien- und Kommunikationspolitik Berlin, Deutschland
E-Mail: leonard.novy@medienpolitik.eu

C. Kappes et al. (Hrsg.), *Medienwandel kompakt 2011–2013*,
DOI 10.1007/978-3-658-00849-9_40, © Springer Fachmedien Wiesbaden 2014

233

Jahre nach seiner Gründung, drauf und dran, sich zu einer zentralen Nachrichten-plattform zu entwickeln. In fünf der 15 Monate zwischen Januar 2011 und März 2012 bezog sich der häufigste Suchbegriff auf ein Nachrichtenereignis, so Pew. Von den 260 populärsten in diesem Zeitraum in YouTubes „News and Politics"-Rubrik veröffentlichten Nachrichtenvideos, stammten ein Drittel von Einzelnutzern. Dabei entwickle sich eine „komplexe, symbiotische Beziehung zwischen Bürgern und Nachrichtenorganisationen", ein kontinuierlicher „Dialog" im Sinne des modernen Onlinejournalismus. Unter der Ägide von Robert Kyncl und mit Investitionen von rund 100 Mio. $ ist YouTube zudem dabei, die eigenen Kanäle („YouTube Original Channels") mit exklusiven Inhalten prominenter Partner wie des CSI-Produzenten Anthony E. Zuiker auszubauen.

Die Bilanz der hierfür von etablierten Nachrichtenmarken wie The Wall Street Journal oder Reuters betriebenen journalistischen Angebote fällt indes bislang eher bescheiden aus, was darauf schließen lässt, dass es mit der Wahrnehmung von You-Tube als Nachrichtenmedium doch noch nicht so weit her ist. Aber Strukturen und Reichweite sind da, und die Verbreitung internetfähiger TV-Geräte wird in den nächsten Jahren rasant an Fahrt gewinnen…

URL: http://www.carta.info/46027/ vom 16. Juli 2012

# Von Smartphone zum Smart TV

## Fernsehen wie es leibt und lebt mit anderen Mitteln

Kay Meseberg

Es ist sonnenklar: Die Zukunft des Mediengewerbes liegt im Internet beziehungsweise seinem knuffigen, leichter kontrollierbarem Pendant Web. Das Problem ist nur, dass heutzutage niemand so richtig weiß, wie man mit diesem Nachrichten-Transporteur und -speicher Internet umgeht. Einfach nur die ohnehin vorhandenen analogen Inhalte ins Netz schütten hat über Jahre leidlich funktioniert. Heute – seit 20 Jahren wird das Internet von einer immer breiter werdenden Öffentlichkeit genutzt – reicht das nicht mehr.

Die immer größer werdende Akzeptanz und Bedeutung des Netzes, der Computer und ihrer aller Programme führt zu einem sich ständig verstärkenden Einfluss auf immer mehr Lebensbereiche. Heute geht nichts mehr ohne Netz und Rechner: Kein Geld von der Bank, kein Auto springt an, kein Strom fließt, kein Regal im Supermarkt wird ohne Computer voll, keine Nachricht geht um die Welt. Folglich vergleichen immer mehr Theoretiker und auch Praktiker die Auswirkungen dieser „Stillen Revolution" (Bunz 2012) mit der Industriellen Revolution. Die Bedeutung für die Publizistik gar mit der Erfindung des Buchdrucks, wie der New Yorker Journalistik-Professor Jeff Jarvis (vgl. Jarvis 2009). Zu beiden Vergleichen passt, dass die Auswirkungen dieses Wandels hin zu einer Epoche nicht absehbar waren und heute eben so wenig sind.

Mit der zunehmenden Bedeutung des Netzes an sich und der rasant wachsenden Verbreitung von anderen, wie auch immer gearteten Ausspielmöglichkeiten vom Smartphone bis zum Smart TV stellt sich die Frage, wie die Inhalte aussehen, die man mit Hilfe dieser Vielzahl von Geräten sehen kann. Gerade bei Bewegtbild- bzw. Video-Inhalten ändert sich hier mehr, als manchen Machern lieb zu sein scheint. Sicher aber ist, dass die Zeit der linear erzählten und für Menschen in der

K. Meseberg (✉)
Straßburg, Frankreich
E-Mail: kay.meseberg@arte.tv

C. Kappes et al. (Hrsg.), *Medienwandel kompakt 2011–2013*,
DOI 10.1007/978-3-658-00849-9_41, © Springer Fachmedien Wiesbaden 2014

gleichen Nutzungssituation gedachten und produzierten Inhalte ausläuft. Denn allen neuen Geräten ist gemein, dass auf ihnen Fernsehen nicht mehr als lineares Programm abspielt wird, sondern nur noch eine App, ein winziges Programm. Und diese App schlummert neben vielen anderen Programmen und Funktionen auf den Geräten, bis man sie in Gang setzt.

## Wo haben Sie gestern Nachrichten konsumiert?

Media Control veröffentlichte am 22.10.2012 einen Vergleich der Fernsehquoten der Hauptnachrichtensendungen von heute zu den Quoten von vor 20 Jahren, also genau der Zeitraum, seit dem das Internet die Allgemeinheit begleitet. *Tagesschau, heute, RTL aktuell* und *Sat.1-Nachrichten* verlieren in diesem Vergleich seit Jahren konstant Zuschauer. *Tagesschau* und *heute* erleben demnach 2012 sogar einen neuen Tiefpunkt und haben in diesem Jahr so wenige Zuschauer wie nie. Erstmals wurde die Tagesschau im Schnitt von weniger als fünf Millionen Zuschauern gesehen, bei einem Marktanteil von 18 %. 1992 schauten noch 8,33 Mio. bei einem Marktanteil von 33,2 %. Diese Zahlen sollen zeigen, wie sehr seit zwei Jahrzehnten Zuschauer den Fernsehnachrichten fern bleiben. Zufall oder ist daran auch das Internet schuld? Die ARD widersprach der Studie und verwies darauf, dass die Tagesschau inzwischen über viele andere, klassische TV-Sender wie die dritten Programme, 3sat, Phoenix oder den Digitalkanal tagesschau24 gesehen werde und so die Zuschauerschaft in den vergangenen 20 Jahren weitgehend stabil sei. ZDF-Chefredakteur Peter Frey aber räumt ein: „der Markt und die Verbreitungsplattformen ändern sich" (vgl. Meedia 2012).

Eine weitere sehr aktuelle Studie (vgl. People Press 2012) zeigt recht deutlich, wie sich in den letzten gut 20 Jahren in den USA der Nachrichtenkonsum geändert hat. Auf die Frage: Wo haben Sie gestern Nachrichten konsumiert? antworten die Probanden in dreierlei Arten von Kurven: Seit 1991 weniger und weniger *in der Zeitung* oder *im Radio*. Seitdem auch weniger, aber nicht ganz so krass *im Fernsehen*. Seit 2006 eine steil ansteigende Kurve für „Online oder Mobil". Die Ende September 2012 erschienene Studie geht noch einen Schritt weiter und prognostiziert gerade dem Fernsehen schwierige Zeiten. Denn dieses Medium habe noch nicht erlebt, was Musik- und Print-Industrie und andere aufgrund des Medienwandels hin zum Internet durchgemacht hätten und durchstehen würden: So dürfe das Fernsehen „seinen Halt in der kommenden Generation der Nachrichten-Konsumenten verlieren", urteilen die Autoren (vgl. People Press 2012).

## Dramatischer Wandel

Begründet wird diese Aussage nicht nur mit dem erheblichen Anstieg des Nachrichtenkonsums im Netz, sondern auch mit dem noch erheblicheren Wachstum beim Nachrichtenkonsum über so genannte soziale Netzwerke: seit 2010 von neun auf 19 %. Dramatischer noch der Wandel bei den unter 30-Jährigen: Dort wurden Nachrichten zu fast gleichen Teilen (33 bzw. 34 %) über soziale Netzwerke bzw. TV konsumiert, nur noch 13 % über digitale oder analoge Zeitungen. Und: Während 2006 noch 49 % der 18- bis 29-Jährigen Nachrichten über den Fernseher konsumiert haben, sind es 2012 nur noch 34 % – also 15 % weniger junge Zuschauer. Wenn man angesichts dieser Zahlen den Netzwerk- Effekt und die zunehmende Verbreitung der neuartigen Endgeräte mitdenkt, die non-linearen Fernsehkonsum ermöglichen, muss von einer Beschleunigung dieser Entwicklung ausgegangen werden (vgl. iProspect 2012).

Der Blick auf den Werbemarkt in den USA gibt da einen Vorgeschmack. Hier liegt Online mit 38 % inzwischen auf Augenhöhe mit TV bei 42 % Marktanteil. Print wurde zwischen 2006 und 2011 geradezu „zerquetscht", beschreibt das Branchenportal businessinsider.com die Entwicklung (vgl. Businessinsider 2012). Natürlich kann man einwenden: Hier ist nicht Amerika. Jedoch ist auch hierzulande Google der Platzhirsch im Suchmaschinenmarkt, ist Facebook der Bestimmende bei den sozialen Netzwerken, ist Twitter die kleine freche Diskursmaschine jenseits der etablierten Medien. Außerdem sind die mobilen Geräte von Apple oder Geräte mit Google-Betriebssystem marktführend. Europäische Versuche haben es in den vergangenen zwanzig Jahren nie vermocht, daran nennenswert etwas zu ändern. Das eigenständige französische System Minitel wurde in diesem Jahr endgültig eingestellt (vgl. FAZ 2012).

## Zuschauer mit Wischrechnern

Es ist also nur eine Frage der Zeit, bis hierzulande Entwicklungen eintreten, die für die USA bereits festgestellt werden. Bereits jetzt wird Fernsehen anders konsumiert. Wer sich beispielsweise zur Zeit eines laufenden Fußballspiels, der *heute show* im ZDF oder einer Tatort-Folge bei Twitter umschaut, trifft dort auf ein Heer von Kommentatoren des Gesehenen. Dort wird munter über die kleinsten Details diskutiert und jede Szene auseinander gepflückt. Gleichzeitig lodert dieses neue Fernsehlagerfeuer viel länger als nur zur Sendezeit im linearen TV. Weitere Tweets treffen ein, wenn die Sendungen in den Mediatheken abgerufen werden.

Der Grund für diese Entwicklung: Viele „Zuschauer" nutzen ihre Laptops oder Wischrechner wie Smartphones oder Tablets regelmäßig als zweiten Bildschirm – second Screen. Daraus ergibt sich eine „neue Nutzungssituation" (vgl. ARD/ ZDF-Onlinestudie 2012). ZDF-Intendant Thomas Bellut hat für seinen Sender den Wischrechner-Effekt bereits gespürt: „Tablets und Smartphones haben für eine deutliche Zunahme bei der zeitversetzten Nutzung von Fernsehsendungen gesorgt. Dies bestätigt unsere Anstrengungen bei der konsequenten Weiterentwicklung der ZDF-Mediathek, die signifikante Reichweitenzuwächse verzeichnet." (vgl. ARD/ ZDF-Onlinestudie 2012).

Hierzulande ist die Nutzung mobiler Geräte in den letzten drei Jahren rasant gewachsen. 23 % der Deutschen sind inzwischen mobil online (vgl. ARD/ZDF-Onlinestudie 2012) – eine Verdopplung seit 2009. Die ARZ/ZDF-Onlinestudie stellt auch fest, dass 13 % der Fernsehzuschauer den mobilen Rechner – ob Laptop oder Wischrechner – als zweiten Bildschirm nutzen und so parallel zum Fernsehprogramm Zeit im Internet verbringen. Neben den Diskussionen bei Twitter und Co nutzen die in dieser Hinsicht „Doppel- Zuschauer" auch das Netz, um Informationen zu vertiefen oder angeregt von Programm oder Werbung zu shoppen (vgl. EMNID 2011). Inwiefern bei diesen Fernsehkonsumenten dann noch von

„Zuschauern" gesprochen werden kann, ist eine der Fragen, die sich ob dieser geänderten Nutzungssituationen stellt.

## Neuauflage mit App

In Form des Second Screens sind Geräte und Netzwerke Teil der Medienmaschine geworden. Und die Programmmacher reagieren bei den bereits im Programm befindlichen Marken. So bietet die Neuauflage der klassischsten aller Samstagabend-Shows des deutschen Fernsehens, der größten Fernsehshow Europas (so die Eigenwerbung) „Wetten, dass, …?" für den Relaunch der Sendung nicht nur einen neuen Moderator und ein neues Studio auf, sondern auch eine eigene App, die dem geändert Nutzungsverhalten Rechnung tragen soll (vgl. ZDF 2012).

An der grundlegenden Show-Konstellation, jemand steht vor einer Kamera, spricht in diese hinein und eine Zuschauerschaft schaut dabei zu, ändert sich für die Show zunächst weniger. Jedoch ist das Zuschauen heute gänzlich anders als vor 30 Jahren. Denn die technischen Geräte mit Netzzugang sind nicht nur das Spielzeug für die bei dramaturgischen Längen nervös trommelnden Finger, die sonst auf der Fernbedienung das sogenannte Zappen – sie erinnern sich vielleicht noch – betrieben haben. Nein, diese Geräte sind Sender und Empfänger in einem und in null Komma nichts zur Hand. Sie sind so groß wie eine Fernbedienung, können aber statt nur ein lineares Programm zu wechseln, sogar ein eigenes Programm liefern. Eigene Programm-Streams vom Smartphone sind technisch gesehen ebenso wenig ein Problem wie die sofortige Betrachtung, Beurteilung und Empfehlung von Inhalten.

## Sender und Empfänger

Bereits heute verzeichnet das ZDF in seiner Mediathek Zugriffe von acht bis zehn Prozent durch mobile Geräte. Das entspricht Zugriffszahlen, die in den fünfstelligen Bereich gehen, ist aber wohl erst ein Vorgeschmack der rasanten Entwicklung auf dem mobilen Markt. Denn der Run auf die mobilen Geräte und die Schwäche der traditionellen Medien (Businessinsider 2012) hat weitreichende Folgen und erschüttert selbst in die Jahre gekommene Riesen der eigenen IT-Branche. Bei Microsoft und Google bedrohen die Wachstumsraten des mobilen Webs das Kerngeschäft (vgl. Guardian 2012). Die Geräte funktionieren mit ihren Apps nach anderen Prinzipien als beispielsweise ein Desktop-Rechner. Apps sind nicht durchsuchbar. Folglich kann dort nicht neben Suchergebnissen Werbung platziert werden – Googles Kerngeschäft. Für ein iPhone braucht man kein Windows-Betriebssystem und kein Office-Paket. Hier geht Microsoft leer aus.

## Nutzung flüchtiger

Was bedeutet all das für Medienmacher? In den Geräten treffen sich alle bisher vorhandenen Mediengattungen, laufen dort in Form von Hinweisen über soziale Netzwerke oder Email ein, können sofort betrachtet, bewertet, kommentiert, zitiert, verarbeitet und weiterempfohlen werden. Unter viel Schweiß entstandene Sätze werden flink überflogen. Bei Signalwörtern bleiben die Leser hängen. Egal ob Video, Text, Audio, Foto, Grafik – alles muss möglichst schnell auf den Punkt kommen.

Warum? Die Nutzung ist flüchtiger. Man kann jederzeit eine Fernsehsendung sehen, in einem Buch lesen, ein Magazin durchblättern, sich in ein Spiel vertiefen, selbst schöpferisch tätig werden, einfach nur kommunizieren oder sich bei einem davon stören lassen, weil hier eine Statusmeldung aufpoppt, dort ein Tweet retweetet wird oder die Mutter anruft. Den Nutzer aber wirklich zu begeistern und vor allem lange für seine Inhalte zu interessieren, ist angesichts der Fülle des Angebots ungleich schwieriger.

Ein weiteres Problem ist die Adaption. Beim Angebot von TV-Sendungen, Zeitungen, Magazinen oder Bücher sind noch längst nicht die Möglichkeiten ausgeschöpft, was Präsentation, Aufbereitung aber auch das Geschichten erzählen an sich angeht. Die technischen Möglichkeiten so zu nutzen, dass der Konsument einerseits ein neues Erlebnis mit Informationen verspürt und andererseits die Möglichkeiten der Technik so ausgereizt werden, dass es Sinn macht, ist die Aufgabe, vor der viele Medienmacher stehen und die gerade bei der Kopplung an Erlösmodelle zu Kopfzerbrechen führt.

## Konkurrenz der Medien

Beispiel: Ein Artikel in der Spiegel-eReader-App für das iPhone liest sich einfach anders als im gedruckten Heft. Während das Blättern im frischgedruckten Heft schwarze Finger macht, ist man im eReader ständig drauf und dran, auf die mitgelieferten Videos zu klicken, die im Lieferumfang enthalten sind und das elektronische Heft aufwerten sollen. Weiterhin sieht man mehr Fotos und Infografiken. Aus dem Heft wird eine Art Daumen-Magazin der neuen Art, hat aber noch nicht seine Form gefunden.

Und nicht nur das, es entsteht sogar die folgende Situation: Ein Autor hat einen Text über die Dreharbeiten für einen Krimi in Afghanistan geschrieben. Die Fotografin, mit der er dort war, hat nicht nur fotografiert, sondern dank der Technik ihrer 5D-Kamera und ihres Zoom-Rekorders auch noch Videos und Interviews aufgenommen und daraus einen Film geschnitten, der nun in direkter Konkurrenz zum Text steht. Was der Text in Worten beschreibt, sieht der Betrachter im Video. Eine Situation, die es im ehrwürdig gedruckten Heft nie gab, die jetzt aber die bekannte Medienwelt auf den Kopf stellt.

Der Leser entscheidet, ob er Leser oder Zuschauer wird, ob er lieber liest oder doch das Video anschaut. Darin sieht der zukünftig für die Entwicklung des iPad-Spiegel zuständige Redakteur Cordt Schnibben im Medium Magazin eine neue Chance für den Journalismus. Dank der Technik können Geschichten mehrdimensional erzählt werden: „Das können 360-Grad-Bilder sein, Hintergründe zur Entstehung der Reportage und Videofilme, die wie ein Kino-Trailer ins Geschehne ziehen". Den Journalismus auf den über Fingerberührungen gesteuerten Rechner versteht Schnibben als „Mischung aus Journalismus, multimedialem Arbeiten und Themenmarketing" (vgl. Schnibben 2012). Damit spricht er an, dass über die Geräte und ihrer Software nicht nur veröffentlicht sondern auch verbreitet wird. Das Netz macht es möglich.

## In Konkurrenz zu allen Fernsehprogrammen der Welt

Konkurrenz bezieht sich aber nicht nur auf eigene Inhalte untereinander. Vielmehr ist es so, dass dank der Internetverbindung ein Zugang zu einem unerschöpflichen Strom aus Inhalten besteht. Die Vielzahl der Bewegtbild-Angebote auf diesen kleinen, handlichen Geräten übersteigt heute deutlich das, was selbst zu Hochzeiten des Kabel- und Satelliten-TV-Booms in den Programm-Portfolios üblich war. Wenn Youtube beschließt, 60 Spartenkanäle zu starten (vgl. Heise1 2012), sind die auch auf den mobilen Geräten abrufbar und stehen dort in direkter Konkurrenz zu allen abrufbaren Fernsehprogrammen der Welt – trotz aller Beteuerungen des Suchmaschinen-Giganten ist es faktisch für den Nutzer so.

Für das klassische Fernsehen eine wahnsinnige Herausforderung: Plötzlich muss Programm nicht nur auf Bildschirmen zwischen wenigen Zentimetern und über einem Meter Diagonale Sinn machen. Sondern auch beim Warten auf Bus und Bahn, als auch auf der heimischen Couch funktionieren. Statt wegzappen und wenigstens dem Medium treu zu bleiben, landen die Nutzer gleich bei komplett anderen Angeboten, unterhalten sich, telefonieren, lesen dann doch lieber ein Buch oder stöbern in den Video-Archiven der Welt danach, wie Fernsehen früher so aussah, bevor es zu einer App, einer Fan-Page bei Facebook oder einem Twitter-Account wurde. Das Verschwinden der alten Fernsehwelt und ihrer altbekannten Geräte ist nur eine Frage der Zeit, wie es Professor Nir Tessler von der Technion University in Israel für die nächsten 20 Jahre prognostiziert (vgl. Lost Remote 2012).

## Flüchtiger Konsum

Spannend ist auch, was bei der Erhebung dieses neuen und eher flüchtigen Konsums gemessen wird und was bisher in den allgemein zugänglichen Fernsehquoten nicht vorkam. Wenn beispielsweise die Filme des diesjährigen Grimme-Online-Award-Gewinners berlinfolgen.de (vgl. berlinfolgen 2012) – einer am Ende aus 100 Folgen bestehenden Serie von Foto-Video-Portraits von Berlinern – zu 30 bis 40 % bis zum Schluss gesehen werden, gilt das als ein großer Erfolg. Die Raten bei anderen Online-Videos sind oft viel geringer. Beim klassischen Fernsehen hat man einst gemunkelt, das der Gang in die Küche ja nicht von der Quote abgezogen wird oder beim Einschlafen vor der Glotze der Quotenmesser munter weiter registriert, als ob da niemand schnarchen würde.

Diese Zeiten sind vorbei. Jetzt kann Software diese Zahlen liefern, die einige Programmverantwortlichen irritieren werden. Denn Verweildauer oder Visits haben so gar nichts mehr mit der alltäglichen, in vielen TV-Redaktionen ritualisierten Betrachtung des aufgeteilten Quotenkuchens zu tun. Im Netz wird in Echtzeit abgebildet, was wie auf den Seiten abgerufen, kommentiert und empfohlen wird. Überdies ist bei der Zählung der mobilen Nutzung noch weitaus mehr analysierbar und machbar als bisher. Denn diese Geräte sind immer mit dabei.

## Mehr TV?

Es klingt beruhigend in der ARD/ZDF-Onlinestudie. Die hat herausgefunden, dass im Netz die Nachfrage nach Fernsehinhalten steigt (vgl. ARD/ZDF-Onlinestudie 2012). Aber was ist Fernsehen unter den dargelegten Umständen? Was bedeuten die genannten Punkte und Probleme für das Fernsehmachen? Fakt ist, noch nie war das produzieren und veröffentlichen von Bewegtbild-Inhalten so leicht wie heute. Kamera-App an, Aufnahme, dann direkt bei Youtube laden – fertig. So kann heute jeder – technisch gesehen – Bewegtbild produzieren, das sogar das Label HD trägt – nicht nur die Kollegen von BBC, MDR, Deutscher Welle oder wie bei Toll! bzw. Frontal21 im ZDF. Bei journalistischen Skills, wenn es darum geht, Geschichten zu erzählen, besondere Aufnahmen zu machen, wird aber weiterhin schnell klar werden, wer das beruflich macht und wer nur als ambitioniertes Hobby.

Dennoch ist ein Einlassen auf die Bewegtbild-Medien-Welt von Smartphone bis Smart TV, deren Kopplung an eine Netzwerk-gestützte Verbreitung und eben kein lineares Senden zwingend notwendig. Erste, erfolgreiche Schritte sind dabei auch schon gemacht. Wenn ZDF-Journalisten über Twitter direkt und live unter @reporterZDF von aktuellen Geschehnissen berichten, hat das einen Live-Charakter, der einem einem „Live vor der Kamera ins Mikrofon sprechen" im TV in nichts nachsteht und sogar einen viel unmittelbareren Eindruck vermittelt, da für die 140-Zeichen-„Sendung" ein Daumen reicht. Also Fernsehen wie es leibt und lebt, nur mit anderen Mitteln.

## Wie das mal besser werden kann

Wo die Branche noch am Anfang steht, geht es ganz klar um die Aufbereitung der audiovisuellen Inhalte in zeitgemäßem Gewand, in einer Ästhetik und einer Erzählweise, die den Nutzer dort abholt, wo er sich gerade etwas anschaut. Hier Gedanken dazu, wie das mal besser werden kann.

Bisher ist es so, dass in den meisten Medien eine Produktion zu einem bestimmten Sende- oder Veröffentlichungsdatum hin erstellt wird – egal, ob ein Bericht in einer Nachrichtensendung, eine Dokumentation oder die große Samstag-Abend-Show. Im Netz aber wird 24/7 gesendet. Folglich muss man im Netz auch anders an die Veröffentlichung herangehen.

## Sechs Punkte für eine zeitgemäße Produktion

1. Probieren, Zuschauerschaft aufbauen: Das Netz gibt einem Sender oder Produzenten neben der Verbreitung die Möglichkeit, niedrigschwellig zu produzieren, eine Idee mit geringem Aufwand auszuprobieren. Warum also nicht mit kleinen Filmen anfangen und dann peu á peu draufsatteln, unter Einbeziehung der Zuschauer und Nutzer der im Netz gesehenen

2. Inhalte. Hier lassen sich nicht nur Bewertungen und Beurteilungen der Filme herausfiltern, sondern auch Zuschauer für die kommenden Filme finden, die wiederum über Netzwerk-Effekte die potentielle Zuschauerschaft und im besten Fall Fangemeinde anwachsen lassen. Die Follower der Follower und die Freunde der Freunde werden zum Publikum, das die jeweils neuesten Programmteile in die Timeline oder Chronik gespült bekommt.

3. Der Segen der Serie: Die serielle Produktion unter einem bestimmten Label – egal ob der *Elektrische Reporter*, *berlinfolgen*, bei Youtube *Coldmirror* und dort ganz aktuell *Ponk* – ist Grundvoraussetzung für Erfolg im Netz. Nur ein Video zu zeigen, ist wahnsinnig riskant und kann schnell zum Misserfolg geraten. Bei einer Serie hingegen fällt ein Misserfolg weniger ins Gewicht. Und noch viel wichtiger: Aus den Folgen einer Serie kann man mit Hilfe der Reaktionen der Zuschauer erkennen, was funktioniert und was nicht. Aus der Serie selbst kann wiederum auch etwas völlig neues entstehen, ob das nun eine Rubrik, Dokumentation, Show oder was auch immer ist. Folglich geht es um Geschichten erzählen in Form einer Evolution. Serien oder Sendungen gibt es auch im klassischen Fernsehen – klar. Nur ist im Netz aus dem Kann ein Muss geworden. Ohne Serienhintergrund lohnt es sich gar nicht erst, an den Start zu gehen. Es sei denn, man fabriziert für die Schwiegermama ein hübsches Geburtstagsvideo.

4. Nicht einer sondern viele Kanäle: Wichtig und nicht zu unterschätzen: Die einzelnen Folgen der Serie müssen in verschiedenen Kanälen landen und nicht nur auf einer Plattform. Wiederum das Beispiel *berlinfolgen*: Die Videos werden bei der Video-Community-Plattform vimeo hochgeladen, auf der taz-Homepage und einer eigenen auch mobilen Website eingestellt, dann über verschiedene Accounts sozialer Netzwerke verbreitet. So können die einzelnen Folgen gut gestreut werden. Dieses Prinzip funktioniert beispielsweise bei Buchveröffentlichungen einiger Blogger seit Jahren ähnlich gut – im Blog testen was geht und aus der *Creme* ein Buch drucken lassen. Und die Serie *berlinfolgen* von 2470media und der taz hat gezeigt, dass das auch bei den am Ende 100 Folgen Teil des Erfolgsrezepts ist.

5. Crossmedia: Eine weitere Zutat des berlinfolgen-Erfolgsrezepts ist die von vornherein angedachte crossmediale Auswertung der Inhalte. Die Technik der für die Filme benutzten Kameras gibt es her. Die Bilder und Interviews werden zum Teil auch in der taz-Zeitung gedruckt. Das Zeigen der Filme im TV, die Nutzung

der Interviews für das Radio sind genauso möglich. Und wer weiß, vielleicht wird aus diesen Filmen irgendwann auch noch mehr. Ob das eine besondere App oder ein Kinofilm sein wird, steht aber noch nicht fest.

6. Neue Bilder und neuer Schwung: Eine der größten Herausforderungen sind die Bilder. Die müssen auf großen und kleinen Screens funktionieren, packen, reinziehen, Geschichten verdichten. Fotos leisten hier oft mehr als Video, sind in der Produktion aber mit einem erheblich höheren Zeitaufwand verbunden. Aus den 90er Jahren bekannte schnelle Schnitte wie beim Musikfernsehen können das nicht aufwiegen, denn sie sind bei der Betrachtung mit Internet eher hinderlich und deren Effekt verpufft auf kleinem Screen. Gelungen sind Filme hingegen, wenn Bild und Ton in Schwingungen miteinander treten und sich aus den beiden Medien etwas völlig Neues entwickelt.

7. Authentisch muss es sein – packend erzählen: Authentisches Erzählen ist der wichtigste Aspekt. Im Netz kann man endlos nachschlagen, nachlesen, nachprüfen. Im Netz finden wir Informationen über Menschen. Diese Informationen sind aber selten so gut, dass sie uns sagen, was eine Person ausmacht, wie sie tickt, ob sie wirklich spannend für eine Geschichte ist. Das kann ein Video zeigen, kann ein multimedialer Film liefern. Wenn man es dann noch als Journalist schafft, bei wirklich spannenden, die Person betreffenden Ereignissen dabei zu sein, man sich gekonnt der multimedialen Klaviatur bedient und Informationen geschickt veranschaulicht und in die Story einbettet, dürfte es ein Leichtes sein, packende Geschichten zu erzählen, die, egal auf welchem Screen, gut funktionieren.

URL: http://www.ma-crossmedia.de/downloads/konferenz_2012/Meseberg_Von%20 Smartphone%20bis%20Smart%20TV_Web.pdf, Frühjahr 2012

# Die öffentlich-rechtliche Echokammer unserer Demokratie (und was das Internet damit zu tun hat)

## Jens Best

Die Medienwelt hat sich insgesamt verändert, nur die Öffentlich-Rechtlichen bleiben gleich und schreiben alles wie gehabt fest. Nur teurer. Ist das wirklich die Zukunft?

Der WDR-Chefredakteur Jörg Schönenborn hat vor ein paar Tagen im Blog der ARD seine Überzeugung für ein öffentlich-rechtliches Rundfunksystem dargelegt. Er fand viele passende Worte, aber in den Ohren des digital-enhanced Mob blieben vor allem hängen: „Demokratieabgabe", und seine deutliche Reaktion auf das Wort „UnGEZiefer". Das sollte nicht so bleiben.

Diejenigen, die den digitalen Wandel beobachten, kennen das Argument, dass die etablierte Existenz einer Medienform ein Garant für die Demokratie sei. Viele haben dieses im Kampf um das Leistungsschutzrecht von den Verlegern eingesetzte Argument zerlegt, stellvertretend seien hier Stefan Niggemeier und Wolfgang Blau genannt. Und es war richtig, dies zu tun. Es ist die Aufgabe derjenigen, die disruptiven Medienwandel konstruktiv begleiten und betreiben, den Altvorderen dies genauso vorzuwerfen und zu widerlegen.

Dennoch kann Verständnis aufkommen, wenn realisiert wird, dass viele Bürger den öffentlich-rechtlichen Rundfunk über all die Jahrzehnte durchaus als wichtiges Element der Entwicklung der deutschen Demokratie erlebt haben. Sei es, weil dort ein Ort für kritische Journalisten, Dokumentarfilmer und Moderatoren zu finden war, sei es, weil die teilweise biederen Programme, die Tag für Tag über Millionen Bildschirme in ebenso biedere Wohnzimmer strahlten, denjenigen Antrieb gaben, Widerstand dagegen zu entwickeln und es anders zu machen. Internet-erfahrene Kritiker am öffentlich-rechtlichen System sollten nie so arrogant sein, diese historische Bedeutung in der prä-digitalen Epoche zu ignorieren.

J. Best (✉)
Wiesbaden, Deutschland
E-Mail: best.jens@gmail.com

C. Kappes et al. (Hrsg.), *Medienwandel kompakt 2011–2013*,
DOI 10.1007/978-3-658-00849-9_42, © Springer Fachmedien Wiesbaden 2014

## Das Ende der Betäubung

Das öffentlich-rechtliche Programm sollte die Gesellschaft nicht nur widerspiegeln, sondern auch anregen. Das ist eine logische Quintessenz aus dem Auftrag für Information, Bildung und Unterhaltung. Es ist eingehend zu prüfen, ob dieser Auftrag noch zeitgemäß wahrgenommen wird.

Die Diskussion, die sich um das Wesen der Tagesschau zu ihrem 60-jährigen Bestehen kürzlich ergab, zeigt, dass es neue oder erneuerte Anspruchshaltungen an das Öffentlich-Rechtliche gibt. Diese sollten sich aber nicht auf eine einzelne Sendung anlässlich ihres Jubiläums beschränken, sondern müssen nachhaltig und konstruktiv entwickelt werden.

Dass die bestehende Struktur, die für diese Weiterentwicklung eigentlich zuständig sein soll, hier versagt, hat Niggemeier mit aktuellen Beispielen in seinem Text „Die Schimäre von der Informationsoffensive" aufgezeigt. Auch der Artikel „Aus der Schaum" (Spiegel 50/12 S. 160–167) zeigt, dass wir an einem Punkt angekommen sind, der ein Nachdenken über und das Gestalten von Neuem auf breiter Basis dringend notwendig macht.

## Wir alle sind Eigentümer ohne Einfluss

Auch wenn wir froh sein können, dass in einigen öffentlich-rechtlichen Nischen noch die prä-neoliberale Kultur der 70er- und 80er-Jahre als *Struktur* erhalten geblieben ist, steht der öffentlich-rechtliche Rundfunk in einer derart radikal gewandelten Öffentlichkeit, dass seine Legitimation als demokratieförderndes Medium ernsthaft neu geprüft werden muss, wie Thierry Chervel uns in seinem lesenswerten Artikel „Sendeschluß" deutlich macht.

Wo sind die respektvollen, aber deutlichen Diskussionsvorschläge für ein alternatives Mediensystem, wie es noch Hanno Beck im alten Carta von Robin vorgeschlagen hat? "1 % der GEZ für Blogger" ist der verkürzte Slogan, hinter dem viel mehr steckt, nämlich die Frage, wie aus den öffentlich-rechtlichen *Anstalten* ein öffentlich-rechtliches *Medium* werden kann, das diesen Namen im 21. Jahrhundert verdient.

Liest man das aktuelle epd-Interview mit dem Publizisten und erfahrenen Medienforscher Lutz Hachmeister, kann man nur zu Weinen anfangen, wenn man versteht, mit welcher politischen Inkonsequenz und Hydra die Medienregulierung versagt. Die „Micky-Maus-Rundfunkpolitik der Bundesländer" und die generelle Weigerung der Politik, sich der Konvergenz der Medien auch mit einer Konvergenz der Medienpolitik zu stellen, ist nicht länger hinnehmbar.

## „Was senden wir eigentlich – und wollen wir das so?"

Diese Frage wurde auf der kürzlich stattgefundenen Klausur der ARD-Chefs und ihrer Programmmacher nicht beantwortet – sie wurde nicht mal richtig gestellt! Wir, die digital aktiven Zuschauer (Zuhörer, Mitmacher, „Prosumenten"), können und sollten allerdings Antworten darauf finden. Konstruktive. Dass Markus Lanz eine leere Plastiktüte ist, über die sich jeden Tag mit Hashtag aufzuregen nichts bringt, hat sich ja langsam rumgesprochen. Was aber jetzt konkret zu tun ist, traut sich irgendwie keiner, mal konzertiert zu eruieren. Dabei haben wir doch so viele schöne Tools, um aus Ideen und Meinungen gemeinsame Konzepte wachsen zu lassen …

Die Programmverantwortlichen ahnen und einige wünschen sich insgeheim auch mehr fundierte und gestalten wollende Kritik, die auf breiter Basis steht. Mit Christian Ulmen, Olli Dittrich, Ashwin Raman und vielen anderen Medienmachern stehen auch bekannte Köpfe bereit, die diesen Aufruf zum Wandel sicher mittragen würden. Auch WDR-Chefredakteur Schönenborn ahnt, dass die Dinge sich ändern müssen, wenn er in seinem Blogpost schreibt:

> Wir werden mehr Rechenschaft ablegen müssen darüber, wie wir mit unserem Geld umgehen. Und wir werden weniger leichtfertig die Information einfach ausfallen lassen können, weil der Sport gerade gute Quoten verspricht.

> Jüngere im Fernsehen für klassische Politik zu interessieren, ist eine Aufgabe, an der wir oft scheitern. […] Ich glaube, das hat vor allem mit unserem Politik-Begriff zu tun […] So gesehen hat die Tagesschau einen ziemlich alten Politikbegriff, den wir überprüfen müssen. Und zwar deshalb, weil uns die Demokratie-Abgabe noch mehr als bisher verpflichtet, politische Berichterstattung für alle zu machen.

## ARD, ZDF und Wer Wir?

Es wird keine einfache Operation, den Patienten ÖRR im laufenden Betrieb von seinen Auswüchsen zu befreien, und gleichzeitig ein geistiges Fitnessprogramm zu initiieren – aber es muss getan werden. Es wäre ein Beweis neuer Zuverlässigkeit für die digitale Schwarmintelligenz, hier einen entscheidenden Beitrag zu liefern. Das billige Gegröle auf Facebook oder Websites wie gez-abschaffen.de oder online-boykott.de, begleitet von der immer bereitwillig dem digitalen Pöbel zur Seite springenden Springer-Presse sollte nicht für die Möglichkeiten stehen, die das Web als Netzwerk der Denkenden zustande bringt.

Wir sollten 2013, das Jahr der Einführung des Rundfunkbeitrags, nutzen, uns als Öffentlichkeit den Diskurs um einen öffentlich-rechtlichen Rundfunk des 21.

Jahrhunderts anzueignen. Es ist nicht nur unser Geld, das dort eingesetzt wird, es ist nicht nur unsere Zeit, die wir bis jetzt damit verbrachten, uns *konsequenzlos* aufzuregen – es ist auch unsere Verantwortung, hier den Strukturwandeleinzufordern und zu gestalten. Ein offenes Web braucht auch offene öffentlich-rechtliche Medienstrukturen – und deswegen will ich Johnny Haeuslers <u>Aufruf</u> zur Rückeroberung des Webs erweitern und sage: Wir müssen uns unsere Medien zurückerobern.

Disclosure: Ich bin Fellow am Institut für Medien- und Kommunikationspolitik, welches vom im Text erwähnten Lutz Hachmeister gegründet wurde und geleitet wird.

URL: http://www.carta.info/52778/ vom 7. Januar 2013

# Massenmedien und Prominente: Die nächste Gatekeeper-Funktion geht verloren

Martin Weigert

Einst waren Prominente von der Sichtbarkeit in den traditionellen Massenmedien abhängig. Jetzt halten Berühmtheiten direkten Kontakt zur Öffentlichkeit – und die einstigen Gatekeeper werden zu Statisten.

Im Zeitalter von User Generated Content, „Bürgerjournalismus" und sozialen Medien verliert die Presse ihre bisherige Gatekeeper-Position. Diese Erkenntnis dürfte mittlerweile auch zu den letzten Verfechtern der alten Welt- und Gesellschaftsordnung durchgedrungen sein. Ob es ihnen – wie Dieter Gorny – gefällt oder nicht. Sicherlich fehlt den Otto-Normal-Verbrauchern das handwerkliche Know-how, um einen nach allen Regeln der journalistischen Kunst angefertigten Artikel zu verfassen. Aber zumindest ihre Rolle als Beobachter, Berichterstatter und Kommentator kann ihnen niemand mehr nehmen.

Ein anderer Punkt, in dem die Massenmedien bisher eine Gatekeeper-Funktion einnahmen, war ihre Rolle als Macher von und Sprachrohr für Prominente. Fernsehen, Radio, Zeitungen und Zeitschriften dienten dazu, die Bevölkerung über die jüngsten Ereignisse und Projekte rund um Stars und Sternchen zu informieren. Abgesehen von einigen wenigen herausragenden Kreativköpfen und Supertalenten, deren Filme, Musikstücke oder sonstigen Meisterwerke sich allein per Mundpropaganda verbreiteten, waren Promis von der Berichterstattung in den Medien abhängig – ohne eine intensive Pressebewachung blieben sie oder wurden sie zu „Nobodys".

Und heute? Sicherlich helfen eine Präsenz zur TV-Primetime oder stetige Schlagzeilen in einschlägigen Klatsch- und Tratsch-Magazinen den Berühmtheiten noch immer dabei, mehr Menschen zu erreichen oder Konzerthallen oder Kinosäle zu füllen. Doch das einstmals existierende Abhängigkeitsverhältnis ist dabei, komplett auf den Kopf gestellt zu werden. Nicht mehr länger sind Prominente unbe-

M. Weigert (✉)
Zürich, Schweiz
E-Mail: m-w@pop.ms

C. Kappes et al. (Hrsg.), *Medienwandel kompakt 2011–2013*,
DOI 10.1007/978-3-658-00849-9_43, © Springer Fachmedien Wiesbaden 2014

dingt von den Massenmedien abhängig, sondern mitunter kehrt sich die Situation um: Sie können über das Web direkt mit der Öffentlichkeit kommunizieren, und die einstigen Gatekeeper werden zu Nacherzählern degradiert.

## Lance Armstrong twittert – Leitmedien berichten

Eindrucksvoll zeigt dies ein kurzer dpa-Bericht, der am Sonntag in redaktionell nachbearbeiteter Form bei diversen Leitmedien wie Spiegel Online oder Focus Online publiziert wurde. Darin geht es um ein per Twitter vom wegen Doping lebenslang gesperrten Radprofi Lance Armstrong veröffentlichtes Foto, das ihn entspannt auf seinem heimischen Sofa zeigt, während im Hintergrund sieben eingerahmte Gelbe Trikots an der Wand hängen – eine Provokation, bedenkt man, dass Armstrong alle sieben Siege der Tour de France aberkannt wurden.

Der Beitrag bei Focus Online beschränkt sich auf einen Hinweis zu dem immerhin verlinkten Foto sowie einer kurzen Zusammenfassung von Armstrongs Dopingskandal. Spiegel Online liefert dagegen Lesern noch eine kleine Auswahl an Twitter-Reaktionen auf den Tweet. Eines haben beide Texte gemeinsam: Sie enthalten zwar einige Links zu früheren Armstrong-Geschichten der jeweiligen Nachrichtenseite, aber verzichten gänzlich darauf, zu Armstrongs Twitter-Konto oder besagtem Tweet zu verlinken. In Anbetracht der Tatsache, dass die Beiträge eindeutig vor der Veröffentlichung durch die Redaktionen bearbeitet wurden, muss man von einem bewussten Weglassen der Verweise zu Twitter ausgehen. Oder von komplett für ihre Arbeit ungeeigneten Redakteuren.

Deutlicher kann der Verlust der Gatekeeper-Rolle der führenden Medienangebote sowie ihre Furcht und daraus resultierende Haltung vor selbigem kaum werden: Früher hätte Armstrong irgendeinem bekannten Nachrichtenangebot ein Exklusivinterview gegeben und sich dafür auf seiner Couch fotografieren lassen. Heute nimmt er das einfach selbst in die Hand und überlässt seinen 3,8 Mio. Follower die weitere Verbreitung des Schnappschusses. Die Medien werden zu Statisten, die sich dazu gezwungen fühlen, den Vorfall nachzuerzählen. Indem sie die Links zu dem Tweet weglassen, generieren sie künstlich den Anschein journalistischer Arbeit – denn so entsteht für die Mehrheit der Leser – die nicht genau mit der Funktionsweise von Twitter vertraut ist – der Eindruck, die Schilderung aus einem Tweet sei eine besondere redaktionelle Leistung, die nur Profis können.

Dass Nachrichtenportale, Radiostationen oder auch TV-Sender das nacherzählen, was bei Twitter oder Facebook von Stars, Politikern oder „normalen" Nutzern an Meinungen und Informationen verbreitet wird, ist mittlerweile gang und gäbe. Je nach Situation kann es auch durchaus einen Informations- oder Unterhaltungswert für Leser haben, die den jeweiligen Personen nicht in sozialen Medien folgen. Doch es zeigt, dass der Bedeutungsverlust der Massenmedien in diesem Themenfeld unaufhaltsam ist – und setzt voraus, dass die berichtenden Websites ihrem Auftrag des Service für den Lesern folgen und die notwendigen Links setzen. Von der von Twitter selbst angebotenen Einbettung von Tweets oder einer Storify-Sammlung ganz zu schweigen.

## „Prominente gratulieren Obama"

Vom Status einer Selbstverständlichkeit sind derartige Maßnahmen aber noch weit entfernt. Stattdessen werden Promi-Tweets als Gelegenheit für Bildergalerien genutzt – so wie im FAZ-Artikel „Prominente gratulieren Obama". Die meisten der dort in einer zehnteiligen Fotostrecke zitierten Glückwünsche zur Wiederwahl des US-Präsidenten stammen von Twitter. Links dorthin sucht man natürlich vergeblich.

Es gibt unzählige Bereiche, in denen nur der Profi-Journalismus die vorhandene Nachfrage nach Informationen, Hintergründen und Zusammenhängen befriedigen kann. In allen anderen Segmenten wäre es wünschenswert, wenn Medien damit aufhören, den Eindruck von Exklusivität zu wahren, wo keine ist. Wenn das Erreichen der angestrebten Zahl monatlicher Seitenaufrufe die Wiedergabe von Inhalten aus sozialen Medien erforderlich macht oder Leser dies einfordern, dann soll dies so sein. Aber dann muss man mindestens erwarten können, Zugang zu den Tweets zu erhalten.

Mittelfristig ist davon auszugehen, dass diese Art des Fast-Food-Nacherzähl-Journalismus gänzlich verschwindet. Oder dass er von Maschinen übernommen wird. Menschliche journalistische Kompetenz ist an anderer Stelle deutlich besser investiert.

URL: http://netzwertig.com/2012/11/12/massenmedien-und-prominente-die-naechste-gatekeeper-funktion-geht-verloren/ vom 12. November 2012

# Die letzte Praktikantin der FTD

## Franziska Broich

Bis Ende Oktober hospitierte Franziska Broich aus der 50B in der Politikredaktion der Financial Times Deutschland (FTD) in Berlin. <u>Jetzt wird die Zeitung eingestellt</u>. Ein Praktikum ohne Happy End.

An meinem letzten Abend in Berlin Ende Oktober saß ich mit Redakteuren aus der Politikredaktion FTD zusammen bei Hummus-Aufstrich, Oliven, Baguette und anderen Köstlichkeiten aus dem Nahen Osten. Es wurde gelacht, gequatscht und gespeist – doch ein Thema dominierte den Abend: Wie geht es weiter mit der FTD? Die Redakteure wussten es zu diesem Zeitpunkt selbst noch nicht.

Drei Monate lang hatte ich im Politikressort der FTD in Berlin Nachrichten ausgewählt, Geschichten recherchiert und geschrieben. Viel gelernt über Teaser, Textaufbau und Tempo einer Tageszeitung. Es war eine schöne Zeit. Als ich mich an diesem Abend verabschiedete, sagte ich, dass ich sie ja in der Redaktion mal besuchen könnte. Halb Ernst, halb aus Spaß fügte ich hinzu: „Wenn ihr dann noch da seid." Sie lachten und antworteten: „Vielleicht warst du ja auch die letzte Praktikantin." Seit heute steht fest: Ich war die letzte Praktikantin, die die großartige Politikredaktion der FTD kennenlernen durfte.

Ein Gerücht begleitete mein Praktikum vom ersten Tag an: die Pleite der FTD. Es war das Topthema unter den Redakteuren. Keiner wusste etwas, alle spekulierten. Am Anfang war ich unsicher, wie ernst ich diese Gerüchte nehmen sollte. Es hieß die Zeitung würde vielleicht vom einen auf den anderen Tag schließen. Ich fragte mich: „Ist mein Praktikum überhaupt sicher?" Nach drei Wochen vertraute ich mich einer Redakteurin an. Sie beruhigte mich – Soweit sei es noch nicht. Ich wurde gelassener, schließlich es gab neue Ideen für die Zukunft der Zeitung. Die Redakteure wurden wieder zuversichtlicher.

F. Broich (✉)
Ixelles, Belgien
E-Mail: f.broich@gmx.net

C. Kappes et al. (Hrsg.), *Medienwandel kompakt 2011–2013*,
DOI 10.1007/978-3-658-00849-9_44, © Springer Fachmedien Wiesbaden 2014

Klassenkameraden, die von den Gerüchten gehört hatten, fragten, wie es mir im Praktikum ergeht. „Eigentlich nicht schlecht", antwortete ich. Der Alltag ging weiter, obwohl immer wieder Krisenmeldungen im Internet auftauchten. Jeden Tag wurden Themen in der Konferenz diskutiert, geschrieben, redigiert. Ich besuchte einen <u>Maisbauern in Brandenburg</u>, berichtete über den <u>Live-Chat von Peer Steinbrück</u> und die <u>Hummer-Schwemme</u> in den USA.

Ich bewundere die Redakteure wie ruhig sie damals waren, obwohl sie nicht wussten, ob sie in ein paar Monaten noch Arbeit haben. Immerhin haben viele eine Familie. Manchmal erzählten sie beim Mittagessen, was sie machen, wenn die FTD schließt. Sabbatical, Auslandskorrespondenz.

Dann schien es endlich Klarheit zu geben: Krisenkonferenz. Ermunternde und motivierende Worte von oben – aber keine Antwort auf die Zukunft der Zeitung. Die Message: Die Redakteure sollen wieder Spaß haben am Zeitung machen. Genauso ratlos wie vorher verließen sie den Konferenzsaal.

Danach kam ein Redakteur auf mich zu und fragte grinsend, ob ich wirklich Journalistin werden wolle. Ich antwortete mit „Ja" – aber eigentlich war ich verunsichert. Das ist also eine Wahrheit über diesen Journalismus, den wir in München auf der Deutschen Journalistenschule fernab der Zeitungskrise lernen.

Nun sitze ich wieder in meinem Klassenzimmer jener Schule. Vor einer Woche hat der Radioblock begonnen. Auf dem Stundenplan steht: Texten fürs Radio. Plötzlich flimmert auf meinem Smartphone eine Nachricht auf: Die FTD wird geschlossen! Ich kann es nicht glauben – will es nicht glauben. Drei Monate habe ich mit den Redakteuren darüber geredet – aber jetzt ist es auf einmal Wirklichkeit. Ich denke an die Kollegen mit denen ich noch bis vor drei Wochen um diese Uhrzeit in der Redaktion saß und Nachrichten redigiert habe. Was machen Sie jetzt wohl?

Der Radio-Trainer erzählt währenddessen, dass wir lieber Umgangssprache im Radio benutzen sollen. Vom geschriebenen Wort sollen wir uns trennen.

URL: http://unter3.net/blog/2012/11/21/die-letzte-praktikantin-der-ftd/ vom 21. November 2012

# BLOG 'n' ROLL – Was ist mit der Blogroll passiert?

Daniel Rehn

Was ist nur mit der Blogroll passiert? – Diese Frage stelle ich mir in den letzten Tagen mehr und mehr. WordPress sortiert sie ab Version 3.5 aus. In vielen Themes taucht sie kaum mehr prominent auf. Sidebars und Navigationen verwaisen mehr und mehr um diesen Punkt. Und die Listen, die es noch gibt, sind nicht immer aktuell. Spielt sie überhaupt noch eine Rolle?

Vor gut zwei Jahren fragte Tim Krischak in einer Blogparade noch, was eine Blogroll ist und ob sie für Blogs wichtig ist. Der Beitrag, den ich damals schrieb, ist immer noch einer meiner Lieblinge. Aber in letzter Zeit wird es immer schwieriger eine gute Blogroll zu finden, wobei wir die Definition von "gut" jetzt einmal außen vor lassen. Ist sie antiquiert?

Aus rein technischer Sicht müsste die Antwort wohl bereits jetzt „ja" lauten. WordPress hat mit Version 3.5 die bekannte Kategorie „Links" im Dashboard und auch das Blogroll-Widget entfernt. Bei Updates aus bzw. für alte Versionen wird das Feature noch fortgeführt. Neuinstallationen liefern aber nicht mehr. Warum man sich von Seiten WordPress' dazu entschlossen hat, ist unklar.

Selbst in den meisten Design-Überlegungen taucht die Blogroll kaum mehr als verbindliches Element auf. Magazinige Themes lassen mit dem Fokus auf große, ansprechende Bilder kaum mehr Platz für die textbasierten und nicht ganz so hübschen Link-Listen für empfohlene Blogs. Sie „passt" einfach nicht mehr rein, weil Sidebar und Navigation so minimalistisch und knapp gehalten werden, dass es nicht hinhauen kann. Wenn es gut läuft, dann findet sich eine Unterseite mit dem Titel „Blogroll", die alle Links sammelt. Ich habe jüngst mit einem ähnlichen Gedanken gespielt, um zumindest auf diesen Weg noch den einen oder anderen „Lieblink" dauerhaft weitergeben zu können.

D. Rehn (✉)
Hamburg, Deutschland
E-Mail: danielrehn@gmx.net

C. Kappes et al. (Hrsg.), *Medienwandel kompakt 2011–2013*,
DOI 10.1007/978-3-658-00849-9_45, © Springer Fachmedien Wiesbaden 2014

Als ich in meine Timeline fragte, was man von der Blogroll hält, kam aber genau das gegenteilige Feedback. Sie ist nicht tot. Sie wird nur vergessen oder nicht mehr als elementarer Bestandteil des Empfehlungsmanagements berücksichtigt. Links in Beiträgen, via Twitter und Co. geteilte Fundstücke, … die Möglichkeiten auf andere tolle Blogs und Artikel hinzuweisen haben sich fraglos im Vergleich zu den Anfängen der Blogs gewandelt. Alles ist dynamischer geworden. Schneller. Aber ist das auch besser?

> ► Die Blogroll war und ist für mich immer ein Statement gewesen: „Das sind meine Lieblinge. Dauerhaft. Jederzeit. Schaut sie euch an."

Nichts, was man mal eben übersieht oder aus den Augen verliert – und somit aus dem Sinn. Es schreit nicht unbedingt laut nach Aufmerksamkeit, ist aber immer noch ein Quell der Inspiration und Anlaufstelle für gute Informationen.

Oder wie seht ihr das?

URL: http://danielrehn.wordpress.com/2013/04/05/blogrolling/ vom 05. April 2013

# Teil IV
# Medienwirtschaft im Wandel

# Teletext Online: Eine Paradoxie im Medienwandel?

## Jan Krone

Das achtfarbige, schlecht auflösende Begleitangebot der Fernsehsender ist nicht totzukriegen – auch wenn es längst vermeintlich attraktivere Möglichkeiten gibt. Nahezu alle großen deutschsprachigen und frei empfangbaren Fernsehsender unterhalten spezielle Subsites für Teletextangebote auf ihren Webpräsenzen. Diese sind jedoch keine – den technischen Möglichkeiten folgend – an die Multimedialität des Internets angepasste Inhalte. Sie spiegeln nahezu Eins-zu-eins das graphisch beschränkte Pixel-Layout am Fernsehbildschirm wider. Alleine die Existenz dieser Angebote bedingt eine Hinterfragung: Warum diese augenscheinliche Paradoxie im Medienwandel? Ist das Aufschalten von Teletextseiten ein weiterer, gerne zitierter Beleg für die Netzfremdheit der klassischen Massenmedien?

Trotz veraltetem Design, simplen Funktionen und oberflächlicher Informationsversorgung erfreut sich der Teletext auch 2012 großer Beliebtheit. Erst im Sommer drängte der wenig beachtete Kanal medialer Information in die Öffentlichkeit: Die ARD bot über vier Wochen Teletext-Kunst ab der Tafel 770. Nicht ausschließlich über das Fernsehsignal, sondern auch online im Teletextangebot des Senders. Die technische Beschränktheit auf acht Farben bei geringer Auflösung führte so nicht nur zu aktueller künstlerischer Inspiration, sondern offenbar auch zur konstanten Immunität der Nachfrage gegenüber dem, was das Internet an Vielfältigkeit, Gestaltungsoptionen und Interaktivität in enger Nachbarschaft zu den Teletext-Adaptionen für den Nutzer bereithält.

J. Krone (✉)
FH St. Pölten, St. Pölten, Österreich
E-Mail: Jan.Krone@fhstp.ac.at

C. Kappes et al. (Hrsg.), *Medienwandel kompakt 2011–2013*,
DOI 10.1007/978-3-658-00849-9_46, © Springer Fachmedien Wiesbaden 2014

## Entwicklung des Teletextangebots

Die Teletext-Technik selbst wurde, wie das Internet, von einem <u>Engländer</u> erfunden und in den 1970er Jahren in Großbritannien entwickelt. Dort begannen die BBC und das privat-kommerzielle ITV 1976 nach ersten Tests, Teletext-Dienste mittels des <u>World Teletext Systems</u> in der Austastlücke des Fernsehsignals auszustrahlen. Der <u>Österreichische Rundfunk</u> startete 1980 das erste kontinentale Angebot. In Deutschland gab es 1975 die ersten Teletext-Tests beim <u>Bayerischen Rundfunk</u>; ein bundesweiter Regelbetrieb des programmerläuternden, -begleitenden und –ergänzenden Textangebots kam jedoch erst 1990 nach zehn Jahren Feldversuch im Spektrum der <u>Tafeln 100–899</u> zustande, der von medienpolitischen Reibereien zwischen dem BDZV und den öffentlich-rechtlichen Rundfunkanstalten begleitet wurde. Überregionale Tageszeitungen lieferten in der Folge „fernsehähnliche Informationsaufbereitung"/„elektronische Presse" von 1980 bis 1990 als <u>Texttafeln</u> zu.

Bereits um die Jahrtausendwende, mit dem Beginn der durch die Digitalisierung im Medienbereich fortschreitenden Integrationsbewegung der medialen Oberflächen, gab es erste Anläufe, den Teletext durch einen moderneren Standard abzulösen. Aber ebenso wenig, wie es <u>TeleWeb</u> vermochte, gelang es der <u>Multimedia Home Platform</u> als offenem Standard für das digitale Fernsehen, den Teletext zu ersetzen. 2008 schrieb Stefan <u>Geese</u> für die ARD-*Mediaperspektiven* über den Teletext von einem grundsätzlich unterschätzten Medium, mit einer Vielzahl vermeintlicher Schwächen gegenüber weiterentwickelten Fernseh-Ersatzdiensten oder dem Internet allgemein. Auch 2012, bedient über die anhaltende Multiscreen-Debatte fortschreitender TV-Hardwareentwicklung mit „Hybrid Broadcast Broadband Television" (HbbTV) und dessen theoretische Optionsvielfalt, entsteht ein neuer Versuch, Nutzer für fernbedienungsgesteuerte Multimedialität zu gewinnen. Im Konjunktiv wird über „<u>revolutionierende Verschmelzungen</u>" geschrieben. Fakt bleibt, dass multimedial angereicherte Informationsdienste über mehr Möglichkeiten der Informationsaufbereitung und -tiefe verfügen. Doch eine automatisch entstehende, adäquate Nachfrage erfahren sie deshalb <u>nicht</u>.

## Stabil intensive Nutzung des Teletexts

Denn der Informationsdienst der markenstarken Fernsehsender ist trotz beständig <u>wachsender</u> Internetnutzung nicht kleinzukriegen, respektive zeigen sich die Teletextnutzer resistent gegen vermeintlich bessere Angebote, die die als Fernsehzeit definierte Nutzungszeit nachhaltigen Veränderungen unterziehen.

Die <u>Nutzung</u> der Teletextangebote <u>steigt</u> beständig an, unabhängig von Altersgruppen, jedoch von mehr Männern als Frauen <u>genutzt</u>. Die Startseiten haben die höchsten Nutzungsraten; Programminformationen, Sportnachrichten/Live-Ticker, Nachrichten und Wetter sind die <u>beliebtesten</u> Inhalte. Die Einfachheit seiner Bedienung geht offenbar so weit, dass die Nutzung von Teletextangeboten nicht nur Teile der Fernsehzeit absorbiert, sondern auch so attraktiv ist, parallel oder exklusiv im Netz stationär oder mobil genutzt zu werden. Der Erfolg des Teletexts spricht in seiner Entwicklung *gegen* den Erfolg von technologischen Weiterentwicklungen, die das intensive Informationssuchen und –verarbeiten als Innovation im Markt zu verankern suchen, und *für* die Adaption im Internet, wenn man sich für strategische Entscheidungen auf ex-post erhobene Statistiken verlassen möchte.

## Teletext im Medienwandel

Das, was seit den 1990er Jahren unter „Medienwandel" vornehmlich verstanden wird, ist auf kommunikationstechnologische Entwicklungen fokussiert – nicht zuletzt durch die Marketinganstrengungen der Hard- und Softwareindustrie. Diese Perspektive ist jedoch für die kritischen Massen, die es für eine erfolgreiche Verbreitung benötigt, zu vernachlässigen. Die ökonomischen Gesetzmäßigkeiten bleiben konstant. Die Verbraucher interessieren sich in der Regel weniger für spezifische Technologien, als vielmehr für einfache und erweiternde Nutzungsmöglichkeiten. Damit steht der Medienwandel für eine Ausfaltung von Optionen interpersonaler über gruppen- bis hin zu massenmedialer Kommunikation in den Bereichen der Öffentlichkeit, der Halb-Öffentlichkeit (Gruppenkommunikation) und der Privatsphäre. Das Internet steht gemeinhin als ein die klassischen Massenmedien absorbierender, hybrider Kommunikationskanal. Im Zuge dieser Logik dürfte der Teletext, zumal durch alternative Substitute bedrängt, seinen Zenit längst überschritten haben und nicht weiter der Rede wert sein.

Doch die Kommunikationsrealität folgt diesen Annahmen nicht. Die zentrale Herausforderung im Medienwandel ist vielmehr das Erkennen von Nutzer-Bedürfnissen und deren Umsetzung auf neuen, digitalen Kommunikationsoberflächen. Eine zentrale Grundannahme ist dabei das Gewahrwerden von so genannten <u>Niedrigkostensituationen</u> in Kommunikations- und Medienumgebungen der Individuen. Insbesondere massenmediale Informations- und Unterhaltungsangebote unterliegen einer nicht-optimalen Entscheidungsfindung, die dazu führen kann, Handlungsfolgen als gering einzustufen. Dieser Umstand beeinflusst die <u>Auswahl und Ausführung</u> von Handlungen.

## Theoretisches Modell zum Medienwandel

Auf den Teletext Online bezogen, führt diese Erklärung zu der These, dass der Erfolg von Kommunikations- und Medienangeboten im Medienwandel weniger im Neuen/Aufwändigen zu finden ist, sondern vielmehr in den Erweiterungen und dem Interpretieren des Gewohnten als zuverlässige <u>Unterstützung</u> in der Erfüllung von Gratifikationserwartungen unter einem spezifischen Zeitregime.

Die Entwicklung von Kommunikationsmitteln bis heute hat gezeigt, dass sich hauptsächlich diejenigen Angebote im Medienrepertoire der Gesellschaft durchsetzen, die eine komfortable und damit <u>transaktionskostenarme</u> Verarbeitung nach spezifischen Zielvorstellungen erlauben. Das Medienzeitbudget wird aufgrund der Optionsvielfalt knapper, und komfortable Bedienung/Nutzung von Kommunikationsmitteln dadurch bedeutender. Medienangebote und Kommunikationsdienstleistungen sind grundsätzlich darauf ausgelegt, zur <u>Reduktion</u> von Transaktionskosten beizutragen. Der Transaktionskostenansatz ist auch im „Minimalprinzip" angelegt – einem wirtschaftlichen Grundsatz, nach dem ein bestimmtes Ziel unter Einsatz geringst möglicher Mittel <u>erreicht</u> werden soll. Die zu überwindende Dissonanz ist das dem Minimalprinzip gegenüberstehende Bedürfnis nach Optionsvielfalt. Für die Entwicklung und Markteinführung digitaler Medien- und Kommunikationsangebote steht häufig die <u>Komplexität</u> der Anwendungen einem Erfolg <u>im Wege.</u> Auch das Inbetriebnehmen und Aufrechterhalten des Betriebs können einschränkende Faktoren darstellen.

Menschen gelten grundsätzlich als <u>bedingt rationale Individuen</u>. Sie wählen zur Bedürfnisbefriedigung aus angemessen leicht verfügbaren Alternativen aus, ohne alle Optionen zu überprüfen, und ziehen einfache Wege vor. Den Transaktionskosten/dem Aufwand stehen <u>Opportunitätskosten</u> anbei. Sie beschreiben den entgangenen Nutzen durch die Nutzung eines bestimmten Angebots. In Bezug auf mediale Information kann hier „Zeit" als Faktor angeführt werden. Entgangener Nutzen kann also mit hohen Transaktionskosten gleichgesetzt werden. Das führt am Beispiel der netzbasierten Teletextangebote von TV-Sendern zur theoretischen Bestätigung ihrer Aufschaltung. Teletext Online ist zeitsparend, befriedigt Bedürfnisse und ist dem Nutzer zudem vertraut. Alternative Informationsangebote sind vor dem Hintergrund der nachgefragten Informationstiefe und -schnelligkeit der Verfügbarkeit transaktionskostenreich und verlangen mehr Verarbeitungszeit.

## Teletext Online ist weniger Paradoxie, als vielmehr gleichmäßige Entwicklung im Medienwandel

Nicht nur nachvollziehbar also, dass Fernsehveranstalter ihre Teletextseiten im Netz nahezu unverändert anbieten, es drängt sich darüber hinaus die Frage auf, ob ein technologischer Determinismus zur Erklärung des Medienwandels, der Integrationsbewegung der Kommunikationsmittel qua Digitalisierung, ausreichend ist. Die Handlungsorientierung in der Nachfrage folgt vielmehr übergeordneten Präferenzen wie der stabilen Bedürfnisbefriedigung. Beispiele für so genannte „Misplaced Technologies" existieren zur Genüge. Die Reduktion von Komplexität und Aufwand aus der Perspektive des Mediennutzers ist die Konstante für Erfolg im Medienwandel. Dabei ist „Zeit" die für eine graduelle Bewertung von Erfolg entscheidende Variable. Teletext, Online und klassisch als Ergänzung zum Fernsehsignal ist durch Einfachheit, Vorwissen, Ort und definiertes Zeitfenster ein ausgereiftes Medienangebot und bis heute nicht substituierbar, und damit keine Paradoxie im Medienwandel. Teletext Online steht für die Umlegung von Bedürfniserwartungen der Nutzer auf einer alternativen Oberfläche. Die Einfachheit im Kontext mit Informations- und Kommunikationserwartungen erweitert nicht nur die bisherige Erkenntnis, dass Netzadaptionen spezifische Darstellungsanpassungen zwingend voraussetzen, sie wird auch bereits an anderem Ort als strategisches Kalkül verwendet.

So mag es auf den ersten Blick paradox klingen, im Zeitalter der Multimedialisierung den Teletext mit seinen rudimentären Ausprägungen in Informationstiefe und -darstellung nahezu Eins-zu-eins im Internet zu spiegeln, doch genau das zeigt seinen Mehrwert auf.

## Epilog: Delineare Wirkung des Erklärungsmodells zum Medienwandel

Unbedingte Effekte des theoretischen Modells zum Medienwandel anhand des Beispiels Teletext Online sind dennoch nicht zu erwarten. Die Wirkungsmacht des – verkürzt benannt – Transaktionskostenansatzes mit dem Credo des Erfolgs durch Verminderung von Anbahnungsaufwand und Unsicherheiten zur Erreichung von Gratifikation findet seine Limitierung über das Konstrukt des „Homo ludens", des spielenden Individuums. Wann immer also neue Kommunikationsmittel eingeführt werden, geht ein zeitlich unbestimmter Homo-ludens-Effekt einer Nachfrageberuhigung voraus. Wie lange HbbTV imstande sein wird, den Teletext Online vorübergehend als Auslaufmodell erscheinen zu lassen, ist nicht exakt zu bestimmen. Die multimedialen Vorläufer des Teletexts sind ähnlich ambitioniert gestartet und wurden durch euphorisches Marketing und medienpolitischen Willen begleitet.

Ein vergleichbarer Effekt ließ sich im Zuge der Wiedervereinigung Deutschlands im Sektor der Zeitungsverlage messen. Stiegen nach der Wende die Auflagenzahlen rasant, fielen sie im Lauf von drei Jahren (1989–1991) wieder auf ein der Bevölkerungszahl entsprechendes Verhältnis zeitungslesender Haushalte.

URL: http://www.carta.info/49921/teletext-online-eine-paradoxie-im-medien-wandel/ vom 16. Oktober 2012

# Mächtige Digitale Ökosysteme: Der Reichweitenvorteil der Netzgiganten

Martin Weigert

Die Websites der Betreiber führender digitaler Ökosysteme gehören zu den meist-besuchten Onlineangeboten überhaupt. Dies wird zum Problem, wenn sie zu ex-klusiven Werbeflächen für neue, nicht zum Kerngeschäft gehörende Produkte der Plattformanbieter mutieren.

Die führenden US-Onlineplattformen dominieren immer stärker die digitale Wertschöpfungskette – spätestens seit Amazon, Google, Microsoft und Apple sich nicht mehr länger auf ihr jeweiliges Kerngeschäft konzentrieren, sondern die ge-samte mögliche Produktpalette von Hardware über Software bis hin zum Vertrieb von (digitalen) Gütern abzudecken versuchen. Derzeit fehlt Facebook in dieser Aufzählung, da das soziale Netzwerk bisher (noch) nicht von der Integration seiner Angebote in eigene Zugriffsgeräte oder Betriebssysteme profitieren kann.

Selbst wenn die Konzerne bisher größtenteils im kartellrechtlich zugelassenen Rahmen agieren, erhalten sie durch die vielen Säulen ihrer Geschäftsmodelle und -bereiche eindeutige Vorteile, was die Einführung neuer Produkte und Dienste be-trifft. Während sich daran rechtlich in der aktuellen Phase vermutlich wenig aus-setzen lässt, verdeutlicht es die Problematik, die für andere Marktteilnehmer durch Konkurrenten in Form „digitaler Gemischtwarenläden" entsteht, bei denen die Do-minanz in einer Sparte signifikante Vorteile für die Etablierung in einem anderen Segment mit sich bringt.

Sehr deutlich wird dies am Beispiel von Googles Suchmaschine. Mit rund 82 % Marktanteil weltweit, sagenhaften 96 % in Deutschland und 67 % in den USA ist Googles Websuche die absolute Nummer eins. Auf der Alexa-Liste der meistbe-suchten Websites der Welt belegt Google.com den zweiten Platz hinter Facebook. Vor einem Jahr war Google der erste Anbieter, der mehr als eine Milliarde Besucher

M. Weigert (✉)
Zürich, Schweiz
E-Mail: m-w@pop.ms

C. Kappes et al. (Hrsg.), *Medienwandel kompakt 2011–2013*,
DOI 10.1007/978-3-658-00849-9_47, © Springer Fachmedien Wiesbaden 2014

pro Monat auf seine Seiten locken konnte – ein Großteil von ihnen wird dabei die Suche genutzt haben.

## Auf google.com darf nur Google werben

Googles unter google.com und den zahlreichen länderspezifischen Domains erreichbare Suchmaske gehört damit zu den wertvollsten Werbeflächen, die das Internet zu bieten hat. Theoretisch. Denn anders als die Suchergebnisseiten wird die von viel Weißraum geschmückte Google-Homepage nicht vermarktet. Um möglichst schnelle Ladezeiten sicherzustellen, verzichtet der Onlinegigant darauf, seine Homepage als Anzeigenfläche zu nutzen. Mit einer Ausnahme: Wenn es sich um eigene Google-Produkte handelt.

Schon häufiger hat das Unternehmen seine sonst werbefreie Homepage dafür verwendet, auf andere Angebote aus seinem Hause aufmerksam zu machen. Neben Links zu eigenen Onlineservices erschienen in der Vergangenheit auch grafisch auffällige Anzeigen für den Chrome Browser, für das Nexus One-Smartphone oder jüngst in animierter Form für das Google-Tablet Nexus 7 auf der ersten Seite von Google. Ganz aktuell geht die Firma sogar noch einen Schritt weiter und empfiehlt Anwendern des Internet Explorer oder Firefox beim Besuch von Google.com in Form einer blau-gefärbten Leiste am oberen Seitenrand, ihren Browser zugunsten von Chrome aufzugeben – und zwar bei jedem Ansteuern von Google aufs Neue.

Grundsätzlich stellt die Nutzung von Produkten und Dienstleistungen zum Querverweis auf andere Angebote desselben Unternehmens ein völliges legitimes Geschäftsgebaren da. Zeitschriften platzieren nicht verrechnete Anzeigen für andere Magazine des selben Verlags, Fernsehsender weisen auf Programme bei Kanälen aus der gleichen Senderfamilie hin, und Websites verlinken zu Schwesterangeboten oder gestatten denen die kostenfreie Nutzung nicht vermarkteter Anzeigenflächen. Dennoch hinterlässt die Vorgehensweise von Google einen bitteren Nachgeschmack. Aus drei Gründen:

- Das Unternehmen räumt sich Werbefläche ein, die es anderen Anzeigenkunden vorenthält.
- Die Google-Homepage ist eine der meistbesuchten Websites der Welt, was Macht und Einfluss in einem Ausmaß zur Folge hat, an das kein anderes, den eigenen Kanal für Selbstwerbung nutzendes Medienunternehmen auch nur ansatzweise heranreicht.
- Google bewirbt gattungsfremde Produkte außerhalb seines einstigen Kerngeschäfts.

Sicherlich lassen sich zu diesen Aspekten Argumente finden, die Googles Praktiken rechtfertigen: Es ist letztlich kein Unterschied, ob Google auf seiner Homepage über Textlinks oder grafische Elemente auf andere Google-Angebote aufmerksam macht – und auch nicht, ob es sich dabei um eng mit der Suche verknüpfte Softwareprodukte wie Google + oder Google Drive, eigenständige Software wie Google Chrome oder aber Hardware wie das Nexus 7 oder eines Tages Google Glass handelt. Dass die Suchmaschine von derartig vielen Menschen täglich angesteuert wird, sollte dem Konzern auch nicht zum Nachteil gemacht werden – immerhin hat es sich diese Position auf einwandfreien Wegen hart erarbeitet.

## Für Konkurrenten wäre diese Reichweite teuer

Trotzdem besitzt Google über sein weltbekanntes, stark frequentiertes Kernprodukt in nahezu einzigartiger Weise Vorteile beim Marketing seiner Produkte, die kleineren Kontrahenten verwehrt bleiben. Für eine Sichtbarkeit, wie sie Google seinem neuen Nexus-Tablet dank seiner Homepage gratis verschaffen kann, müssten nicht mit gutbesuchten Onlinedestinationen ausgestattete Wettbewerber wie HTC, LG oder Research In Motion Millionenbudgets investieren. Gleiches gilt für alle Startups, die mit Google-Services und -Gadgets zu konkurrieren versuchen. Was die Generierung von Reichweite betrifft, werden sie dem Webriesen per se erst einmal unterlegen sein.

## Auch Amazon verschafft sich Vorteile

Natürlich besitzt nicht nur Google derartige Vorteile – dort sind sie aufgrund der besonderen Anziehungskraft der Suche nur extra deutlich. Auch Amazon räumt seiner Kindle-Hardware mitunter großzügige Produktplatzierungen auf seiner Startseite ein. Bei Apple sieht die Sache etwas anders aus: Dem kalifornischen Hardware- und Softwarespezialisten fehlt seit jeher eine offene, neutrale Web- oder Handelsplattform. Apples Site besucht ohnehin nur, wer an Produkten aus Cupertino interessiert ist. Mit seiner restriktiv durchgesetzten Gatekeeper-Rolle rund um das mobile App-Ökosystem hat das Unternehmen allerdings einen anderen, verwandten Konfliktschauplatz.

Microsoft wiederum betreibt allerlei Onlineservices und natürlich die Suchmaschine <u>Bing</u>. Es wäre kaum verwunderlich, würden die Redmonder zum bevorstehenden Debüt von Windows 8 und dem hauseigenen Tablet Surface die Bing-Startseite mit entsprechenden Ankündigungen versehen. Wobei das angesichts der vergleichsweise geringen Popularität von Bing weniger besorgniserregend wäre.

Anders sähe es aus, würde Facebook etwa ein Smartphone oder ein mobiles Betriebssystem lancieren und seine von hunderten Millionen Anwendern Tag für Tag angesteuerte Präsenz in Werbefläche dafür umfunktionieren. Juristisch wäre daran vermutlich nicht zu rütteln. Doch im Sinne fairer Markbedingungen und geringer

Einstiegsbarrieren erscheint es ungerecht, wie die zu umfassenden Ökosystemen mutierenden Großkonzerne des Netzes ihre enorme Reichweite dafür einsetzen können, in einem neuen Marktsegment sofort durchzustarten und im Optimalfall aus dem Stand Millionen Kunden zu akquirieren, während unabhängige Firmen und Startups konventionelle, mühsame Wege beschreiten müssen, um sich ins Gespräch zu bringen.

## Verpflichtung zu neutraler Primär-Homepage als Lösung?

Eine einfache Lösung für diese Situation existiert nicht – außer vielleicht eine Selbstverpflichtung oder regulatorische Verpflichtung von Google, Amazon, Microsoft und Facebook, auf ihren jeweiligen Primär-Homepages eigene Produkte abseits des jeweiligen Kernangebots nicht gegenüber Gütern der Mitbewerber zu bevorzugen. Etwa so, wie Microsoft durch die EU untersagt wurde, Windows nur mit dem Internet Explorer auszuliefern.

Das zu beobachtende Winner-Takes-It-All-Phänomen ist in dieser Ausprägung eine Eigenheit der durch sich selbst verstärkende Netzwerkeffekte, globale Plattformen und umfangreiche Ökosysteme geprägten IT-Welt. Im besten Fall führt auch hier das klassische Innovator's Dilemma dazu, dass die Big Player sich sukzessive verzetteln und durch interne Bürokratie, aufgeblasene Strukturen und fehlenden Problemlösungsfokus geschwächt werden, was dynamischen und flexiblen Jungfirmen eine Chance auf den Markteinstieg gibt. Doch je mehr die für deren Aufstieg und zur Zielgruppenansprache benötigten Kommunikationskanäle in den Händen der etablierten Anbieter liegen, desto schwieriger könnte es für sie werden, gegen die massiven, kostenfreien Marketingkampagnen der übermächtig erscheinenden Konkurrenz anzukommen.

URL: http://netzwertig.com/2012/09/05/maechtige-digitale-oekosysteme-der-reichweitenvorteil-der-netzgiganten/ vom 5. September 2012

# Springer-Funke Deal: Um Journalismus geht es niemandem

Andreas Grieß

Die Axel Springer AG verkauft für 920 Mio. € einen Großteil ihres Printgeschäfts an die Funke Gruppe. Es ist ein absoluter Mega-Medien-Deal. Doch er zeigt: Mit Journalismus hat dieses Geschäft nichts zu tun.

Was für ein Paukenschlag: Die Regionalzeitungen und die Programm- und Frauenzeitschriften des Axel-Springer-Verlags wechseln den Besitzer. Die Funke Mediengruppe (früher WAZ-Gruppe) zahlt 920 Mio. €, um ab 2014 Besitzer unter anderem des *Hamburger Abendblatts*, der *Berliner Morgenpost* und der *Hörzu* zu sein.

Dieser Deal ist so schwerwiegend, dass er eine ganze Reihe von Deutungen und Erkenntnissen zulässt. Sie alle haben jedoch eines gemeinsam: Der Journalismus selbst spielt in den Entscheidungen der Beteiligten keine Rolle. Das ist eine traurige Nachricht, die viel über den Stellenwert des Journalismus in unserer Demokratie aussagt.

Nicht wenige schreiben am heutigen Donnerstag, dass Verlagsgründer Axel Springer sich ob dieser Entscheidung im Grab umdrehen wird: Peter Turi etwa kommentiert, der Weg des Unternehmensgründers wäre sicher ein anderer gewesen.

Tatsächlich trennt sich Springer nicht nur von Marken, denen das Unternehmen keine große Zukunft zugesteht, sondern auch von seinen Wurzeln. *Abendblatt* und *Hörzu* waren die Publikationen, die am Anfang der Erfolgsgeschichte des Verlags standen. Bis zuletzt verblieben sie in Hamburg, auch, nachdem der überwiegende Teil der Hamburger Springer-Niederlassungen nach Berlin umzog. Mit dem Verkauf an die Funke-Gruppe trennt sich Springer also nun auch weitestgehend vom Medien- und Gründungsstandort Hamburg. Von den großen Namen verbleiben

A. Grieß (✉)
Hamburg, Deutschland
E-Mail: kontakt@andreasgriess.de

C. Kappes et al. (Hrsg.), *Medienwandel kompakt 2011–2013*,
DOI 10.1007/978-3-658-00849-9_48, © Springer Fachmedien Wiesbaden 2014

einzig *Computerbild* und *Autobild* in der Hansestadt – nicht ausgeschlossen, dass auch sie bald gen Osten umziehen sollen.

Ein Umzug dürfte auch den Frauen- und Programm-Titeln bevorstehen. Den künftigen Standort ließ die Funke-Gruppe bislang offen. Dass sie nicht zu den bereits bestehenden Magazintiteln des Unternehmens ziehen werden, ist wohl auszuschließen. Die Funke-Gruppe muss mit ihren Neuerwerbungen nun nämlich vor allem eines: Geld verdienen. Viel Geld.

Die Familie <u>Funke</u> musste bereits einen Kredit aufnehmen, um die WAZ-Gruppe aufzukaufen. In den letzten Monaten gab es eine Stellenstreichung nach der anderen. Die *Westfälische Rundschau* wurde gar ganz entkernt und besteht nur noch als Titel ohne eigene Redaktion.

Nun muss in den nächsten Jahren auch mindestens der Kaufpreis für die neuen Titel wieder hereingeholt werden, andernfalls wäre der Deal wirtschaftlich ein massiver Fehlgriff. Diese Wette gehen die neuen Eigner aber offenbar ein. Wie das Geld erwirtschaftet werden soll, ist indes offen. Angesichts der bisherigen Strategie der Essener dürfte als gesichert gelten, dass zu allererst versucht werden wird, die Ausgaben so gering wie möglich zu halten. Das wird bedeuten: Zusammenlegungen, Stellenstreichungen, Lohnkürzungen. Es wird Journalismus gekauft, nicht jedoch in ihn investiert.

Was die Funke-Gruppe geritten hat, den Kauf zu tätigen, ist aber auch für Brancheninsider schwer zu erahnen: Um die Förderung des Journalismus geht es ihnen nicht, sonst wäre der Verlag in der Vergangenheit bereits mit der *Westfälischen Rundschau* anders umgegangen. Wirtschaftlich lässt sich sagen: Die Frauen-Titel könnten noch einige Zeit gut laufen, die Programmzeitschriften sind angesichts der technischen Entwicklung und der Zunahme von Video-on-demand jedoch zum Tode verurteilt. Die Synergien des NRW-Unternehmens mit Lokaltiteln in Hamburg und Berlin sind zudem gering. Hier lässt sich nur im Mantel zusammenarbeiten.

Der Versuch, durch Expansion und deutschlandweite Reichweite in einem vermeintlich sterbenden Markt eine Trendwende hinzulegen, ist bereits bei M. Dumont Schauberg grandios gescheitert – die *Frankfurter Rundschau* lässt grüßen. Außerdem bleibt offen, wie viel *Abendblatt* an die *Welt* verloren geht, und ob das Essener Content-Desk dies für die Abonnenten zufriedenstellend kompensieren kann. Oder <u>liefert etwa die Welt</u> demnächst auch Inhalte für die WAZ?

Interessierter als an den gekauften Titeln scheint Funke-Geschäftsführer Thomas Ziegler gemäß der Pressemitteilung denn auch an der vereinbarten Gründung von Gemeinschaftsunternehmen für Anzeigenvermarktung und Vertrieb zu sein. Allerdings: In beiden wird Springer die Federführung übernehmen. Außerdem <u>leihen</u> die Berliner der Funke-Gruppe einen großen Anteil der Kaufsumme.

Mit anderen Worten: Die Funke-Gruppe ist künftig eng an Springer gebunden und gleichzeitig hoch bei ihnen verschuldet. Wenn man so will, hat Axel Springer heute die Funke Mediengruppe gekauft.

Ob Mathias Döpfner und Kollegen wirklich mit dem Gedanken spielen, das NRW-Unternehmen zu kontrollieren, ist zweifelhaft. Etwaige Reste würde man aber sicher aufsammeln. Gängiger ist daher die Deutung, dass das Darlehen verdeutlicht, wie dringend Springer seine Papier-Marken loswerden wollte, bevor der Preis sinkt.

Man kommt nicht umhin, Springer zu attestieren, das bessere Geschäft gemacht zu haben. Die Firma erhält frisches Geld, um digital zu wachsen. Dass man zu einem führenden Digital-Unternehmen werden will, betonen die Manager schon lange. Nun wird klar: Springer will nicht in diese Bereiche expandieren, Springer will in sie wechseln – und gibt dafür auch die Tradition auf. „Wenn wir jetzt nicht handeln, müssten wir uns ernsthaft Sorgen machen", soll Mathias Döpfner an die Mitarbeiter geschrieben haben.

In Hamburg gab es Buhrufe aus der Belegschaft, berichtet *Spiegel Online*. Springer-Vorstand Andreas Wiele habe den dortigen Kollegen gesagt: „Wir haben für Sie ein nettes neues Zuhause gefunden, machen Sie das Beste daraus." Das klingt nicht nach Mitgefühl oder nach großem Interesse am weiteren Schicksal der Arbeiter.

Mehr beachtet wird vermutlich die Börse: die notiert den Schritt mit Wohlwollen. Die Springer-Aktie schoss am Donnerstag um zeitweise 15 % in die Höhe. Wirtschaftlich mag der Kurs aufgehen. Klar ist aber auch: Springer ist in Zukunft vielleicht noch ein Medien-Unternehmen, Journalismus spielt darin jedoch nur noch eine untergeordnete Rolle. Das Wort Verlag strich man ohnehin schon aus dem Firmennamen. Spöttisch wird bereits angemerkt, wenn Springer nicht mehr presseähnlich sei, könne doch auch der Streit um die Tagesschau-App beigelegt werden.

Der Mega-Deal zeigt an allen Ecken vor allem eines: Journalismus ist nur Mittel zum Zweck. Beim vielleicht meistbeachteten deutschen Verlag, Axel Springer, gehen Rendite und Wachstum über publizistische Relevanz und Reichweite. Bei der Funke-Gruppe werden die erworbenen Publikationen dazu verdonnert sein, ihren Kaufpreis zu erwirtschaften. Guter Journalismus ist zweitrangig. Anderswo schaut das nicht anders aus, es sei nur an die Einstellung der *Financial Times Deutschland* erinnert.

Journalismus des Journalismus wegen – den gibt es vielleicht bei Journalisten, nicht aber bei Verlagen. Das ist die traurige Wahrheit, der sich ein jeder Journalist, aber auch jeder mündige Bürger in einem demokratisch-marktwirtschaftlichen Land stellen muss. Dies bedeutet vielleicht auch, das Verhältnis zum oft zu Recht kritisierten öffentlich-rechtlichen Rundfunk zu überdenken.

Man kann beklagen, dass nun das Erbe von Axel Springer <u>verscheuert</u> werde. Doch ob die großen Verleger – Springer, Rudolf Augstein, Henri Nannen – auch noch in den Journalismus investiert hätten, wenn damit kein Geld zu verdienen gewesen wäre, kann man sie nicht mehr fragen. Wer behauptet, dass sie es getan hätten, ist vielleicht etwas zu romantisch.

URL: http://www.carta.info/61663/vom 25. juli 2013

# Die Lebenslügen der Digitalen Avantgarde und der Verlage

Stephan Dörner

Vor nicht allzu langer Zeit wurde noch das iPad als Rettung aus der sich abzeichnenden Zeitungskrise gepriesen. Es hat nichts geholfen, aber das war keineswegs das Aus für Vorurteile.

Seit der Insolvenz von Frankfurter Rundschau und dem Aus der FTD überschlagen sich wieder einmal die Analytiker. Die einen, wie Werner D'Inka, Herausgeber der Frankfurter Allgemeinen Zeitung, verdammen das Internet. Die anderen, wie Wolfgang Michal, wiederholen die zehn Jahre alte Litanei, die Verlage hätten das Internet verschlafen.

Ich glaube, dass beide Seiten falsch liegen. Natürlich ist es unsinnig, das Internet zu verdammen. Auf der anderen Seite gehört es aber seit Jahren zur Lebenslüge der Digitalen Avantgarde, die sich zum Journalismus äußert, dass die Verlage das mit dem Internet nur mal richtig begreifen müssten, und dann wären alle Probleme gelöst.

Ich möchte an dieser Stelle beispielhaft zehn Überzeugungen beider Seiten nennen, die aus meiner Sicht schlicht nicht stimmen. Und ganz am Ende möchte ich sogar einen Lichtblick für den Onlinejournalismus aufzeigen.

## Fünf Lebenslügen der Digitalen Avantgarde

1. *„Die Verlage haben das Internet verschlafen"*
   *Paul Bradshaw behauptet es, Thomas Knüwer behauptet es, Wolfgang Michal behauptet es – es ist das ewige Mantra derjenigen, die sich für schlauer halten als die alte schwerfällig Verlagswelt, die mit dem Internet bis heute nicht warm geworden ist.*

S. Dörner (✉)
Frankfurt aM, Deutschland
E-Mail: stephan.doerner@posteo.de

C. Kappes et al. (Hrsg.), *Medienwandel kompakt 2011–2013*,
DOI 10.1007/978-3-658-00849-9_49, © Springer Fachmedien Wiesbaden 2014

Ich will gar nicht bestreiten, dass es Verlage gibt, die das Internet verschlafen haben und vielleicht sogar bis heute noch verschlafen. Nun gibt es aber auch aus der klassischen Verlagswelt Publikationen im Netz, welche die gesamte Bandbreite der im Internet möglichen Formen des Journalismus und ein preisgekröntes Projekt nach dem anderen realisieren. Namentlich möchte ich hier vor allem den britischen Guardian und die New York Times nennen. Die Digitale Avantgarde applaudiert beiden Zeitungen seit Jahren: Tolle datenjournalistische Projekte, Journalismus mit Crowdsourcing-Elementen, exzellente interaktive und multimediale Aufbereitung der Inhalte.

Allein: Wirtschaftlich gesehen ist vor allem der Guardian das reine Desaster. Guardian und Observer, die beiden Zeitungen der Guardian Media Group, schrieben im vergangenen Geschäftsjahr 2010/2011 43,8 Mio. Pfund Verlust (ca. 55 Mio. €). Die GQ spekuliert bereits über ein Ende der Zeitung. Im Digitalgeschäft erwirtschaftet der Guardian immerhin 45 Mio. Pfund. Die werden allerdings fast ausschließlich mit Geschäften verdient, die nichts mit Journalismus zu tun haben – ganz ähnlich wie bei der Axel Springer AG hierzulande, einer der wenigen deutschen Verlage, der ein nennenswertes Digitalgeschäft in der Bilanz ausweisen kann.

Der Guardian kann diese wirtschaftliche Amokfahrt nur durchhalten, weil er Teil der reichen Stiftung Scott Trust ist. Die Leitung der Stiftung wäre schon zufrieden, wenn der Guardian seine Verluste auf 15 Mio. Pfund im Jahr reduzieren könnte. Das ist ein Glücksfall für den Guardian und die britische Zeitungslandschaft – aber sicher kein zukunftsfähiges Modell für die gesamte globale Zeitungsbranche. Bei der New York Times sieht es wirtschaftlich nicht viel besser aus.

## 2.  „Es gibt funktionierende Geschäftsmodelle für Qualitätsjournalismus im Netz"

Von den Vorkämpfern der Digitalen Avantgarde hört man zwar sehr viel darüber, warum Journalisten unbedingt twittern müssen, und was die Verlage und Ewiggestrige alles falsch machen – mit der Finanzierung beschäftigen sich dagegen nur wenige. Thomas Knüwer hat es getan und zählt einige Beispiele auf, in denen Online-Ableger von Zeitungen Gewinne ausweisen. Doch diese sind lächerlich gering und tragen niemals, um die derzeit existierenden Redaktionen in Deutschland in heutiger Größe auch nur halbwegs zu erhalten. Ein Großteil der Journalisten erhält ihr Gehalt heute, weil es das Printgeschäft gibt. Dieses Printgeschäft bringt damit auch die Artikel hervor, die den Wert des Markenkerns der Publikationen prägen, von denen die Online-Ableger profitieren.

100 Mio. € nannte der verstorbene Medienwissenschaftler Robin Meyer-Lucht im Medienradio 2009 als Größenordnung, die sämtliche journalistischen Online-Portale in Deutschland im Jahr umsetzen. Selbst wenn sich dieser Betrag inzwischen vervierfacht haben sollte, reicht er lange noch nicht, um die Schar an Journalisten zu ernähren, die derzeit in Deutschland von ihrem Beruf leben.

In Deutschland gibt es derzeit im Grund nur ein Online-Nachrichtenportal, das wirtschaftlich funktioniert: Spiegel Online. Und Spiegel Online hat sich inzwischen auch eine eigene Marke aufgebaut, die mindestens so stark wahrgenommen wird wie das Printprodukt – in der Generation der unter 30-Jährigen sogar deutlich stärker.

Dass es funktioniert, liegt daran, dass die bereits vom klassischen Journalismus bekannte Anzeigen-Auflage-Spirale im Internet noch stärker wirkt: Wer die meisten Leser hat, bekommt die meisten Anzeigen und kann so noch stärker in Inhalte investieren, was zu noch mehr Lesern und in der Folge zu noch mehr Anzeigen führt.

## 3. „Es gibt keine Krise des Journalismus, sondern der Verlage"

Die These: Nicht der (Qualitäts)journalismus ist vom Untergang bedroht, sondern nur das Geschäftsmodell der Verlage wird durch das Internet in Frage gestellt – so geäußert zuletzt von Wolfgang Münchau in der FTD.

Ist es also so, dass das Geschäft der Verlage durch das Internet einfach nur von gestern ist und der Zwischenhändler stirbt, während sich Journalisten nun direkt an ihre Leserschaft wenden können? Es gibt zwar in den USA erste Anzeichen in diese Richtung, etwa das journalistische Crowdfunding-Projekt Readmatter.com – doch das sind bislang zarte Pflänzchen (hierzu mein Interview mit SWR2).

Insbesondere in Deutschland gilt bislang, dass man kommerziell wirklich erfolgreiche Blogger und abseits der Verlage finanzierten Journalismus noch mit der Lupe suchen muss. Die allermeisten Blogger bloggen zum Spaß und können davon nicht leben. Professioneller Journalismus ist mit Blogs alleine deshalb nicht zu machen, weil einzelne Blogs bislang nicht die Leserreichweite bekommen, die für Werbetreibende interessant ist.

## 4. „Es mangelt nur an der konsequenten Paid-Content-Strategie – bequem und einfach umgesetzt"

Neben denjenigen in der digitalen Avantgarde, die Bezahlinhalte im Netz aus Prinzip verteufeln, gibt es auch noch diejenigen, die behaupten, die Verlage seien einfach nur zu dumm, sie vernünftig zu implementieren. Richtig ist: Viele Verlage könnten es ihren Lesern bei Bezahlinhalten durchaus einfacher machen – wie beispielsweise Dirk Elsner im Blicklog am Beispiel „New Scientist" sehr schön ausgeführt hat. Richtig ist auch: Die Strategie bei den Bezahlinhalten wurde in den meisten Verlagshäusern in der Vergangenheit alles andere als konsequent umgesetzt. Letztlich werden die Online-Chefredakteure doch an den eingefahrenen Klicks gemessen – und so zählt am Ende meist in erster Linie Reichweite. Dadurch landet alles, was potentiell irgendwen interessieren könnte, meist doch wieder vor der Bezahlschranke.

Allerdings hat Paid Content auch noch ein Problem, das wenig beachtet wird: Die Lesegewohnheiten der Generation, die mit dem Internet aufgewachsen ist, passen nicht zum Konzept Tageszeitung. Ich sprach kürzlich mit einem 18-jährigen Schüler. Er sagte: „Ich wäre ja bereit, für journalistische Inhalte Geld auszugeben – aber ich lese regelmäßig Nachrichten aus mindestens zehn Quellen." Ein einziges dieser Angebote kann gerade unter denen, die journalistische Inhalte schätzen, den Bedarf nicht decken. Die Verlage sollten sich also dringend darüber Gedanken machen, wie sie möglicherweise zusammenarbeiten können, um Paid Content gemeinsam vermarkten zu können – so, dass Leser bei einem Abo Zugriff auf mehr als die Inhalte einer Publikation haben.

Ebenfalls gegen Paid Content spricht insbesondere in Deutschland die mangelnde Zahlungsbereitschaft der Kunden: Nur neun Prozent der Deutschen geben laut einer Studie im Auftrag der EU-Kommission Geld für Online-Inhalte aus – sei es Musik, Journalismus oder Filme. Das ist ein Negativ-Rekord in der gesamten EU.

5. *„Eine konsequente Digitalstrategie wäre die Lösung des Problems – immerhin fallen dann auch die Vertriebskosten weg"*

Das Digitale – und zwar das Web, nicht irgendeine App – ist ganz sicher die Zukunft des Journalismus. Das Problem ist in diesem Zusammenhang allerdings die Gegenwart, oder anders gesagt: die Übergangsphase. Derzeit sieht es de facto so aus, dass Print noch immer die Cash Cow ist, die gemolken werden muss – nur, dass sie von Jahr zu Jahr immer weniger Milch gibt.

Online wächst und ist ohne Zweifel der Zukunftsmarkt. Allerdings wächst das Digitalgeschäft bei Weitem nicht schnell genug, um die geringeren Vertriebs- und Anzeigenerlöse von Print auszugleichen. Konsequenz: Die Verlage klammern sich an das Printgeschäft. Dadurch werden auch die Kosten nicht niedriger, im Gegenteil: Tageszeitungen sind ein Geschäft mit heftigem Skaleneffekt. Die Kosten werden pro Zeitung umso niedriger, je höher die Auflage und je dichter das Vertriebsnetz ist. Jeder fehlende Print-Abonnent reißt eine klaffende Lücke in die Einnahmenseite, während auf der Ausgabenseite die enorm hohen Kosten für Druck und Vertrieb nahezu konstant bleiben. Diese würden nur bei einem radikalen Schnitt zu einer reinen Online-Strategie wegfallen – und dafür wirft das Printgeschäft noch zu viel Geld ab.

Besonders tragisch ist dieser Spagat zwischen Print-Vergangenheit und digitaler Zukunft für die Frankfurter Rundschau. Weil sie halb Regional- und halb überregionale Tageszeitung ist, ist der Vertrieb der überregionalen Zeitung bei geringer Abonnentendichte im gesamten Bundesgebiet besonders teuer. Die Frage der Zeitung an die Abonnenten, ob sie bereit wären, auf eine iPad-Ausgabe umzusteigen, brachte ein sehr ernüchterndes Resultat hervor, so hört man.

## Fünf Lebenslügen der Verlage

1. *„Fehlendes Unrechtsbewusstsein hat die Gratis-Kultur des Internets befördert"*

Mit dem Aufstieg der Piratenpartei in Deutschland meinte manch einer in der Verlagsbranche, endlich einen greifbaren Feind gefunden zu haben, der für die eigene Misere verantwortlich ist: Das Internet allgemein war es ja sowieso schon immer – aber nun hatte es durch die <u>Piratenpartei</u> auch noch ein Gesicht bekommen. Ein fieser Pirat, der mit einem PC bewaffnet gegen das Urheberrecht kämpft und damit den Verlagen das Geschäft kaputtmachen will.

De facto spielt das illegale Kopieren von journalistischen Inhalten im Netz natürlich keine Rolle. Wozu auch? Spiegel Online und Co bieten ein riesiges Gratis-Angebot an Nachrichten im Netz, und sollte irgendwer Informationen hinter einer Paywall verstecken, die extrem brisant und interessant sind, werden sie natürlich schnell von allen Medien aufgegriffen und zitiert. Wer das beenden wollte, müsste schon in die Informationsfreiheit eingreifen.

2. *„Die Verlage setzen online auf Qualitätsinhalte"*

Keine Konferenz zur Zukunft des Journalismus kommt ohne die gebetsmühlenartige Wiederholung aus, es ginge den Verlagen um Qualitätsinhalte – auch online. Ich muss an dieser Stelle nicht wieder die Klickstrecke <u>„333 Fakten über Sex"</u> auf Welt Online zitieren, um den Gegenbeweis anzutreten. Jeder, der Online-Nachrichten täglich nutzt, wird wissen, dass Qualität bei vielen Angeboten offenbar nicht höchste Priorität besitzt.

Das wird auch häufig vergessen, wenn auf die Erfolge von Paid-Content in den USA, beispielsweise beim Wall Street Journal, verwiesen wird. Deren Online-Ausgabe unterscheidet sich qualitativ eben nicht von Print. Sinnlose Klickstrecken sucht man auf amerikanischen Seiten wie dem WSJ oder der New York Times vergeblich.

3. *„Google verdient mit Verlagsinhalten Geld"*

Google News ist ein nettes Zusatzangebot für Google-Nutzer, mit denen Google aber kein Geld verdient. Google verdient Geld mit zielgerichteter Werbung – Anzeigen werden direkt beim Nutzer kontextabhängig dazu eingeblendet, wonach dieser gerade sucht. Verlage könnten das durchaus zum Anlass nehmen und sich hier etwas von Google abschauen, denn die Nutzer suchen auch auf Verlagsseiten nach Inhalten.

Die Nutzer würden wohl auch dann noch überwiegend Google nutzen, wenn dort ab morgen keine einzige Verlagsseite mehr zu finden wäre. Letztlich ist Google für die Verlage also wichtiger als umgekehrt. Immerhin erlaubt Google ihnen, per Robots.txt bei Google vertreten zu sein oder nicht. Sämtliche Missverständnisse rund um die Forderung der Presseverleger nach einem eigenen Leistungsschutzrecht habe ich kürzlich für WSJ.de aufgearbeitet.

4. *„Digitalinhalte mit Layout im Tablet-Format sind eine Alternative zum Gratis-Web"*

„Beten und Steve Jobs danken" lautete das gerne zitierte Motto von Axel-Springer-Chef Mathias Döpfner nach der Präsentation von Apples iPad. Der heilige Gral, die Rettung vor dem Gratis-Internet, war gefunden – so glaubte er anscheinend. Das Rezept gegen den Niedergang: Apps im Zeitungsformat, klassisch layoutet, geschlossen und abgeschlossen – mit einem Anfang und einem Ende. Und vor allem: Das alles sollte es nur gegen Geld geben. Eine App auf dem sexy Gerät des Apple-Konzern – endlich war der moderne Anstrich gefunden, mit dem die Verlage leben konnten.

Nur sind Apps für Webverwöhnte keine echte Alternative – höchstens für bestimmte Inhalte wie lange Magazingeschichten, die zurückgelehnt auf der Couch gelesen werden. Nachrichten in Apps lassen sich nicht verlinken, nicht twittern, nicht bei Facebook oder in einem privaten Forum teilen – für mich und viele andere, die mit dem Web groß geworden sind, ist das ein klares K.-o.-Kriterium für den Nachrichtenkonsum.

App-Inhalte haben außerdem das Problem, dass sie durch ihre Abgeschlossenheit keine Leser finden werden. Allein die Anfangsinvestitionen der inzwischen eingestellten Murdoch-Zeitung „The Daily" sollen 30 Mio. $ betragen haben. Die Zeitung wird sang- und klanglos verschwinden, ohne Spuren im Web zu hinterlassen. Vielleicht bot die App ja großartige Inhalte – ich weiß es nicht, denn sie haben mich via Twitter, Facebook oder Foren, in denen ich aktiv bin, niemals erreicht.

Döpfner hat sich still und heimlich auch längst von der Tablet-Strategie verabschiedet: War Bild.de mit dem Start der kostenpflichtigen Bild-App lange von iPad und iPhone aus nicht aufrufbar, ist die Seite inzwischen wieder frei.

5. *„Das Hauptproblem ist die Gratis-Kultur im Netz"*

Das Hauptproblem des Journalismus im Netz ist, wie lächerlich wenig Anzeigenkunden für Online-Werbung bezahlen. Dieser sogenannte Tausender-Kontakt-

Preis (TKP) beträgt online nur einen Bruchteil von dem, was im Printjournalismus gezahlt wird. Würden hier vergleichbare Preise wie in Print bezahlt, wäre das angesichts der enorm höheren Reichweite, die journalistische Marken in der Regel online erzielen, schon die halbe Miete.

Rabatte von 90 % auf den Listenpreis sind im Onlinejournalismus die Regel. Dabei erhalten die Werbetreibenden hier im Grund eine viel härtere Währung als im Print: Sie können tatsächlich messen, wie viele Leser (oder zumindest IP-Adressen, was nicht ganz dasselbe ist) eine Werbung gesehen haben, wie lange sie sie gesehen haben, ob sie geklickt haben, usw. Keine geschönte Auflage dank Bordexemplaren, keine zurechtgebogene Reichweite, weil ein Exemplar eines Printprodukts angeblich durch vier Hände geht. Bei einer Printanzeige kann sich kein Werbetreibender sicher sein, dass die Anzeige von einem der angeblichen Leser überhaupt gesehen wird – immerhin könnte er die entsprechende Seite auch überblättern.

Was also ist das Problem? Natürlich hat das niedrige Niveau der Online-Anzeigenpreise mehrere Faktoren: Da wäre die größere Konkurrenz durch alternative Werbeflächen wie Google und Facebook, sowie dank Google AdSense sogar privater Websites. Vielleicht spielt eine Rolle, dass normalerweise Menschen aus der Generation 50 + über die großen Werbebudgets entscheiden, für deren Lebenswelt immer noch Print die erste Geige spielt. Nicht zuletzt, glaube ich aber, tragen auch die Verlage selbst eine Mitschuld an der Misere: Ich habe schon mitbekommen, wie verlagseigene Vermarkter Print als das Hochglanz-Premium-Produkt angepriesen haben, während Onlinewerbung eher als Rudis Resterampe verkloppt wird. Das mag nicht zuletzt auch an den niedrigeren journalistischen Qualitätsstandards liegen, die online gelten – und zwar ebenfalls als Resultat der Verlagspolitik.

In der Online-Werbung liegt noch ein großes Potential, wenn sie nur gut und nicht nervig umgesetzt wird. So praktisch beispielsweise Google für den Online-Direktvertrieb von Produkten auch sein mag: Für die Markenbildung werden Werbetreibende um Online-Inhalte absehbar nicht herumkommen – insbesondere, wenn auch das Fernsehen noch weiter Reichweite verliert.

URL: http://www.carta.info/52087/die-lebenslugen-der-digitalen-avantgarde-und-der-verlage/ vom 13. Dezember 2012

# Über das schwierige Geschäft des Journalismus

## Stephan Weichert

Man muss sich über das „Geschäft des Journalismus", wie es Max Weber im Zuge seiner gescheiterten Presse-Enquete einst abschätzig nannte, nicht unbedingt mehr sorgen als nötig: Immerhin hat die privatwirtschaftliche Querfinanzierung des Metiers auf den Werbe- und Rubrikenmärkten über viele Jahrzehnte grandios funktioniert, um nicht zu sagen: Es hat viele Leute steinreich gemacht. Das „News Business", besonders auch das gedruckter Zeitungen, konnte den empfindlichen Schwingungen des Marktes trotzen und hat bisher alle Krisen heil überstanden. Daneben existiert mit dem öffentlich-rechtlichen Rundfunk eines der reichsten und luxuriös ausgestatteten Oasen für Qualitätsjournalismus, die weltweit ihresgleichen sucht.

Dennoch liegt der Reiz in der Suche nach alternativen Erlösmodellen darin, schon zu Zeiten eines intakten Journalismus die verschiedenen Alternativen seiner Finanzierung abzuwägen – und nicht erst, wenn die kommerziellen Quellen versiegt sind. Im Kern geht es dabei um hochspannende Formen zivilgesellschaftlicher Finanzierung des Journalismus als öffentliches Kollektivgut, das ausschließlich im Dienste demokratischer Gesellschaften steht. Zentral für diesen inzwischen zwar vielfach beschriebenen, jedoch in Deutschland noch nicht wirklich beschrittenen „dritten Weg" ist mithin die Frage, wie sich ein öffentliches Finanzierungsmodell gestalten ließe, das „mit dem Gebot der Staatsferne und der Pressefreiheit vereinbar ist" – so jedenfalls fordert es Marie Louise Kiefer. Kiefer glaubt, dass ein derartiges Szenario nur funktioniert, wenn ihm einige Selbstorganisationsprozesse innerhalb des journalistischen Systems vorausgehen, aber auch der Staat entsprechende Rahmenbedingungen dafür schafft.

S. Weichert (✉)
Hamburg, Deutschland
E-Mail: weichert@vocer.org

C. Kappes et al. (Hrsg.), *Medienwandel kompakt 2011–2013*,
DOI 10.1007/978-3-658-00849-9_50, © Springer Fachmedien Wiesbaden 2014

## Vom Konsumgut zum Kollektivwert?

Vorrangig geht es also um die gesellschaftliche Versorgung eines Qualitätsjournalismus, der – losgelöst von privatwirtschaftlichen Interessen und unabhängig vom Diktat des Marktes – existieren und langfristig auch prosperieren kann. Journalismus ist in dieser Sichtweise keine Ware mehr, die sich am Markt verkaufen muss. Noch zählt er zu den Institutionen, die dauerhaft subventioniert oder über öffentlich-rechtliche Gebühren prolongiert werden müssen. Vielmehr beschreibt der neue Modus einer „Kollektivfinanzierung" einen autonomen, eben einen „dritten Weg" jenseits marktwirtschaftlicher Wettbewerbsmodelle und des öffentlich-rechtlichen Systems, der die gesamte Angebotspalette zivilgesellschaftlicher und öffentlicher Zuschüsse auszureizen weiß – sei es über private und öffentliche Stiftungen, Privatspenden, Mäzenatentum und Partnerschaften mit bestehenden (staatlichen) Bildungseinrichtungen.

Wertvolle Anregungen hierzu liefern Leonard Downie Jr. und Michael Schudson. In einer 2009 erschienenen Studie bringen sie steuerliche Begünstigungen und Differenzierungen unterschiedlicher Medien, aber auch Steuerbegünstigungen für die Stifter und Spender selbst ins Spiel.

Der Philosoph Jürgen Habermas befeuerte, vielleicht ohne es zu ahnen, vor fünf Jahren mit einem Essay in der „Süddeutschen Zeitung" erneut die Debatte über den „Strukturwandel der journalistischen Finanzierbarkeit". Zur angeschlagenen Presse stellte er lakonisch fest, dass sich „keine Demokratie ein Marktversagen auf diesem Sektor leisten" könne, und deutete damit zugleich die größte mediale Herausforderung unserer Zeit an: ob und wie der Geist der gedruckten Presse – in welcher Aggregatsform auch immer – konserviert werden könne.

Im Rekurs auf Habermas ließe sich sogar noch viel grundsätzlicher argumentieren, dass Artikel 5 GG die Politik sogar dazu verpflichtet, eine vielfältige, freie Presse zu erhalten. In jedem Fall wirft der Vorschlag, den Journalismus nicht als Umsatz und Gewinn, sondern als demokratierelevante, förderungswürdige Institution zu begreifen, auch die Frage auf, welchen Journalismus sich unsere Demokratie zu leisten imstande ist – und inwieweit sie bereit ist, die ökonomische Abhängigkeit von Markt und Kommerz gegen mögliche neu entstehende Abhängigkeiten von öffentlichen Einrichtungen, Hochschulen, Philanthropen oder Stiftungen einzutauschen. Wenn sich die Lage für die Qualitätspresse weiter zuspitzt, und davon kann man heute ausgehen, ist eine breite Debatte über weiterführende Strategien und „dritte Wege" – auch unter Teilhabe der Öffentlichkeit – umso notwendiger, die auf die Verteidigung der Unabhängigkeit und Überparteilichkeit der Presse zielen muss. Der dritte Weg ist ein noch wenig erkundeter abseits der Hauptstraßen von Werbefinanzierung und Verkaufseinnahmen.

Es reicht dagegen bei weitem nicht, wenn sich die Verlagsbranche mit dem öffentlich-rechtlichen Rundfunk in scheinbar endlosen Scharmützeln über Leistungsschutzrechte und Drei-Stufen-Tests ergeht, während es nach wie vor an kreativen Ausblicken und Szenarien mangelt, wie der Journalismus in zehn, fünfzehn Jahren überhaupt noch funktionieren könnte.

## Neue Erlösquellen: Fünf konstruktive Modelle

Gefragt werden sollte deshalb nicht in erster Linie nach der Zukunft von publizistischen Verwertungsketten und merkantilen Befindlichkeiten, sondern danach, wie die bewährten Grundprinzipien eines verantwortungsbewussten, anspruchsvollen Metiers unter Absicherung seiner finanziellen Ressourcen auf lange Sicht in die digitalen Umgebungen transformiert werden können. Leif Kramp und ich haben dazu vor drei Jahren in der „Zeit" fünf viel versprechende Lösungen vorgestellt, die mit einigen Änderungen so aktuell sind wie damals:

1. *Die zivilgesellschaftliche Lösung: Crowdfunding*

An wohl keinem Finanzierungsversuch scheiden sich die journalistischen Geister so sehr wie an der Möglichkeit, den Nutzer bei der Aufrechterhaltung von Qualität höchstselbst in die Pflicht zu nehmen – und zwar als direkter Finanzier journalistischer Geschichten: Während die Strategie, Artikel gegen Einzelgebühren herunterzuladen oder kostenpflichtige Paywalls einzurichten, weitgehend als gescheitert gilt, ist das so genannte Crowdfunding („Schwarmfinanzierung") – nicht nur im Journalismus, sondern auch in anderen unterfinanzierten öffentlichen Bereichen wie Kultur und Bildung – in Deutschland groß im Kommen. Ein „dritter Weg" ist hier zunächst am undeutlichsten erkennbar, weil, so ließe sich argumentieren, derlei Spenden an gemeinnützige Redaktionen, Organisationen und Initiativen letztlich nur die Abverkäufe journalistischer Produkte am Markt kompensieren helfen. Andererseits ist diese alternative Finanzierungsmöglichkeit durch Klein- und Einzelspenden der Nutzer (crowd) vielleicht die ureigenste und ehrlichste Form einer zivilgesellschaftlichen Unterstützung für journalistische Inhalte.

Mithin erscheinen Appelle an die Solidarität der Leser aussichtsreicher als integrierte Zahlsysteme, an die sich viele Medienmanager klammern. Schließlich gibt es auch mit direkter Beteiligungen des Publikums in Form von Volksaktien mit der „taz" ein Modell, das bereits seit 1992 existiert, bisher allerdings nur wenige Nachahmer gefunden hat. Dass ähnlich radikale Crowdfunding-Ansätze auch im großen Maßstab funktionieren, zeigt jedoch ein hyperlokales Portal aus San Fran-

cisco: Der Name „Spot.Us" ist hier Programm – nach dem Prinzip „Rent-a-Journa-
list" können zahlende Nutzer für Beträge ab 20 $ einzelne Reporter unterstützen,
damit diese kommunale Reizthemen im sozialen Milieu der Bürger recherchieren
und publik machen. Reporter ziehen erst los, wenn ein bestimmtes Honorar für
die geplante Story gespendet wurde. Das ursprüngliche Abonnementmodell findet
hier also seine Entsprechung auf der Mikroebene: Der Leser investiert nicht mehr
in teures Papier und Vertriebswege, sondern das Geld fließt direkt in die journalistische Arbeit.

## 2.  Die stiftungspolitische Lösung: Mäzenatentum

Privates Kapital, das reiche Mitbürger und Unternehmer spenden, hat als zivil-
gesellschaftliches Instrument der Journalismusförderung eine enorme Relevanz
bekommen. Gerade, wenn es sich um Millioneninvestitionen von einzelnen Philanthropen wie im Falle des unabhängigen Redaktionsbüros Pro Publica in New
York City handelt, das seit Anfang 2008 vorrangig von der milliardenschweren Stiftung des US-Bankerehepaars Herbert und Marion Sandler mit rund zehn Millionen Dollar jährlich gefördert wird, wird schnell klar, dass dies ein sehr mächtiges
Förderinstrument ist. Non-Profit-Projekte und -initiativen in dieser Liga, die wie
Pro Publica im großen Stil über Stiftungen finanziert werden, gibt es in den USA
inzwischen zuhauf – und es werden mit jedem Monat mehr. Bei diesem Modell des
Mäzenatentums kommt unweigerlich auch der Gedanke ins Spiel, dass auf diese
Weise dauerhaft geförderte Medienunternehmen eigene Stiftungen ausgründen,
um als gemeinnützige Organisationen in nicht-kommerzieller Trägerschaft agieren
zu können – was allerdings nicht neu ist: So verteidigt die „Fazit-Stiftung" seit Jahrzehnten die finanzielle Unabhängigkeit der „Frankfurter Allgemeinen Zeitung", in
Großbritannien wähnt sich der „Guardian" in der Obhut des gemeinnützigen „Scott
Trust", und in den USA braucht die „St. Petersburg Times" durch den Schutz der
mächtigen „Poynter Stiftung" die Schwingungen der Wall Street nicht zu fürchten.

## 3.  Die medienpolitische Lösung: öffentliche Gebühren

Geradewegs in das Epizentrum der deutschen Medienpolitik zielt die Idee einer
durch öffentlich-rechtliche Gebührengelder getragene „Stiftung für Qualitätsjournalismus", bei der sich Interessenten (Journalisten, Redaktionen, Blogger, Online-
Portale) beispielsweise um eine Förderung für aufwändige Rechercheprojekte, Exzellenzstipendien und Auslandsaufenthalte im Dienste des Qualitätsjournalismus
bewerben können. Ein Stück des gesamten Gebührenkuchens, der mit über sieben
Milliarden Euro auch im internationalen Vergleich sehr üppig ausfällt, würde er-

heblich finanzielle Lücken zu schließen helfen und eine langfristige Sorgenfreiheit bedeuten. Den Horrorvisionen des Missbrauchs als politisches Druckmittel und der staatlichen Einflussnahme zum Trotz, hat sich gerade in der Medienkrise gezeigt, wie immun der öffentlich-rechtliche Journalismus gegenüber den Schwankungen des Wettbewerbs ist – und sich im Gegensatz zum labilen Marktmodell der Presse behaupten konnte. Eine geringe monatliche Abgabe aller der rund 40 Mio. deutscher Haushalte von sagen wir zwei Euro, entspricht einer knappen Milliarde Euro pro Jahr, die einem solchen Pressefonds zur Förderung innovativer journalistischer Initiativen und Projekte aus Print, Fernsehen, Hörfunk und Online unter dem Vorzeichen der Digitalisierung zufließen könnten, erscheint gegenüber den häufig überzogenen Renditeerwartungen mancher Verlagsgeschäftsführer als zu verschmerzender Soli-Beitrag für das öffentliche Seelenheil unserer Demokratie. Das geringe Restrisiko einer schwierigen bis ungerechten Verteilung dieser Mittel würde man zugunsten einer Stärkung der journalistischen Vielfalt und der inneren Pressefreiheit billigend in Kauf nehmen.

4. *Die wirtschaftspolitische Lösung: Kultur-Flatrate*

Eine weitere Lösung steckt hinter dem Modell einer gesetzlich geregelten Zugangsgebühr, die jeweils von Internetprovidern und Kabelnetzbetreibern pauschal entrichtet werden und idealerweise von einer branchenübergreifenden Behörde, die beide Wirtschaftszweige vertritt, zentral verteilt würde. Diese „Kopfpauschale" auf Internetanschlüsse, die nun schon länger unter dem Stichwort der Kultur-Flatrate unter anderem von den „Grünen" propagiert wird und zuletzt in der Urheberrechtsdebatte wieder eine große Rolle spielte, dient dazu, Urheberrechtsvergütungen für das digitale Kopieren von Inhalten pauschal abzugelten. Eine an Rechteinhaber ausgeschüttete Pauschalgebühr müsste, um einen „dritten Weg" zu gehen, um den publizistischen Förderaspekt zum Erhalt des Qualitätsjournalismus erweitert werden: Während die Zugangsanbieter, die den Nutzern per Soft- oder Hardware den Weg ins Internet ebnen, jeden ihrer Kunden mit einer monatlichen Zusatzgebühr in Höhe von wenigen Cents zur Kasse bitten könnten, müssten Suchmaschinen wie Google die Produzenten journalistischen Contents prozentual an ihren Werbe- und Anzeigenumsätzen beteiligen, um deren Beiträge und Bilder uneingeschränkt verlinken und aufrufen zu können. Kino- und Musiksektor machen mit der „Gema" seit Langem vor, dass dieses Modell praxistauglich ist. Um die digitale Kulturgebühr möglichst gerecht erheben und an Journalisten, Filmemacher, Publizisten und Fotografen ausschütten zu können, sollten am ehesten Verwertungsgesellschaften wie „Gema", „VG Bild-Kunst" und „VG Wort" Nutzungs-Richtwerte des jeweiligen Medienangebots ermitteln.

## 5. *Die bildungspolitische Lösung: Öffentliche Einrichtungen*

Das im Vergleich mit den anderen Modellen etwas abgespeckte, aber ebenso beachtenswerte Szenario ist mehr Ergänzung denn Basismodell: Es fußt auf der korporativen Vernetzung bestehender öffentlicher Bildungseinrichtungen, gemeinnütziger Institute, unabhängiger Initiativen und Vereine, um eine publizistische Vielfalt zu gewährleisten. Ohnehin schon größtenteils aus Steuergeldern finanziert, verspräche eine stärkere Einbindung von Hochschulen, Medienakademien, Kirchen und Bildungsträgern in die journalistische Aus- und Weiterbildung, aber auch zur Errichtung journalistischer „Innovation Labs" und Denkfabriken, bei der Vergabe von Exzellenzstipendien und zum Anstoß konkreter Förderprogramme nicht nur die nötige Kontinuität einer öffentlichen Alimentierung des Journalismus. Es ergeben sich zwischen Redaktionen und Hochschulen gegenseitige, generationenübergreifende Lerneffekte – eine Art Win-Win-Situation für alle Beteiligten.

Die Herausforderungen des digitalen Medienwandels lassen sich gemeinsam nicht nur besser verstehen, sondern auch bewältigen: Während sich traditionelle Redaktionen in solchen Kooperationen stärker als lernende Organisationen begreifen, zeichnen sich viele Ausbildungsstätten durch hohe Flexibilität und ein enormes Kreativpotenzial aus. Eine mit üppigeren Finanzmitteln ausgestattete und vom Innenministerium stärker entkoppelte Bundeszentrale für politische Bildung wäre speziell in Deutschland aufgrund ihrer bildungspolitischen Leitziele als Clearingstelle zur Sicherung des Qualitätsjournalismus wie geschaffen. Voraussetzung wäre, den Erhalt des Qualitätsjournalismus auch als Aufgabe der Bildungspolitik für eine reibungslos funktionierende demokratische Grundordnung zu begreifen. Noch radikaler wäre es, Redaktionen selbst den Status einer Bildungseinrichtung zuzuerkennen, damit diese weitgehend steuerbefreit arbeiten können. Solche indirekten staatlichen Anreize wären für den Journalismus allemal eine bessere Lösung, als etwa einzelne Gattungen wie die Zeitungen über Jahrzehnte nach dem Gießkannenprinzip mit einer Art Medien-Abwrackprämie zu bezuschussen, wie es in anderen Ländern Europas geschieht.

Es soll hier nicht in Abrede gestellt werden, dass privatwirtschaftliche Medien und der öffentlich-rechtliche Rundfunk weiterhin für unsere publizistische Grundversorgung aufkommen können – zumindest für die kommenden Jahre. Spätestens dann wird allerdings eine der wenig vergnüglichen Fragestellungen die nach einem funktionierenden Geschäftsmodell für den Journalismus als demokratierelevanter Säule sein. Bis dahin geht es nun darum, rückläufige Nischenangebote und innovative Neugründungen im Journalismus über einen „dritten Weg" durch eines der beschriebenen Modelle abzusichern – gerade weil von ihnen ganz wesentliche Impulse für die Neuerfindung des Handwerks ausgehen, von der im Idealfall die gesamte Medienbranche – und damit auch die Zivilgesellschaft – profitieren.

Hinweis: Die Bundeszentrale für politische Bildung gehört zu den Finanziers von VOCER.

URL: http://www.vocer.org/de/artikel/do/detail/id/236/ueber-das-schwierige-geschaeft-des-journalismus.html?page=2 vom 31. Juli 2012

# Der bequeme Mythos von den angeblich innovationsunfähigen Verlagen

## Wolfgang Michal

Die großen Verlage verändern sich schneller als manche denken. Sie werden zu Handelshäusern und Volksbildungsinstituten mit Event-Charakter. Das hat Folgen für Pressefreiheit und Öffentlichkeit. Ein Appell an Blogger und Netzaktivisten, endlich die Realitäten wahrzunehmen.

Bei nicht ganz unbekannten Bloggern zählt es zu den beliebten (weil bequemen) Übungen, auf das *Innovationsversagen* der großen Presseverlage einzudreschen – wie jüngst wieder anlässlich der Präsentation des Gesetzentwurfs zum Leistungsschutzrecht. Die Verlage, heißt es großmäulig, würden den digitalen Wandel verpassen, weil sie zu träge und zu blöde seien. Sie würden ihre Zukunft verspielen. „Geht sterben!" kräht es dann durch die Kommentare und sozialen Netzwerke.

Das ist – mit Verlaub – der größte Quatsch, den man über die Verlage verbreiten kann. Die Presseverlage sind heute innovativer als sämtliche Blogger zusammen. Ihre neuen Geschäftsmodelle *funktionieren (!!)*, ihre Zukunft sieht rosig aus. Sie verfügen über ein exzellentes *Change Management*. Sie bauen ihre Häuser zielstrebig zu internationalen Serviceagenturen um: zu Handelshäusern, Gemischtwarenläden, Event-Dienstleistern und Volksbildungsheimen. Was dies für die Öffentlichkeit bedeuten mag, wird im Netz viel zu wenig analysiert – dort pflegt man lieber mit Hingabe ein Bild von den Verlagshäusern, das noch aus dem letzten Jahrhundert stammt. Mit der Wirklichkeit hat dieses Zerrbild wenig zu tun.

## Von der Presse zum digitalen Gemischtwarenladen

*Springer* und *Burda* z. B. zählen in punkto digitaler Wandel zu den innovativsten Verlagen im Lande. Im November 2011 meldete *Springer*:

W. Michal (✉)
Salzhausen, Deutschland
E-Mail: michal.wolfgang@t-online.de

C. Kappes et al. (Hrsg.), *Medienwandel kompakt 2011–2013*,
DOI 10.1007/978-3-658-00849-9_51, © Springer Fachmedien Wiesbaden 2014

Das digitale Geschäft blieb erwartungsgemäß der wichtigste Wachstumstreiber des Konzerns... Mit einem Umsatzanstieg von 34,4 % im Segment Digitale Medien und einem Plus von 30,4 % im Segment Print International konnte der Konzern leicht rückläufige Erlöse bei den inländischen Printmedien erneut *überkompensieren...* Die digitalen Medien konnten das Ebitda auf 111,9 Mio. € verdoppeln und trugen damit rund 25 % zum Konzern-Ebitda bei. Die Rendite des Segments nahm von 11,1 auf 16,5 % zu... Die Zahl der Mitarbeiter legte durch den kontinuierlichen Personalaufbau im Bereich digitale Medien, die Einbeziehung von Ringier Axel Springer Media und die Akquisition von SeLoger.com und kaufDA im Neunmonatsdurchschnitt auf 12.520 (Vorjahr: 11.387) zu.

Diese Entwicklung beschleunigte sich in den folgenden sechs Monaten noch. Über das 1.Quartal 2012 berichtete *Springer*:

Durch das dynamische Wachstum der digitalen Medien konnte Axel Springer einen spürbaren Umsatzrückgang bei den internationalen Printmedien überkompensieren...Die Digitalen Medien wuchsen im ersten Quartal unverändert dynamisch und lieferten zudem den zweithöchsten Ergebnisbeitrag im Konzern... Dr. Mathias Döpfner, Vorstandsvorsitzender der Axel Springer AG: „Im ersten Quartal knüpften wir nahtlos an die ausgezeichnete Geschäftsentwicklung des Rekordjahres 2011 an. Mittlerweile stammen bereits mehr als die Hälfte der gesamten Werbeerlöse und ein Drittel des operativen Ergebnisses von Axel Springer aus dem digitalen Geschäft. In den vergangenen Monaten haben wir unsere digitalen Aktivitäten zudem mit gezielten Akquisitionen weiter verstärkt und hier vor allem die internationale Expansion vorangetrieben. Dabei orientieren wir uns konsequent an unserer klar definierten Digitalisierungsstrategie. In den ersten Monaten des laufenden Geschäftsjahres trieb der Konzern diese unter anderem durch den Erwerb des britischen Online-Recruiting-Unternehmens Totaljobs.com sowie durch die Internationalisierung von Angeboten wie kaufDA und iKiosk voran... Das Segment Digitale Medien trug mit 33,3 % zum Gesamtumsatz des Konzerns bei... Das Segment steigerte die Rendite auf 17,8 %.

Das nennt man Erfolg durch Annahme des Wandels. *Springer* baut seine führenden Online-Ableger – *bild.de* und *sportbild.de* – konsequent aus und flankiert diesen Wandel durch politische „Maßnahmen" (wie der Forderung nach einem speziellen Leistungsschutzrecht). Springer installierte einen „Programmdirektor Bewegtbild" in der *Bild*-Chefredaktion und ist auch führend bei der App-Entwicklung. Der Verlag streamt Spiele der türkischen Fußball-Ligen und kauft ein erfolgreiches Internetportal nach dem anderen. Es sind so viele inzwischen (etwa 150), dass man sie gar nicht mehr aufzählen kann, darunter Reise-, Immobilien-, Job-, Auto-, Rabatt-, Mode- und Finanzportale im In- und Ausland (u. a. *idealo.de, seloger.com, Stylebook, gofeminin.de, finanzen.net, kaufda.de*).

Auch der *Burda*-Verlag entwächst mit Riesenschritten seinem alten Strickmo-denmagazin-Image. Unter dem Stichwort „Wachstum durch Wandel" meldete der Konzern im März – wie *Springer* – einen Rekordumsatz für das Jahr 2011:

> Hauptursache für die Umsatzsteigerung war ein kräftiges Wachstum in den Bereichen Digital, Druck und Verlag Ausland. Der Bereich Digital steigerte sich auf 937,2 Mio. € (2010: 587, 2 Mio.). In diesen Umsatzerlösen ist die erstmals voll konsolidierte zoo-plus AG in Höhe von rund 245 Mio. € enthalten. Mit 43,1 % erzielte der Bereich Digi-tal den größten Anteil am Gesamtumsatz.

Das heißt, fast jeder zweite Euro kommt bei *Burda* heute aus dem Digitalgeschäft. Dazu zählen Reiseportale, Singlebörsen oder Online-Versandhändler. Mit dem Verkauf von Tierfutter über das Internet wird *Burda* schon bald mehr erlösen als mit seinen gedruckten Hochglanz-Magazinen. Das einstige Medienhaus verwan-delt sich in einen Gemischtwarenladen mit dominanter E-Commerce-Abteilung.

Auch die anderen großen Verlage bewegen sich in diese Richtung – manche mit hohem Tempo (wie die Holtzbrincks), manche etwas zögerlich (wie Gruner & Jahr). Aber keiner dieser Verlage lebt noch im 20. Jahrhundert oder hätte den digi-talen Wandel nicht begriffen. Dieses Ammenmärchen, das einige Blogger (die viel-leicht gerne Verlagsberater wären) in ihrer Netzklientel verbreiten, trägt zu einer völligen Fehlwahrnehmung der Situation bei.

## Vom Journalismus zur Volkshochschule

Den vielleicht interessantesten Wandel vollziehen dabei jene Häuser, die Qualitäts-produkte herstellen und dabei z. T. auf den Fundus großer Buchverlage zurückgrei-fen können, allen voran *Die Zeit* und – in deren Schlepptau – jetzt auch die *FAZ* (während die Münchner *SZ* aufgrund ihrer Eigentümerstruktur und ihres süddeut-schen Phlegmas noch etwas zögert, *Bertelsmann* im Digitalsegment zu sprunghaft erscheint und *Der Spiegel* intern noch ein paar Machtkämpfe auszutragen hat).

Der *Zeit*-Verlag als Herzstück des *Holtzbrinck*-Konzerns und *Die Zeit* als Inbe-griff des Bildungsbürgertums bauen ihre starke Stellung im Bereich Bildung weiter aus und verwandeln sich in eine Art Volkshochschule für lebenslanges Lernen. Die Bildungsexpansion wird sich dabei auf zwei Kanälen vollziehen: zum einen digital, im Bereich der Produktion und des Vertriebs qualitativ hochwertigen Lehr- und Lernmaterials, des so genannten E-Learnings (aber auch im Bereich der Wissen-schafts-Publikationen). *Zum anderen* in der Form erlebbarer Events (etwa im Rahmen der *Zeit-Akademie*): Unter der vielseitig verwendbaren Dachmarke *Zeit* soll es künftig vermehrt <u>Veranstaltungen</u> in Universitäten, Volkshochschulen, Gymnasien, Theatern und anderen Spielstätten geben. Die *Zeit*-Tochter *Tempus Corporate* produziert für Stiftungen, Universitäten und wissenschaftliche Institute. Hier ist das Potential noch lange nicht ausgeschöpft.

Aber auch die konsequente Ausrichtung des Medienhauses auf die digitale Zukunft ist bemerkenswert. Während Regionalzeitungs-Engagements zurückgefahren werden, wird digital fleißig zugekauft. E-Commerce und Online-Portale wie *buecher.de, MyHammer, Parship, NetDoktor.de, meinestadt.de, golem.de* florieren. Und natürlich gibt es in <u>solchen Verlagen</u> – anders als manche Blogger <u>vermuten</u> – schon lange eLabs, Networks und die für Online-Experimente besonders aufgeschlossenen <u>Venture-Abteilungen</u>.

> Der ZEIT Verlag hat 2011 in allen wichtigen Kennzahlen ein neues Rekordjahr erreicht. So stiegen die Gesamterlöse des Hamburger Verlagshauses auf 151 Mio. Euro, das sind 13 % mehr als in 2010 (134 Mio. Euro). Seit 2003 hat der ZEIT Verlag seinen Umsatz mehr als verdoppelt.
> Rund 30 % des Gesamtumsatzes entfielen 2011 auf die Neuen Geschäftsfelder (Magazine, Editionen, Veranstaltungen sowie TEMPUS CORPORATE) und die Online-Aktivitäten, also ZEIT ONLINE und academics.de, das Karriereportal für Wissenschaft und Forschung, das der ZEIT Verlag gemeinsam mit dem deutschen Hochschulverband betreibt.
> ZEIT ONLINE legte in 2011 kräftig an Reichweite und Umsatz zu. Im Mittelwert zum jeweiligen Vorjahresmonat stiegen die Visits um 38 %. Bei den klassischen Werbeerlösen erzielte ZEIT ONLINE ein Wachstum von 50 %.

Auch die *FAZ GmbH* – die in diesem Jahr ausnahmsweise nicht mit einem Rekordwachstum prahlen kann – <u>folgt jetzt</u> den Spuren der erfolgreichen *Zeit* und will mehr auf Weiterbildung und den Ausbau digitaler Aktivitäten setzen.

> Die Vermarktung elektronischer Produkte des Archivs sowie der neue Dienst FAZ-Research und der Verkauf von Lizenzen und Nachdruckrechten liefen gut. Der Online-Werbemarkt wuchs „ansehnlich"… Nach dem Relaunch des Internetauftritts faz.net und neuen iPad-Apps will die FAZ-Gruppe auch die digitalen Möglichkeiten weiter ausschöpfen, um ‚mehr junge Leute für seriösen Journalismus zu begeistern'.

Vergleicht man diese Bereitschaft, den digitalen Wandel zu gestalten mit dem, was an verlagsunabhängigen Online-Aktivitäten (Blogs, Magazine, Plattformen) im Netz existiert, dann sehen nicht etwa die viel <u>gescholtenen</u> Presseverlage, sondern die freien Blogs ziemlich alt aus. Und das ist bitter. Denn die Umwandlung der

vermeintlich innovationsfaulen Medienhäuser in Tierfutterverkäufer, Partnerver-
mittlungsanstalten und Weiterbildungskonzerne ist nicht unbedingt ein Gewinn
für die Freiheit und Unabhängigkeit künftiger Medienangebote.

URL: http://www.carta.info/45257/ vom 24. Juni 2012

# Der Mythos von den innovationsfreudigen Verlagen

## Thomas Knüwer

*Dem Gummistiefelhersteller Nokia geht es nicht gut …*
Ne, warte. Ich komm nochmal neu rein.
*Der Pharmakonzern BASF …*
Auch nicht gut. Nochmal …
*Der Stahlkonzern TUI in Hannover.*
Keine Sorge, ich bin nicht verrückt geworden. Dies sind nur drei Beispiele dafür, dass Unternehmen sich in ihrem langen Leben teilweise gewaltig wandeln können. So sehr, dass sie mit ihren Anfängen absolut nichts mehr gemein haben. Nokia hat eben mal Gummistiefel hergestellt, BASF hatte einen gewichtigen Pharma-Arm (und produzierte ja auch mal Tonbänder und Kassetten), die Wurzeln der heutigen TUI liegen beim Industrieunternehmen Preussag. Solch ein Wandel ist das, was der Ökonom Schumpeter unter schöpferischer Zerstörung einordnete: Manchmal erfordert der Wandel der Welt die radikale Veränderung.

Dies als Einleitung zu einer Replik auf einen Artikel, der gestern beim Online-Magazin Carta erschien. „Der bequeme Mythos von den angeblich innovationsunfähigen Verlagen" ist er überschrieben worden vom geschätzten Wolfgang Michal (Disclosure: Wir gehörten beide zu den Autoren des Internet-Manifests). Wolfgang greift die hier von mir und anderenorts ebenfalls immer wieder geäußerte Meinung auf, dass Deutschlands Verlage innovationsfeindlich sind und schreibt:

Das ist – mit Verlaub – der größte Quatsch, den man über die Verlage verbreiten kann.

Woran er das festmacht? Am steigenden Digital-Anteil in den Bilanzen der Großverlage.

T. Knüwer (✉)
Düsseldorf, Deutschland
E-Mail: k@kpunktnull.de

C. Kappes et al. (Hrsg.), *Medienwandel kompakt 2011–2013*,
DOI 10.1007/978-3-658-00849-9_52, © Springer Fachmedien Wiesbaden 2014

Beispiel: Axel Springer AG. Man muss die Berliner nicht mögen. Aber tatsächlich sind sie in vielen Dingen weiter als die Konkurrenz. Nur: Sie können sich das auch leisten. Wie erfolgreich welche digitalen Aktivitäten sind – das ist jedoch vollkommen offen. In seinem Geschäftsbericht rühmt sich das Haus eines steigenden – und ohne Frage beeindruckenden – Digital-Anteils Allerdings bestehen die Geschäftsfelder längst nicht mehr allein aus journalistischen Inhalten, neben die Werbung platziert wird. Springer ist auch Betreiber von Online-Marktplätzen wie Immonet, SeLoger oder Stepstone. Und schließlich gibt es noch die Online-Werbevermarktung mit Diensten wie Zanox oder Kaufda. Wer wie und wo Geld verdient lässt sich nur in Ausnahmefällen sagen. Wie die meisten Verlage drückt sich auch Springer um eine separate Veröffentlichung von Bilanzen herum. Bei Zanox lässt sich für das Geschäftsjahr 2010 immerhin konstatieren, dass der Werbevermarkter profitabel war bei sinkenden Gewinnen. Kaufda hingegen ist Teil der Juno Internet und die fuhr 2010 ein Minus von rund einer halben Million Euro ein. Irgendwo aber wird in diesem bunten Kranz digitaler Dienste viel Geld verdient. Nur: Hat das noch etwas mit dem Verlagswesen zu tun?

Sicher, Kleinanzeigen sind klassisches Verlagsgeschäft. Nur dienten diese eben früher dazu Journalismus zu finanzieren. Heute aber sind die Anzeigenportale komplett unabhängige Angebote. Dies gilt ebenso für den Online-Vermarkter Zanox. Natürlich wird er auch auf den Seiten von Springer eingesetzt (nehme ich jetzt mal an). Doch genauso kann ihn jeder andere für sich nutzen.

Und Springers Paid Content? Noch immer fehlen hier konkretere Wirtschaftsdaten. Auffällig aber ist, dass bei iTunes die Apps der „Bild" und der „Welt" zu den umsatzstärksten gehörten, nun aber deutlich abgefallen sind. „Bild" liegt nun auf Rang 17, die der „Welt" kann ich gar nicht mehr entdecken.

Tja, und die Innovationen? Sind eher selten. Denn tatsächlich sind dies ja kaum Eigenentwicklungen – sondern Zukäufe. So übernahmen Springer und die Schweizer Publigroup Zanox im Jahr 2007 für 214,9 Mill. Euro. Fallen solch teuren Akquisitionen unter Innovation?

Das gleiche Thema haben wir bei Burda, einem weiteren Beispiel bei Carta. Die Münchener meldeten 2011 einen Rekordumsatz – jedoch nur, weil sei eine Digitaltochter zum ersten Mal voll in die Bilanz stellten: Zooplus. Einen Händler für Tierfutter. Nun ist der Tierfutterhandel ein ehrbares Geschäft – aber ist es ein Verlagsgeschäft?

Carta schreibt: „*Das heißt, fast jeder zweite Euro kommt bei Burda heute aus dem Digitalgeschäft.*" Und das wäre toll, wenn nicht ein Blick ins Kleingedruckte nötig wäre. Denn Burda hat einen gewichtigen Teil seiner selbst einfach mal umbilanziert: die Burda Direkt Services. Die betreiben zwar auch Online-Shops. Das Brot-und-Butter-Geschäft aber ist das Verkloppen von Abos. Wenn Sie wieder mal einen Anruf bekommen in dem es heißt, Sie hätten doch an diesem Gewinnspiel teilgenommen (von dem Sie nichts wissen), aber leider nicht gewonnen, dafür aber könnten Sie jetzt ein Abo zu besonderen Konditionen beziehen – dann könnte es sein, dass Sie einen Mitarbeiter dieses Unternehmensparts an der Strippe haben. Ist das überhaupt digital, nur weil eine Datenbank dahinter hängt? Und ist das innovativ? Übrigens ist sogar die Konferenzreihe DLD unter dem Digitalbereich aufgehängt. Und die Radiobeteiligungen. Und die TV-Beteiligungen.

Schließlich erwähnt Carta noch die Häuser Holtzbrinck, wobei keine Trennung aufgemacht wird zwischen den getrennten Verlagen der Brüder. Beginnen wir zunächst mit dem großen Bruder mit dem kleinen Unternehmen. Dieter von Holtzbrinck, eigentlich schon Privatier, sah sich 2009 genötigt in Form der DVH Medienholding wieder aktiv zu werden. Er hatte sich von seinem jüngeren Halbbruder Stefan auszahlen lassen, dies jedoch hatte dem Medienkonzern laut Branchengerüchten ein paar Liquiditätsschwierigkeiten bereitet. So übernahm Dieter von Holtzbrinck die Verlagsgruppe Handelsblatt, den „Tagesspiegel" und die Hälfte des Zeit-Verlags. Als Innovations- und Digital-Treiber ist DVH bisher nicht auffällig geworden.

Die Ideen der „Zeit" sind ohne Frage redlich. Chefredakteur Wolfgang Blau ist für mich der kundigste Online-Chefredakteur der Republik, doch ist es auffällig, dass er sein Team vom Print-Redaktionsort Hamburg nach Berlin zog. Und ohnehin geht es der „Zeit" als Magazin auf Zeitungspapier wirtschaftlich besser als Tageszeitungen. Doch wird in diesen Tagen gemunkelt, die Abo-Auflage könne nur durch massive Fußgängerzonen-Werbung gehalten werden. Und die gilt als besonders teuer weil die Werber pro Abschluss einen nicht unerheblichen Batzen Geld kassieren. Zur Orientierung: Die Burda Direkt Services bieten einem neuen Zeit-Abnehmer eine Geldprämie von 80 Euro, was 43 % des Jahresabo-Preises sind. Gleichzeitig ist der Einzelverkauf in den vergangenen zwei Jahren um 11,2 % gesunken – unschön. Die „Zeit", so schreibt Carta, baue sich aber um zum Bildungsinstitut und zum Veranstalter – doch dies sind derzeit Ankündigungen.

Ganz anders das Stammhaus Georg von Holtzbrinck, bei dem der Weg klar ist: Weg von journalistischen Medien, hin zu anderen Geschäften. Zwar wird es weiterhin das Buchgeschäft geben. Doch bei dem sind die Stuttgarter genauso hinten dran in Sachen Digitalisierung wie all die anderen Verlage. Auch vom US-Ableger MacMillan ist bisher wenig außergewöhnlich innovatives zu hören (zumindest ist mir bisher wenig untergekommen). Doch alles andere wird systematisch verkauft, so wie jüngst die „Saarbrücker Zeitung", zu der auch „Trierischer Volksfreund" und „Lausitzer Rundschau" gehören.

Stattdessen zählen zu Holtzbrincks Digital-Aktivitäten wie die Handwerkerbörse Myhammer, das Dating Portal Parship oder die IT-Seite Golem. Und, natürlich, die rauchenden Ruinen der VZ-Netzwerke. Manche dieser Aktivitäten laufen richtig gut, auch hat Holtzbrinck schon einige sehr ordentliche Startup-Verkäufe hingelegt. Andere laufen ganz OK, wieder andere vzen vor sich hin. Nur muss auch hier wieder die Frage gestellt werden: Ist Parship eine Verlagsaktivität?

Tatsächlich sind die großen Verlage – und wir reden ja tatsächlich vor allem von den Großen – mit Innovationen am Markt. Nur haben die wenig bis gar nichts mit dem Verlagsgeschäft zu tun. Das ist so lange kein Problem wie im Management die Bereitschaft vorhanden ist, journalistische Angebote mit ihren sinkenden Einnahmen zu subventionieren durch steigende Einnahmen im Digitalbereich.

Darin aber liegt eine Gefahr: Journalismus wird zum Hobby. Und Hobbys können sich Unternehmen an der Börse definitiv nicht leisten – das werden sich die Investoren nicht bieten lassen. Doch auch ohne den Aktienmarkt (den in Deutschland ja nur Axel Springer und bald Bertelsmann betrifft): Wer sagt, dass die folgende Generation von Chefs solch wohlwollende Patriarchen sind? Wir erleben es ja bei Holtzbrinck: Die jüngere Generation mag nicht zahlen für Zeitungen und Zeitschriften und verkauft sie systematisch.

Und deshalb hat Wolfgang Michal zwar recht, wenn er den Verlagen als Unternehmen Innovationen unterstellt. Nur führt ihr Weg bei dieser Definition hin zu Nokia, BASF und Preussag: Irgendwann wird in ihren Wikipedia-Einträgen dann stehen, dass sie als Verlage angefangen haben – heute aber ganz andere Geschäfte betreiben.

URL: http://www.indiskretionehrensache.de/2012/06/verlage-innovation/ vom 25. Juni 2012

# Wie aus Internet-Plattformen Verlage werden

## Wolfgang Michal

Google, Facebook, YouTube, iTunes, Amazon, Twitter – sie alle wollen weg vom Image des beliebig beschmierbaren Schwarzen Bretts. Zunehmend fühlen sie sich für „ihre" Inhalte verantwortlich und bewerten, ordnen, filtern und hierarchisieren sie. So werden aus einst neutralen Dienstleistern allmählich Verleger neuen Typs.

Vor einiger Zeit habe ich die stille Verwandlung der klassischen Presseverlage in weitgehend presseferne Internet-Plattformen (Dienstleister) beschrieben. Heute möchte ich das Ganze einmal umdrehen und die stille Verwandlung der klassischen Plattformen (Dienstleister) in *Verlage neuen Typs* beschreiben. Denn beide Entwicklungen gehören zusammen – sie durchdringen einander. Wir wissen zwar noch nicht, welche Mischkonzerne und Multimediaplattformen aus diesen Kooperationen, Mesalliancen und Konvergenzen hervorgehen werden, aber eines zeichnet sich bereits ab: Die Reinform des Verlags ist ebenso passé wie die Reinform der Plattform. Beide lassen das Reinheitsgebot hinter sich und rackern sich ab auf dem Gebiet des jeweils anderen. Der personelle Austausch zwischen den alten Verlagen und den neuen Plattformen hat schon begonnen.

Zunächst aber einige Beispiele und Hinweise, wie sich die großen Plattformen *YouTube, Google, iTunes, Facebook, Amazon* und *Twitter* zu Verlagen neuen Typs entwickeln. Zwar gehört die Produktion von Medieninhalten noch nicht zu ihrem Kerngeschäft, aber der Weg dorthin wird Stück für Stück geebnet.

W. Michal (✉)
Salzhausen, Deutschland
E-Mail: michal.wolfgang@t-online.de

C. Kappes et al. (Hrsg.), *Medienwandel kompakt 2011–2013*,
DOI 10.1007/978-3-658-00849-9_53, © Springer Fachmedien Wiesbaden 2014

## Der beginnende Wandel

*YouTube* – Im April 2012 kündigte <u>YouTube</u> an, 200 Mio. $ in die Entwicklung professioneller Inhalte (und Kanäle) zu <u>investieren</u>. Das heißt, neue Video-Formate sollen extra für die Plattform produziert werden, und zwar nicht von twittern den Amateuren, sondern von etablierten und aufstrebenden Filmemachern und Fernsehprofis. Auch Organisationen (Unternehmen, NGOs, Vereine, Verbände oder Parteien) können Inhalte (also PR in eigener Sache) zuliefern (etwa *Bayern München* oder *VW*). Journalistische Standards werden bei diesen neuen „<u>Fernsehsendern</u>" erst mühsam erkämpft werden müssen. Denn *YouTube* ist – <u>wie die</u> Plattform *Hulu* – in erster Linie eine Unterhaltungs- und PR-Plattform. So lange diese neuen Fernsehsender noch kein echtes „Vollprogramm" anbieten können, arbeiten sie mit bestehenden Fernsehsendern – privaten und öffentlich-rechtlichen – zusammen. Das heißt, Kooperationen und Allianzen bilden die notwendige <u>Zwischenphase</u> des langfristig angelegten Integrations-, Verdrängungs- und Ablösungsprozesses der alten Medien.

*Google* – Der Mutterkonzern von *YouTube* unterstützt die Fernseh-Aktivitäten seiner aufgeweckten Tochter massiv, denn *Google* weiß, dass die Vorlieben und Vorgaben der zahlenden Werbeindustrie die schrittweise Ablösung der textlastigen Netzinhalte durch audiovisuelle Angebote erfordern. Der künftige Fernsehsender *YouTube* und das demnächst erwartete <u>Google-TV</u>, das auf der Basis des Betriebssystems *Android* und des Browsers *Chrome* Netzinhalte und Fernsehen miteinander verschmelzen will, werden das noch <u>spärliche</u> „Programmangebot" mit Hilfe klassischer Fernsehsender und Medienkonzerne auffüllen. *20th Century Fox* (die Film-Tochter der *News Corporation*) hat sich bereits als neuer <u>Zulieferbetrieb</u> angeboten. *Google* + entwickelt ebenfalls „<u>Programme</u>". Und die bei manchen Alt-Sendern noch vorhandenen Vorbehalte gegen die Plattformen werden spätestens dann bröckeln, wenn die Manager auf beiden Seiten aus dem gleichen Stall kommen. Die Mediendatenbank des *Instituts für Medien- und Kommunikationspolitik* (IfM) führt Google bereits auf der <u>Liste</u> der „50 größten internationalen Medienkonzerne" (auf Platz 3!).

*iTunes* – *Apple* ist durch seine Plattform *iTunes* längst in den Rang eines Weltvertriebs aufgestiegen. Die Entwicklung des mobilen Betriebssystems *iOS* macht das Abonnieren von Inhalten kinderleicht – und so bleibt den meisten Inhalte-Produzenten bei Verkauf und Vertrieb nur noch die Wahl zwischen *Apple* und *Google*. Stück für Stück müssen die alten Medienplayer so die Oberhoheit über ihr altes Geschäftsmodell <u>abgeben</u>. Filme, Musik, Fernsehsendungen, Podcasts, Zeitschriften,

Bücher – nichts läuft mehr ohne die Kontrolle des Gatekeepers *iTunes*. Und nicht nur die alten Verlage, Labels und Filmverleiher verkaufen über den *iTunes*-Store oder kooperieren mit ihm – die Urheber selbst entdecken den Store als ihren neuen Verlag: Schriftsteller, Filmemacher und Musiker können ihre Werke direkt über *iTunes* vermarkten. So verfolgt *Apple* – ähnlich wie der große Konkurrent *Google* – einen Strategie-Mix aus Kooperation mit dem alten System und brutaler Verdrängung des alten Systems. Es ist nur eine Frage der Zeit, wann *Apple* auch mit der Erstellung oder Beauftragung von Medien-Inhalten Kasse macht.

*Twitter* – Erst jüngst hat sich *Apple* für die Netzwerke *Facebook* und *Twitter* interessiert. Warum? Weil *Twitter* gerade dabei ist, seine Image zu wechseln? Twitter möchte aus der text-basierten 140-Zeichen-Begrenzung ausbrechen und künftig mehr (werbe-vermarktungsfähige) Medieninhalte über seine Plattform anbieten. Bei den *Olympischen Spielen* gab es bereits erste Versuche in Form einer Kooperation mit der TV-Senderkette *NBC* (die zu *Comcast* und *Universal* gehört). Davor gab es – in kleinerem Rahmen – eine Zusammenarbeit mit *MTV*. Doch *Twitter* will nicht nur – wie immer wieder vermutet wird – dem großen Bruder *Facebook* nacheifern (um seine Nutzerdaten etwas gewinnbringender vermarkten zu können), *Twitter* plant neuerdings die Herstellung eigener Videoserien in Kooperation mit großen Hollywood-Studios. Intern nennt sich *Twitter* deshalb schon heute „ein medienorientiertes IT-Unternehmen".

*Amazon* – Auch *Amazon*, vom Internet-Buchhändler zum globalen Versandhaus aufgestiegen, sieht aufgrund der rasanten Entwicklung der Tablet-Computer (*iPad*, *Kindle Fire*, *Nook*) die Chance, im Rahmen seiner Mediensparte erstmals in großem Stil in die Inhalte-Produktion einzusteigen (und zwar nicht nur mit Spielen). Wer Vertrieb und „Druckerpresse" gleichzeitig kontrolliert (*Kindle*) und dazu noch die Vorlieben der Plattform-Nutzer in- und auswendig kennt, kann auch eigene Inhalte profitabel unter die Leute bringen. *Amazon* wird – wie die anderen Plattformen auch – die alten Verlage zunächst über Kooperationen anfixen, um sie dann, in einem zweiten Schritt, zu schlucken oder an die Wand zu drücken. Im Oktober 2011 kündigte der Mischkonzern *Amazon* erstmals an, mit 122 Neuerscheinungen als Literatur-Verleger aufzutreten. *Amazon* will den Verlagen aggressiv Autoren abwerben und sich mit großen Namen als Publikums-Verlag etablieren.

*Facebook* – Trotz ihres neurotischen Internet-Bashings sind viele Alt-Verlage längst auf *Facebook* vertreten, ja sie konkurrieren dort eifrig um die beliebteste Fanpage mit den meisten Likes. *Facebook* kontrolliert – wie *Apple*, wie *Google*, wie *Amazon* – über seine Upload- und Verknüpfungsregeln das Inhalteangebot. Sollte ein *Facebook*-Smartphone demnächst hinzukommen, kann der Konzern die Steuerung der Mediennutzung durch <u>Social Apps</u> noch perfektionieren: Deine Freunde erfahren sofort, was du liest, was du hörst, was du siehst. So verwandelt sich das soziale Netzwerk allmählich in eine <u>Unterhaltungsplattform</u>. Video-on-Demand gibt es bereits, *Warner Brothers* und *BBC* kooperieren ebenfalls, *Universal* und *Paramount* haben eigene Online-Videotheken bei *Facebook* installiert. Auch hier locken „Kooperationen" das alte Mediensystem in den süßen Tod. *Facebook* wird – ähnlich wie *Twitter* oder *YouTube* – die Produktivität seiner riesigen Nutzergemeinde zunächst mit professionellen, publikumswirksamen Inhalten anreichern, bevor es zur Produktion und Vermarktung eigener Inhalte übergeht.

## Eine Lobby für die neuen Verleger existiert bereits

Gemeinsam ist den kommenden Medienkonzernen nicht nur die zunehmende Verschränkung von Amateur- und Profi-Inhalten und die hemmungslose Vermengung von Unterhaltung und PR zu einem „Voll-Programm"; gemeinsam ist ihnen auch die Strategie, die eigenen Tanks zunächst aus dem riesigen Reservoir der weltumspannenden Netzwerke *und* aus den Archiven und Überschuss-Produktionen der klassischen Medienkonzerne zu füllen – bis man in der Lage ist, sich aus eigener Kraft und mit eigenen Produktionen in einen globalen Verlag neuen Typs zu verwandeln.

Da die Plattformen alle <u>das gleiche Ziel</u> verfolgen – die Ablösung der alten Verlags- und Medienmachtstrukturen – stehen sie nicht nur in erbitterter <u>Konkurrenz</u> untereinander, sie teilen auch sehr <u>ähnliche</u> Interessen. Nichts verdeutlicht das besser als der im Juli 2012 gegründete gemeinsame Dachverband <u>The Internet Association.</u> Diese neue Lobby-Organisation soll die politischen und ökonomischen Rahmenbedingungen für die kommenden Plattform-Verlage verbessern helfen. Und so steht der rührigen Lobby der Altverleger nun erstmals eine ebenbürtige Lobby der Newcomer gegenüber.

## Der tiefere Grund für den Wandel: das Recht

Nun könnten Kritiker einwenden, dass es Großunternehmen wie *Apple*, *Facebook*, *Google*, *Amazon* oder *Twitter* nicht nötig haben, sich auf ein derart unberechenbares, sensibles und anfälliges Geschäft wie „Inhalte-Produktion" einzulassen. Reichen ihnen nicht die Milliarden und Abermilliarden, die sie mit ihren „neutralen"

Dienstleistungen verdienen? Warum sollten sie sich auch noch eigene Inhalte antun?

Dafür gibt es einen einfachen Grund: Das Recht und die Rechtsprechung des alten Mediensystems zwingen sie dazu! Das strenge Urheberrecht, die Persönlichkeitsrechte, die Strafrechtsnormen ermuntern und drängen die Internet-Dienstleister dazu, sich in veritable Medienkonzerne zu verwandeln. Die Gerichte machen die „neutralen Diensteanbieter" immer nachdrücklicher für die Bereitstellung der Inhalte verantwortlich (Störerhaftung, Verbreiterhaftung, Presserecht, Telemediengesetz, Strafrecht etc.). Die (Qualitäts-)Kontrolle der Inhalte – das Filtern, Bewerten, Ordnen, Hierarchisieren und Löschen – spielt eine immer größere Rolle. Richter, Politiker, Journalisten fordern die Plattformen indirekt, aber in schöner Regelmäßigkeit auf, sich wie ganz normale Verleger zu verhalten. Und die Plattformen finden das inzwischen gar nicht mehr so abwegig.

Die Tendenz von Plattformbetreibern, sich zur Verantwortung für die angebotenen Inhalte zu bekennen, zeigt sich etwa in den Debatten um die Klarnamenpflicht bei *YouTube* und *Google* + oder in den verschärften Maßnahmen gegen Kommentar-Trolle, Spam und verbalen Extremismus. Auch die immer komplexeren Nutzungsbedingungen bei *Facebook*, *YouTube* und *iTunes* (deren Allgemeine Geschäftsbedingungen den AGB der klassischen Medienverlage zunehmend ähnlicher werden) belegen die Tendenz der Plattformen zu verstärkter Auswahl, Einordnung und dem, was man im Pressewesen Gatekeeping, Qualitätssicherung oder Zensur nennen könnte. Die permanente Pflicht zur Überprüfung der angebotenen Inhalte auf Rechtsverstöße oder „Verstöße gegen die guten Sitten" führt dazu, dass die Plattformen (bzw. ihre verantwortlichen Vorstände) die klassische *Verlegerrolle* allmählich *verinnerlichen*.

Paradoxerweise schreien die Alt-Verleger gerade darüber Zeter und Mordio. *Die Zeit* räumte am 2. August ihre Titelseite frei, um über die „vier Sheriffs" *Apple*, *Facebook*, *Amazon* und *Google* zu klagen. Die alarmrote Schlagzeile lautete: „Wie Facebook, Google & Co. die Welt zensieren." Im Vorspann heißt es voller Empörung: „Sie wollten die Menschheit freier machen. Inzwischen aber bestimmen sie, was wir hören, sehen und sagen sollen. Und keiner regt sich auf."

Tja, liebe Alt-Verleger, möchte man darauf antworten, die Plattformen tun jetzt genau das, was ihr schon seit Jahrhunderten so macht. Sie bestimmen als Verleger, was wir hören, sehen und sagen sollen. So erzwingt das Recht den Wandel der Internet-Plattformen zu Medienkonzernen und Verlagen neuen Typs.

Die Ironie der Geschichte ist, dass sich ausgerechnet das Urheberrecht, das von den Alt-Verlegern mit Zähnen und Klauen verteidigt wird, als wirkungsvollster

Verbündeter der Plattform-Industrie bei der Ablösung des alten Medien- und Verlagssystems erweisen wird.

URL: http://www.carta.info/47392/ vom 27. August 2012

# In der Krise: Mehr Zeitung wagen

## Vera Bunse

Eine ganze Branche scheint sich in den letzten drei Jahren auf diesen Herbst vorbereitet zu haben. Jetzt geht es ans Eingemachte. Was ist nicht alles geschrieben, gesprochen und gefilmt worden: Von der großen Veränderung. Vom Medienwandel. Von neuen Herausforderungen. Über Social Media. Wenig über Menschen und Geschichten, viel über Technik. Eigentlich hat jeder alles gesagt, die Verleger, die Chefredakteure, die Journalisten, die Politik und der Handel. Es gibt so viele Beiträge darüber, dass ein unbestimmtes Gefühl uns sagt, aber, wir haben doch …?

Nein. Haben wir nicht. Dass alle laut über alles Mögliche nachgedacht haben, heißt noch lange nicht, dass dabei für alle etwas Konstruktives herausgekommen ist. Es fiel nur in der Dauerschleife nicht auf.

## Ein bequemer Status quo

Die Verleger sind bei alldem die Gewinner: Sie haben ihre Aktivitäten zeitig vom Journalismus weg verlagert und erfolgreich neue Geschäftsfelder aufgemacht, nun können sie sich bequem zurücklehnen und mit den Konzernergebnissen zufrieden sein. Der Verlag überlebt, und gar nicht so schlecht. Womit das Geld verdient wird, ist letztlich nachrangig, Hauptsache, es wird verdient. Was dransteht, ist nicht so wichtig, und mit einer bekannten Marke lassen sich auch anderswo Geschäfte machen. Derweil wird ein Qualitätsjournalismus postuliert, den es nicht gibt, der sich aber als Camouflage gut macht: Man muss etwas nur geduldig genug behaupten, dann wird es irgendwann ein Teil der Wirklichkeit.

V. Bunse (✉)
Bettenfeld, Deutschland
E-Mail: vbunse@posteo.de

C. Kappes et al. (Hrsg.), *Medienwandel kompakt 2011–2013*,
DOI 10.1007/978-3-658-00849-9_54, © Springer Fachmedien Wiesbaden 2014

Die Chefredakteure haben mit neuen Methoden experimentiert und die Aus-
dünnung ihrer Mannschaften dadurch auszugleichen versucht. Nur <u>wenige</u> haben
<u>tatsächlich</u> neue mediale Verfahren <u>ausprobiert</u>, vielmehr besteht ein Hauptmerk-
mal des neuen Führungsstils in der Auslagerung originär journalistischer Aufgaben. Wenn in der eigenen Redaktion ein paar Mann weniger sitzen, muss man eben
einfallsreich sein und deren Tätigkeit so gestalten, dass es dennoch ausreicht. Wer
könnte besser <u>einspringen</u> als die Agenturen, die, noch einigermaßen gepolstert,
den Stoff ja ohnehin liefern? Gestalterisch im beruflichen Sinn hat sich nicht viel
getan – die Mittel! –, aber das Blatt ist gefüllt, die wichtigen Nachrichten und ein
bisschen Schmonzes sind drin. Das erwartet der Leser schließlich. Dass im Schwes-
terblatt <u>der gleiche</u> und in 20 anderen Zeitungen ein sehr ähnlicher Text steht, sieht
er ja nicht.

Die Journalisten haben sich <u>neue Modelle</u> ausgedacht, wie sie ihren Beruf so
modernisieren könnten, dass er zum Leben reicht. Zuerst die <u>entlassenen Kollegen</u>
in der Redaktion <u>zu ersetzen</u> versucht, so gut es ging, sich dann neue Kenntnisse
und Fähigkeiten angeeignet, und zuletzt sogar den Sprung in die Selbstständigkeit
gewagt, immer gewiss, dass es nie mehr so werden wird wie früher, aber innerlich
oft einer Tradition verpflichtet, die man nicht einfach so verrät. Notfalls ist da ja
noch die PR, mit der man die Familie ernähren kann, und nebenbei könnte man
ein, zwei Bücher schreiben.

Die Politik hat einen recht angenehmen Medienwandel durchlebt. Wo sie vor-
dem noch unbequeme Fragen oder gar Investigationen fürchten musste, taten sich
nach und nach Möglichkeiten der freundlichen <u>Einflussnahme</u> auf, Koalitionen
und Kooperationen, auch wenn niemand das so nennen würde. Dafür ist man gerne bereit, das eine oder andere <u>Zugeständnis</u> zu machen; erfahrungsgemäß reicht
es ja aus, mit gehörigem Impetus das Gegenteil zu verkünden. Wo eine Hand die
andere wäscht, lebt es sich für beide Teile knautschfrei und in jedem Fall besser, als
mit Spiegel- oder Watergate-Affären. Der Demokratie tut das nicht gut, aber etwas
Schwund ist immer. Ab und zu ein kleines <u>Menschenopfer</u> – das ist zu verkraften.

Der Handel hat sich mit den Gegebenheiten des Internets angefreundet, ihm
kann es <u>egal</u> sein, <u>wo er inseriert</u> und <u>wirbt</u>. Immer genauere Nutzerprofile im Internet machen das Geschäft zudem viel einfacher als je zuvor, damit lassen sich
sogar noch neue Geschäftsmodelle aufbauen. Der kostengünstige Wegfall der Pres-
se- oder Grafikabteilung ist ein hübscher Nebeneffekt, kann man alles bestens out-
sourcen.

Eigentlich geht es doch allen gut. Weshalb sprechen jetzt plötzlich alle von fal-
lenden Blättern und meinen damit bedrucktes Papier mit baldigem Verfallsdatum?

## Lästige Kundschaft

Etwas fehlt. Was war es doch gleich —? Ach ja. Der Leser. Beinahe wäre das vor lauter Controlling, Monitoring, Outsourcing und Freisetzungen gar nicht aufgefallen. Ziemlich störend, dass man ihn nicht nach betriebswirtschaftlichen Richtwerten in ein Flowchart einbauen kann. Er hat immer so brav funktioniert, bis das Internet kam!

Jahrzehntelang auf die tägliche Lektüre seines Stammblatts konditioniert, meint der dumme Bursche jetzt, irgendwie unzufrieden sein zu müssen. Auf einmal mäkelt er herum, seine Zeitung biete ihm nichts Neues mehr, sei nicht mehr inspirierend. Meine Güte, was braucht er Inspiration? Abonnieren, kaufen soll er, hat doch immer gut geklappt!

Ist die Koinzidenz des Zeitungssterbens mit den demografischen Veränderungen Zufall? Nein, denn sie war absehbar. Während die erste Generation mit dem Internet aufwächst, sterben die treuen Kunden langsam weg. Die Anderen greifen morgens mit derselben Selbstverständlichkeit, mit der ‚man' sich früher eine Zeitung hielt und sie, noch bevor man aus dem Haus ging, überflog, als erstes nach iPad, Laptop oder PC: schnell mal die Lage checken. Dieser Griff bringt weitaus mehr Erkenntnis, als der zum Totholz mit den Nachrichten von gestern.

Auch viele Ältere informieren sich zunehmend über das aktuelle Geschehen nicht mehr aus der Zeitung oder am Fernseher; auch sie wissen, dass es nichts Schnelleres gibt als das Netz. Selbst, wenn sie nur im Browser ihres Serviceproviders scrollen und ein paarmal klicken, sind sie danach umfassender auf dem Laufenden, als nach der Lektüre des morgendlichen Käseblatts – einschließlich medizinisch-ratgebenden Mehrwerts und Sonderangebote. Gerade die Älteren wollen in unsicherer Zeit Hintergründe und Einordnung, beides Mangelware im Hintertupfinger Anzeiger. Stattdessen bekommen sie umdrapierte dpa-Meldungen und Bratwurst-journalismus, und beim Besuch bei den Kindern in der Stadt stellen sie fest, dass es dort auch nicht viel besser ist. Nur die Auswahl an mehr vom Gleichen ist größer.

Die Jungen sind als Leser per se weg, die holt keiner zurück. Die Älteren werden nach und nach zu Tode gelangweilt. Und der verbleibende Rest reicht für viele Blätter nicht mehr zum Überleben.

## Verführung ist das Zauberwort

Was tun Sie, wenn Sie um jemanden werben? Sie zeigen sich von Ihrer besten Seite. Wenn es wichtig genug ist, bemühen Sie sich sogar sehr lange Zeit darum, zu gefallen.

Ist es bei einem Produkt nicht genauso? Was kann denn wichtiger sein als der Käufer? Weshalb Zeitungen meinen, sie hätten es nicht nötig, um ihn zu werben, ist rätselhaft. Denn auch der Leser möchte jeden Tag aufs Neue die Bestätigung, dass er mit seinem Blatt eine gute Wahl getroffen hat. Er möchte die Nachrichten verstehen, er will wissen, ob die Finanzkrise ihn betrifft und wie er sich schützen kann, begreifen, warum es im Nahen Osten keine Ruhe gibt. Er möchte sich mit ,seiner' Zeitung wohlfühlen, was zumindest heißt: gut informiert und möglichst auch noch gut unterhalten sein. Vermutlich ist er sogar schon zufrieden, wenn das nur auf die Wochenendausgabe zutrifft, wenigstens darauf kann er sich dann freuen. Lieber wäre es ihm allerdings, wenn er regelmäßig Geschichten zu lesen bekäme: Porträts interessanter Menschen, spannende Reportagen, Reiseberichte, die keine getarnten Marketingposts einer Hotelkette sind. Vor allem: nicht die 93. Beschreibung, was der Bürgermeister wann wo zu wem gesagt und wer die Würstchen bei diesem Ereignis gesponsert hat.

Das alles ist bekannt. Es wurde nur kaum angewandt. In den letzten paar Jahren war in den Medienmedien ständig von den großen Veränderungen im Markt und ihren Auswirkungen – auch auf die Leser – die Rede. In den Massenmedien kam nichts davon an. Lediglich betroffene Abonnenten merkten, dass es eine Zeitung auf einmal nicht mehr gab. Die Verlage hatten sich eingerichtet, die einen ganz bequem, andere bloß irgendwie. Jeder oszillierte in seiner Ecke vor sich hin. Dabei ist vor lauter Selbstreflektion und *Neu!* eine Tugend in Vergessenheit geraten, die jeder Handlungsreisende in den sechziger Jahren in Fleisch und Blut hatte: Wenn es Probleme mit der Kundschaft gab, ist er hingefahren und hat mal gehört, was da los ist. Wenn es am Produkt lag, sprach er mit dem Chef, mit der Produktentwicklung, mit der Fertigung, mit der Endabnahme. Fehler passieren überall. Wer offen darüber redet, kann etwas ändern und sie abstellen. Er muss nur zuhören.

Seitdem sind Fachabteilungen mit Spezialisten entstanden, die oft gar nicht mehr wissen, wie das Endprodukt entsteht, welche Schritte von der Planung bis zur Fertigung überhaupt nötig sind. Eine Schlussredaktion gibt es kaum noch. Der Weg zum Chef ist weit. Dazwischen gibt es viele kleine Unterchefs, an denen man vorbei muss. Der Konkurrenzdruck ist immens, immer sitzt die Angst im Nacken, es könnte einen selbst treffen – man hat doch Familie. Solange der gesetzte Umsatz erwirtschaftet wird, gehen alle davon aus, dass es schon irgendwie weitergehen wird. Menschen sind so. Die kann auch kein ganzer Stab von Controllern ändern. Umso größer ist das Entsetzen, wenn der Angstfall eintritt – obwohl man ihn hat kommen sehen.

In der Zeitungsbranche ist er jetzt eingetreten. Die ersten Schließungen bekannter Zeitungen wirken wie ein Schock.

Was ist zu tun? Pläne müssen doch nach den unzähligen Diskussionen stapelweise in den Schubladen liegen. Die Frage ist: Holen wir sie da raus? Stecken wir unter hektischem Debattieren, hätte, könnte, sollte, müsste, den Kopf weiter <u>in den Sand</u>? Schieben wir die Schuld den Umständen in die Schuhe, rufen wir <u>nach neuen Gesetzen</u>? Oder erinnern wir uns, was wir der zahlenden Kundschaft schuldig sind, mit der wir einen Vertrag auf Gegenseitigkeit abgeschlossen haben: gute Ware gegen gutes Geld? Kriegen wir es endlich fertig, mit dem Pfund, das wir – immer noch! – haben, zu wuchern?

Betrachten wir uns doch selbst: Wenn jemand uns wirklich verführen will, ist Widerstand zumindest schwierig. Auch, wenn es eine Zeitung ist. Aber sie muss sich schon anstrengen.

URL: http://www.carta.info/51200/in-der-krise-mehr-zeitung-wagen/vom 22. November 2012

# Unser Blog soll schöner werden (V): Finanzierung

## Markus Beckedahl

In einem Prozess wollen wir mit Euch unser kleines Blog weiterentwickeln. Nach Beiträgen darüber, <u>wer uns liest, wer wir sind, wie wir aussehen könnten und welche alten und neue Formate möglich sind</u>, kommen wir heute zu Fragen der Refinanzierung.

## Als Blogger wird man reich und schön!?

Das mag theoretisch im Rahmen des Möglichen liegen, aber zumindest nicht als Netzpolitik-Blogger. Die Themen, womit man als Blogger Geld verdienen kann, sind in der Regel die unpolitischsten. Mode, Unterhaltung, Gadgets, alles rund um Konsum. Es gibt auch Gründe, warum Anzeigen bei klassischen Medien ungern auf den Politik-Seiten gebucht werden.

Wir haben mal Kassensturz gemacht und geschaut, was dieses Blog monatlich an Einnahmen und Ausgaben hat und welche Optionen es geben könnte, um mehr Redaktionskapazitäten zu schaffen. Dieser Artikel ist etwas länger, weil verschiedene Optionen mit Vor- und Nachteilen diskutiert werden. Wir hoffen trotzdem, dass viele ihn lesen, uns Feedback geben und uns in einer Entscheidungsfindung unterstützen. Weil Ihr als Leserinnen und Leser genauso dieses Blog seid wie wir Schreibenden.

M. Beckedahl (✉)
Berlin, Deutschland
E-Mail: markus@netzpolitik.org

C. Kappes et al. (Hrsg.), *Medienwandel kompakt 2011–2013*,
DOI 10.1007/978-3-658-00849-9_55, © Springer Fachmedien Wiesbaden 2014

## Unsere derzeitigen monatlichen Ausgaben

Und was kostet das hier jetzt? 3/4 meiner Vollzeitstelle, die 30 h Stelle von Andre, ein Praktikumsplatz, einfach mal Administration als Minijob quergerechnet und dann noch etwas Buchhaltung dazu und wir kommen auf 5200 € Arbeitgeberbrutto. Ihr merkt schon, reich wird man mit dem Netzpolitik-Bloggen nicht. Aber wenn wir reich werden wollten, würden wir ganz andere Sachen machen. Das ist noch nicht alles: Eine Redaktion braucht natürlich Infrastruktur wie Arbeitsplätze, Telefon, Server, Rechner und Aufnahmetechnik, sowie etwas Reisekosten. Da kommen monatlich weitere rund 1200 € dazu. Sparsam gerechnet.

Update: Monatlich sind mittlerweile 500 € an Anwaltskosten und Rechnungen für Informationsfreiheitsanfragen dazu gekommen. Tendenz steigend.

Macht insgesamt ~~6400~~ 6900 € Ausgaben im Monat.

## Unsere derzeitigen Einnahmen

Wir haben derzeit vier Einnahmequellen: Werbung ist davon die größte. Zeit.de vermarktet Anzeigenflächen auf diesem Blog (redaktionell sind wir vollkommen unabhängig von Zeit.de), ~~dazu haben wir noch das Freie Software Unternehmen Tarent als Sponsor, die eine Anzeigenfläche gebucht haben. Die Werbe-Einnahmen aus diesen beiden Quellen belaufen sich auf rund 4165 Euro (inkl MwSt).~~ (Update: Der Sponsor hat sich das leider anders überlegt, wir suchen aber jemand neues. Bis dahin haben wir aber nur 2600 € inkl. MwSt durch die Zeit-Vermarktung). Mikropayment via Flattr bringt rund 350 € durchschnittlich rein (inkl. MwSt). Ab und an rezensieren wir Bücher und verwenden einen Affiliate-Link zu Amazon. Darüber kommen rund 50 € (inkl. MwSt) dazu. Und dann gibt es noch den Werbeeffekte, der wiederum zu Vortragseinladungen oder Gastbeiträgen führt, was rund 600 €/Monat einbringt (Tendenz steigend, aber es gibt auch Sommermonate, wo einfach keine Veranstaltungen stattfinden und keine Gastbeiträge geschrieben werden).

Die Einnahmen belaufen sich derzeit auf rund ~~5165~~ 3510 €, zieht man 19 % MwSt. ab, bleiben davon 2950 € bei uns.

## Preisfrage: Wie können wir die Einnahmeseite steigern?

Wie Ihr vielleicht schon im Kopf mitgerechnet habt, macht unser kleines Blog ein monatliches Minus von rund ~~2200~~ 3950 €. Und da schreiben schon einige Autoren ohne Gehalt, wenn sie Zeit und Lust haben, obwohl wir sie gerne auch dafür entlohnen können würden. Das alles wäre ohne die Querfinanzierung durch <u>newthin-</u>

king nicht zu bewältigen. Oder mit anderen Worten: netzpolitik.org könnte ohne newthinking derzeit überhaupt nicht funktionieren. Es gibt viele Optionen, die Einnahmeseite zu steigern, um auch mal schwarze Zahlen zu schreiben und/oder die Redaktion auszubauen. Nicht jede davon gefällt uns, aber wir listen dennoch alle auf, die uns eingefallen sind.

## Mehr Werbung verkaufen?

Die offensichtlichste Möglichkeit ist natürlich, mehr Werbefläche zu verkaufen. Allerdings ist unklar, ob das so skaliert. Einerseits ist ein netzpolitisches Umfeld mit eindeutiger Haltung vielleicht nicht gerade das attraktivste Umfeld für Marken. Zumindest werden wir oder Zeit.de nicht gerade mit Anfragen überrannt (um es mal positiv auszudrücken). Andererseits nutzt bis zu 40 % unserer Leserinnen und Leser unseren Full-RSS-Feed (ohne Werbung) und der Großteil der Leserschaft nutzt Adblocker und/oder Anti-Tracking-Tools. Selbst wenn jetzt die Werbeflächen ausgebucht wären, würde sie nur ein kleiner Teil überhaupt sehen. Nun könntet Ihr alle Euren Adblocker so konfigurieren, dass Ihr hier Werbung seht und wir dadurch mehr Einnahmen hätten. Aber dann bräuchte man immer noch mehr Werbekunden. Eine weitere Möglichkeit wäre es, den RSS-Feed zu kürzen, um alle auf die Seite zu locken. Bringt mehr Visits für uns und mehr Medienwechsel für RSS-Leser. Aber ob dann wegen der Blocker mehr Ads ausgeliefert werden, ist unklar. Und außerdem lesen wir auch gerne Full-Feeds. Vielleicht machen wir einfach mal eine extra Werbefläche im RSS-Feed?

Eine einfache Möglichkeit wären Pagelinks an SEO-Buden zu verkaufen. Die rennen uns die Bude ein. Darüber könnten 300 €/Monat/Link reinkommen. Aber wir mögen diese Praxis nicht und Google wertet sowas auch ab und dann hat man eher Nachteile dadurch. Fällt also als Option raus.

Dann gibts noch Google-Adsense. Ich hab noch nie verstanden, warum da Menschen draufklicken, wahrscheinlich am häufigsten aus Versehen. Wir halten unsere Leserinnen und Leser aber für so intelligent, dass das nicht passiert. Und finden dann den Deal, dass hässliche Werbung immer eingeblendet, aber Geld nur beim versehentlichen Klicken bezahlt wird, für nicht akzeptabel.

## Mehr geflattrt werden?

Mikropayment via Flattr mag für (einige) Podcaster super funktionieren, bei uns kommen aber nur rund 350 € durchschnittlich rein (inkl. MwSt.). Wir möchten uns aber ausdrücklich bei allen bedanken, die uns flattrn. Das bestärkt einen immer und freut zudem. Dies sind nur leider nicht viele und die Einnahmen dadurch refinanzieren gerade mal einen Praktikumsplatz. Es ist schon manchmal sehr ernüchternd, wenn man sehr lange an einer guten Geschichte arbeitet, diese viel verlinkt und gelesen wird und dann nur eine handvoll Flattr-Klicks dafür reinkommen, womit wir nicht einmal ein Mittagessen finanzieren können. Wenn überhaupt, der durchschnittliche Beitrag erhält weniger als fünf Flattrs. Was immer gut geht sind die berühmten Politiker-Fettnäpfchen, also ein blöder Spruch zum Netz, der uns wenig Arbeit macht, über den man kurz lachen kann und der dann gerne aus Entertainment-Gründen geflattrt wird. Damit könnte man dann auch mal als Redaktion gemeinsam Essen gehen (zu günstigen Berliner Mittagstischkonditionen ohne Getränke).

Es ist schon ein wenig frustrierend, dass dieses Modell zumindest hier so nicht funktioniert. Das liegt vielleicht an der Bequemlichkeit, nicht für jeden gelesenen und für gut gefundenen Beitrag auch einen Klick zu schenken, vielleicht ist Flattr einfach nur was für Podcaster und nichts für Texte, vielleicht gibt es aber auch nicht soviele Flattr-Nutzer unter unseren Leserinnen und Lesern?

## Mehr Sponsoren suchen?

Eine weitere Variante wäre es, zusätzliche Sponsoren zu finden. Warum nicht mal eine Versicherung oder einen Baumarkt als Sponsor suchen, wie es andere Blogger machen? Und die dann auch ab und an in einem Gastbeitrag über ihre Angebote bloggen dürfen? Wir könnten auch Autos oder Hotels testen. Erste Anfragen in diese Richtung gab es in den vergangenen Jahren, aber irgendwie fühlt sich sowas nicht gut für uns an. Wir sagen zwar nicht konsequent Nein zu einer solchen Option, aber sie steht auf unserer Wunschliste eher hinten. ~~Glücklich sind wir hingegen mit unserer Kooperation mit Tarent. Das Freie Unternehmen aus Bonn hat hier einen Bannerplatz gebucht und unterstützt damit unsere Arbeit, ohne uns in die Redaktion reinreden zu wollen. Dafür möchten wir uns bedanken, denn erst so konnten wir das Risiko eingehen, eine zusätzliche Stelle neben meiner zu finanzieren. Und wenn Ihr Jobs im Freie Software-Umfeld sucht, schaut mal bei Tarent vorbei.~~ (Update: Mittlerweile wurde leider der Vertrag gekündigt.)

Natürlich könnte man sich auch einen Thematisch-affinen Konzern wie Google als Sponsor suchen, aber dann würden sich, abgesehen von unseren Bedenken, vor allem die ganzen Medien aufregen und uns wegen Befangenheit kritisieren, die keine Probleme damit haben, dass Google bei ihnen regelmäßig ganzseitige Anzeigen bucht.

Ein Problem besteht wohl immer: Wenn man einen Sponsor hat, wird regelmäßig unterstellt, der oder die würden reinreden. Wir haben ja auch jetzt schon ab und an Spinner in den Kommentaren, die uns z. B. Bilderberg-Verbindungen vorwerfen, weil Zeit-Online uns vermarktet (nicht mal Sponsor ist), ein Redakteur der

Print-Zeit wohl mal auf einem Bilderberg-Treffen war und wir ja deswegen damit verbandelt wären. Da kann man zwar kurz drüber lachen, es nervt aber auch und hält einen von der Arbeit ab.

Was man zusätzlich bedenken sollte: Wir haben uns explizit mit Zeit.de einen externen Vermarkter gesucht, damit wir nicht selbst Anzeigen verkaufen müssen. Und damit eine klare Trennung von Redaktion und Werbung zu haben und nicht ständig als Anzeigenverkäufer auftreten zu müssen. Daher: Wer Werbung bei uns schalten will, findet hier alle notwendigen Kontakt-Infos.

## Mehr Affiliate-Gedöns?

Wir könnten über Smartphones, Waschmaschinen oder neueste sonstige Gadgets bloggen, die wir privat nutzen oder nutzen wollen, sie empfehlen, sie zerreissen – aber immer darauf achten, dass ein Link auf Amazon oder sonstwas gesetzt wird. Um eine kleine Provision pro Verkauf zu erhalten. Thematisch ist das aber in der Regel etwas zu sehr um die Ecke gedacht und wir wollen hier auch nicht als Dauererwerbesendung für einen Affiliate-Partner auftreten. Sowas nutzen wir ab und an, wenn wir eh Bücher rezensieren. Sonst macht das für uns und Euch keinen großen Sinn. Wir wollen über Netzpolitik berichten.

## Woanders schreiben?

Wir bekommen regelmäßig Anfragen, Gastbeiträge für andere On- wie Offline-Publikationen zu schreiben. Das bringt tatsächlich mehr Geld als hier zu bloggen. Aber mit dem Nachteil, dass man dann hier weniger Zeit fürs Bloggen hat. Also ist das nicht wirklich skalierbar, wenn wir ab jetzt zur Refinanzierung unserer Redaktion mehr Gastbeiträge woanders schreiben würden. Das wäre kaum dem Ziel dienlich, hier mehr Ressourcen zur Verfügung zu haben. Ausnahmen bestätigen natürlich die Regel, wenn ein Thema reizt und/oder die Bezahlung gut ist. Wir verstehen uns aber nicht als Redaktionsbüro, das Texte nach Auftrag schreibt, sondern als eigenes Medium.

## Woanders weiterbloggen?

Es gab in den letzten Jahren einige Anfragen, ob ich oder wir uns auch vorstellen könnten, woanders unter dem Dach einer Medienmarke weiter zu schreiben. Das war teilweise finanziell interessanter als hier zu bloggen. Aber trotzdem war nichts überzeugendes dabei. Das liegt auch daran, dass wir gerne ohne letzte Instanz bloggen, der oder die uns Vorgaben machen könnte und wir weniger mit Verlagspolitik zu tun haben wollen. Wo man dann mitunter auch schnell wieder vor die Tür gesetzt werden kann. Und sonst auch wieder das Gastbeitrags-Problem haben. Also lieber unabhängig bleiben und das eigene Ding weiter aufbauen wollen. Was aber nicht heißt, dass das keine Option sein könnte. Vielleicht kam bisher auch nur nicht das richtige finanzielle und attraktive Angebot?

## Die Zukunft liegt hinter der Paywall?

Viele träumen ja jetzt von einer Paywall und dass damit endlich der Journalismus refinanziert werden kann. Ich bin da noch nicht so ganz überzeugt. Vor allem ist das für uns keine Option. Unser Ziel ist es, hier für eine bessere Netzpolitik und den Ausbau von Grundrechten zu werben. Und damit wollen wir möglichst viele Menschen erreichen, informieren und überzeugen. Auch die ohne Geld.

## Einfach mal Crowdfunding wagen?

Groß im Kommen soll ja Crowdfunding sein, wie wir immer wieder lesen. Das könnte tatsächlich ein Modell sein, bei dem man nicht auf mehr Werbebanner und noch mehr Tracking setzen müsste, sondern Mehrausgaben durch unsere Leser-Community querfinanzieren könnte. Bisher waren wir immer etwas zurückhaltend mit dieser Option, vielleicht auch durch die Angst, dass das als Experiment scheitern könnte und unsere Leserschaft nicht interessiert daran ist, unsere Arbeit durch Spenden ausreichend zu unterstützen. Unsere Flattr-Einnahmen sind ja auch eher ein Grund zur Ernüchterung, obwohl wir in den letzten Jahren vielfach das Angebot bekamen, durch Spenden unterstützt zu werden. Was uns immer freute. Aber bei einer möglichen konkreten Umsetzung stellen sich viele Fragen: Gründet man einen Förderverein oder startet eine Crowdfunding-Runde auf einer Plattform? Oder machen wir beides? Das könnte also eine Option sein, die wir aber nochmal in einem eigenen Posting beschreiben, bevor dieser Artikel noch länger wird.

## Weitere Einnahmequellen erschließen?

Mit unserem Know-How könnten wir auch mehr Dienstleistungen anbieten, von thematischen Workshops bis hin zur Erstellung thematischer Broschüren für andere Organisationen. Doch solche Dienstleistungen bietet <u>newthinking</u> an und dafür gibt es andere Mitarbeiter im Unternehmen. Das führt zumindest bei Andre und mir aber ebenso bei der Gastbeitrags-Frage dazu, dass wir weniger Zeit hätten, dieses Blog zu befüllen – dafür aber gerne mehr Zeit hätten. Und mehr redaktionelle Unterstützung dabei, um auch mehr umsetzen zu können. Mehr eigene thematische Bücher publizieren und verkaufen könnte mittelfristig eine zusätzliche Erlösquelle sein. Oder eine monatliche Zusammenfassung der wichtigsten Themen als eBook für wenige Euro. Aber auch das kostet Zeit und im Moment ist die Leserschaft mit eBook-Readern noch nicht so stark, wie sie wohl mal sein wird.

Aber was sind eure Meinungen und Ideen zu diesen verschiedenen Optionen? Wie können wir es schaffen, die Redaktion mehr auszubauen und das auch zu finanzieren? Was ratet ihr uns?

Wir wollen netzpolitik.org weiter ausbauen. Dafür brauchen wir finanzielle Unterstützung. Investiere in digitale Bürgerrechte.

URL: https://netzpolitik.org/2013/unser-blog-soll-schoner-werden-v-finanzierung/ vom 10. Januar 2013

# Winkt der Verlagsbranche das IBM- oder das Compaq-Schicksal?

## Stephan Dörner

„Ist Springer wirklich so versessen darauf, als erster deutscher Verlag in die noch fremde papierlose Galaxie aufzubrechen?"

Das fragt Max Rethow in der aktuellen Titelgeschichte des Journalist: „Schickt man nicht zuerst einen Affen oder einen Hund?"

Jedes Unternehmen, in dessen Geschäftsbereich technologische Fortschritte eine Rolle spielen, ist in regelmäßigen Abständen mit folgendem Dilemma konfrontiert: Es gibt einen alten, noch funktionierenden Geschäftsteil, der schrittweise kleiner wird, und einen neuen, noch nicht wirtschaftlichen Geschäftsteil. Unter Ökonomen ist dieses Phänomen als „The Innovator's Dilemma" bekannt.

Das Dilemma ist schnell erklärt: Konzentriert sich ein Unternehmen zu sehr auf das, was aktuell funktioniert, unterbleiben Investitionen in die Zukunft, und es verliert den Anschluss. Besonders schädlich agieren dabei Unternehmen, die nur in einer Form in die Zukunft investieren, die den alten Geschäftsteil in keiner Weise gefährdet. Die Disruption wird dann in der Regel von der Konkurrenz vorangetrieben, die auf diesen neuen Märkten zum Platzhirsch werden kann.

Dieses Szenario war zuletzt bei Microsoft zu beobachten. Auch, wenn der US-Softwarekonzern mit seinem Kerngeschäft aus den PC-Softwareangeboten Windows und Office immer noch riesige Gewinne einfährt, zeichnet es sich bereits ab, dass Microsoft auf dem neuen stark wachsenden Feld der mobilen Computer – Smartphones und Tablets – keine Rolle spielen wird. Schon jetzt hat Apple Microsoft nach allen wichtigen Kennziffern eines Unternehmens wie Umsatz, Gewinn und Marktkapitalisierung weit überholt.

Häufig sind daher diejenigen Unternehmen, die in der Ära einer bestimmten Technologie dominant waren, nicht die Innovatoren, die die nächste Ära der Tech-

S. Dörner (✉)
Frankfurt aM, Deutschland
E-Mail: stephan.doerner@posteo.de

C. Kappes et al. (Hrsg.), *Medienwandel kompakt 2011–2013*,
DOI 10.1007/978-3-658-00849-9_56, © Springer Fachmedien Wiesbaden 2014

nologie einleiten. Weil Microsoft in der PC-Ära deutlich mehr zu verlieren hatte als Apple, versuchte der Konzern, seine Dominanz aus der PC-Ära in die neue mobile Ära hinüberzuretten: Die noch von Bill Gates um das Jahr 2000 vorgestellten Tablet-PCs waren mit dem klassischem Windows-Betriebssystem ausgestattet. Das Ergebnis waren mobile Computer, deren Steuerung, System und Software nicht auf die mobile Welt optimiert waren.

Wie geht nun die Verlagsbranche mit der sich abzeichnenden Disruption durch die Digitalisierung des Geschäftsmodells um?

Sehr unterschiedlich. Einige, wie Axel Springer, treiben die Digitalisierung konsequent voran. Sie konzentrieren sich dabei auf die Bereiche, die auch schon im Papierzeitalter die Gewinnbringer der Zeitung waren: Kontaktanzeigen, Immobilienanzeigen und so weiter – nur eben online. Journalismus ist nur noch Aushängeschild, vielleicht sogar nur Beiwerk, wie der Verkauf journalistischer Kernmarken wie Hamburger Abendblatt und Berliner Morgenpost zeigt.

Andere sind weniger aktiv und beobachten zunächst einmal, wohin die Reise geht. Zeit-Chefredakteur Giovanni di Lorenzo mahnte auf dem Forum Lokaljournalismus 2013 sogar dazu, Print nicht totzureden. Allerdings hat er als Zeit-Chefredakteur gut reden – immerhin ist diese Form des Wochenblatts durch den digitalen Wandel überhaupt nicht bedroht. Im Gegenteil scheint sogar der Wunsch nach solcher mit Abstand betrachteter Analyse auf Papier im Online-Zeitalter zuzunehmen: Sowohl Die Zeit als auch die Frankfurter Allgemeine Sonntagszeitung feierten zuletzt Auflagenrekorde.

Sind diejenigen, die hektischen Aktionismus an den Tag legen, automatisch die Gewinner?

Nicht unbedingt. Ein Blick zurück auf die IT-Branche zeigt, dass Abwarten, um zu sehen, wohin die Reise geht, tatsächlich langfristig die richtige Strategie sein kann. Nehmen wir IBM: Der Computerriese war mit seinen Mainframes – riesigen Großcomputern – ein Treiber der ersten IT-Revolution.

Die zweite Welle dieser Revolution, den Siegeszug des PCs, verpasste IBM dann aber, weil der Konzern dem Privatkundengeschäft keine signifikante wirtschaftliche Bedeutung beimaß. Der eigene Standard IBM-PC wurde von anderen etabliert – zuerst von Compaq und dann von zahlreichen ostasiatischen Firmen, die noch deutlich billiger waren als die als günstigere Alternative zum IBM-PC gestarteten Compaq-Rechner.

Und IBM? Die konzentrierten sich weiter auf das Unternehmensgeschäft und trieben nach einer Durststrecke erfolgreich den Umbau zum margenträchtigen Geschäft mit Software und Dienstleistungen voran, anstatt mit Billig-Anbietern aus Fernost im Bereich der Hardware in Konkurrenz zu treten. Die Vollendung dieses erfolgreichen Strategieschwenks stellte der komplette Verkauf der PC-Sparte samt Thinkpad-Marke an die chinesische Lenovo Group dar.

Compaq, das den PC-Trend nicht verschlafen, sondern vorangetrieben hatte, wurde 2002 von Hewlett-Packard (HP) übernommen, die noch länger und erfolgreicher davon profitierten. Nun allerdings leidet HP seit Jahren am Trend zu mobilen Computern im PC-Geschäft, und auch der Wandel in Richtung Software und Dienstleistungen ist HP weniger gut gelungen als IBM.

Was die Verlagsbranche daraus lernen kann? Die Sieger von heute sind nicht unbedingt die Sieger von morgen. Vielleicht ist die konservative Strategie, den journalistischen Markenkern zu bewahren und zu beobachten, wohin sich der Markt entwickelt, um sich dann im zweiten Schritt konsequent darauf auszurichten, gar keine schlechte.

Allerdings zeigt der digitale Wandel auch: Weil viele klassische Verlage keine konsequente Digitalstrategie verfolgten, konnten sich viele neue Medienmarken etablieren – vor allem in den USA: Business Insider, Huffington Post, The Verge, Quartz, Medium.com, Slate, MATTER, Techcrunch oder das durch unkonventionelle Formate erfolgreiche Online-Magazin The Vice, um nur einige zu nennen.

Im Bereich Start-up-Berichterstattung ist beispielsweise international keine Marke so stark wie Techcrunch. Allzu langes Abwarten ist daher sicher nicht der beste Tipp.

*Vielen Dank an Patrick Bernau (Twitter) von der FAZ. Ein Gespräch mit ihm nach der DJV-Veranstaltung Besser Online 2013 am Samstag war Inspiration für diesen Blog-Artikel.*

Joe Nalist weist in den Kommentaren darauf hin, dass es den Journalisten Max Rethow gar nicht gibt.

URL: http://www.carta.info/64292/winkt-der-verlagsbranche-das-ibm-oder-das-compaq-schicksal/ vom 17. September 2013

# Warum Googles „semantische Suche" ein PR-Desaster war und trotzdem kommt

## Tassilo Pellegrini

Wenn Google an einer Schraube seiner Suchmaschine dreht, verfällt der Rest der Welt in Schockstarre. Dies war kürzlich zu beobachten, als Google über einen Artikel des Wall Street Journals verkünden ließ, in Zukunft seine Suchmaschine auf „Semantik" umzustellen.

## Die Semantik, die sie meinen

Semantische Suche ist gemeinhin ein Oberbegriff für eine Reihe von Methoden und Technologien, die dazu geeignet sind, den Sinngehalt eines Begriffes bei der Zusammenstellung von Suchergebnissen zu berücksichtigen. Somit ist es möglich, sinnverwandte Konzepte zu bündeln und von Konzepten, die lediglich die gleiche Schreibweise haben, abzugrenzen. Ein Jaguar kann ein Tier, eine Automarke, ein Jagdpanzer oder ein Gitarrenhersteller sein. Ebenso kann man auf die Insel Java auf Urlaub fahren oder mit der gleichlautenden Programmiersprache die nächste Killerapplikation fürs Internet bauen.

Mittlerweile sind semantische Systeme so weit fortgeschritten, dass sogenannte „Named Entities" – von denen Google mehrere hundert Millionen in seinem Index vorrätig hält – nicht nur erkannt, sondern auch sinngemäß kontextualisiert werden können. Kontextualisierung bedeutet, dass Google auf Basis der Eigenschaften von Objekten, die auf ein „Wissensmodell" (auch Knowledge Graph bzw. Ontologie genannt) übertragen werden, Ähnlichkeiten und Beziehungen automatisch erkennen kann, um z. B. Suchanfragen zu bedienen wie: Welche klassischen Komponisten

T. Pellegrini (✉)
St. Pölten, Österreich
E-Mail: Tassilo.pellegrini@fhstp.ac.at

C. Kappes et al. (Hrsg.), *Medienwandel kompakt 2011–2013*, 323
DOI 10.1007/978-3-658-00849-9_57, © Springer Fachmedien Wiesbaden 2014

sind in Wien gestorben? Antwort: Mozart und Beethoven. Oder: Welche Länder haben die höchste Sterberate? Antwort: Fragen Sie Google…

Zusätzlich ist Google in der Lage, relativ komplexe natürlich-sprachliche Konstrukte mit einer hohen Präzision zu analysieren, um beispielsweise die journalistische Berichterstattung nachträglich vollautomatisiert auf Sinnzusammenhänge zu untersuchen, etwa: Wer sagte wann was worüber in welcher Tonalität? Dieses Feld der sogenannten Sentiment Analyse weckt insbesondere im Bereich von Online-Werbung und Social Media Monitoring Begehrlichkeiten, verspricht es doch die subliminale Bedienung und Steuerung von Konsuminteressen und die Verringerung von Streuverlusten.

## Google ist nicht allein, aber gut vorbereitet

Im Bereich der Computational Semantics spielen neben den sprachanalytischen Methoden auch Metadaten eine wichtige Rolle. Bisher bestand jedoch das Problem, dass eine fehlende Standardisierung von deskriptiven Metadaten in Form von Schemata und Vokabularen deren automatische Verarbeitung massiv erschwerte. Für dieses Problem hält Google eine simple, aber effektive Lösung bereit. Mit dem Open Data Service schema.org betreiben Google, Bing, Yahoo! und Yandex seit 2011 eine umfangreiche Sammlung an Vokabularen und Metadaten-Schemata, die für die Auszeichnung von Objekten verwendet werden können und die von den Bots der großen Suchmaschinenanbieter indiziert werden.

Die Kompetenz der Metadatenbewirtschaftung hat sich Google im Jahr 2010 unter anderem mit dem Unternehmen MetaWeb eingekauft, das mit dem Portal Freebase eine vor allem in den USA häufig genutzte, hoch-strukturierte Alternative zu Wikipedia betreibt. MetaWeb hat sich auf die Verarbeitung von semantischen Metadaten spezialisiert, und dieses Wissen setzt Google seither in zunehmenden Maße zur besseren Strukturierung und Segmentierung seiner Suchergebnisse (Rich Snippets) ein. Dies wird in Zukunft vor allem für den Bereich eCommerce, aber auch für die Suchmaschinen-Optimierung interessant. Die so genannten Mikroformate bzw. Semantic Metadata werden eine wichtige Rolle bei der personalisierten Darstellung und Qualitätsbeurteilung von Information spielen – und dieser Umstand sorgt unter den Online-Vermarktern für Nervosität.

## Berechtigte Nervosität oder doch nur PR?

Doch die Meinungen unter den Werbern und Suchmaschinen-Optimierern sind geteilt. So sehen die einen eine semantische Wende am Horizont und prophezeien tiefgreifende Veränderungen für den Suchmaschinen-Werbemarkt. Im Bereich des

Suchmaschinen-Marketings wird das Keyword-Advertising durch das Concept-Advertising ersetzt. Überoptimierte Seiten werden <u>im Ranking abgestraft</u>, während der <u>semantische Abgleich von Werbe-Content mit Page-Content</u> eine höhere Granularität und Treffsicherheit bei der Ansprache von Konsumenten garantiert.

Die anderen fragen wiederum, was an Googles Verlautbarungen grundsätzlich neu sei, ist doch schon seit Jahren bekannt, dass nicht nur Google semantische Technologien zur Qualitätsverbesserung seiner Suchdienste einsetzt – ohne seine Geschäftspraxis zu verändern. Das „Keyword" wird im Hintergrund schon lange als Konzept behandelt, und hinter dem neu aufkeimenden Hype um „semantische Suche" <u>vermuten viele eher eine fehlgelaufene PR-Aktion</u> als einen radikalen technologischen Sprung.

Wer immer Recht behalten mag, eines ist mittelfristig absehbar: Die Art des automatisierten Umgangs mit Information wird sich ändern, denn die Verfügbarkeit von hoch-strukturierten semantischen Daten im Web nimmt zu, wie die Beispiele <u>Wikidata</u>, die <u>Linked Data Cloud</u> oder <u>Open Government Data</u> zeigen. Auch ist absehbar, dass diese Daten bewirtschaftet werden wollen und Google dazu seine Pläne bereits in der Schublade hat.

Hier geht der Trend eindeutig von der Dokumentsuche hin zur Faktensuche und Question-Answering-Machine, die vor allem auf mobilen Endgeräten neue Formen der multimodalen Interaktion (Speech to Text et vice versa) ermöglichen wird. Der damit verbundene „Semantic Turn" wird jedoch nicht disruptiv, sondern inkrementell vonstatten gehen. Und auch wenn sich an der Oberfläche vorerst nichts grundlegend ändert, die Veränderungen unter der Motorhaube sind massiv. Schlechte PR lenkt hiervon nur ab.

URL: http://www.carta.info/43725/warum-googles-semantische-suche-ein-pr-desaster-war-und-trotzdem-kommt/vom 15. Mai 2012

# Analoge Reste: Von der mühsamen Ankunft der Buchbranche im Medienwandel

Jan Krone

Auch im Jahr 2011 gehen die Vorstellungen von Nachfragern und Anbietern im E-Book-Segment noch weit auseinander. Dabei könnte eine stärker nutzerorientierte Marktbearbeitung das elektronische Buch zu einem schnellen Erfolg führen. Das E-Book taucht innerhalb der letzten Jahre im Rahmen der Frankfurter Buchmesse regelmäßig als Branchenschreck und/oder -erlösung auf – mit für den deutschsprachigen Markt bis heute marginalen Auswirkungen auf Anbieter und Nachfrager. Bisher erleben wir eine überwiegend technikzentrierte Debatte mit enormen Marketinganstrengungen der Hardwareindustrie.

Das Buch als massenmediale Gattung war in der Vergangenheit, verglichen mit verwandten Medienangeboten, weitestgehend von den konvergierenden Nutzungsumgebungen im Zuge der Digitalisierung und damit auch hinsichtlich verlegerischer Aktivitäten auf neuen, elektronischen Oberflächen unterrepräsent. Buchmedien gelten im Kerngeschäft als de-kommunikative und unvernetzte Medienangebote im Sinne massenmedialer Kommunikation und sind damit gegenüber digitalen, interpersonalen Kommunikationsmedien in Angebot und Nachfrage weitgehend autark. Andererseits sind Buchverlage und Autoren Content-Spezialisten und gelten als gefragte Größe im Markt digitaler Oberflächen, die es attraktiv zu füllen gilt.

Neben den in einer breiten Öffentlichkeit bislang wenig thematisierten Variablen „Buchpreisbindung" und „Grossosystem" – im Hinblick auf das gesetzlich geachtete Kulturgut „Buch" – als mögliche Erfolgsdeterminanten für eine signifikante Marktentwicklung soll an dieser Stelle ein über ein Social Network unter Pseudonym anonym und frei von Reaktanzen durch Intentionen im ersten Halbjahr 2011 geführtes Interview einen Hinweis auf das Leseverhalten in wachsenden Endkun-

J. Krone (✉)
FH St. Pölten, St. Pölten, Österreich
E-Mail: Jan.Krone@fhstp.ac.at

C. Kappes et al. (Hrsg.), *Medienwandel kompakt 2011–2013*,
DOI 10.1007/978-3-658-00849-9_58, © Springer Fachmedien Wiesbaden 2014

denmärkten geben. Es illustriert den exemplarischen Stellenwert des E-Books als eine Alternative im <u>Segment der Belletristik</u>.

**Jan Krone** Du hast einen E-Reader und eine Festplatte voller E-Books? Wie gefällt dir das vom Komfort her? Wann benutzt du die? Ist das einfach nur ein Datenlager?

**E-Book-Nutzerin** Die Festplatte nutze ich tatsächlich nur als Datenlager. Mit dem E-Reader bin ich sehr zufrieden, nachdem ich meine jahrelange Skepsis besiegen konnte. Aber da das E-Paper eine ganz andere Lesequalität bietet als herkömmliche Displays, ist das auch nicht weiter verwunderlich. Zusätzlich ist der Reader im Vergleich mit einem dickeren Schmöker relativ leicht und ermöglicht mir auch das Lesen in Rückenlage. Abgesehen davon kann man stets einige Laufmeter Bücher bei sich haben.

**Jan Krone** Brauchst du denn wirklich immer Laufmeter Bücher bei dir? Der Mensch ist ja nicht so mobil, als dass er mehr als zwei, drei Bücher auf seinen Strecken benötigt. Das mit dem Gewicht nehme ich dir bei dicken Schmökern ab, nicht aber bei normalen Büchern mit bis zu 400 Seiten. Dazu kommen erschwerend der Energieverbrauch und das Lesen am Bildschirm mit Knöpfen. Was für einen Reader hast du?

**E-Book-Nutzerin** Zu der Menge an Büchern: Ich liebe die Vielfalt. Und ein Reader ist einfach handlicher, weil stabiler. Der Energieverbrauch ist äußerst gering, zudem müssen unter ökologischen Gesichtspunkten weniger Bücher produziert und transportiert werden. Ich will dir allerdings keinen Reader einreden – meine anfängliche Skepsis war weg, als ich das erste Mal einen in den Händen hielt.

Ein weiteres Argument ist für mich noch, dass ich mittlerweile einige E-Books gelesen habe, die es als Printtitel (noch) nicht gibt. Außerdem bin ich ein Vielleser mit einem Platzproblem in meiner Wohnung. Ich bin nur am Inhalt der Bücher interessiert, nicht am Gewicht, und ich lege Wert auf die Verfügbarkeit vor Ort. Knöpfe gibt es an meinem Gerät nicht viele. Die Technik läuft während des Lesens genau so automatisch ab wie das Umblättern.

**Jan Krone** Vielfalt ist ja keine Antwort auf meine Frage – du bekommst Dank des Vertriebssystems ja nahezu überall alle Titel. Vermisst du denn nicht die Sinnlichkeit von Papier als Informationsträger? Die Ersterscheinung ist bei Büchern ja eigentlich egal, weil sie als so genannte sehr lang drehende Konsumgüter gelten. Bei einem Schiller spielt es keine Rolle, wann du ihn liest. Vor 100 Jahren, heute oder in 100 Jahren. Würdest du zugunsten von E-Books auf Papier verzichten? Oder ist es eine adäquate Ergänzung für dein individuelles Leseverhalten? E-Books sind nun mal auch nicht herzeigbar…

**E-Book-Nutzerin** Ich würde niemals vollständig auf Papierbücher verzichten wollen! Ich besitze so manche Titel sowohl als elektronische Variante als auch als Papierausgabe. Es ist einfach eine Erweiterung meiner Möglichkeiten. Ich habe ja auch nicht aufgehört, meine Beine zu nutzen, nur weil ich den Führerschein und ein Auto erwarb. Nicht entweder oder, sondern sowohl als auch. Ich gehe sehr gerne und viel. Manchmal ist das Auto trotzdem nützlich. Es ist ein nettes Gimmick und man kann auch sehr gut ohne leben. Genauso wie (m)ein Smartphone. Ich brauche es nicht. Trotzdem nutze ich es gerne.

Ich mag es, in sich spontan ergebenden Auszeiten eine breite Auswahl zur Verfügung zu haben. Ich lese oftmals mehrere Bücher zeitgleich. So muss ich nur den Reader mitnehmen und kann dann entscheiden, bei welchem Titel ich gerade weiterlesen mag. Es war mein Weihnachtsgeschenk und ich machte es davon abhängig, ob ich noch einen Sony Reader von Thalia im Abverkauf bekam. Die neueren mit Touchscreen, direkter Shopanbindung und deutlich höheren Anschaffungskosten hätte ich wohl nicht gekauft. Bei diesem gefällt mir, dass er noch nicht von einer Kette für sich vereinnahmt ist.

Der exemplarische Austausch legt nahe, dass eine nutzerorientierte Marktbearbeitung abseits von regulativen Implikationen das E-Book zu einem Erfolg im Endkundenmarkt führen könnte. Die Strategien der Anbieter von Content, Vertriebsstrukturen und Hardware widersprechen dem derzeit jedoch.

Dass sich ein Endkunde mit mehreren Endgeräten ausstattet, die für sich jeweils nur einen spezifischen Teil des gesamten inhaltlichen Angebots darstellen können, steht einem breiten Markterfolg wie dem des gedruckten Buches, des Hörfunks, des Fernsehens oder des Zugangs zum Internet entgegen. E-Books werden sich unter diesen Bedingungen vornehmlich in Nischen behaupten und eine Koexistenz zu substitutiven Trägermedien pflegen.

Wie sich die Entwicklung einer Marktdurchdringung des E-Books in weiteren Segmenten des Buchmarktes entwickelt, kann nicht ohne weiteres abgeleitet werden. Die Fragestellungen beispielsweise für den titelstarken Fachbuchmarkt entspringen einer komplett anderen Grundannahme zur Nutzungs- und Produktionsspezifik. Es gilt also, den Buchmarkt nach Gattungen und Segmenten zu sezieren, um halbwegs verlässliche Ergebnisse zur nachhaltigen Marktdurchdringung zu erreichen.

Der öffentliche Diskurs erscheint, als ob es vornehmlich darum gehe, Produktionsweisen und Ressourcenallokation der Papierindustrie sowie den Nutzen von Buchmedienkommunikation (Enhanced Publishing) zu bedienen. Letztlich steht

das Buch in seiner <u>gesellschaftlichen Position als Kulturgut</u> gerade für eine ausgesprochen deutliche Form der De-Kommunikation, also der Deplatziertheit von
Interaktivität.

URL: http://netzwertig.com/2011/10/20/analoge-reste-von-der-muhsamen-ankunft-der-buchbranche-im-medienwandel-2/ vom 20. Oktober 2011

# Verkehrte Logik bei eReader-Strategien

## Jan Krone

Tageszeitungen und Buchverlage setzen auf unterschiedliche eReader-Strategien. Beide verkennen dabei offenbar ihre Kundenkernsegmente – und handeln entgegen der Logik ihrer Produkte.

Tablet-PC, eReader, eViewer unterschiedlicher Hersteller und unterschiedlicher Leistungsfähigkeit gelten seit gut zwei Jahren als eine Form der Hoffnung für die Verlagsbranche, Lesern/Zuschauern neue Routinen der Mediennutzung zu vermitteln und – quasi nebenbei – die Zahlungsbereitschaft für publizistische Inhalte zu erhöhen.

Dafür spricht die kommunikationstechnologische Verwandtschaft zur Mobilfunkbranche: Dort werden Dienste und Inhalte wie selbstverständlich durch direkte Kundenentgelte abgerechnet. Die Endgeräte sind „always on" und setzen auf einer professionellen Infrastruktur auf. Die Stärken der Telekommunikationsindustrie auf der betriebswirtschaftlichen Ebene gilt es mit den Stärken publizistischer Angebote zu vereinen. Letztere zeichnen sich vor allem durch das Programmangebot, die Publikumsbindung sowie ihre Markenstärke aus.

## Schmale Nische Tablets

eReader/eViewer sind im Grunde genommen Lese- und Unterhaltungshilfsgeräte mit eingeschränktem Nutzen. Sie belegen eine schmale Nische der Displayhardware zwischen Smart Phone, Netbook, Laptop und Desktoprechner.

Vergleicht man nun die Adaptionen verwandter Branchensegmente, etwa die der Tageszeitungsverlage und des verbreitenden Buchgroßhandels, fallen zwei

J. Krone (✉)
FH St. Pölten, St. Pölten, Österreich
E-Mail: Jan.Krone@fhstp.ac.at

C. Kappes et al. (Hrsg.), *Medienwandel kompakt 2011–2013*,
DOI 10.1007/978-3-658-00849-9_59, © Springer Fachmedien Wiesbaden 2014

unterschiedliche Strategien auf: Die Tageszeitungsverlage setzen in der Distribution überwiegend auf das Mainstream-Modell mit Tabletrechnern aus dem iOS- und Android-Kosmos. Der Buchgroßhandel hingegen versucht mit exklusiven, spezifisch konfigurierten eReadern/eViewern (Übersichten hier und hier) die Kundennachfrage zu bedienen – ein Logikirrtum.

## Reader-Formate fragmentieren den eBook-Markt

Der Buchmarkt ist ein weitgehend inhaltsorientierter Markt. Der exklusive publizistische Inhalt, das Werk beispielsweise eines Autors/einer Autorin, steht in den Nutzerpräferenzen deutlich vor dem der Verlagsmarke (Ausnahmen bestätigen die Regel). Wechselt ein Bestseller-Autor den Verlag, migrieren ebenso die Leser. Daraus leitet sich eine geringe Verlags- oder auch Buchhandelsbindung der Kunden ab. Die Auswahl eines Buchhändlers erfolgt meist nach dem Kriterium des geringsten Aufwands beim Kaufvorgang (Online-Shop oder die Nähe eines Geschäfts auf Alltagsrouten) oder aufgrund persönlicher Beratungsleistung. Exklusive eReader-Präferenzen lassen sich daraus nicht zwangsläufig ableiten.

Das Ergebnis und Marktrealität ist derzeit eine ungezwungene Zerfaserung des Marktes für eReader-Hard- und Software im Buchgroßhandel. Für den in seiner Buchauswahl freien Leser ergibt sich daraus die Situation, sich eine unbestimmte Anzahl von (teuren) Lesegeräten mit eingeschränktem Titelangebot anzuschaffen zu müssen, die noch nicht den Zugang zur eigentlichen Gratifikation, dem Lesegenuss, bedeuten muss. Der Lesewunsch soll sich dem technischen Angebot unterordnen? Unlogisch. Welche eBook-affine Leser kaufen sich fünf oder mehr verschiedene Reader/Viewer!? Marginal.

Erfolgsversprechender scheint hier eine Mainstream-eReader-Strategie, die sich auf ein Softwareformat stützt und dabei alle Anforderungen der sozialisierten Buchmediennutzung erfüllt (Auswahl aller im VLB verfügbarer Titel), soweit dies für digitale Adaptionen möglich ist. Herkömmliche eReader/eViewer sind dafür als Generalisten besser geeignet – technische Softwareanpassungen eingedacht.

## Tageszeitungsmarkt tendiert zur Mainstreamlösung

Dagegen ist der Tageszeitungsmarkt überwiegend markenorientiert mit ausgeprägter Abonnentenstruktur und weist eine hohe Verlags- und Titelbindung auf. Tageszeitungsabonnements gelten durchaus als „lebenslange publizistische Begleitung" von Haushalten, werden zu Teilen sogar an nachfolgende Generationen „weitervererbt". Sie bieten im Vergleich zu den Produkten der Buchverlage erheblich weniger inhaltliche Exklusivität, jedoch mehr konstantes Weltanschauungspotential und Chronik. Wechseln Redakteure das Blatt bzw. den Arbeit gebenden Verlag, verweilen die <u>Abonnenten</u> in der Regel dennoch bei ihren gewohnten Titeln. Damit weisen Tageszeitungstitel einen ausgeprägten <u>Vertrauens- und Glaubensgutcharakter</u> auf. Der Nutzen kann nur sehr schwer ex ante bewertet werden – daher das Vertrauen in die Marke.

Somit kann, wie für den Buchgroßhandel, auch für die Tageszeitungsverlage gelten, dass sie sich ungezwungen in eine strategische Abhängigkeit von globalen Playern der Hard- und Softwareindustrie begeben, deren Diktat der Allgemeinen Geschäftsbedingungen nur sehr schwer beeinflussbar ist. Zudem egalisieren/minimieren Kommissionsmargen die Vorteile des digitalen Vertriebs (Einsparungen in physischem Druck und Vertrieb) sowie der Werbekommunikation bei absehbarem Doppelbetrieb Print/Online in Zukunft.

Soft- und Hardwareupdates zwingen darüber hinaus die Massenmedien zu permanenten Nachbesserungen und Aktualisierungen der im Tagesgeschäft vielfältigen Präsentation. Und als sei dies alles nicht schon genug, berühren Eingriffe in die redaktionelle Freiheit (ein Beispiel <u>hier</u>) von quasi-sektisch organisierten Unternehmen der Hard- und Softwareindustrie die Ausübung eines gesellschaftlich relevanten Geschäfts.

## Beide verkennen ihre Kundenkernsegmente

Für Tageszeitungsverlage scheint es im Unterschied zum Buchhandel strategisch logisch, auf eigene, exklusive eReader/eViewer zu setzen, die zudem die Abonnentenbindung eher zu verstärken imstande wären als Mainstreamlösungen. Nur sind sie bislang nicht im Markt.

Das Modell der über Abonnements quersubventionierten Endgeräte ist aus der Mobilfunkbranche bestens bekannt. Tageszeitungsverlage, die überdies unterschiedliche <u>publizistische Qualitätssegmente</u> (Regional-, Überregional- und Boulevardtitel) bedienen, könnten eigene Produkte ohne intermediäre Einsprache direkt an ihre Kunden vermarkten. Additionale Kommunikationsdienstleistungen wie beispielsweise Netzzugang in Kooperation mit Mobilfunkunternehmen sind ebenfalls keine Phantastereien (<u>wie andere Branchen zeigen</u>). Die Hard- und Software hat der Buchgroßhandel dafür quasi vorkonfiguriert …

All dies trifft für kleinere Zeitungsverlage natürlich nur eingeschränkt zu. Zudem ist die Rückholbarkeit von Mainstream-Reader-Strategien heute nicht mehr leicht zu bewerkstelligen. Und auch der Buchgroßhandel muss sich mit „sunk costs" befassen.

Der Medienwandel ist aus der Perspektive der Medienwirtschaft auch und vor allem ein Wandel der Präsentationsoberflächen von publizistischen Inhalten und Werbekommunikation. Die Dominanz der Massenmedien im Kommunikationsgefüge der sich digitalisierenden Gesellschaft hat abgenommen und verlangt nach nutzerorientierten Strategien zur folgenreichen Marktbearbeitung. Aus der analogen Marktrealität mit kontrollierbaren Vertriebswegen sind neue Konkurrenzverhältnisse mit bislang unbekannten Marktakteuren und neuen Distributionslösungen entstanden.

Robert Picard: Fail often. Fail early. Fail cheap. Hmmm …

URL: http://www.carta.info/41391/ vom 12. Februar 2012

# amazon ist nun Vergangenheit

## Pia Ziefle

Es scheint in Mode gekommen zu sein, dass Kunden über bezahlte Inhalte nicht frei verfügen dürfen: amazon hat eine sehr eigenartige Auffassung von „Erwerb".

Und ich muss nachher mal meine Digitalkamera rausholen.

Es ist tatsächlich so: Kappe ich die Kundenbeziehung zu amazon, wird auch mein Kindle gelöscht. Denn (fett von mir)

> Beachten Sie, sobald Ihr Konto geschlossen ist, ist kein Zugriff mehr möglich auf:
> - Ihr Kundenkonto für Online-Einkäufe bei Amazon.de
> - Ihr Verkäuferkonto für die Plattform Amazon.de Marketplace
> - Digitale Inhalte in Zusammenhang mit der Amazon Cloud und dem Cloud Player
> - **Inhalte und Abonnements für Kindle**
> - Konten bei Amazon.co.uk, Amazon.com, Amazon.ca, Amazon.fr oder Amazon.co.jp
> - Ihr Konto bei Javari.de, Amazon BuyVIP und Amazon Payments
> - Ihr Konto beim Amazon.de Partnerprogramm falls ein solches Konto besteht
> - Ihr Konto bei Audible.de und die dort erworbenen Hörbücher
> - Ihren Amazon Wunschzettel und andere Listen, falls solche angelegt wurden
> - „Meine Seite" bei Amazon
> - Ihren Zugang zu Author Central und die damit zusammenhängende Autoren-Seite

P. Ziefle (✉)
Mössingen, Deutschland
E-Mail: mail@piaziefle.de

C. Kappes et al. (Hrsg.), *Medienwandel kompakt 2011–2013,*
DOI 10.1007/978-3-658-00849-9_60, © Springer Fachmedien Wiesbaden 2014

Das kann keinem Recht sein, weder den Kunden, noch Verlagen, Autoren und amazon selbst.

## 12 Jahre Kundenbeziehung

amazon ist in den letzten Jahren immens gewachsen. Als ich damals Kundin wurde, hat mich Angebot und vor allem Service und Geschwindigkeit überzeugt. Zwar saß ich in Berlin mitten unter Buchläden, aber bis ich alles gefunden hätte was ich für meine Arbeit gebraucht habe, wären Tage vergangen.

Ich habe alles miterlebt. Wie man *amazon* den baldigen Tod vorausgesagt hatte, irgendwann 2002 muss das gewesen sein, mitten im Niedergang der Dotcommer. Aber die habens immer gepackt. Plötzlich gabs Socken und Klamotten, Elektronik und Haushaltswaren (in einer Stadt wie Berlin war das wie Wasser in der Wüste – kein Schleppen, kein langes Suchen, kein Transport mit den Öffentlichen), und irgendwann gabs Lebensmittel. Und dann eben auch Schuhe+Handtaschen, der Beginn des Ärgers vor ein paar Tagen.

Es gab Autorenseiten, das irgendie rudimentär gebliebene *author central* mit ein paar Statistiktools, die fast noch weniger aussagen als der nackte Verkaufsrang – und es gab den Kindle. Lauter völlig neue Geschäftsfelder – alle verknüpft mit nur einem einzigen Kundenkonto.

## ~~Der Kindle bleibt leer~~ Der Kindle bleibt leer?

Ich glaube, es wäre besser gewesen, amazon hätte den Kunden überlassen, ob sie ihr Kundenkonto auf alle diese Bereiche ausdehnen wollen. Man hätte das ja modular anbieten können, mit einer Liste zum Klicken.

So aber stehe ich jetzt vor der dämlichen Situation, kein Kunde mehr von amazon sein zu wollen, aber meine dort bezahlten digitalen Inhalte bin ich ebenfalls los. Was in mein Kundengehirn nicht reinpasst. Oder muss ich meine Waschmaschine und meine Bootsschuhe ebenfalls jetzt zurückschicken?

Für mich als Kundin ist das ärgerlich, für mich als Autorin ist das noch ärgerlicher. Ich mag eBooks, und ich glaube an einen Markt dafür. Ich glaube aber nicht daran, dass es eine gute Idee ist, bezahlte Inhalte aus bezahlten Kundengeräten zu löschen, nur, weil der Kunde sich entscheidet, nicht länger Kunde zu sein. Kein Softwarehaus macht so was, obwohl auch die nur Lizenzen handeln. Niemand löscht mein schönes Windows 8, nur weil ich jetzt lieber bei Apple einkaufe. Falls ich das täte.

Auf meine Nachfrage, ob man nicht Warenhaus und Kindle irgendwie entkoppeln könnte, damit meine Inhalte erhalten bleiben, nur die lapidare Antwort:

> Auf Amazon.de angebotene Inhalte (wie digitale Bücher, Zeitungen und Zeitschriften) sind für Kindle Lese-Geräte und Kindle Lese-Apps definiert. Aufgrund lizenzrechtlicher Bestimmungen können diese Inhalte nur auf dem Kindle oder auf Geräten mit einer Kindle Lese-App gelesen werden, die mit Ihrem Amazon.de-Konto verknüpft sind.

Ich glaube, das wird fatal sein für amazon. Zudem steht nichts davon in der Kindle-Nutzungsvereinbarung. Keine Silbe. Erst, wenn man sein Konto schließen lassen möchte, erhält man die obige Liste. Das ist aber so, als würde man im Supermarkt an der Kasse erfahren, dass zuhause gerade die Nudeln aus dem Vorratsschrank entfernt werden, nur, weil man seit Neuestem aus demselben Laden keinen Käse mehr will.

Ach ja, meine Kamera. Die brauche ich. Morgen muss ich ein Bild vom Postboten machen, denn den werde ich jetzt wohl nie mehr wiedersehen.

## Der Moritat 2. Teil. Weiterhin Chaos mit Konten und Kindle

Spannend. Nach meinem Beitrag von gestern (siehe oben) und der weitergehenden Frage, was daraufhin mit meinen digitalen Büchern auf meinem Kindle passiert, sind mehr Fragen als Gewissheiten geblieben.

Zentral ist: Was geschieht mit meinen Daten, die ich via USB oder auf anderen Wegen auf mein Kindle-GERÄT gepackt habe? Sind die noch da? Können die ominös gelöscht werden?

Geschichten kursieren, Gerüchte, viel Halbwissen. Googeln sollte man keinesfalls nach der Frage!

Der amazon-Kundendienst ist da allerdings ebenfalls wenig konkret und wenig hilfreich. Von dort erreicht mich immer dieselbe Aufzählung, was geschieht, wenn ich mein Konto schließe. Nämlich diese.

Im Kindleshop selbst auch kein Szenario zu „Was geschieht, wenn ich mein Kundenkonto lösche?".

Also nochmal zurück zur Kundenhotline. Ganz konkret gefragt, kann ich meine eBooks behalten? Nein, das gehe nur mit amazon-Konto. Offen bleibt, was mit „Inhalte" gemeint ist, und ob mein Gerät oder mein Account gemeint ist.

Eine Nacht drüber geschlafen und neue Kommentare gelesen, und das klingt logisch: wenn ich den Kindle offline lasse, dann müsste alles unangetastet bleiben.

Klarheit wird der Versuch bringen, den ich aber erst starten kann, wenn der Zeitraum, den die Kontenschließung benötigen wird, verstrichen ist. Ich bleibe dran.

Schwerwiegend aber finde ich, dass niemand, wirklich niemand, richtig Bescheid wusste. Ich werde noch mal auf anderen Wegen mit amazon Kontakt aufnehmen und versuchen, das endgültig zu klären. Die manchmal etwas schräg formulierten (übersetzten?) Nutzungsbedingungen waren für mich jedenfalls keine ausreichende Hilfe.

Überhaupt scheinen online-Plattformen nie davon auszugehen, es könnte den Kunden geben, der wieder gehen möchte. „Wie schließe ich mein Konto?" oder „Wie lösche ich meinen account?" sind internetweit die gefühlt am besten versteckten Menüpunkte ever.

Zum Thema auch Constanze Kurz auf FAZ.net: Die Flüchtigkeit digitaler Besitztümer

Hier gibt es eine, hm, Antwort von amazon.

Hinweis der Autorin: Kurz nach Erscheinen dieses Beitrages hat amazon Klarheit geschaffen und die Nutzungsbedingungen geändert: seither bleiben ausdrücklich alle Daten, die der Kunde auf einem Lesegerät oder mit Hilfe der Kindle-App selbst lokal gespeichert hat auch dann erhalten, wenn das Kundenkonto später geschlossen wird.

URL: http://www.carta.info/50555/amazon-ist-nun-vergangenheit/ vom 2. November 2012

# Überlebt das Radio? Und wenn ja, welches?

Christian Schalt

Der Hörfunk scheint sein Dasein als unscheinbares Massenmedium ins digitale Zeitalter hinübergerettet zu haben. Während die wankende Zeitungslandschaft publizistisch häufig im Fokus steht, die Zukunft des Fernsehens im Zusammenhang mit der Entwicklung der Technologie-Protagonisten Apple, Google und Samsung vor breiter Öffentlichkeit diskutiert wird, der Zeitungsverband sich mit den öffentlich-rechtlichen Fernsehen durch alle Instanzen duelliert, bleibt der Hörfunk – zumindest in der medialen Öffentlichkeit – das „Stiefkind der Medienökonomie" (Heinrich).

Dennoch sieht sich längst auch der Hörfunk mit den Verwerfungen der neuen medialen Welt konfrontiert: Das neue Gebührenmodell der GEMA erlaubt zum ersten Mal in Ansätzen auch tragfähige Geschäftsmodelle im Bereich der mobilen Musikstreamingservices, die Partnerschaft von Spotify und Facebook bringt diese Services in den New Media-Mainstream und die zunehmende Breitbandverbindung über immer mehr Smartphones wirkt dazu als Katalysator. Dem Hörfunk entsteht dort Konkurrenz, wo er bisher meist alleiniger Anbieter war, im Bereich der mobilen Audio-Unterhaltung und –Information.

## Radio bleibt nutzungsstark

Doch auch, wenn sich der mobile Wandel möglicherweise noch in einem frühen Stadium befindet und neue Nutzungsmuster und Geschäftsmodelle sich erst noch herausbilden müssen, scheint der Hörfunk über eine größere Resistenz gegenüber den neuen Konkurrenten und Substituten der digitalen Welt zu besitzen also manch andere Mediengattung. So zeigen die Nutzungsdaten der letzten zehn Jahre

C. Schalt (✉)
Berlin, Deutschland
E-Mail: christian@schalt.de

C. Kappes et al. (Hrsg.), *Medienwandel kompakt 2011–2013,*
DOI 10.1007/978-3-658-00849-9_61, © Springer Fachmedien Wiesbaden 2014

| | 2002 | 2004 | 2006 | 2008 | 2009 | 2010 |
|---|---|---|---|---|---|---|
| **Hördauer in Minuten (Montag - Sonntag)** | | | | | | |
| Gesamt | 202 | 196 | 186 | 176 | 177 | 186 |
| Männer | 207 | 199 | 194 | 183 | 180 | 193 |
| Frauen | 197 | 194 | 179 | 169 | 175 | 180 |
| Alter in Jahren | | | | | | |
| 10-19 | - | - | - | 81 | 84 | 94 |
| 14-19 | 127 | 122 | 108 | 96 | 99 | 115 |
| 20-29 | 195 | 185 | 155 | 163 | 157 | 163 |
| 30-39 | 234 | 221 | 212 | 190 | 181 | 193 |
| 40-49 | 239 | 225 | 214 | 218 | 206 | 212 |
| 50-59 | 224 | 222 | 219 | 200 | 216 | 222 |
| 60-69 | 192 | 200 | 197 | 193 | 205 | 211 |
| 70 + | 149 | 150 | 147 | 154 | 165 | 180 |

**Abb. 1** Entwicklung der Radionutzung in Deutschland (Quelle: ma Radio)

auch nur eine geringe Evidenz für einen starken Niedergang des Hörfunks. Die Nutzungsdauer des Mediums in Deutschland hat sich im Verlauf der letzten zehn Jahre nur leicht reduziert und befindet sich in den letzten Jahren auf konstantem, zum Teil sogar steigendem Niveau.

Dieser Befund zieht sich im Übrigen durch alle Altersschichten und sozio-demografischen Milieus. Weder bei den formal Geringgebildeten noch bei der Gruppe der Hochschulabsolventen ließe sich in den letzten Jahren ein negativer Trend der Hörfunknutzung ablesen. Gleichwohl ist im Zehnjahresvergleich die Gesamtnutzung des Hörfunks leicht zurückgegangen.

Inwieweit die Hörfunknutzung auf Habitualisierung zurückgeht, untersuchten Vowe und Wolling. Ihre Analyse deutscher Hörfunkprogramme lässt sie schlussfolgern: „Generell lässt sich sagen, dass die Zuwendung zu bestimmten Programmen in weitaus geringerem Maße habitualisiert erfolgt als die Nutzung des Radios generell. Bei der Zuwendung zu den verschiedenen Sendern erweisen sich Qualitätserwartungen – vor allem hinsichtlich des Musikprogramms – als wesentlich bedeutsamer." (Abb. 1)

Es gibt also den Effekt der Habitualisierung auf die Hörfunknutzung. Doch was heißt das für das Hörfunkmanagement? Die Untersuchungen von Vowe und Wolling zeigen, dass sich aus diesem Effekt keine normativen Ableitungen für das Hörfunkmanagement gewinnen lassen: Die positiven Effekte der habitualisierten Nutzung sind für das einzelne Hörfunkunternehmen keine Hilfe: Die Hörerinnen und Hörer sind weg, wenn sich eine neue, funktional bessere Alternative ergibt.

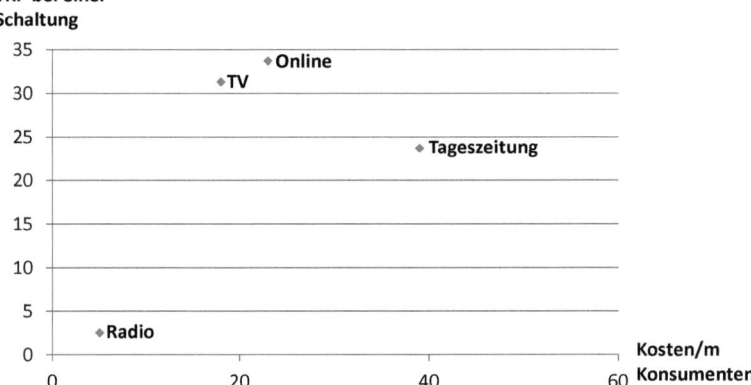

**Abb. 2** Kosten der Mediennutzung (Konsumenten/ Werbekunden)
(Quelle: eigene Darstellung)

## Radio ist kostengünstig

Einen größeren positiven Effekt hat darüber hinaus auch ein Aspekt, der in der öffentlichen Diskussion über die Zukunft des Hörfunks meist gar nicht diskutiert wird: Der Hörfunk ist für die meisten Konsumenten gratis – sieht man einmal von den Anschaffungskosten und dem Hörfunkanteil der GEZ-Gebühren ab. Und auch für Werbetreibende ist der Hörfunk günstig, er verfügt im intermedialen Vergleich über einen deutlich niedrigeren Tausend-Kontakt-Preis (TKP). Vergleicht man also die Kosten der verschiedenen Medien auf Seiten der Konsumenten (ohne Anschaffungskosten) und auf Seiten der Werbetreibenden, so gibt sich für den traditionellen Hörfunk ein klarer Wettbewerbsvorteil (Abb. 2):

Anmerkung: Kosten In Euro. Ohne Anschaffungskosten. Für den Vergleich wurden die veröffentlichten Bruttowerbepreise der jeweils drei größten Vertreter des jeweiligen Mediums verwendet. Quelle: Vowe/Wolling: Radioqualität – Was die Hörer wollen und was die Sender bieten. München, 2004

Der Vergleich legt nahe, dass neue mediale Angebote eine höhere Anziehung auf Seiten von Konsumenten und Werbetreibenden ausüben, wenn dabei Geld gespart werden kann. Dieser Effekt wird daher bei hochpreisigeren Angeboten wie Zeitungen oder Fernsehangeboten höher sein als beim niedrigpreisigen Hörfunk. Die traditionellen Hörfunkunternehmen haben also keine schlechten Ausgangsbedingungen, um im Wettbewerb mit neuen medialen Angeboten zu bestehen. Dennoch sind Habitualisierung und die niedrigen Kosten der Nutzung allein noch keine Garantie für eine stabile Nutzung über die nächsten Jahre. Hörfunksender werden in den nächsten Jahren nur dann weiter erfolgreich sein, wenn sie sich– auf Ebene der jeweiligen Unternehmen – auf die neuen Merkmale der Wettbewerbsmärkte einstellen.

## Neue Übertragungswege

Waren noch bis vor wenigen Jahren die Hörfunkmärkte bis auf wenige Ausnahmen relativ abgeschottete UKW-Märkte, so hat sich die Zahl der möglichen Übertragungswege für Hörfunk vervielfacht. Diese reichen von digitalisierten terrestrischen Übertragungsformen wie DAB + über IP-basiertes Internetstreaming bis hin zu broadcastähnlichen Übertragungsformen über Handynetze. Anders als bisher ist für Hörfunksender nicht nur die Markteintrittsstrategie in einen Hörfunkmarkt entscheidend, sondern auch die Entwicklung einer Distributionsstrategie. Die Übertragungsformen müssen inhaltlich und betriebswirtschaftlich Sinn ergeben und zur Unternehmensstrategie passen.

## Neue technische Möglichkeiten

Die neuen technischen Geräte bieten auch neue technische Anwendungen. Partizipation und Interaktion werden möglich und müssen auf Seiten der Hörfunksender auch genutzt werden. Dazu zählt nicht nur das explizite Einbeziehen von Hörerinhalten, sondern auch das Nutzen impliziter Partizipation (z. B. Rückmeldung über das Skippen von Musiktiteln, Relevanz von Nachrichtenmeldungen). Der Rückkanal wird stärker in den Fokus von Programmmachern rücken.

## Segmentierungsstrategien verändern sich

Das Internet verändert klassische Segmentierungsstrategien. Hörfunksender, die auf digitalen Plattformen Erfolg haben wollen, müssen sich von klassischen regionalen und demographischen Zielgruppendefinitionen lösen. Betrachtet man die Zugriffsstatistiken der deutschen Internetradiosender, dann erkennt man schnell, dass eine Ausrichtung an psychodemografischen Merkmalen Grundlage für den Erfolg im Internet ist. So liegen in den Statistiken der IVW Sender wie Last.fm, der Spartenmusiksender Technobase.fm oder der Fußballsender 90elf vorne. Die regionalen Radiosender verfügen dazu im Vergleich über geringere Reichweiten.

Der funktionale Nutzen des Hörfunks ist für den Großteil der Radiohörer in Deutschland nach wie vor attraktiv. Dennoch werden nicht alle Hörfunksender im neuen Zeitalter den gleichen Erfolg haben, den sie auch in der traditionellen Welt hatten. Wenn Radiosender ihren traditionellen (UKW-)Raum verlassen, müssen sie sich den Merkmalen der neuen medialen Umgebung anpassen. Erst wenn sie ihre Strategie an die neue Distributionsvielfalt, die neuen technischen Möglichkeiten anpassen und ihre Programme und ihr Marketing psychodemografisch ausrichten, werden sie auch auf Unternehmensebene erfolgreich bleiben.

URL: http://www.mediabusinessblog.de/2012/03/02/uberlebt-das-radio-und-wenn-ja-welches/ vom 2. März 2012

# Sieben Thesen zur Zukunft von Medien und Werbung

## Thomas Koch

Wir schreiben das Jahr 2020. Ich konstatiere: Das Ende der Massenmedien ist nun wohl endgültig gekommen. Wie auch das endgültige Aus der herkömmlichen „Frontal"-Werbung.

Das Ende der sinnleeren, verblödenden Reklame. Wie lange haben wir diesen Augenblick herbeigesehnt …

## Erste These

Analoges wie auch hybrides Fernsehen ist out. TV ist endlich in der digitalen Welt angekommen. Aus dem realen Lagerfeuer, um das sich früher die Familie versammelte, ist ein virtuelles Lagerfeuer geworden. Es gibt kaum mehr Sender (na gut, RTL hat überlebt), die einen „Programmablauf" ausstrahlen. Es gibt unzählige TV-Mediatheken und Pay-TVs. Aus YouTube und GoogleTV sind breitgefächerte Themen-Videotheken geworden. Die Menschen versammeln sich via Social Media zu Gruppen, die gemeinsam ihre ausgewählte Sendung schauen. Größere Zuschauermassen werden nur noch von Sportereignissen wie Olympia, Fußball-WM, SuperBowl und Papstwahl angezogen, die nach wie vor zu einer festen Zeit ausgestrahlt werden.

Die Mediaagenturen buchen schon lange keine Sende(r)plätze mehr nach Zeitschienen, sondern ausgewählte Sendungen, die ihre Zuschauer über die Zeit und über verschiedenste Kanäle (Kino, TV, Online-Mediathek, Digital Signage, Mobile) einsammeln.

Die werbefinanzierten Programm-Theken stellen den Zuschauern zwar Werbefilme zur Auswahl, über die sie jedoch (mithilfe zuvor erstellter Interessenlis-

T. Koch (✉)
Düsseldorf, Deutschland
E-Mail: tk-one1@web.de

C. Kappes et al. (Hrsg.), *Medienwandel kompakt 2011–2013*,
DOI 10.1007/978-3-658-00849-9_62, © Springer Fachmedien Wiesbaden 2014

ten) abstimmen. Von der Mehrzahl der individuellen Zuschauergruppe nicht erwünschte Werbung wird nicht ausgeliefert. Basta. Das hat die Qualität der Spots enorm gesteigert, aber natürlich auch ihre Werbewirkung.

## Zweite These

Radio ist nach wie vor der Tagesbegleiter Nummer eins geblieben. Wir hören aber nicht mehr nur ein oder zwei Lieblingssender, sondern empfangen auf digitalem Wege verschiedenste, zuvor ausgewählte Programme. Wir programmieren Dutzende Sender nach Programmkompetenz, Musikpräferenz und Tagesstimmung: Für jeden Content einen anderen Sender. Wir hören Programm, nicht mehr Sender.

Die Reichweiten vieler Radio-Sender sanken dadurch signifikant. Mediaplaner buchen längst nicht mehr Sender, sondern Programme, um ihre Zielgruppen zu bestimmten Zeiten oder über den Tag einzusammeln. Ein durchaus angenehmer Nebeneffekt für die Sender: Die Werbeeinnahmen stiegen.

Die Radiowerbung selbst ist endlich erwachsen geworden. Sie schreit die Zuhörer schon lange nicht mehr an, sondern begleitet sie, wie das Programm, über den Tag. Längst dominieren (Image-) Spots, die den Zuhörer fesseln und Audio-Werbe-Sendungen, die zum Zuhören einladen. Die Werbebranche hat das Phänomen Radio endlich verstanden.

## Dritte These

Noch mehr als die ehemaligen „elektronischen" Medien hat sich Print verändert. Die meisten Menschen nutzen Print-Content auf iPads, eBooks und neuartigen, großformatigen „DiFos": Digital-Folien, auf die sie die gewünschten, redaktionellen Angebote laden. Seit dem Niedergang der Großverlage liefern unabhängige, gut vernetzte Redaktionsbüros die begehrten Inhalte, teils lokal organisiert, teils auf (Special Interest-) Themen wie Sport, Politik, Wirtschaft oder Katzen spezialisiert. Sie erzeugen den Content, den früher regionale Zeitungen und die verschiedenartigsten Zeitschriften auf Papier lieferten. Die Zahl der Blogger (früher sprach man von „Verlegern") hat sich in den letzten Jahren vervielfacht.

Digitaler „Print"-Content wird im Abo bezogen, wahlweise komplett oder ausgewählte Artikel. Gegen Aufpreis ist ein Ausdruck der „Zeitung" oder „Zeitschrift" möglich. Von dieser Renaissance der ehemaligen Print-Medien profitieren vor allem Wochenzeitungen und Special-Interest-Magazine. Ausgedruckt sind sie auch in „Print Malls" zu erwerben, die Abertausende solcher Printmedien aus aller Welt in Minutenschnelle bereithalten. Diese neue Printnutzung konzentriert sich immer stärker aufs Wochenende, an dem sich überwiegend die gebildeten Verbraucher eine Auszeit („Sabadigital") von ihren Screens gönnen. Immer beliebter werden auch Lese-Wochenenden, die gern in den ehemaligen, leer stehenden Gebäuden der Großverlage verbracht werden.

Die Werbung hat schnell erkannt, dass sie hier die wertvollsten Leser vor sich haben, die Print je besaß. Print hat, allen Unkenrufen aus den frühen 2010er-Jahren zum Trotz, tatsächlich überlebt.

## Vierte These

Den 360-Grad-Paradigmenwechsel leistete sich die Außenwerbung. Nachdem die Digitalisierung der Plakatflächen die wenigen Out Of Home-Anbieter fast an den Rand des Ruins brachte und sich Passanten und Autofahrer mithilfe von TiVo-Brillen gegen das digitale Geflimmere an jeder Straßenecke zur Wehr setzten, erlebte die Branche eine unerwartete Umkehr. Sie baute – bis auf wenige Ausnahmen – weite Teile ihrer Netze zurück, bietet nun praktisch als einziges Medium wieder die Vorteile des stehenden Bildes und verdoppelte damit ihre Werbeumsätze. Junge Mediengestalter, die nie zuvor die Schönheit eines ruhenden Bildes genießen durften, lassen sich umschulen. Die Michael-Schirner-Hochschule für Ruhende Bilder kann sich der Nachfrage kaum erwehren.

## Fünfte These

Die Online-Medien, natürlich nicht aus unserer Welt wegzudenken, erleben als Werbemedien ebenso ihre verdiente Renaissance. Nach dem Einbruch der Klickraten in den 2010er-Jahren und erst recht nach den öffentlichen Protesten gegen Online-Stalking (Targeting, Re-Targeting, Behavioral Targeting und der seinerzeitigen Steigerung ins Emotional- und In-Brain-Targeting) besann sich die Branche ihrer Verantwortung für Big Data. Sie kreierte neue Story Telling-Werbeformate, die Zielpersonen in ihre Werbewelten entführen. Diese Content-Formate erfreuen sich unter den Verbrauchern großer Beliebtheit und führten zuletzt wieder zu einem Online-Werbeanteil von nahezu zehn Prozent.

## Sechste These

Social Media, heute eines der größten Werbemedien, wächst immer weiter. Facebook, inzwischen abgelöst durch Where'sTheBeef und Who'sGotIt, sowie Twitter und Sina Weibo gehören zu den reichweitenstärksten Social-Plattformen weltweit. Inzwischen haben sich jedoch zahlreiche neue Networks entwickelt, die allen nur denkbaren Zielgruppen eine Heimat bieten. Sie machen es Werbekunden und Agenturen leicht, die gewünschten Communities aufzuspüren. Heutzutage sind die Hälfte aller Mitarbeiter in Kommunikationsabteilungen und Agenturen damit beschäftigt, mit ihren Zielgruppen aktiv zu kommunizieren und die Social Media mit Content zu bestücken. Content Marketing hat seinen Höhepunkt gewiss noch immer nicht erreicht.

## Siebte These

Die Werbe- und Mediaagenturen denken und konzipieren schon lange nicht mehr in und für Medien, sondern in und für Zielgruppen. Es hat zwar sehr lange gedauert, bis sich die Konzentration auf Zielgruppen-„Menschen", auf ihre individuellen Wünsche, Bedürfnisse und Sehnsüchte durchsetzte, aber nun sind die Agenturen offenbar endlich in der realen Welt angekommen.

Dabei ist die digitale Transformation an den Werbe- und Mediaagenturen natürlich nicht spurlos vorübergezogen. Nach der Zerschlagung der weltweiten, börsennotierten Agentur-Networks ist es eine neuartige Vielfalt, die die Branche prägt. Crowd Sourcing ist nur eines der Stilmittel der Werber. Sie versammeln und vernetzen (endlich) die besten Talente weltweit um sich und haben damit eine neue Ära der Kreativität eingeläutet. Im gleichen Atemzug entstand auch ein neuer Typus Mediaagentur. Sie erlauben nur so viel Automation wie nötig, um der Datenflut Herr zu werden. Angetrieben werden sie jedoch von kreativen Köpfen, die für jeden Kunden unique, absolut individuelle Zielgruppen-Pakete entwickeln und schnüren.

Wir schreiben den 15. Februar 2020. Ich bin froh, dass unsere Medien- und Werbe-Branche diese Entwicklung genommen hat. Sie hat sich in den letzten zehn Jahren stärker verändert als je zuvor. Aber es macht wieder Spaß, Werbung zu machen. In der 2020er-Rangliste der begehrtesten Berufe sind „Werbeleute" endlich wieder in den Top Ten. Weil man unsere Arbeit respektiert. Weil Werbung den Menschen anspricht und einen Nutzen bringt. Weil Werbung für sie einen Sinn ergibt. Und weil auch ihnen Werbung endlich wieder Spaß macht.

URL: http://www.carta.info/54466/sieben-thesen-zur-zukunft-von-medien-und-werbung/ vom 17. Februar 2013

# Teil V
## Regulierung im Medienwandel

# Menschenrecht auf Internet?

## Hans Christian Voigt

Für eine Publikation des österreichischen Co:Lab einen Gedankengang ausgeführt, der seit geraumer Zeit im Hinterkopf herumschwirrt und der bislang nur in vereinzelten Gesprächen debattiert wurde. Das waren dann auch nicht allzu viel Gelegenheiten, den Argumentationsstrang überprüfen zu lassen.

Es handelt sich also um eine recht rohe, aus Zeit- und Energiegründen etwas schludrig ausgearbeitete Skizze. Also bitte zerpflücken. Und aufsammeln was brauchbar ist:

## Die These

Da „das Internet" keine einfache Ressource ist sondern etwas ebenso komplexes wie diverses, umfassend gar nicht bestimmbares, das sich in unabsehbarer Weise weiter entwickelt und auch in seinem Wesen transformiert werden kann, greifen Forderungen nach einem Menschenrecht auf Zugang zu kurz. Das Internet wird in gesellschaftlichen Prozessen verändert und es transformiert umgekehrt unsere Gesellschaften.

Vor diesem Hintergrund sollte von einem Recht auf Teilhabe am Internet ausgegangen werden und das heißt, auf Teilhabe an den gesellschaftlichen Prozessen der Weiterentwicklung, Regulierung und Verwaltung des Internets.

H. C. Voigt (✉)
Wien, Österreich
E-Mail: sozwiss@gmail.com

C. Kappes et al. (Hrsg.), *Medienwandel kompakt 2011–2013*,
DOI 10.1007/978-3-658-00849-9_63, © Springer Fachmedien Wiesbaden 2014

# Rechte eines jeden Menschen _am_ Internet

*Ein Plädoyer für die generelle Forderung auf gleichberechtigte Mitbestimmung bei der Regelung und Verwaltung des Internet.*

## Recht oder Privileg

Debatten zu Internet und zu Menschenrechten gibt es seit geraumer Zeit. Die Formulierung der gesellschaftlichen Forderung eines allgemeinen Rechts auf Zugang zum Internet ist beinahe so alt wie das Internet selbst. Wirft mensch die Suchmaschinen an und beginnt *„internet"*, *„access"* und *„right"* einzugeben, so werden Auto-Ausfüllfunktionen vielleicht zusätzlich *„human right"* oder *„or privilege"* vorschlagen. Die Suchtreffer führen jedenfalls dahin, dass diese Diskussion auf vielen Ebenen geführt wird, dass die Vereinigten Nationen offensichtlich der Ansicht sind, der Zugang zu Internet sei ein fundamentales Recht, und dass einzelne Staaten ein entsprechende Recht bereits kodifiziert haben.

Die Frage, ob es angesichts des Internets neuer Menschenrechte bedarf, ist also in der einen und anderen Form schon ein paar mal beantwortet worden. Sie wurde 2003 am ersten *„World Summit on the Information Society"* diskutiert und ist auch auf der Ebene der Vereinten Nationen bis heute Thema. Sie wird weiter gestellt werden. Sie wird noch des Öfteren in die eine oder andere Richtung beantwortet werden.

Matthias Kettemann hat in seinem Beitrag *„Neue Menschenrechte für das Internet?"* (Kap. 2.1.) zu dieser Publikation dargelegt, dass er aus juristischer Perspektive die Notwendigkeit neuer Menschenrechte für das Internet nicht sieht. Vielmehr müsse um- und durchgesetzt werden, dass *„was offline gilt, auch online gelten muss"*. Es gilt den errungenen Menschenrechten erster, zweiter und dritter Generation zur Durchsetzung zu verhelfen (siehe Kap. 1.1. *Der Zusammenhang von Ethik und Recht und die Rolle der Menschenrechte* von Christof Tschohl).[1]

So stimmig diese Sicht und so wichtig dieser Zugang ist, so komme ich angesichts der grundlegenden Fragestellung doch zu einem anderen Schluss: Die Formulierung und Etablierung von universalen Rechten eines jeden Menschen in Bezug auf das Internet wären ein immenser gesellschaftlicher Fortschritt. Es wäre zu hoffen, und das durchaus im Sinne der Parolen der französischen Revolution und

---

[1] Die Verweise zu anderen Beiträgen innerhalb der Co:Lab AT Publikation – um solche handelt es sich hier und weiter unten noch ein paar Mal – verlinke ich ex post, sobald alles online gegangen ist.

aus der Perspektive der Menschenrechte, dass die politischen, ökonomischen, kulturellen und also gesamtgesellschaftlichen Kämpfe zur Durchsetzung dieser Rechte irgendwann erfolgreich sind.

Welche Rechte jeder Einzelnen am Internet alleine vor dem Hintergrund Menschenwürde abgesichert sein sollten, und warum es sich lohnen würde, für die Rechte aller am Internet zu kämpfen, soll im Folgenden entwickelt werden.

## Begründungen des Rechtsanspruchs

Das Recht auf Zugang soll absichern helfen, dass niemand gegen den eigenen Willen vom Internet ausgeschlossen werden kann. Dass ein erzwungener Ausschluss vom Internet eine eminente Benachteiligung darstellt, ist im zweiten Jahrzehnt des einundzwanzigsten Jahrhunderts nicht mehr bestreitbar. Frühe Forderungen aus den 1990er Jahren zeigen, dass diese Entwicklung lange absehbar war und früh gesehen wurde. Die dominante Argumentationslinie für das Recht auf Internetzugang, damals wie heute, stellt den ungehinderten Zugang zu Information (Informationsfreiheit) und das Recht auf freie Meinungsäußerung sowie deren Bedeutung für liberale demokratische Gesellschaften in den Vordergrund: das Internet als Informations- und Publikationsraum, der für Teilhabe an gesellschaftlichen Debatten und an politischen Meinungsbildungsprozessen grundlegend geworden ist.

Folgen wir der Argumentation von Matthias Kettemanns Beitrag in diesem Band, müsste tatsächlich von den bestehenden Menschenrechten der Informationsfreiheit und dem Recht auf freie Meinungsäußerung ableitbar sein, dass niemandem der Zugang zum Internet prinzipiell verwehrt werden darf, weil das diese universalen Rechte verletzen würde. Internetsperren widersprechen demnach eigentlich fundamentalen Menschenrechten (siehe Kap. 2.2. *Internetsperren und Menschenrechte* von J. Messerschmidt).

Der Fokus auf Informations- und Meinungsfreiheit lässt in den Hintergrund treten, dass es „das Internet" auch für eine Reihe anderer Menschenrechte braucht. Es steht heute im Rang grundlegender Infrastruktur, ähnlich dem Post– und Verkehrswesen oder der Strom– und Gasversorgung. Wer keinen Zugang hat und wer keine E-Mail-Adresse nutzen kann, ist in unserer Gesellschaft schlechter gestellt als andere und diese Benachteiligung geht soweit, dass unfreiwillige Internetferne als ein Indikator für Segregation gelten kann. Über keine E-Mail-Adresse verfügen zu können steht in einer Reihe mit kein Bankkonto haben und keine Telefonnummer angeben können für gesellschaftlichen Ausschluss.

„Das Internet" in seiner gegenwärtigen Form ist essentiell für das Recht auf Bildung, das Recht auf Arbeit, das Recht auf Teilhabe am kulturellen Leben, das Recht auf Selbstbestimmung der Völker, das Recht auf Entwicklung, um nur die offensichtlichen Menschenrechte zu nennen, die ohne Zugang zum Internet für viele nicht (mehr) sicher gestellt sind. Freilich stellt das Internet in seiner gegenwärtigen Form auch eine Bedrohung für fundamentale Rechte dar, vorrangig für Persönlichkeitsrechte, das Recht auf Freiheit vor willkürlichen Eingriffen in die Privatsphäre (siehe Kap. 2.4. *Wir haben ein Recht auf Anonymität* von M. Bauer, Kap. 2.5. *Internet-Menschenrechte in der arbeitsrechtlichen Kampfzone* von T. Kreiml sowie Kap. 2.6. *Paradigmenwechsel „Vorratsdatenspeicherung" im europäischen Datenschutzrecht* von Chr. Tschohl und Kap. 2.7. *Die Reform des EU Datenschutzrechts* von A. Krisch).

## Des Internets Metamorphosen

„Das Internet" ändert sich. Es ist schwierig zu sagen, was das Internet auch nur gegenwärtig ist, geschweige denn, wie es in drei, in fünf oder erst recht in zwanzig Jahren aussehen und in seiner ganzen Komplexität funktionieren wird. Zur Zeit der frühen Forderungen nach einem Menschenrecht auf Internetzugang konnte möglicherweise etwas wie ein Breitbandanschluss oder ein Internet of Things (IoT) antizipiert werden, aber unmöglich die gesellschaftliche Bedeutung von Google oder Facebook (siehe dazu auch Kap. 3.2. *Ist Facebook ein neuer öffentlicher Raum?* von M. Kettemann), die Entwicklungen eines SEO-Gewerbes, der Branche der Social Media Manager oder der „*Data Dealer*", die Emergenz neuer gesellschaftlicher Modi der Selbstorganisation wie im Fall von Anonymous, beim GuttenPlag oder – früher – einer Wikipedia.

Das wozu wir Zugang haben und wofür wir für alle Menschen gleichermaßen ein allgemeines Zugangsrecht sichern wollen, weil es für die Freiheiten der Einzelnen und für die demokratische Verfassung aller so elementar ist, das bleibt über die Zeit hinweg nicht stetig identisch. Mit diesem Gedanken schiebt sich ein unangenehmer Verdacht ins Blickfeld. Was wenn „das Internet" irgendwann nicht mehr dieses „das Internet" ist, dem wir diese Bedeutung zumessen. In den letzten Jahren häufen sich die Warnungen vor einem drohenden „*Ende des freien Internets*" (Zur Verifizierung einfach die Phrase in eine Suchmaschine eingeben).

Heute tun wir uns gerade noch schwer, uns einen personenspezifischen vollkommenen Ausschluss vom Internet vorzustellen, ob durch staatliche Gewalt oder die Willkür eines Unternehmens durchgesetzt („*Ich kann immer noch bei jemanden anderen und mit anderen Geräten surfen*"). Dabei könnte das immer konzentriertere Vorgehen gegen Anonymität irgendwann darin enden, dass der Internetzugang ohne biometrische Identifizierung nicht mehr möglich oder erlaubt ist. Dieses eine

Beispiel soll lediglich zeigen, „das Internet" überfordert unsere Vorstellung, nicht zuletzt weil es in der Menschheitsgeschichte immer noch relativ neu ist.

Das, was es ist, entwickelt sich laufend weiter, ebenso was es alles bedeutet, was es alles evoziert und so weiter. Wir wissen nicht, was „das Internet" in einiger Zeit von jetzt sein wird.

Es wäre töricht, für die angesprochenen laufenden Veränderungen dessen, was das Internet ist, automatisch das Bild von Fortschritt im Sinne positiver Weiterentwicklung anzunehmen. „Das Internet" ist im Großen und Ganzen ebenso wie in vielen Teilbereichen Objekt komplexer gesellschaftlicher Kämpfe und das gleichzeitig auf globaler, transnationalen, auf regionalen und nationalen Ebenen.

Wenn „das Internet" sich aber laufend ändert, stellt sich die Frage nach der Tragweite einer Forderung, die sich auf den Aspekt des Zugangs beschränkt. Mitte der 1990er hatte mensch mit einem Internetzugang zu einem anderen Internet Zugang als 2005. Der Begriff „*Web 2.0*" benennt genau diesen Punkt direkt, die Emergenz von etwas Neuem mit neuen Systemlogiken, das nicht mehr so funktioniert und zu verstehen ist wie „vorher".

Bald ein Jahrzehnt später unterliegt das Internet weiter rasanten Entwicklungen. Und es hat rasante Entwicklungen wie den so genannten „*arabischen Frühling*" und den tiefgreifenden Strukturwandel des massenmedialen Systems befördert.

Simpel zusammengefasst: Gesellschaft ändert Internet, Internet ändert Gesellschaft.

(Wie wäre der Turbofinanzkapitalismus ohne Internet und Glasfaserkabel denkbar? Wie das Internet in gegenwärtiger Form ohne die erste Generation der Freie Software – Bewegung?)

## Asymmetrien verstärkend oder entschärfend?

Heute wird allenthalben vom Recht auf Zugang zu Facebook, Twitter oder Youtube gesprochen. Der Ausschluss von einer dieser Plattformen entspricht mittlerweile in einigen Fällen dem, was das Recht auf Internetzugang sichern sollte: Ausschluss von Informations- und Meinungsfreiheit. In diesen Fällen genügte es nicht, den allgemeinen Zugang zum Internet als Menschenrecht abzusichern. Umgekehrt bliebe auch nicht viel von der Intention über, wenn Zugang irgendwann zu etwas führt, was jede und jeden einzelnen – ähnlich dem Zugang zu Radio und Fernsehen – auf wenige, von anderen willkürlich vorgegebene Nutzungsmöglichkeiten beschränkt.

Die Formulierung des Rechtsanspruchs, des Rechts auf Internet beziehungsweise *am* Internet, muss strukturellen Wandel mitdenken. Sie sollte dem Anspruch auf Mitsprache bei der Gestaltung, Regelung und Verwaltung des Internets gerecht werden. Und hier findet sich die Unterscheidung zu der von Matthias Kettemann formulierten Position. Es genügt nicht, nur den gültigen Menschenrechten im Internet zur Geltung zu verhelfen, um das Teilhaberecht an den öffentlichen Diskursen und politischer Meinungsbildung zu sichern. Es bedarf der anerkannten und durchsetzbaren Teilhaberechte am Internet selbst. Nur auf dieser Basis kann, würde ich argumentieren, auf Dauer das Recht jeder und jedes Einzelnen auf Gleichberechtigung unabhängig von Merkmalen wie ethnischer, sozialer oder religiöser Zugehörigkeit, sexueller Orientierung oder Behinderung und unabhängig von Wohlstand, Status oder Weltanschauung gesichert werden.

Nur durch Rechte nicht allein auf sondern *am* Internet, wird Schutz vor staatlicher wie auch privatwirtschaftlicher Willkür, die Abwehr von Eingriffen in den geschützten Freiheitsbereich der Einzelnen abgesichert.

Das Internet, und hier braucht es wieder den Zusatz *„in seiner gegenwärtigen Form"*, vergrößert den Handlungsspielraum sowohl der gesellschaftlichen Starken und Mächtigen als auch der sozial Benachteiligten und Schwachen. Den Herrschenden bieten sich ungeahnte Möglichkeiten der Überwachung, Kontrolle und Disziplinierung durch das tief in die Privatsphären hinein operierende Internet. Den Unterdrückten und Ausgebeuteten bietet es Ausgrenzung, Schranken und Repression überbrückende Optionen zur Selbstorganisation, Zusammenarbeit und Organisierung.

In dieser Situation ist es offensichtlich, dass „das Internet" zum Objekt gesellschaftlicher Kämpfe werden muss. Die asymmetrischen Machtverhältnisse in unseren Gesellschaften weltweit und in der Weltgesellschaft allgemein können durch gesellschaftlichen Einfluss auf „das Internet" und auf das, was „das Internet" in Zukunft sein wird, in die eine oder andere Richtung beeinflusst werden. Von selbst im Gleichgewicht bleiben, werden sie jedenfalls nicht (und mit Gleichgewicht sei die gegenwärtige Ausgangslage ohne Wertung in die eine oder andere Richtung definiert).

Kurz: das Internet in zehn Jahren wird die Asymmetrie der Machtverhältnisse gemessen an heute verschärfen oder abschwächen. Und hier sehe ich den Auftrag, weitergehende Teilhaberechte am Internet zu fordern; auch um die Abwehrrechte gegenüber jener Seite zu stärken, die am längeren Hebel asymmetrischer Machtverhältnisse agieren kann.

## Abwehr- und Teilhaberechte

Es gibt ein Beispiel, wo diese Abwehr- und Teilhaberechte im Angesicht des Internets heute schon ableitbar sind. Dieses Beispiel mag ein genuin österreichisches sein und betrifft die Verfassung der Arbeitswelt:

Das Arbeitsverfassungsgesetz gibt dem Betriebsrat als Vertretungsorgan Mitbestimmungsrechte für die Belegschaft und Kontrollrechte gegenüber einer Betriebs- oder Unternehmensleitung. Der Betriebsrat hat ein Verhandlungsmandat und kann Verträge mit der Unternehmensführung abschließen, die dann ein Element der Betriebsverfassung darstellen; zum Beispiel: welche Regeln gelten für die Nutzung der Telefonanlage, für den Gebrauch von E-Mails, des Internets oder des Zeiterfassungssystems. Damit wird der Spielraum willkürlicher Maßnahmen, Regelungen und Forderungen des Managements eines Unternehmens gegenüber den im Unternehmen Arbeitenden beschränkt.

Den Abschluss einer Betriebsvereinbarung „*Internet*" (und „*E-Mail*") kann der Betriebsrat fordern, weil das Internet „zustimmungspflichtig" ist. Das heißt, die gesetzlich vorgesehene Körperschaft Betriebsrat hat das Recht, die Nutzung des Internets im Betrieb von der Zustimmung dieses Organs abhängig zu machen. Zustimmungspflichtig ist die Nutzung des Internets wiederum, weil jede Nutzung per se die Menschenwürde der Mitarbeiterinnen und Mitarbeiter berührt.[2]

Das bedeutet in der Praxis nun lediglich, das eine Unternehmensführung in Österreich die Internetnutzung nicht rechtens ausgestalten kann wie es ihr beliebt, wenn ein Betriebsrat konstituiert ist und die Mitbestimmungsrechte einfordert. In der Praxis gibt es nicht immer einen Betriebsrat und selbst wenn einer konstituiert ist, wird kaum irgendwo einmal per einstweiliger Verfügung in einem Betrieb das Internet abgedreht, weil dem Betriebsrat der Abschluss einer Betriebsvereinbarung „*Internet*"verweigert wird, zu der er zustimmen kann.

Die Asymmetrie der Machtverhältnisse zwischen Unternehmensführung und Mitarbeiterinnen und Mitarbeitern macht es zudem für erstere leicht, die Rechte zweiterer zu ignorieren. Es ist wahrscheinlich, dass sie bei Missachtung der Persönlichkeitsrechte ohne Konsequenzen davonkommen, weil die Kontrolle der technischen Infrastruktur in den Händen ersterer liegt. Log-Files wie E-Mails sind jederzeit und relativ einfach les- und auswertbar, ohne dass Mitarbeiterinnen und Mitarbeiter das mitbekommen könnten.

Umgekehrt ist es überall die Asymmetrie von Machtverhältnissen, die durch kodifizierte Rechte aller und also auch derer, die sich in der schwächeren Position befinden, beschränkt werden soll. Rechte von Lohnabhängigen oder Rechte von Konsumentinnen und Konsumenten, Rechte eines Vertretungsorgans wie des Betriebs- oder Gemeinde- oder Nationalrats, Grundrechte allgemein von Bürgerinnen und Bürgern, Menschenrechte – es geht stets um Abwehrrechte gegenüber Machtmissbrauch und um Teilhaberechte.

---

[2] Josef Cerny et al.: Arbeitsverfassungsrecht. Gesetze und Kommentare 157. Bd. 3, 4. Auflage, Wien: ÖGB Verlag, S. 152 f. eigene Übersetzung aus der Pressemitteilung der Vereinten Nationen vom 18. Mai 2012.

Das konkrete Beispiel aus der Arbeitswelt ist für unsere Frage deshalb von besonderem Interesse, weil hier erstens aus den Menschenrechten etwas zur Regelung des Internets in einem Teilbereich abgeleitet wird und zweitens die Durchsetzung dieser Rechte in geregelter Art und Weise operationalisiert ist. Vor allem aber wird – drittens – aus den Grundrechten jeder und jedes einzelnen das Recht auf Mitsprache an der Regelung des Internets abgeleitet, operationalisiert hier durch die starke Verhandlungsposition der Körperschaft Betriebsrat. Dieser kann für den Geltungsbereich Betrieb die grundlegenden Regeln mitbestimmen, wie das Internet, Zugang, Nutzung, Kontrolle und so weiter im Unternehmen geregelt sind. Und er kann jede Änderung dieser Regeln mitbestimmen.

Vereinfacht können wir von diesem Beispiel aus der Arbeitswelt auf die generelle Ebene verallgemeinern: „das Internet" berührt sowohl als grundlegende Infrastruktur als auch durch seine technischen Eigenheiten per se mehrere Menschenrechte, weswegen Änderungen an Struktur, Regeln und Verwaltung des Internet „durch uns" zustimmungspflichtig sein müssten, da diese Änderungen wiederum automatisch in unsere Menschenrechte eingreifen und unsere durch Persönlichkeitsrechte mittelbar geschützte Grundrechtssphäre beeinträchtigen können.

Der Umstand, dass das Internet als transnationale Infrastruktur nationale Geltungsbereiche unterläuft, sollte eine weitere Motivation darstellen, den Anspruch auf Teilhaberechte am Internet auf der Ebene der Menschenrechte zu formulieren (siehe auch Kap. 3.6. *Die Grenzen der juristischen Verfolgung von Hassrede im Internet: Ein Beispiel aus Ungarn* von V. Szabados). Nationale Parlamente sind nicht automatisch durch demokratische Wahlen legitimiert, zu Neuregelungen des Internets in unseren Namen zuzustimmen.

Für Teilhaberechte aller am Internet spricht außerdem und nicht zuletzt, dass wir das, was „das Internet" gegenwärtig ist, nicht der Leistung eines Unternehmens oder dem Staat verdanken, von dem uns diese Infrastruktur zur Verfügung gestellt wird. Es ist weder das Produkt einer Firma. Noch ist es natürliche Ressource oder nationalstaatlich organisiertes öffentliches Gut. „Das Internet" geht vielmehr auf vielschichtige Prozesse gesellschaftlicher Produktion zurück als auf eine unternehmerische Leistung oder staatliche Organisation. Die Forderung auf Zugang muss dem einzelnen Staat gegenüber gestellt werden. Der Rang des Menschenrechts soll diesem Recht lediglich mehr Gewicht beimessen und alle Staaten zwingen, dieses Recht auf Zugang zu schützen. Das kann der Staat auch sehr einfach, fällt die Regulierung des Zugangs doch in seine Domäne. Ein Recht auf Teilhabe am Internet, auf gleichberechtigte Mitbestimmung bei der Regelung und Verwaltung des transnationalen Internets, das kann der einzelne Staat nicht einfach durchsetzen. Umso mehr müsste dieses Recht als universelles Menschenrecht gefordert werden.

## Das für jeden Menschen Wesentliche am Internet

Wenn das Menschenrecht nicht am Zugang zu Internet festmachen, woran aber dann? Wenn „das Internet" gesellschaftlich schwer zu fassen und noch schwieriger in einer Definition zu begreifen ist, die den Metamorphosen über Entwicklungszeiträume hin gerecht würde, wie dann die Rechte formulieren, die wir alle nur aufgrund unseres Menschseins haben? Für die Vereinten Nationen formuliert die UN-Sonderberichterstatterin Farida Shaheed, zitiert in einer Aussendung der Vereinten Nationen am 18. Mai 2012,

> Da das Internet im Wesentlichen eine globale Ressource darstellt, muss eine angemessene Regelung und Verwaltung des Internets das Recht eines jeden Menschen auf selbstbestimmten Zugang zu Information ebenso wie auf selbstermächtigte Nutzung von Information und Kommunikationstechnologien unabdingbar unterstützen.[3]

Diese Formulierung geht deutlich über die Forderung eines Rechts lediglich auf Zugang hinaus. Zugang und die Nutzung müssen selbstbestimmt und selbstermächtigt möglich sein. Gleichzeitig kann diese Formulierung den Charakter eines Appells an die, die regeln und verwalten, nicht verbergen. Den Regelnden und Verwaltenden wird zwar eine allgemeine Schutzpflicht der Rechte eines jeden Menschen zugesprochen, ohne dass die Legitimation dieser unbestimmten Regelnden und Verwaltenden aber angesprochen oder Bedingungen unterworfen wird.

Ich habe weiter oben bereits vorgeschlagen, mehr, nämlich gleichberechtigte Mitbestimmung und Teilhaberechte am Internet zu fordern. Dazu möchte ich eine Konkretisierung versuchen, welche Aspekte „am Internet" für jeden Menschen so wesentlich sind, dass es unserer Zustimmung und also Kontrollmöglichkeiten bedarf, wie es geregelt und verwaltet wird. Bislang bin ich der Frage ausgewichen, was das Internet sei. Ich habe es vielmehr samt vorangestellten bestimmten Artikel in Anführungszeichen gesetzt und als etwas schwer zu Begreifendes charakterisiert, als etwas im Rang grundlegender, obwohl in der Menschheitsgeschichte noch junger Infrastruktur, vielschichtig und komplex auf Gesellschaft wirkend, während „es", „das Internet", gleichzeitig gesellschaftlich produziert und durch widerstreitende gesellschaftliche Gestaltungsansprüche laufend weiter verändert wird.

Mit dieser unbestimmten Benennung lässt sich freilich keine haltbare Formulierung eines sinnvollen Rechtsanspruchs gewinnen. Die Definition und Beschreibung im Wikipedia-Artikel *Internet* hilft auch nicht weiter.

---

[3] „Internet governance must ensure access for everyone".

Ich schlage die Unterscheidung von (mindestens) vier Aspekten und Eigenschaften vor, die meines Erachtens für die Frage der Menschenrechte relevant sind:

1. Vermittels Internet werden Daten übertragen, Informationen. Es ist Übertragungsmedium.
2. Im Internet werden Daten gesichert, Informationen archiviert. Es ist Speichermedium.
3. Mittels Internet kommunizieren Menschen. Es ist Kommunikationsmedium.
4. Im Internet und via Internet werden Dienste, Plattformen und Organisationen gebaut. Dienste um weitere Dienste, Organisationen, Plattformen zu bauen. Plattformen um weitere Dienste, Plattformen und Organisationen zu gründen. Organisationen um Dienste, Plattformen und Organisationen zu organisieren. Es ist grundlegende Ressource und Infrastruktur.

All diese Eigenschaften würde ich als grundlegende bezeichnen, die als solche in einem sich laufend wandelnden Internet erhalten bleiben. Aus diesem Grund schlage ich vor, mit der Forderung von Rechten auf diese grundlegenden Eigenschaften Bezug zu nehmen. Beziehungsweise müssen sie aus der Perspektive der Menschenrechte erhalten werden, sind es doch die für jeden Menschen wesentlichen Dimensionen. Eine Transformation des Internets zum Beispiel in die Richtung, die das selbstermächtigte Bauen von Diensten, Organisationen und Plattformen einschränken oder verunmöglichen würde, käme einem willkürlichen Ausschluss von grundlegenden Ressourcen und Infrastruktur gleich und verletzten Rechte wie das auf Arbeit, auf Bildung, auf Teilhabe am kulturellen Leben. Die prinzipielle Bevorzugung einzelner gegenüber anderer bei der Übertragung von Daten würde beispielsweise das Prinzip der Gleichberechtigung verletzen (siehe dazu auch Kap. 3.2. *Netzneutralität. Das Internet im Spannungsfeld von Public Service und Kommerzialisierung* von T. Pelligrini).

All diese Eigenschaften betreffen alle Menschen. Für alle Eigenschaften sollten die Prinzipien der Menschenrechte gelten – Universalität, Egalität, Unteilbarkeit.

Und dabei ist der Gebrauch des Internets durch die oder den Einzelnen selbst nicht notwendig, um in der eigenen Menschenwürde berührt zu werden. Ähnlich dem Beispiel aus der Arbeitswelt gilt, dass wir alle per se berührt sind: weil unsere beziehungsweise uns betreffende Daten übertragen werden. Weil über uns Daten erfasst werden und gespeichert werden, Daten unsere Privatsphäre berühren und allzu einfach dazu eingesetzt werden können, unsere Persönlichkeits-, Freiheits- und sozialen Menschenrechte zu verletzen. Weil unsere Kommunikation gestört oder mitverfolgt oder ohne unsere Zustimmung gespeichert wird. Weil unsere Ideen, Produkte, Geschichten und Geschichte gespeichert oder verdrängt werden.

Weil unsere Organisation und Art uns zu organisieren ausgegrenzt, angegriffen und kriminalisiert wird.

Weil unser aller Möglichkeiten der Datenübertragung, des Speicherns, des Kommunizierens, des Arbeitens, der freien Bewegung und des uns frei Organisierens durch Möglichkeiten staatlicher Repression und kapitalistischer Ausbeutung im Internet und vermittels Internet in einem Maße bedroht sind, dass wir alle – Menschen qua unserer Menschenwürde heute und in Zukunft – mitbestimmen können müssen, wie „das Internet" entlang der grundlegenden Eigenschaften 1) Übertragungsmedium, 2) Speichermedium, 3) Kommunikationsmedium sowie 4) Ressource und Infrastruktur geregelt und verwaltet wird.

## Conclusio

*In Abwandlung des bekannten Prinzips „Öffentliche* Daten nützen, private Daten schützen" würde ich Angesichts von Internet und Menschenrechten für einen Zugang plädieren, der auf die Formel *„Menschenwürde schützen, Abwehrrechte zur Teilhabe nützen"* gebracht werden könnte. Damit sei noch einmal zusammengefasst Folgendes gemeint:

Das Internet in seiner gegenwärtigen Form ist in komplexen und diversen Prozessen gesellschaftlicher Produktion entstanden, die mehr als zwei Jahrzehnte überspannen und weiter zurückreichen. Mit der Emergenz des sich laufend weiter entwickelnden und bisweilen strukturell wandelnden Internets ist etwas Neues in die Menschheitsgeschichte getreten, dessen globale historische Bedeutung für uns in der Gegenwart noch kaum angemessen bemessen werden kann. Internet verändert unsere Gesellschaften. Die Produktion und Reproduktion „des Internets" passiert weiterhin in komplexen und diversen gesellschaftlichen Prozessen unter breitester Teilhabe, wird aber gleichzeitig immer mehr von Staatsapparaten und Kapitalinteressen bestimmt und eingegrenzt.

Die eminente Bedeutung des Internets macht es notwendiger Weise zum Objekt von Herrschaftsinteressen, die „das Internet", seine Funktionen, Eigenschaften und weitreichenden Auswirkungen regulieren und beherrschen wollen (beziehungsweise aus der Perspektive der Herrschaft: müssen). In diesem Umfeld gilt es, die gesellschaftliche Teilhabe am Internet, an der Produktion und laufenden Reproduktion des Internets abzusichern. Vor diesem Hintergrund gilt es, die Rechte jeder und jedes Einzelnen im Angesicht des Internets und der Rechte am Internet zu schützen.

Dem Internet wohnt gleichermaßen großes emanzipatorisches wie repressives Potential inne. Im Angesicht der Komplexität dessen, was das Internet ist und mit

Bedacht darauf, dass sich das was es ist ändern und soweit geändert werden kann, dass es zu etwas im Grunde anderem transformiert würde, plädiere ich für das Menschenrecht am Internet.

Diese Forderung hat notgedrungen eine klar globale und historische Perspektive. Ein Menschenrecht am Internet darf nicht am Zugang zum Internet allein festgemacht werden. Alle Menschen haben das Recht auf selbstermächtigenden Zugang zu Datenübertragung und ein Recht darauf, dass ihre Daten sicher übertragen werden. Alle Menschen haben das Recht auf selbstermächtigenden Zugang zu Datenspeicherung. Alle Menschen haben das Recht auf selbstermächtigenden und sichere Kommunikation vermittels Internet. Alle Menschen haben das Recht, die Ressource und die Infrastruktur „Internet" zu nutzen, um im und mit dem Internet selbstermächtigt etwas zu produzieren.

Ein Menschenrecht am Internet muss die für alle Menschen wesentlichen Eigenschaften der Datenübertragung, des Speicherns, der Kommunikation und als Ressource und Infrastruktur benennen und über den Zugang hinaus das Recht auf Mitbestimmung an Struktur, Regeln und Verwaltung für alle diese Eigenschaften festhalten. Auf Basis einer solchen Grundformulierung sollten Ableitungen für konkrete Umsetzungs-, Bemessungs- und Entscheidungsfragen sowie die Übersetzung in konkrete transnationale wie nationale Richtlinien, Gesetzestexte, Verordnungen und Verträge eindeutig operationalisierbar sein. Und eindeutig meint hier, so dass in konkreten Fällen schnell klar ist, ob etwas dem Recht aller Menschen am Internet gerecht wird oder nicht.

URL: http://www.kellerabteil.org/2013/04/menschenrecht-auf-internet/ vom 17. April 2013

# Der ordnungspolitische Graben hinter der Netzneutralitätsdebatte

Robin Meyer-Lucht

In der Debatte um Netzneutralität stehen sich ein dirigistisch-paternalistisches und ein liberales Modell unversöhnlich gegenüber. Derweil schafft die Bundesregierung mit dem neuen TKG-Entwurf Fakten.

Netzneutralität? Anders als viele vermuten werden, wird die Frage der zukünftigen Regulierung von Netzneutralität derzeit nicht nur in der Internet-Enquete totdiskutiert, sondern wird munter in einem neuen Gesetzentwurf geregelt.

Der Entwurf zum neuen Telekommunikationsgesetz (TKG) sieht vor, dass das Bundeswirtschaftsministerium per Rechtsverordnung Transparenz- und Mindestqualitätsvorgaben für den Internetverkehr treffen kann, die dann von der Bundesnetzagentur zu überwachen wären.

Mit anderen Worten: Eine Vorschrift zur Durchsetzung einer streng katholischen Lehre von der Netzneutralität soll es nach Vorstellung der schwarz-gelben Bundesregierung in Zukunft nicht geben. Es wird ein staatliches Bekenntnis für ein diskriminierungsfreies (aber nicht notwendig stets priorisierungsfreies) Netz geben – aber eben auch ein Bekenntnis, dass die Betreiber ‚ihre Netze' in gewissem Rahmen auch effizient bewirtschaften können sollen.

Vor diesem Hintergrund fand am vergangenen Donnerstag eine Diskussionsrunde zur Netzneutralität in der Vertretung der Deutschen Telekom statt, organisiert vom Branchenverband BITKOM. Die Moderation hatte ich übernommen. Das Panel kann man sich hier noch einmal in voller Länge anschauen:

R. Meyer-Lucht (✉)
Berlin, Deutschland
E-Mail: brode@colornoise.com

C. Kappes et al. (Hrsg.), *Medienwandel kompakt 2011–2013*,
DOI 10.1007/978-3-658-00849-9_64, © Springer Fachmedien Wiesbaden 2014

Als Moderator möchte ich hier die Diskussion nicht bewerten (Das mögen andere tun). Ich möchte aber sagen, dass mich eine Frage während und nach der Diskussion lange beschäftigt hat. Die von Malte Spitz nämlich:

> Frage #kmp2011 Kurth Teilen Sie Position der Landesmedienanstalten das es bei Debatte um NN um Geschäftsmodelle und nicht um Knappheit geht? (Twitter, 10.02.2011)

Die Frage leuchtete mir im ersten Moment nicht sofort ein – denn selbstredend geht es beim Thema Netzneutralität ganz sicher um Geschäftsmodelle (es geht um Zulässigkeit von Preisdifferenzierung) und ganz sicher auch um Knappheit (Netzressourcen sind nicht unbegrenzt vorhanden). Zugleich ist die Frage politisch sehr geschickt zugespitzt: Geht es bei der Netzneutralität womöglich eher um die Umsatzinteressen der Netzbetreiber als um die Behebung realer Knappheitsprobleme? Und wäre dies nicht eher als illegitime Verquickung zu verstehen?

Dummerweise habe ich diese Frage in der Diskussion nicht gestellt. Ich glaube aber, dass es sich lohnt, sie hier nachträglich noch einmal zu erörtern, weil sie augenscheinlich auf den tiefen ordnungspolitischen Graben verweist, der die Netzneutralitätsdebatte teilt.

In der Frage von Malte Spitz erscheint das Internet monolithisch. Es scheint, als würden sich weite Teile der Netzbetreiber kartellartig verbünden, um gemeinsam neue Geschäfts- und Umsatzmodelle durchzusetzen.

Aus liberaler Sicht hingegen, so hätte ein Matthias Kurth womöglich geantwortet, ist der Netzbetrieb in einem Wettbewerb der Anbieter organisiert. Es sei das gute Recht der Betreiber und im Interesse der Nutzer, dass die Anbieter neue Geschäftsmodelle ausprobieren, um ihre inhärent knappen Ressourcen zu bewirtschaften (Geschäftsmodelle als Mittel zur Überwindung von Knappheit).

Erst wenn die Provider dabei ungerechtfertigt diskriminieren und priorisieren, werde daraus ein Problem. Ohnehin gehe es zunächst einmal darum, wie die Provider ihre Netze und die „letzte Meile" managen. Der Netzzugang wird hier als dynamische Dienstleistung verstanden, die im Rahmen einer Wettbewerbsaufsicht einem Veränderungs- und Innovationsprozess ausgesetzt ist.

Auf der anderen Seite steht ein Verständnis von Regulierung, das den Charakter der Dienstleistung Internetzugang vorab festschreiben möchte, weil es dem Wettbewerb der Provider stark misstraut oder für nicht geeignet hält, ein nutzer- und gesellschaftsgerechtes Netz bereitzustellen.

Im Grunde stehen sich hier ein eher dirigistisch-paternalistisches und ein liberales Modell gegeneinander. Das Thema Netzneutralität ist eigentlich nur ein Schauplatz, um volkswirtschaftlich stark unterschiedliche Vorstellungen von Wohlfahrt zu diskutieren. Manchmal wünscht man sich in der netzpolitischen Debatte,

dass dieser Zusammenhang stärker mitreflektiert würde: Es gibt häufig kein end-
gültiges Richtig oder Falsch, sondern nur unterschiedliche Menschenbilder und
Wirtschaftsentwürfe.

URL: http://www.carta.info/38161/der-ordnungspolitische-graben-hinter-der-
netzneutralitaetsdebatte/ vom 15. Februar 2011

# Internet = Kopieren: Scheingefechte um das geistige Eigentum

Jan Krone

In der Frage der Anwendung des Urheberrechts im Digitalen treffen Innovations-Euphoriker und Gemeinfrei-Enthusiasten auf Dogma-Institutionen und Recht-und-Ordnung-Schutzhelme. Ein Blick auf die aktuell „herrschende Meinung".

Die Anwendung des Urheberrechts auf online verfügbare Inhalte nimmt seit geraumer Zeit einen fast schon liebgewonnen Platz der politischen Auseinandersetzung ein. Es treffen dort Innovations-Euphoriker und Gemeinfrei-Enthusiasten auf Dogma-Institutionen und Recht-und-Ordnung-Schutzhelme. Das alles ist bis heute hundertfach journalistisch begleitet und mehrtausendfach kommentiert.

Das Fremdeln mit oder Missverstehen von Netzwerktechnologien im Medienwandel ist jedoch kein neues Phänomen, sondern vielmehr strategisches wie auch emphatisches Annähern an veränderte Gesetzmäßigkeiten der sogenannten Internetökonomie.

## Logiken des Medienwandels

Interpersonale Kommunikation, Handel und Massenkommunikation sind dabei offensichtlich in zwei Lager geteilt: Digitals und Analogues. Dabei bedeutet der Medienwandel qua Digitalisierung gerade nicht das endgültige Auflösen analoger Strukturen zugunsten digitaler Substitute. Der so verstandene Medienwandel beschreibt vielmehr die Verlängerung von Alternativen für die Nutzer, die Konsumenten, die die Kernmärkte der im Kontext des Urheberrechts laut vernehmbaren Branchen selbst zu Alternativen reduzieren (können). Fernseh-, Radio- und Buchbranche stehen derweil nicht im primären Fokus des Wandels.

J. Krone (✉)
FH St. Pölten, St. Pölten, Österreich
E-Mail: Jan.Krone@fhstp.ac.at

C. Kappes et al. (Hrsg.), *Medienwandel kompakt 2011–2013*,
DOI 10.1007/978-3-658-00849-9_65, © Springer Fachmedien Wiesbaden 2014

Nichts desto trotz bleibt die Oberfläche Internet die Arena für Verteilungs-, Zugangs- und Verwertungsauseinandersetzungen. Es ist auf Seiten der Analogues der schmerzende Verlust über die Kontrolle des Vertriebsweges, der mittels lobby-politischer Lösungen und Umdeutungen der Kräfte am Markt vorbei gelindert werden soll. Auf der anderen Seite stehen die Digitals, die mittels vereinfachten Zugangs zu Inhalten über das Internet diese auch gleich in ökonomischer Gänze für sich beanspruchen. Private und Öffentliche Güter, Ausschlussprinzip und Konsumrivalität werden den eigenen – und vor allem monetären – Interessen unter dem Deckmantel des Kulturbegriffs, „digitaler Identität" und Allmende angepasst.

Dieser Beitrag soll generell beleuchten und bewusst verkürzen, was seit gut einem Jahr zumindest in Deutschland, dem Bundesgerichtshof folgend, „herrschende Meinung" ist:

Am 29. April 2010 entschied eben jenes Gericht unter dem Aktenzeichen I ZR 69/08, dass die von einer Suchmaschine angebotene Dienstleistung, Bilder zu suchen, nicht gegen die Urheberrechte derjenigen verstößt, die Bilder auf ihren Websites ohne Barrieren zugänglich halten.

Abstrahierend ausgelegt und auf die Medienbranchen wie beispielsweise Musikindustrie und Verlagswirtschaft erweitert wird unmissverständlich deutlich: Das zwanglose Einstellen von urheberrechtlich geschützten Inhalten auf allgemein zugänglichen Websites entspricht dem konkludenten Handeln eines Urhebers oder sonstigen Rechteinhabern zur unkontrollierten Weiterverbreitung eines Inhalts oder Werkes. Dem folgend ist ein ungesichertes Einstellen gleich implizites Einverständnis in die Verwendungsfreigabe, eingeschränkt durch etwaige Disclaimer (AGB) in Verbindung mit den geschützten Inhalten im Rahmen der geltenden Regelungen des Urhebergesetzes.

## Kopieren ist Netz-immanent

Woher könnte die Überzeugung des Gerichts, das grundsätzlich keine Erörterungen über das Zustandekommen einer Entscheidung veröffentlicht, kommen? Ausgeschlossen werden können mit an Sicherheit angrenzender Wahrscheinlichkeit politische Motive. Auffällig ist vielmehr die in der Entscheidung angelegte technische Sichtweise über die Funktionsweisen des Internet, die sich bis heute nicht grundsätzlich verändert haben: Das frei zugängliche Internet funktioniert im Modus des Aufrufens von Websites überwiegend nach dem Client-Server-Prinzip, dem Kopieren.

Die Netztechnologie und -philosophie eines freien – und nicht die des beispielsweise proprietären Internets à la Cupertino – stellt den Rahmen für die bislang nicht überwundene Orientierungsphase der Marktpartner dar. Für die Einen (Anbieter) wie für die Anderen (User). Grundsätzlich lässt sich aus dem Wesen des Netzes, wie auch aus der BGH-Entscheidung folgern, dass eine Abänderung des Urheberrechts nicht notwendig ist.

## Untaugliche Alternativen zum bestehenden Urheberrecht

Auch bleiben „Fair-Use-Regelungen", also eine „angemessene Verwendung von urheberrechtlich geschützten Inhalten und Werken", genauso zweifelhaft in ihrer treuhänderischen Umsetzbarkeit wie die Etablierung einer „Kulturflatrate" oder „Kulturwertmark" als Quasi-Sozialbeitrag für unspezifische Netzinhalte.

Peter Tschmuck setzte sich im Rahmen der Enquete-Kommission „Internet und digitale Gesellschaft" (deren Bezeichnung für sich genommen schon eine Anmaßung genauso wie Diskriminierung ist) für den, heute, „aktiven Konsumenten" ein, der „digitale Inhalte vervielfältigen, sie mit anderen kombinieren und verändern" wolle, „was das gegenwärtige Urheberrecht unmöglich mache". Dieser Vermutung bleibt entgegen zu halten, dass dies viele Käufer von sportlichen Mittelklassefahrzeugen ebenso anstreben, beispielsweise in Essen regelmäßig zusammenfinden und ihre Interessen nach Marktprinzipien durchsetzen. Alles nicht nach dem Muster einer „angemessenen Verwendung" von Exponaten im Freundeskreis.

Eine Einführung der anderen Variante, der Kulturflatrate, wäre heute faktisch zu früh vor dem Hintergrund der Durchdringung des Internetzugangs in der Gesellschaft wie auch ungerecht gegenüber Haushalten (oder Teilen davon), die kein Interesse an einer Netzpartizipation haben. Zudem wären eine Kulturflatrate oder ein sogenanntes „Leistungsschutzrecht" mehr oder minder direkte staatliche Subventionen für zu großen Teilen privat-kommerziell ausgerichtete Unternehmungen mit Eigennutz-Charakter. Es handelt sich nicht um durchweg Meritorische Güter. Das Modell der „Kulturwertmark" erscheint, zusätzlich zur bereits geäußerten Kritik, als ein Ausbund an Verwaltungslast und persönlicher Datenarbeit für Einzug, Verteilung und Ausschüttung. Theoretisch denkbar, praktisch nahezu untauglich.

## Wunsch nach Öffentlichkeit im Netz bedeutet auch ein Arrangement mit dem Marktprinzip

Ein Verurteilen widerrechtlichen Verbreitens und Aufführens einerseits, also der Umgehung von Schranken als Widerspruch zur Einwilligung in unkontrolliertes Kopieren, ist auch in Zukunft der Schutz der Urheber und sonstiger Rechteinhaber.

Lässt sich dieses Moment nicht herstellen, bleibt der Rückzug von der Oberfläche Internet eine freie Entscheidung für Jedermann, genauso wie die „Opt-Out-Funktion" zur Aussparung von Suchmaschinen-Treffern. Und gleichermaßen die Aufforderung zur Suche nach Geschäftsmodell-Innovationen, sei es auch die hinlänglich bekannte indirekte Erlösgewinnung über werbliche Kommunikationsmaßnahmen.

Was bleibt, ist andererseits die Notwendigkeit von Respekt vor urheberrechtlich geschützten Werken und den Vereinbarungen der Kreativen mit Verwertern. Es ist auch ein Effekt des Medienwandels, der über Medienkompetenz erreicht werden kann/wird/werden muss. Eine Enteignung von Schöpfern oder sonstigen Rechteinhabern geistigen Eigentums durch vereinfachtes Kopieren, die keine – auch keine implizite – Freigabe ihrer Inhalte im Netz abgegeben haben, ist ein krasses Missverständnis der Grundannahme von schutzwürdigen Positionen.

URL: http://netzwertig.com/2011/05/03/internet-kopieren-scheingefechte-um-das-geistige-eigentum/ vom 3. Mai 2011

# Das Janusgesicht des geistigen Eigentums

Wolfgang Michal

Das deutsche Urheberrecht ist deshalb so kompliziert, weil es widersprüchliche juristische Konstruktionen integriert. Der Begriff „geistiges Eigentum" klingt da viel einfacher. Ist er aber nicht.

Für Leute, die es gern ordentlich haben, ist das deutsche Urheberrecht ein Graus. Systematiker verzweifeln an ihm, penible Rechtswissenschaftler greifen sich an den Kopf und Begriffsfetischisten argumentieren sich mit Hilfe seiner Paragraphen in einen Wald, den man vor lauter Bäumen gar nicht mehr sehen kann.

Für Leute also, die Ordnung und Systematik schätzen, ist das deutsche Urheberrecht die ultimative Herausforderung. Seit 100 Jahren versuchen sich kluge Köpfe an einer Neuordnung – es gelingt ihnen aber nicht, denn unsere Rechtsphilosophen und Begriffsjuristen sind dermaßen verliebt in ihre Haarspaltereien und pathetischen Irrationalismen, dass die Formulierung eines klaren positiven Rechts durch Rechthaberei nur weiter verzögert wird.

Dazu gehört z. B. der *religionskriegähnliche* Streit um Inhalt und Begriff des „geistigen Eigentums", der einen nicht zufällig an den Streit um des Kaisers Bart erinnert.

## Romantische Verstrickung

Das moderne deutsche Urheberrecht – entwickelt unter dem Eindruck der französischen Revolution (und in Preußen 1837 erstmals kodifiziert) – ist bis zum heutigen Tag eine romantische Verquickung von Persönlichkeits- und Vermögensrech-

W. Michal (✉)
Salzhausen, Deutschland
E-Mail: michal.wolfgang@t-online.de

C. Kappes et al. (Hrsg.), *Medienwandel kompakt 2011–2013,*
DOI 10.1007/978-3-658-00849-9_66, © Springer Fachmedien Wiesbaden 2014

ten, die so unauflösbar miteinander verquirlt sind, dass nur Explosivstoffe oder starke Zentrifugen die beiden Rechte wieder voneinander trennen können.

Das geistige Werk, das ein Urheber aus seinem Innersten *heraushebt* – wie die Romantiker glauben -, existiert zwar nach der Schöpfung als ein selbstständiges Wirtschaftsgut außerhalb seines Schöpfers, bleibt aber dennoch auf geheimnisvolle Weise mit diesem verbunden! Das Werk bleibt ein Teil der Schöpfer-Persönlichkeit auch dann, wenn der Schöpfer alle Nutzungsrechte an diesem Werk an einen Verwerter abgetreten hat. Denn die Beziehung des Schöpfers zu seinem Werk ist nicht abtrennbar oder übertragbar. Für *Verwerter* und *Nutzer* ist diese fast schon mystische Rückbindung bis heute ein steter Quell des Ärgernisses.

Doch für die *Urheber* war die ‚Erfindung' des romantischen „Autorrechts" ein enormer Fortschritt. Es ist der *Arbeits- und Eigentumstheorie* <u>John Lockes</u> verbunden, und wurde von Naturrechtsphilosophen, Aufklärern und Idealisten (Kant, Fichte, Hegel) definiert und erstritten.

Vor allem der Begriff des Eigentums, der vielen Netzpolitikern so große Bauchschmerzen bereitet, wurde damals aus dem *Persönlichkeitsrecht abgeleitet*, nicht etwa umgekehrt! Geistiges Eigentum war eine Folge der bürgerlichen Persönlichkeit und damit der Freiheit des Individuums (Hegel!). Nur in einem freien Bürger konnte etwas so Fundamentales wie das (An-)Recht auf Sachen entstehen – und zwar auf körperliche wie auf unkörperliche. Das Eigentumsrecht galt als *Unterform* des sehr viel umfassenderen Persönlichkeitsrechts. An diese idealistische Tradition knüpfen <u>Schriftsteller</u>, <u>Tatort-Autoren</u> oder <u>Chefredakteure</u> an, wenn sie pathetische Manifeste und wortmächtige Wutreden für den Schutz des geistigen Eigentums unterzeichnen. Sie verkennen lediglich, dass wir uns nicht mehr in der Romantik, sondern bereits am Anfang der nächsten Revolution befinden.

## Der Denkfehler der Netz-Schlaumeier

Das Urheber-Persönlichkeitsrecht ersetzte in der Zeit der Romantik allmählich den Begriff des „geistigen Eigentums", das bis zu dieser Wende als reines *Immaterialgüterrecht* verstanden wurde. Denn in vor-romantischer Zeit verkaufte ein Schöpfer sein Werk mit Haut und Haaren an einen Verleger. Das Werk blieb nicht – wie heute – mit seinem Schöpfer untrennbar verbunden. Die idealistische Vorstellung einer unauflösbaren Einheit von Schöpfer und Werk existierte noch nicht! Also betrachtete sich der Verleger nach dem Kauf des Manuskripts auch als hundertprozentiger Eigentümer des in den Druckbuchstaben enthaltenen geistigen Werks. Das Manuskript wechselte – wie die Fachjuristen sagen würden – „als restlos übertragbares Wirtschaftsgut" für einen Batzen Geld den Eigentümer.

Wir rekapitulieren: *Vor* der bürgerlichen Revolution war das Urheberrecht ein rein vermögensrechtlich ausgerichtetes *Verlagsrecht*. Es schützte den Verleger vor dem (illegalen) Nachdruck „seiner" (dem Autor abgekauften) Manuskripte. Bei der Durchsetzung dieses Schutzrechts half ihm in der Regel ein vom Feudalherrn verliehenes Privileg.

Wenn heutige Netz-Schlaumeier behaupten, unser gegenwärtiges Urheberrecht sei nichts anderes als ein <u>Privilegienrecht</u> der Verwerter, so blenden sie den für die Urheber wichtigsten Zeitabschnitt – die Romantik – einfach aus. Das heißt, sie unterschlagen die *emanzipatorische* Weiterentwicklung des Verlagsrechts zum *Autorrecht*.

## Die Sonderstellung des Autors

Die Erfindung des bürgerlichen Persönlichkeitsrechts war auch der philosophisch-juristische Hebel, um den Autor als neuen „Player" in das bis dahin nur auf Verleger beschränkte Interessenspiel einzuführen. Seit der Romantik stritten nämlich nicht mehr nur die Verleger untereinander um die Druck-Berechtigung, es stritten nun plötzlich *zwei ganz verschiedene Parteien* um dasselbe „geistige Eigentum" – und die Verbraucher bzw. die Nutzer als dritte mögliche Partei stehen heute vor ganz ähnlichen Problemen wie seinerzeit die Autoren! Es bedarf also *mindestens* einer weiteren Revolution (inklusive einer nachfolgenden Romantik), um die Rechte der Nutzer ebenfalls als gleichwertig anzuerkennen.

Mit der Einführung des Persönlichkeitsrechts in das rein vermögensrechtlich ausgerichtete Verlagsrecht entstand allerdings auch das eingangs bereits erwähnte rechtsdogmatische Kuddelmuddel: Der Schutz der persönlichen, d. h. nicht-wirtschaftlichen Interessen der Urheber am Werk mischte sich nun a) mit den wirtschaftlichen Interessen der Urheber *und* b) mit den wirtschaftlichen Interessen der Verwerter. Diese Verquickung stürzte die Juristen – mit wenigen Ausnahmen – in begriffliche Konfusion. Das geistige Eigentum war einerseits im Sinne von a) und b) *vollständig veräußerbar* und *deshalb* zwischen den beteiligten Interessengruppen als Wirtschaftsgut *frei regel- und verhandelbar*, andererseits war es auch untrennbar mit der Gruppe der Urheber verwachsen.

Diese *Sonderstellung* der Urheber im modernen Urheberrecht verteidigen die Urheber seither mit Zähnen und Klauen (und exakt in diesem Punkt könnte es eines Tages zu einer Allianz aus Verwertern und Nutzern gegen die Hybris der Urheber kommen).

## Das Janusgesicht des geistigen Eigentums

Im Laufe der Jahre wurden die juristischen Argumentationen – vor allem unter dem Eindruck einer *zunehmend ideologisch geführten Eigentumsdebatte* – so parteiisch, dass der „materielle Gehalt" des geistigen Eigentums aus dem Blick verloren wurde. Diesen materiellen Gehalt könnte man in dem sperrigen Satz zusammenfassen:

> Geistiges Eigentum ist die Idee einer allein kraft Schöpfungsaktes in der Person des Erzeugers entstehenden ausschließlichen und übertragbaren Berechtigung am geschaffenen Geisteswerk.

Der ursprüngliche Begriff des geistigen Eigentums meinte also *nicht* das Eigentum im landläufigen Sinn (wie das Sacheigentum) – er zielte vielmehr auf die Idee einer exklusiven und übertragbaren Berechtigung.

Das heißt: Schöpfer und Werk werden nach der Geburt erst einmal *getrennt.* Der Schöpfer hat lediglich die exklusive Berechtigung, das Werk zu verwerten! Er kann diese Berechtigung auch an Dritte übertragen. Damit steht das *selbstständige,* vom Schöpfer abgenabelte *geistige Eigentum* als handelbares Gut im Zentrum der juristischen Überlegungen, nicht der *Besitzanspruch des Schöpfers.* Zweck einer Schöpfung ist ja auch die *Veröffentlichung,* und nicht ihr *Privatbesitz.*

Der materielle Gehalt des geistigen Eigentums entspricht damit dem Begriff des *Immaterialgüterrechts,* wie ihn der deutsche Jurist Josef Kohler 1907 geprägt hat, um den ideologisch überfrachteten Begriff des Privateigentums zu vermeiden und das begriffliche Kuddelmuddel juristisch aufzulösen. Kohler schrieb:

> So sehr wir darum die konstruktive Bildung des geistigen Eigentums als eine jetzt überholte Konstruktion bekämpfen, so müssen wir ihr das verehrungsvolle Zeugnis geben, dass sie Jahrzehnte lang zur Verwirklichung des wahren Rechts mächtig beigetragen hat. Denn sie kommt der richtigen Konstruktion am nächsten und hätte erst aufgegeben werden sollen, als man die Konstruktion des Immaterialrechts gefunden hatte.

## Es geht nicht um Eigentum, es geht um Rechte

Kohler, davon ist der Schweizer Wirtschaftsjurist Cyrill P. Rigamonti überzeugt, hat die ideologische Verkürzung des geistigen Eigentums auf Privateigentum rückgängig gemacht und den rechtsdogmatischen Gehalt des geistigen Eigentums in seiner ursprünglichen Bedeutung „restauriert". Diese ursprüngliche Bedeutung meint eben *nicht* Eigentum, sondern „*ein Recht* an einem außerhalb des Menschen stehenden, aber nicht körperlichen, nicht fass- und greifbaren Rechtsgut."

Würde man Kohlers Sichtweise akzeptieren, könnte man die verschiedenen Interessen, die auf das gleiche Werk gerichtet sind, rechtlich zueinander in Beziehung setzen. Es würde nämlich anerkannt, dass Urheber, Nutzer und Verwerter ein prinzipiell gleich-berechtigtes (wenn auch unterschiedliches) Interesse an sämtlichen geistigen Schöpfungen haben. Die Sonderstellung der Urheber, die im heutigen Recht dafür sorgt, dass die Beziehungen zwischen Nutzern, Verwertern und Urhebern so kompliziert sind, würde kassiert.

Kohler, so Rigamontis Überzeugung, vollendete damit die Entwicklung des Urheberrechts vom einstigen Verlags- zum kommenden Immaterialgüterrecht, indem er das Recht des geistigen Schöpfers an einem *außerhalb* seiner Person existierenden *Gut* etabliert, und so die schwierige und zu Missverständnissen führende romantische Konstruktion des mit seinem Schöpfer verwachsenen Eigentums eliminiert.

## Vom Urheber- zum Immaterialgüterrecht

Kohlers Vorstellungen entsprachen allerdings nicht den sozialen Interessen seiner Zeit, und so wandte sich die Debatte in den folgenden 100 Jahren wieder von seiner Immaterialgüteridee ab. Man pflegte das „geistige Eigentum" eher als sozialpolitischen *Kampfbegriff*, anstatt seinen ursprünglichen Gehalt als Chance für einen neuen Interessenausgleich zwischen Verlegern, Autoren und Verbrauchern zu begreifen.

Auch in den Jahren der Weimarer Republik hat sich die Auffassung weiter verfestigt, dass das Urheberrecht einzig und allein den Urhebern zu dienen habe und für deren Interessenmaximierung geschaffen sei. Die Rechtsprechung der Bundesrepublik und die Urteile des Bundesverfassungsgerichts haben diese Sichtweise übernommen. Deshalb wurden sämtliche Einschränkungen des Urheberrechts zugunsten anderer Interessen (wie etwa denen der Verbraucher) als „Ausnahmen" oder „Schrankenregelungen" formuliert und meist mit der Sozialpflichtigkeit des Eigentums nach Artikel 14 Grundgesetz begründet.

Die ideologische Aufladung des Begriffs „geistiges Eigentum" erfolgte im übrigen nicht von rechts, wie manche Netzpolitiker vielleicht glauben, sondern von Seiten der Sozialdemokratie und der Gewerkschaften, die im Urheberrecht den geeigneten Hebel sahen, Künstlern ein gesichertes Einkommen zu verschaffen. Erst spät erkannten die Verwerter, dass der Begriff des geistigen Eigentums auch für ihre Interessen hervorragend einsetzbar ist, insbesondere zur Abwehr der mit dem Internet aufkommenden Nutzer-Interessen. Die heute bestehende große Koalition aus Urhebern und Verwertern für ein politisch verstandenes „geistiges Eigentum" ist dieser historischen Entwicklung geschuldet.

Es nützt den (häufig liberal oder libertär gesinnten) Netzpolitikern unserer Tage deshalb wenig, den stolzen und unterschriftsfreudigen Urhebern immer wieder ihren „veralteten Begriff vom geistigen Eigentum" um die Ohren zu hauen. Die Urheber werden diesen Begriff weiter verteidigen. Denn ihre Emanzipationsgeschichte ist damit verbunden.

Wesentlich produktiver für alle Beteiligten wäre es, wenn die heutigen Netzpolitiker den ungeliebten Begriff endlich akzeptieren würden, *ihm aber sein ideologisches Mäntelchen ausziehen* und konstruktiv mit ihm arbeiten – im Sinne der Schaffung eines modernen Immaterialgüterrechts.

URL: http://www.carta.info/48614/das-janusgesicht-des-geistigen-eigentums/ vom 18. September 2012

# Warum Kreativität kein Maßstab für Urheberrechte ist

Gábor Paál

Kreativität ist nicht einer bestimmten Branche vorbehalten, die diesen Begriff für sich in Beschlag genommen hat, kommentiert der Radiojournalist Gábor Paál (SWR 2) die aktuelle Urheberrechtsdebatte. In einem Gastbeitrag zeichnet Paál nach, warum auch Begriffe wie „Werk", „Schöpfung", „Leistung" und „Eigentum" vielerorts Verwirrung stiften.

Ich möchte im Folgenden einige Beobachtungen aus dem journalistischen Alltag schildern. Sie werden vermutlich wenig dazu beitragen, die Probleme um Urheberrechte und Geistiges Eigentum, um Schutzfristen und Privatkopien zu lösen. Mir erscheinen sie aber insofern interessant, als sie verdeutlichen, welche Faktoren jenseits der juristischen Definitionen beeinflussen, ob und inwieweit sich jemand als „Geistiger Eigentümer" betrachtet. Und möglicherweise sind sie relevant für die Frage: Welche Werke verdienen unter welchen Voraussetzungen welchen Schutz?

Jeden Tag werden im Radio und Fernsehen etliche Experten interviewt oder zu Diskussionssendungen eingeladen. Ein großer Teil von ihnen sind Professoren oder haben einen vergleichbaren Status, sind also Angestellte des öffentlichen Dienstes. Wer als Redakteur regelmäßig mit solchen Experten zusammenarbeitet, macht die Erfahrung, dass manche von ihnen selbstverständlich für ein Interview oder für eine Teilnahme an einer Diskussionssendung ein Honorar erwarten und sich schon bei der ersten Anfrage nach der Höhe erkundigen. Andere dagegen zeigen sich sehr verwundert, wenn das Thema angesprochen wird, weil sie – genauso selbstverständlich – davon ausgehen, dass Interviews Ehrensache sind bzw. im Interesse des Interviewten liegen.

Irgendwann ist mir aufgefallen, dass diese Unterschiede nicht einfach nur mit persönlichen Charakterzügen der Gesprächspartner zu tun hat – dass also die einen

G. Paál (✉)
Baden-Baden, Deutschland
E-Mail: gabor.paal@swr.de

C. Kappes et al. (Hrsg.), *Medienwandel kompakt 2011–2013*, 379
DOI 10.1007/978-3-658-00849-9_67, © Springer Fachmedien Wiesbaden 2014

einfach bescheidener wären als die anderen. Ein entscheidender Faktor ist vielmehr die wissenschaftliche Disziplin, in der sich die Experten bewegen. Geisteswissenschaftler (inklusive Theoretiker der Sozialwissenschaften) erwarten wesentlich häufiger ein Honorar als Naturwissenschaftler. Entsprechend thematisieren sie die Honorarfrage relativ früh.

## Unterschiedliches Selbstbild von Geistes- vs. und Naturwissenschaftlern

Nun gibt es im öffentlich-rechtlichen Rundfunk keine einheitliche Regelung, was Honorare für Experten betrifft. Da wir selbst eine öffentlich-rechtliche Einrichtung sind und uns aus Gebühren finanzieren, können wir uns üppige Honorarzahlungen gar nicht leisten. In der Praxis bedeutet dies: Für ein kurzes Telefoninterview bekommen Professoren in der Regel kein Honorar, ebenso wenig, wenn ein Reporter sie für ein Interview besucht. Wenn sie dagegen für eine Diskussionssendung extra in ein Studio kommen oder gar einen eigenen Text im Radio publizieren, erhalten sie eine Aufwandsentschädigung.

Gelegentlich kommt es also vor, dass ein Gesprächspartner nach Geld fragt, wo eigentlich keines zur Verfügung steht. Ein bekannter Politikwissenschaftler („Parteienforscher") lehnte selbst ein kurzes, dreiminütiges Radio-Interview ab: „Sagen Sie Ihrem Chef, ich gebe Interviews nur gegen Honorar". Auf den Hinweis, dass seine Professur doch aus Steuergeldern finanziert werde und somit die Öffentlichkeit doch auch einen Anspruch auf seine wissenschaftliche Expertise habe, erklärte er, dass er ja mitnichten über seine Forschungen spreche, sondern helfe „Sendezeit zu füllen". Ein ebenso bekannter Psychotherapeut verwies mich – der einst als junger Reporter für ein Interview zu ihm nach Hause kam – explizit auf sein „geistiges Eigentum", das er mir und dem Sender zur Verfügung stelle.

Bei Naturwissenschaftlern – und seien sie noch so prominent – habe ich so etwas nie erlebt. Nach ihrem Verständnis geben sie ja nur den „Stand der Wissenschaft" wieder und betrachten sich lediglich als deren Kommunikatoren. Ein Honorar, das sie für eine Beteiligung an einer längeren Sendung erhalten, betrachten sie bestenfalls als Aufwandsentschädigung, und immer wieder habe ich es erlebt, dass sie dieses Honorar dann umgehend spenden. Aber kaum einer von ihnen kommt auf die Idee, ein Honorar dafür zu erwarten, dass er seine mit öffentlichen Mitteln erworbene Expertise der Öffentlichkeit zur Verfügung stellt, geschweige denn dafür, dass er von seinem Recht auf freie Meinungsäußerung Gebrauch macht.

Nun hat das alles mit Urheberrechten scheinbar noch gar nichts zu tun, letztlich aber doch. Die – beim erwähnten Psychotherapeuten – Verwechslung von „Leistung" mit „Eigentum" scheint mir symptomatisch zu sein für die aktuelle Debatte. „Urheberrechtsschützer" haben ja Recht mit der Forderung, dass geistige Arbeit angemessen entlohnt werden muss – aber solange es nur um die Arbeit geht, braucht es dazu kein Urheberrecht. Für geistige Leistungen gibt es auch andere Entlohnungsformen.

## Als Wissenschaft getarnte Literatur

Zu dieser Beobachtung aus dem journalistischen Alltag passt eine zweite. Sie betrifft die Frage: Wann empfinden wir ein Plagiat als Plagiat? Offensichtlich im Fall Guttenberg, denn der Verteidigungsminister hat Dutzende fremder Textbausteine fast wortgleich übernommen, ohne sie als Zitat zu kennzeichnen. Es handelte sich um eine juristische Arbeit, wobei es sich bei den meisten der „geklauten" Passagen nicht etwa um empirisch ermittelte Erkenntnisse handelte, sondern eher um rechtspolitische Statements, also um Meinung.

In den Naturwissenschaftlern, so wurde im Zusammenhang mit der Guttenberg-Affäre oft konstatiert, seien Plagiate seltener, da hier die Promotion in der Regel eine eigene empirische Arbeit voraussetzt (die zwar, wie wir aus manchen Betrugsfällen wissen, auch aus erfundenen Versuchsreihen bestehen kann, aber hier handelt es sich ja um eine Fälschung, nicht um ein Plagiat).

Aber das ist wohl nur die halbe Erklärung. Die andere Hälfte ist, dass naturwissenschaftliche Erkenntnisse nun einmal nicht als geistige Schöpfung betrachtet werden, und ihnen somit nicht der Status eines geistigen Eigentums beigemessen wird. Wer Newtons und Einsteins Energie-Gleichungen verwendet oder eine Gensequenz veröffentlicht, setzt diese nicht in Anführungszeichen. Zugespitzt: Empirische Wissenschaftler betrachten sich eher als „Entdecker", Geisteswissenschaftler dagegen als „Erfinder" (wovon? Von schönen Gedanken oder Formulierungen? Und handelt es sich in dem Moment noch um Wissenschaft oder um Literatur?). Aber auch diese Unterscheidung hilft nicht weiter, denn sie wirft gleich die nächste Frage auf: Wann wird eine Entdeckung – in unserer Wahrnehmung – zur Erfindung, zur eigenständigen Schöpfung?

## Das Kriterium der Fülle

Den entscheidenden Schlüssel hierfür liefert vielleicht ein Begriff, den der Philosoph Nelson Goodman eingeführt hat: Fülle. Er benutzte das Wort, um auf einen wesentlichen Unterschied zwischen Kunst und Wissenschaft hinzuweisen: Bei der Beurteilung einer Arbeit in den (empirischen) Wissenschaften kommt es vor allem auf den abstrakten Gehalt an: Die Aussagen müssen plausibel, der Text verständlich und die Grafiken richtig gezeichnet sein; aber es ist nicht wichtig, in welchem Schrifttyp der Text gedruckt ist, welche Proportionen die Absätze haben und ob die Linien in den Grafiken rot oder blau, gestrichelt oder gepunktet sind, solange sie im Prinzip die Verhältnisse richtig wiedergeben.

Die Ästhetik der Kunst dagegen zeichnet sich durch Fülle aus: Jedes Detail zählt. Niemand gibt sich mit einem Musikstück zufrieden, in dem die Melodie „im Prinzip" erkennbar ist, und niemand beurteilt ein Gemälde danach, ob es ein Objekt „im wesentlichen" richtig darstellt. Vielmehr kann alles, was man an einem Kunstwerk wahrnehmen kann, Gegenstand des Urteils werden. Dies ist in der Tat eine Eigenschaft, die die Kunst wesentlich von anderen Erkenntnisstilen unterscheidet.

Die Texte von Geisteswissenschaftlern leben von ihren Formulierungen. Halten Philosophen oder Historiker Vorträge, lesen sie häufig ein ausgearbeitetes Manuskript ab. Naturwissenschaftler machen sich Stichworte oder hangeln sich an Folien entlang, sprechen aber eher frei, weil es auf das einzelne Wort nicht ankommt. Ihre Texte sind in diesem Sinn nicht „voll".

Noch etwas kommt hinzu: Die Geisteswissenschaften sind, mehr als die „exakten", empirischen Naturwissenschaften, von hermeneutischen, deutenden und wertenden Methoden geprägt. Hierbei kommt die Individualität und Subjektivität (urheber-terminologisch: die Schöpfungshöhe) der jeweiligen Wissenschaftler sehr viel stärker zum Ausdruck als etwa im Nature-Paper eines Physikers.

## Es geht nicht um Kreativität

Für Juristen mögen diese Feststellungen banal sein: Es gehört schließlich zu den Grundgedanken des Urheberrechts, wonach Fakten und Ideen – kurz: die Inhalte als solche – keinen urheberrechtlichen Schutz genießen, sondern nur die konkrete Ausdrucksform, in die sie in einem Werk in Erscheinung treten: Es ist schließlich gestattet, Inhalte eines Textes umzuformulieren und in einem anderen Text zusammenzufassen, erst die unerlaubte Übernahme von Formulierungen verstößt gegen das Urheberrecht. Oder, wie es so schön (nach einem Zitat von Wilson Mizmer – oder war es doch schon John Milton?) heißt: Wer von einem anderen abschreibt, begeht ein Plagiat; wer von vielen abschreibt, betreibt „Recherche". Weil aber bei geisteswissenschaftlichen Werken sowohl die Form als auch die Individualität des Urhebers eine größere Rolle spielt, ist auch die „gefühlte Schöpfungshöhe" größer.

Man könnte also sagen, Goodmans Begriff der Fülle entspricht dem der Form im Immaterialgüterrecht. Das wäre noch nicht weiter interessant. Doch wenn Fülle ein entscheidendes Kriterium dafür ist, ob jemandem ein geistiges Eigentum für ein Werk zugebilligt wird, offenbart dies zugleich, dass ein anderer Begriff dafür überraschend wenig taugt: Kreativität. Kreativität ist juristisch nicht definiert. Das Wort taucht im Urheberrechtsgesetz nicht auf.

Aus gutem Grund. Realistisch betrachtet, ist Kreativität nichts, was an spezielle Handlungen geknüpft wäre. Es gibt kaum eine Handlung, die nicht prinzipiell auch Raum für Kreativität ließe, und ob eine Handlung kreativ ist, hat nur wenig damit zu tun, ob die Produkte nach außen hin innovativ sind und von anderen als neuartig anerkannt werden. Eine Ärztin beispielsweise hat an sich keine innovative Aufgabe. Sie soll Krankheiten bekämpfen und keine erfinden. Trotzdem kann sie, etwa in der Diagnose von Krankheiten, kreativ sein. Jeder Patient ist schließlich anders und stellt für die Ärztin eine neue Aufgabe dar, ohne dass irgendjemand außer ihr das „Neuartige" am speziellen Fall erkennt.

## Was ist eine Schöpfung?

Und so gibt es viele Handlungen, die keine neuartigen Produkte hervorbringen, und dennoch äußerst kreativ sein können: Die Erziehung von Kindern, die Pflege alter Menschen, die konstruktive Lösung von Interessenkonflikten. Bei all diesen Leistungen käme niemand auf die Idee, irgendeinen Schutzanspruch geltend zu machen.

Nun enthält das Urheberrechtsgesetz einen seltsamen Zirkelschluss: § 7: Der Urheber ist der Schöpfer eines Werks. Was wiederum ein Werk ist, klärt § 2: Werke sind „persönliche geistige Schöpfungen". Und was ist nun eine Schöpfung? Sind nicht auch Arztberichte, Kochrezepte, Demo-Transparente, Tarifvertragsentwürfe oder ein über Jahre aufgebautes Beziehungsnetz persönliche geistige Schöpfungen und somit als „Werke" zu betrachten? Die Frage stellt sich nur deshalb nicht, weil das Gesetz die Arten von Werken explizit aufzählt, die es schützen will: Bestimmte Texte, alle Arten von Lichtbildern (egal ob künstlerisch oder Schnappschuss), aber (zum Bedauern des Radiojournalisten): einfache Tonaufnahmen sind nicht geschützt. Doch selbst wenn man unter den sogenannten „kreativen" Berufen bleibt: Ist ein Reporter wirklich immer „kreativer" als seine Redakteurin? Oder, um bei unserem Beispiel zu bleiben: Ist geisteswissenschaftliches Arbeiten per se kreativer als naturwissenschaftliches?

Zumindest erwecken die genannten Akteure den Eindruck. Doch das Urheberrecht schützt eben nicht die Kreativität, sondern das Werk, und ein frei geführtes Interview oder Äußerungen in einer Diskussionssendung dürften in der Regel keinen Werkcharakter haben. Dennoch wird die Frage nach dem Honorar nicht zuletzt mit Verweis auf das „geistige Eigentum" begründet. Die Akteure übertragen also ihr Selbstverständnis als „Kreative", das aus dem Fabrizieren von Texten herrührt, auf quasi jegliche fachliche Äußerung, die aus ihrem Mund kommt.

Auch hier gilt: Es könnte ja egal sein, wenn Leute falsche Begriffe verwenden. Faktisch aber werden (etwa bei der VG Wort) jegliche medial gesendete Äußerungen als „Werke" behandelt, was urheberrechtlich doch fragwürdig scheint. Eine ehemalige Justizministerin ließ ihr Büro gelegentlich bei den Sendern anrufen, wann denn das Interview mit ihr gesendet werde – „wegen der VG Wort-Meldung". (Wobei sich hier neben der Frage, ob ein Interview-Statement als „Werk" zu werten ist, darüber hinaus noch einwenden lässt, dass es sich wenn, dann zweifellos um ein „amtliches" Werk i. S. von § 5 UrhG handelt, das keinen Schutz genießt.)

## Konsequenzen

Wenn die Frage lautet, wie ein künftiges Urheberrecht aussehen sollte, habe ich darauf keine abschließende Antwort. Eines scheint mir aber offensichtlich: Wenn das Urheberrecht Kreativität per se gar nicht schützt, sollte auch niemand so tun als ob. Umgekehrt sind viele Werke im Sinne Goodmans „voll", aber nicht kreativ. Vielleicht hatte Michael Kausch recht, als er im SWR2 Forum sagte: In zwanzig Jahren würde einem Guttenberg der Doktortitel nicht deshalb aberkannt, weil er Passagen abgeschrieben hat – sondern schlicht weil er keine eigene kreative Leistung erbracht, keine neuen und relevanten Erkenntnisse zu Tage gefördert hat.

Dies alles legt aus meiner Sicht nahe, dass Goodmans Unterscheidung zwischen Kunst und Wissenschaft auch für ein reformiertes Urheberrecht relevant ist. In der Tradition der Piraten wird gerne jegliche kulturelle Äußerung als „Wissen" bezeichnet, zu dem der freie Zugang gesichert werden müsste. Doch wir subsumieren unter „Kultur" so unterschiedliche Dinge wie Wissenschaft und Kunst. Nun ist das Generieren von Wissen – gleich welcher Art – zweifellos ein kreativer Akt (und je interessanter das Wissen, desto mehr Kreativität steckt meist dahinter), muss aber deshalb per se nicht noch nicht automatisch urheberrechtlich bedeutsam sein.

Gleichzeitig scheint es mir am Ende wichtiger, den freien Zugang zu Wissen – nicht nur Wissenschaft – zu sichern als den freien Zugang zu jeglicher Kunst. Was Journalisten an Wissen aus Israel, Syrien und dem Iran zusammentragen, ist gesellschaftlich relevanter (ich hoffe es zumindest) als jedes Gedicht darüber. Deshalb bin ich als Bürger im Bereich der Kunst eher als im Journalismus oder der Wissenschaft bereit, die „Belohnung" des Urhebers von seinem Erfolg abhängig zu machen – sprich davon, inwieweit er oder sie das Publikum von sich überzeugt.

Im Journalismus – genauer: im recherchierenden Journalismus – scheint mir das Pochen auf eine angemessene Entlohnung wichtiger als die radikale Ablehnung von Buy-Out-Verträgen. Es gibt faire Buy-Out-Verträge ebenso wie unanständige Folgevergütungsverträge: Dem Journalismus täte es nicht gut, wenn sich die Vergütung eines einzelnen Berichts an seiner „Quote" bemäße. Und da die meisten meiner Beiträge im Kulturprogramm SWR2 laufen, wäre ich auch nicht begeistert,

wenn mein Honorar von der Reichweite des Programms abhinge (denn dann dürfte ich nur ein Zehntel dessen bekommen, was die Kollegen bei SWR3 bekommen),
      Wie auch immer, es ist eine Sache, wem wir eine geistige Urheberschaft zu-
billigen – und eine gänzlich andere, was daraus folgt. Ein künftiges Urheberrecht
sollte deshalb – und das ist ja eine gängige Forderung – stärker zwischen ideellen
(was darf mit meinem Werk ohne meine Einwilligung geschehen?) und materiellen
Rechten (was bekomme ich, wenn mein Werk kopiert wird?) unterscheiden.
      Kreativität ist etwas Schönes. Die eigene Kreativität zur Entfaltung bringen zu
dürfen und dafür Anerkennung zu bekommen, ist ein Privileg. Es ist das gute Recht
jedes einzelnen, mit Hilfe seiner Kreativität seinen eigenen Marktwert zu steigern.
Auch gibt es gute Gründe, die Verbreitung von Werken freischaffender Urheber an
eine Vergütung zu koppeln. Aber Kreativität per se ist nichts, was bestimmte Ver-
wertungsansprüche begründet. Und schon gar nicht ist Kreativität einer bestimmten Branche vorbehalten, die diesen Begriff für sich in Beschlag genommen hat.
      URL: http://irights.info/2012/05/24/gabor-paal-warum-kreativitat-kein-mass-
tab-fur-urheberrechte-ist/4156 vom 24. Mai 2012

# Was ist uns wichtiger? Die Disneys dieser Welt oder unsere private Kommunikation?

Marcel Weiß

Vor einigen Tagen hatte ich darüber geschrieben, dass Kopien, das Kopieren und das Verteilen zum Internet dazugehören. Der Akt des Filesharings und der Akt der (bewussten oder unbewussten) Urheberrechtsverletzung, wenn hier ein Foto geteilt wird oder dort ein Video neu verwurstet hochgeladen wird, lassen sich nicht aufhalten.

Dieser Fakt wird regelmäßig in Frage gestellt mit dem Hinweis darauf, dass wir mit unseren Gesetzen unsere Welt selbst formen. Wir also entscheiden, wie unsere Welt funktionieren soll.

Zuletzt hat Johnny Häusler auf Spreeblick (via wirres.net) diese Frage wieder aufgeworfen:

> Unbestritten ist, dass das Netz vieles verändert, doch wo steht geschrieben, dass diese Veränderungen per se gut sind? Und wenn: Für wen? Und wieso gehen offenbar viele Menschen davon aus, dass sich alles andere an das Netz anpassen muss, seit wann lassen wir uns von Technik diktieren? Immer, wenn ich davon lese, dass das Netz nunmal so und so sei, und dass Technik nun mal dieses und jenes möglich machen würde und man sich daran eben anzupassen hätte, dann frage ich mich, ob diese Meinungen auch für andere Gesellschaftsbereiche gelten. Wie steht es um Mindestlöhne, um Urlaubszeiten, um Elternzeiten, um Sozialabgaben, um Renten? Müssen sich diese auch an die Markt- und Technik-Umstände anpassen, oder lohnt es sich nicht doch, sich für ein möglichst faires System einzusetzen, eines, das eben nicht die äußeren Gegebenheiten als Status Quo akzeptiert, sondern das sich bemüht, einen für alle Beteiligten gangbaren Kompromiss zu finden? Und wenn sich nun doch alles dem Markt unterwerfen muss und das prima ist: Wieso wählt dann niemand mehr die FDP?

Natürlich können wir das Filesharing aufhalten. Wir können einfach das Internet abschalten und die Nutzung von Computern stark regulieren. Problem gelöst.

M. Weiß (✉)
Berlin, Deutschland
E-Mail: marcel@neunetz.com

C. Kappes et al. (Hrsg.), *Medienwandel kompakt 2011–2013*,
DOI 10.1007/978-3-658-00849-9_68, © Springer Fachmedien Wiesbaden 2014

Nur so bekommt man die Bewegung des Zeigefingers in Wohnzimmern in den Griff.

Wir könnten auch abgestufte Antworten nutzen: Wir behalten das Internet. Aber jeder Dienst, auf dem sich Privatpersonen öffentlich äußern können, wird von Rechteverwertern überwacht. Notfalls greifen diese ohne weitere Überprüfung ein und löschen, denn die Überprüfung ist bekanntlich bei all den Verbrechern da draußen wirtschaftlich nicht tragfähig.

Wie klingt das?

Nicht so gut? Besser nicht?

Zu spät. <u>UMG darf bereits nach Belieben Material von YouTube löschen.</u>

Trotzdem lesen wir allerorten, dass Google und YouTube die Bösen sind. Was soll YouTube noch machen? Was soll es mehr machen, als Rechteinhabern den unbeschränkten Zugang zur Plattform zu geben, damit diese die Existenz der Konzerne gefährdende Urlaubsvideos löschen können?

Die Antwort ist klar: YouTube soll aufhören, <u>jede Minute 60 weitere Stunden Video</u> von Nutzern zu akzeptieren. YouTube soll keine Plattform für User Generated Content mehr sein. Weil das nicht kontrollierbar ist. Nicht einmal, wenn der Rechteverwerter kompletten Zugriff auf die Plattform hat. Nein, die Möglichkeit selbst muss weg. Denn Plattformen werden ab einer Größenordnung wie der von YouTube unkontrollierbar. YouTube soll Hulu werden. *Dann* geben die rechteverwertenden Konzerne Ruhe. Wenn die Kontrolle wieder hergestellt ist.

Natürlich können wir das Kopieren von Inhalten stoppen. Indem wir das Internet, wie wir es kennen, stoppen. Partizipation, die nicht von Konzernen auf Rechtmäßigkeit geprüft wird, wird immer auch Urheberrechtsverletzungen beinhalten. Weil Werke leicht kopiert werden können. Weil sie sich zum kopieren anbieten. Weil wir kreativ sein wollen. Und weil wir tolle Geschichten mit unseren Freunden teilen wollen. Und weil wir, natürlich, auch nicht einsehen, warum wir für eine Dienstleistung bezahlen sollen, die wir selbst erledigen können, ohne dass irgendjemandem dafür zusätzliche Kosten entstehen. *Das* ist der Grund für unautorisiertes Filesharing. Das ist auch der Grund, warum wir gern viel Geld für Konzerte ausgeben, warum wir aufwendige limitierte Editionen oder T-Shirts kaufen, oder warum wir über Crowdfunding neue Werke finanzieren. Weil wir nicht die ignoranten Egoisten sind, zu denen wir von Lobbyisten und Moralaposteln abgestempelt werden. (Und selbst wenn wir das sind, ändert das nichts an den Rahmenbedingungen und ihren Folgen.)

Auch nach der Trockenlegung der öffentlichen Kommunikation wäre das Problem noch nicht gelöst. Denn dann gibt es immer noch die private Kommunikation. Egal ob über <u>Facebook-Vernetzung</u> oder <u>über Bluetooth</u>. Auch privates Filesharing muss trockengelegt werden.

Es kann schließlich nicht angehen, dass die Menschen etwas untereinander ausmachen, für das sie nach dem Gesetz einen Dritten bezahlen sollen.

Nach den öffentlichen Diensten wäre also die private Kommunikation dran, die überwacht werden müsste. Geht doch. Kann man machen. Wir entscheiden selbst, wie unsere Welt gesetzlich flankiert werden soll.

Schlussendlich müsste man dann noch Bluetooth und andere Vernetzungsarten in den Griff bekommen. Denn wenn man die nicht in den Griff bekommt, dann hat das Musiklabel das eine 10-MB-Datei an den Mann bringen will oder der Buchverlag, der eine 1-MB-Datei verkaufen will, ein Problem, wenn in zehn Jahren jeder Zwölfjährige ein Smartphone mit 20 TB in der Hosentasche mit sich herumträgt.

Wobei, man könnte auch den Besitz von Smartphones regulieren. Warum nicht ein Smartphoneführerschein? Erst ab 18 darf man ein Smartphone mit sich führen. Nur ein gedrosseltes, versteht sich. Den Führerschein erhält man nach dem erfolgreichen Abschluss an der Urheberrechtsschule, deren Inhalte vom Börsenverein und dem Bundesverband der Musikindustrie ‚gesponsort' werden. Immerhin sind sie die Hauptbetroffenen von den Verbrechen der Smartphonehersteller. Also sollten sie neben der aktiven Beteiligung an der Gesetzgebung auch unsere Kinder nach ihren Vorstellungen erziehen.

Sicherheitshalber wird trotzdem jede Kommunikation über die Smartphones mitgeschnitten und ausgewertet. Sie wissen schon, man kann diesen ignoranten Egoisten doch nicht vertrauen.

Ein Kompromiss, damit wir den Verkauf von Dateien sichern können?

Der muss doch zu finden sein.

Dass das Urheberrecht längst zu einem Recht für die Verwerter geworden ist, scheint kaum jemanden zu interessieren. Dass das Urheberrecht unsere Kultur in eine von Exklusivrechten bestimmte Geißelhaft geführt hat, wird mit einem Schulterzucken akzeptiert. Gemeinfreiheit ist ein Konzept, das den meisten fremd ist, obwohl es die Norm sein sollte. Wie sollte es auch bekannt sein? Keiner von uns hat die Entstehung eines Werkes miterlebt und ebenso gesehen, wie dessen Schutzfrist ausläuft. Man stelle sich vor, man könnte mit einem Werk, das die eigene Kindheit geprägt hat, 20 Jahre später als Erwachsener machen was man will. Der Vergleich, er bleibt abstrakt.

Aber die Tatsache, dass Dateien ohne zusätzliche Kosten kopiert werden können und dass diese einfache Tätigkeit einfach ist? *Das* steht zur Debatte?

Ja, wir stehen vor der Frage, wie wir mit diesen Veränderungen umgehen wollen.

Exklusive Rechte helfen immer den Unternehmen, deren Geschäftsmodell auf die Anhäufung dieser Rechte setzt. Denn diese können mit immer größeren Anhäufungen dieser Rechte zunehmend mehr Geld verdienen, weil die Verteilung der Rechte innerhalb des Unternehmens zu den Grenzkosten stattfinden kann: Und die betragen Null. Disney kann also ohne zusätzliche Investitionskosten Variationen von Mickey Maus und anderen Charakteren und Geschichten erstellen.

Um das einmal auszuformulieren: Ein großer Konzern wie Disney ist auch so erfolgreich und profitabel weil innerhalb der Organisation praktisch eine Welt ohne Urheberrechte existiert. Informationen, Kultur, Kunst kann darin frei zirkulieren. Das Argument, warum weniger restriktive Urheberrechte gut für die Gesellschaft sind, ist das gleiche Argument, warum eine immer größere Anhäufung von Rechten für Unternehmen in einer restriktiven Urheberrechtswelt für diese Unternehmen profitabel ist.

Darauf kann man von allein kommen. Spätestens seit Yochai Benklers „The Wealth of Networks" (2006) sollte es jeder an dieser Debatte Interessierter wissen.

Die Gesellschaft, in der viel Wissen, Kultur und Kunst abseits des Marktes entsteht (wir nutzen hier gerade eines der Ergebnisse), wird mit diesen Anhäufungen von exklusiven Rechten des wahren Potentials dieser Produktionsformen beraubt, denn aufgrund des Wesens von Kultur entsteht nichts im luftleeren Raum. Und Exklusivität bedeutet eben Ausschluss.

Exklusive Rechte sind toxisch für alle nichtmarktlichen Organisationsformen. Und deren potentielle Wirkungsgrade sind gerade dank des Internets explodiert.

Natürlich lässt sich der eingangs formulierte Umstand, Dateien sind kopierbar, wenn schon nicht aufhalten, dann doch eindämmen. Aber zu welchem Preis? Sind die Bürgerrechte im Netz ein akzeptabler Preis für das hohe Gut der Rechteverwertung?

Die Fragestellung lautet:

Was ist uns wichtiger? Die Disneys dieser Welt oder unsere private Kommunikation?

Viacom oder unsere Möglichkeit, miteinander kollaborativ abseits des Marktes zusammenzuarbeiten? Adam-Sandler-Filme oder mit einer ausgefallenen Idee für die Hochzeit die eigenen Gäste, Freunde und unbeabsichtigt Millionen andere Menschen begeistern?

Und was, wenn es kein Entweder-Oder sein muss? Wenn kommerzielle Produktion von Werken mit Finanzierungsmodellen wie Crowdfunding auch ohne Urheberrecht möglich ist?

Müssen wir dann trotzdem weiter über die Kopierbarkeit von Dateien reden?

Mehr zum Thema Urheberrecht auf der <u>Übersichtsseite</u>.

URL: http://www.neunetz.com/2012/03/29/was-ist-uns-wichtiger-die-disneys-dieser-welt-oder-unsere-private-kommunikation/ vom 29. März 2012

# Fünf entscheidende Fragen zum Leistungsschutzrecht

Sascha Lobo

Man muss sehr lange suchen, um Gemeinsamkeiten zu finden zwischen dem Bundesverband der Deutschen Industrie (BDI) und der Linkspartei. Intensive Recherche aber hat zu einer Liste aus drei Punkten geführt:

- Luft atmen
- Wasser trinken (manchmal)
- Ablehnung des Leistungsschutzrechts

Es lohnt sich, genauer hinzuschauen, wenn sich so völlig unterschiedliche Teile der Gesellschaft gegen ein Gesetz stellen. Vor allem, weil BDI und Linkspartei ja nicht die einzigen sind. Der Bitkom, die Grünen, die Junge Union, die SPD, ungefähr alle Internetverbände, die „Netzgemeinde" in Komplettbesetzung, Netzpolitiker in der CSU, der Verband der Automobilindustrie, der DJV Berlin-Brandenburg, die Freischreiber, noch zwei Dutzend andere Verbände sowie naheliegenderweise die in Deutschland tätige Internet-Wirtschaft in toto. Schon rein statistisch erhöht sich dann die Chance, dass das Gesetz falsch ist.

Der Hintergrund für Leute, die soeben aus einem dreijährigen Koma erwacht sind oder sich für politische Scherze der schildbürgerlichen Parteien erst interessieren, wenn es ernst wird (was es gerade wird): das Leistungsschutzrecht ist eine Subvention für Verlage, die so tut, als sei sie keine Subvention für Verlage. Meiner Meinung nach könnte oder müsste man übrigens nachdenken über eine staatliche oder anders organisierte Förderung von professionellem Journalismus. Aber wer wie ärgerlich viele private Medienunternehmen seit Jahren sowohl die Konstruktion der Öffentlich-Rechtlichen Rundfunkanstalten nur durch eine stuhlfarbene Brille betrachtet und sich lange als Prediger einer reinen Marktlehre aufgespielt

S. Lobo (✉)
Berlin, Deutschland
E-Mail: office@saschalobo.com

C. Kappes et al. (Hrsg.), *Medienwandel kompakt 2011–2013*,
DOI 10.1007/978-3-658-00849-9_69, © Springer Fachmedien Wiesbaden 2014

hat, der ist natürlich in einer so mittelsuperen Position zuzugeben, dass Journalismus sich im Netz ohne Hilfe (derzeit) nur schwer refinanzieren lässt. Das ist noch nicht einmal ausschließlich die Schuld der Verlage. Denn das Konzept „Schuld" eignet sich nicht, um herauszufinden, warum Journalismus im Netz zwar gut funktioniert, aber schlecht zu bezahlen ist. Lösungen für dieses echte und komplexe Problem müssten dringend diskutiert werden, denn eine Welt ohne professionellen, organisierten Journalismus wäre eine schlechtere. Aber die Diskussion wird kaum öffentlich geführt, offenbar weil allzuviele Verleger zu glauben scheinen, dass mit dem Leistungsschutzrecht endlich alles gut würde. Es wird aber nicht gut. Weil nicht Digitalkonzerne wie Google oder sonst ein einzelnes Unternehmen hinter dem Problem stehen. Stattdessen handelt es sich um die Folgen der digitalen, vernetzten Technologie und ihrer massenhaften Benutzung.

Und trotzdem wird ein so kauderhaftes, kringsiges Gesetz eingeführt, obwohl eine so breite, gesellschaftliche Front dagegen opponiert. Obwohl ganz offensichtlich vorher eine öffentliche Diskussion notwendig wäre. Das ist mehr als nur merkwürdig, das ist schon verräterisch. Aus diesem Grund habe ich mich entschlossen, Fragen zu stellen. Und zwar solche, die aus meiner Sicht die entscheidenden sind – auf die Tatsache bezogen, dass das Gesetz auf dem besten, bzw. schlechtesten Weg ist, zustande zu kommen.

## Welche Rolle haben die Brüder von Klaeden bei der Entwicklung des Leistungsschutzrechts gespielt?

Es sind ja nicht alle Unionsabgeordneten ahnungslos, was das Netz angeht. Wenn man in den vergangenen anderthalb Jahren gefragt hat, wieso das diffuse, sinnlose Leistungsschutzrecht denn kommen solle – dann folgte in der Regel eine Sekunde des Schweigens. Und dann ein vielsagender Kommentar: das kommt von oben. Von ganz oben. Direkt aus dem Kanzleramt nämlich. Und damit eröffnet sich eine wichtige Frage. Dort, im Kanzleramt, ist der Staatsminister bei der Bundeskanzlerin mit beratender und unterstützender Funktion: Eckart von Klaeden. Der völlig zufällig der Bruder ist von Dietrich von Klaeden, der beim Axel-Springer-Verlag die Leitung der Regierungsbeziehungen für Deutschland innehat und öffentlich vehement das Leistungsschutzrecht vorantreibt. Brüder. Und der eine Bruder hätte schon durch die enge Beziehung zur Fraktion die Macht, ein Gesetz voranzutreiben, dessen Verwirklichung die berufliche Aufgabe des anderen Bruders wäre. Das war nicht gemeint mit der Brüderlichkeit „mit Herz und Hand", die in der Nationalhymne besungen wird. Es wäre natürlich Unsinn, hier von Vetternwirtschaft zu sprechen, die beiden sind ja viel näher verwandt als Vettern. Man muss also fragen: War Eckart von Klaeden bei der Erstellung des Leistungsschutzgesetzes beteiligt? Wenn ja, wie? Und vor allem – warum? Und welche Qualität hatte (und hat) der Informationsaustausch zwischen den beiden Brüdern? Diese Frage stellt sich sogar noch vor der Frage, welche die bekannte, besondere Verbundenheit zwischen Friede Springer und Angela Merkel betrifft. Es ist ausgesprochen schade, geradezu bizarr, dass viele derjenigen Institutionen, die investigative Recherche zu ihren Stärken zählen, an diesem Punkt ein Eigeninteresse haben, nicht tätig zu werden.

## Warum lassen sich die Verlage von Axel Springer so sehr in Gefahr bringen?

Axel Springer hat sich in der Öffentlichkeit (mit gelegentlichen Einwürfen burdaerseits) zum Sprachrohr einer ganzen Branche gemacht. Das geht nur, wenn die Branche das irgendwie akzeptiert, ob zähneknirschend oder nicht. Dabei scheinen zumindest einzelne Vertreter des Axel Springer Verlags mit Halbwahrheiten und Schlimmerem zu arbeiten: als Stefan Niggemeier Konzerngeschäftsführer Keese „Lügen fürs Leistungsschutzrecht" vorwarf, „konterte" der mit der labberigstmöglichen Gegenargumentation mit der argumentatorischen Härte einer aufgewärmten Götterspeise. Axel Springers quasireligiöser Kampf für das verquere Gesetz – man bekommt ja fast den Eindruck, als sei das Leistungsschutzrecht für Springer die neue Wiedervereinigung – ist für viele andere Verlage vor allem aus wirtschaftlichen Gründen schädlich. Es ist sehr, sehr stark umstritten, dass das Leistungsschutzrecht am Ende tatsächlich Geld bringt. Es gibt wesentlich mehr Anzeichen, dass die Einführung den Verlagsangeboten dramatisch schadet. Der oft zitierte Fall der Copiepresse in Belgien ist nur ein Aspekt – Google listet Verlagsangebote wegen juristischer Unklarheit aus, der Traffic bricht ein und damit auch die Werbeumsätze, Millionen Euro Googleoptimierung waren für die Tonne. Ein anderer, ebenso wichtiger Aspekt ist: Ist es nicht unglaublich leichtsinnig, wenn die nächsten drei Jahre damit verplempert werden, die Zukunftshoffnung verbissen auf ein Leistungsschutzrecht zu konzentrieren, das beinahe völlig sicher nicht funktionieren wird? Sollen dann nochmal drei Jahre Geschwisterlobbyismus investiert werden, um Google zu zwingen, die Verlagsangebote zu listen UND zu bezahlen?

## Wie sollen überhaupt noch die echten Probleme mit Google angegangen werden?

Ein ebenfalls selten beleuchteter Aspekt: der digitale Weltkonzern Google ist in vielen, vielen Punkten ausgesprochen kritikwürdig. Allein schon 96 % Marktanteil am Suchmarkt in Deutschland – eine solche unfassbare, gesellschaftsprägende Monopolstellung wäre selbst dann fatal, wenn Google ein nonkommerzielle Kuschelgruppierung mit Blumen im Haar wäre. Und dann die realitätsferne Argumentation (von Googleanwälten in den USA), dass die <u>Reihenfolge der Suchergebnisse Meinungsfreiheit</u> seien. Das Echo dieser Haltung findet sich in der offensichtlichen Nutzung der Suche zur Vermarktung eigener Produkte wie Google Plus, dessen versprochene pseudonyme Nutzung übrigens noch immer nicht angemessen angeboten wird. Es gibt also viele Bereiche, in denen Google angegangen werden sollte, nein: muss, und wo Kritik und im Zweifel auch gesetzliche Aktion gefragt ist. Und dann investieren Verlage unglaublich viel Energie, politischen Druck in einem Bereich, der Google am Ende stärker, alternativloser machen wird. Denn genau das wird passieren: würde dieses Gesetz eingeführt, wäre nach wenigen Monaten überdeutlich, wer hier am längsten Hebel der digitalen Welt sitzt. (Mittel- und langfristig führt aus diesem und mehreren anderen Debakeln übrigens nur der Weg, dass digitale Quasimonopole wie Google, Facebook, in manchen Bereichen Apple, durch anständig funktionierende Marktalternativen ergänzt werden.)

## Welche Rolle spielt der Fall Christian Wulff?

Hä? Wulff? Ja. Wulff hat zweifellos unglaublich viel falsch gemacht. Ob er sich auch strafbar gemacht hat, wird von der Staatsanwaltschaft geklärt oder auch nicht – aber glaubt irgendjemand ernsthaft, dass die Verfehlungen von Christian Wulff ohne Beispiel sind in der Politik? Dass alle anderen kein auch nur graues Stäubchen auf ihren chlorbleicheweißen Westen haben? Natürlich nicht. Politik ist voller Graubereiche, vielleicht lässt sich das kaum vermeiden. Die BILD-Zeitung hat gezeigt, dass sie selbst einen Bundespräsidenten aus dem Amt kegeln kann – und jetzt ist die Furcht groß, sehr groß, bei all denen, die Angriffspunkte bieten. Dafür muss ein Politiker sich nicht einmal so grobe Verfehlungen leisten wie Wulff, ein Blick auf das <u>BILDblog</u> ist genug, um festzustellen, dass an Springers Boulevard-Front Willkür Trumpf ist. Selbst ohne ein konkretes, drohendes Wort reicht das aus, um eine sehr unangenehme Form von politischem Druck zu erzeugen: Angst.

## Ist die Bundesregierung erpressbar?

Das ist die schlimmste Frage, aber sie muss gestellt werden. Lobbyismus ist eine wichtige Art von Beteiligung an der Demokratie, was die diffuse, aber schlagkräftige Netzgemeinde tut, ist zum Beispiel auch Lobbyismus. Aber obwohl die Grenze zwischen legitimem politischem Druck und Erpressung fließend ist, wäre die Überschreitung fatal. Bundestagswahlen stehen an, was die politische Abhängigkeit von der Berichterstattung von Verlagen noch stärker erhöht. Nutzt hier die Vierte Gewalt in Form des Axel-Springer-Verlags ihr Drohpotenzial, ihre Kontakte und die frisch erlegte Trophäe eines Bundespräsidentenkopfes, um ein unsinniges, sogar für die Verlage selbst gefährliches Gesetz herbeizupressen?

Und wenn das so wäre: Wo sind die Koalitionspolitiker, wo sind die Verleger, die dagegen aufbegehren? Ist da nur Kadavergehorsam, weil das Kanzleramt es so will, aus Angst? Ist da nur Branchenzusammenhalt, weil der selbsternannte, aber schmuddelige Klassensprecher so fest an seine eigene Rettungsidee glaubt, dass sie ja wohl funktionieren MUSS?

Hier ist die schlechteste aller Nachrichten für diese Leute: Euer Kampf ist umsonst, und dabei noch nicht mal kostenlos. Das Leistungsschutzrecht löst nicht die Probleme der Verlage. Das Leistungsschutzrecht ist eine teure Baugenehmigung für ein Mondgrundstück.

## Interessante Nebenbemerkung

Vor einigen Jahren habe ich für ARTE einen einstündigen Dokumentarfilm über Lobbyismus gedreht, Michael Moore für Arme. Dabei habe ich ein gutes Dutzend Lobbyisten interviewen können, die tatsächlich einige spannende Tricks verraten haben (leider nicht alles in den Film gekommen, aber das ist eine andere Geschichte). Einer dieser hervorragend vernetzten Berufslobbyisten erzählte davon, wie man politische Anzeichen lesen könne. Es ist nämlich auffällig, dass in jedem Entwurf des Leistungsschutzrechts bisher grobe Fehler oder Unklarheiten enthalten waren: der erste Entwurf war zu global, der zweite nur auf Google bezogen und nicht auf Aggregatoren, der jetzige enthält eine Formulierung, die bewirken könnte, dass Google gar nicht betroffen ist. Laut des besagten Lobbyisten kann das ein Zeichen dafür sein, dass Kräfte in den Ministerien oder den gesetzesverfassenden Referaten das Gesetz torpedieren oder verhindern wollen – aber das nicht offiziell tun können. Liegt ja auch nahe: wenn man den Druck bekommt, ein Gesetz zu schreiben, das man selbst eigentlich verhindern möchte, dann dürfte das nicht unbedingt die Qualität erhöhen.

URL: http://saschalobo.com/2012/08/31/funf-entscheidende-fragen-zum-leistungsschutzrecht/ vom 31. August 2012

# Leistungsschutzrecht: Alle Macht der VG Wort?

## Simon Assion

Vor wenigen Wochen hatte Telemedicus das letzte Mal zum Leistungsschutzrecht für Presseverleger berichtet. Der Stand damals war: Auf den ersten Blick sieht Google wie der Sieger aus – auf den zweiten Blick aber nicht. Denn die Verlage können noch „den Spieß herumdrehen" und Google in eine deutlich schlechtere Position bringen, indem sie eine Verwertungsgesellschaft gründen.

Genau in diesem Zusammenhang sieht nun die VG Wort ihre Chance: Sie hat eine Pressemitteilung veröffentlicht, in der sie ankündigt, zukünftig auch das Presse-Leistungsschutzrecht wahrnehmen zu wollen. Für die Presseverlage stellt sich nun die Frage, ob sie dieses Angebot annehmen sollen.

Die VG Wort ist eine Verwertungsgesellschaft, die sich auf die Verwertung von geschriebenen Texten spezialisiert hat. Traditionell nimmt sie die Rechte von Buchautoren, Journalisten und Verlagen wahr. Der Vorstand der VG Wort ist nun auf den naheliegenden Gedanken gekommen, dass die Verwertungsgesellschaft auch das neue Leistungsschutzrecht für Presseverleger wahrnehmen könnte. In ihrer Pressemitteilung schreibt sie unter anderem:

Der Vorstand der VG WORT hat beschlossen, zu einer außerordentlichen Mitgliederversammlung Ende November 2013 in München einzuladen, um über eine zukünftige Wahrnehmung des Leistungsschutzrechts des Presseverlegers und des Beteiligungsanspruchs des Urhebers zu beraten. [...]

Der Vorstand der VG WORT wird den zuständigen Gremien vorschlagen, den Wahrnehmungsvertrag dahingehend zu erweitern, dass – falls von den Rechteinhabern gewünscht – in Zukunft das Leistungsschutzrecht der Presseverleger und der Beteiligungsanspruch der Urheber durch die VG WORT wahrgenommen werden können. Eine solche gemeinsame Rechtewahrnehmung innerhalb einer Verwertungsgesellschaft bietet sich an, um das neue Recht effektiv durchsetzen zu können.

S. Assion (✉)
Leipzig, Deutschland
E-Mail: s.assion@telemedicus.info

C. Kappes et al. (Hrsg.), *Medienwandel kompakt 2011–2013*, 399
DOI 10.1007/978-3-658-00849-9_70, © Springer Fachmedien Wiesbaden 2014

Damit ist noch nicht vollständig klar, ob die VG Wort das neue Presse-Leistungs-schutzrecht tatsächlich wahrnehmen wird. Das Angebot liegt aber nun auf dem Tisch. Für die Presseverlage stellt sich damit die Frage, ob sie die VG Wort mit der Wahrnehmung ihrer Rechte beauftragen sollen.

## Was werden die Verlage tun?

Es liegt nun an den Verlagen, sich zu entscheiden. Schlüpfen sie unter den Mantel der VG Wort und überlassen sie dieser ihre Leistungsschutzrechte? Oder gründen sie lieber eine eigene Verwertungsgesellschaft, die „VG Presse"? Für beide Seiten gibt es gute Argumente.

Gegen einen Beitritt zur VG Wort spricht, dass dort die Rechte einer vielfälti-gen Landschaft von Rechteinhabern wahrgenommen werden; u. a. auch von vielen Journalisten. Die Verlage sind aber *Verwerter* von Autorenrechten – und damit in einem strukturellen Interessengegensatz zu den bei ihnen angestellten Journalisten. Häufig gibt es Streitigkeiten zwischen den Journalisten-Vertretungen (DJV, Verdi, Freischreiber) und den Verlagen über die Frage, ob Journalisten gut genug bezahlt werden. Ein solcher Konflikt lauert auch unmittelbar im Leistungsschutzrecht: Falls die Presseverlage nämlich Erlöse aus dem Leistungsschutzrecht erzielen, müs-sen sie die Journalisten hieran „angemessen beteiligen" (§ 87h UrhG). Der Streit zu der Frage, was eine angemessene Beteiligung ist, steht im Raum.

Auf der anderen Seite kann aber die Rechtewahrnehmung in einer gemeinsa-men Verwertungsgesellschaft auch *helfen*, solche Konflikte zu schlichten: Statt sie *zwischen* Verwertungsgesellschaften (und dann später vor Gericht) auszutragen, kann man die Verwerter und die Produzenten unter ein Dach holen und die Kon-flikte „hausintern" lösen. Gerade die VG Wort hat unter ihren Mitgliedern schon seit jeher auch Verlage (was, da diese Verlage bisher nicht originäre Rechteinhaber waren, <u>ein Problem für sich ist</u>). In jedem Fall: Die VG Wort ist den Spagat zwi-schen Autoren- und Verlagsinteressen gewohnt.

Die VG Wort bringt durch ihr Vorgehen die Verlage in eine Zwickmühlenpo-sition: Kommen die Presseverlage zu ihr, kann sie ihnen das „Konfliktmanage-ment" als Serviceleistung anbieten. Gehen die Verlage mit ihrem Leistungsschutz-recht aber zu einer eigenen „VG Presse", würde die VG Wort zum *Gegner* (bzw. Geschäftspartner) dieser Verwertungsgesellschaft. Denn in diesem Fall würde die VG Wort die „angemessene Beteiligung" der bei ihr vertretenen Journalisten gegen die „VG Presse" geltend machen. Die strategisch denkenden Verlage werden diese Sachlage einbeziehen: Die Wahl der Verwertungsgesellschaft entscheidet zwischen Feind und Freund, zwischen Feind-meines-Feindes und Freund-meines-Freundes.

## Die VG Wort und Google: Eine lange Geschichte

Für die VG Wort spricht außerdem, dass sie viel Erfahrung mit der Vertretung von „Wortrechten" mitbringt – gerade gegenüber Google. Die VG Wort hat die Rechte der deutschen Textschaffenden und Verlage auch schon (weitgehend erfolgreich) gegen „Google Books Search" verteidigt.

Auf der anderen Seite wieder würde eine „VG Presse", im Unterschied zur VG Wort, viel deutlicher und akzentuierter die Interessen der Presseverlage vertreten. Dies ist kein ganz unwichtiger Faktor: Der Streit mit Google ist nicht vorbei, sondern geht gerade erst los. Fast alle Tatbestandsmerkmale des Presseverleger-Leistungsschutzrechts sind offen, über vieles wird wahrscheinlich prozessiert werden. Auch kartellrechtliche Untiefen lauern. Für die Verlage ist es in dieser Situation wichtig, dass sie von „ihrer" Verwertungsgesellschaft nicht nur eine simple Rechtewahrnehmung erwarten können, sondern auch ein strategisches Vorgehen – und vor allem den Willen, in einen Streit mit Google ggf. erhebliche Ressourcen zu investieren. Hier könnte eine kleinere, nur an die Interessen der Presseverlage gebundene Vertretungsgesellschaft Vorteile haben.

## Wie geht´s weiter?

Die Entscheidung darüber, welche Verwertungsgesellschaft das Presse-Leistungsschutzrecht wahrnimmt, wird voraussichtlich in den Chefetagen der einzelnen Verlage fallen. Deren Verbände (BDZV, VDZ) müssen sich an dieser Stelle zurückhalten: Eine „Verbandsempfehlung", d. h. die Empfehlung eines Branchenverbandes an seine Mitglieder, das eigene Marktverhalten in die eine oder andere Richtung auszurichten, wird schnell zu einem Verstoß gegen § 1 GWB. Denn wenn z. B. der VDZ seinen Mitgliedern die Gründung einer eigenen „VG Presse" empfiehlt, dann sieht das aus Sicht der VG Wort wie ein Boykottaufruf aus.

Vermutlich wird es aber ohnehin anders kommen. Christoph Keese vom Springer-Verlag hat vorletzte Woche bereits gesagt, der Springer-Verlag stehe „in fortgeschrittenen Verhandlungen" mit einer bereits bestehenden Verwertungsgesellschaft über die Wahrnehmung der Springer-Rechte: Damit kann eigentlich nur die VG Wort gemeint gewesen sein. Nicht auszuschließen ist auch, dass sich die gut vernetzte Verlagsbranche ohnehin schon auf die VG Wort eingeschossen hat – auch ohne Verbandsempfehlung. Wenn die wichtigsten Verlage sich für die VG Wort entscheiden, dann fehlt den kleineren Verlagen das Kapital und die Organisation, um eine eigene Verwertungsgesellschaft zu gründen.

Auf den ersten Blick sieht es für die VG Wort also ganz gut aus. Ob die Mitgliederversammlung der VG Wort die Wahrnehmung des Presse-Leistungsschutzrechts beschließt, und ob die Verlage dieses Angebot annehmen, ist aber noch offen. Für die Beobachter am Spielfeldrand heißt es also erst einmal: abwarten.

## Update, 25.9.2013

Wie ich gerade erfahre, mutmaßt die „Initiative Urheberrecht", Christoph Keese habe mit seiner Ankündigung, sich in Gesprächen mit einer Verwertungsgesellschaft zu befinden, nicht die VG Wort gemeint, sondern die VG Media. Die VG Media nimmt bisher die Rechte bestimmter Rundfunkprogrammveranstalter wahr, vor allem aus der ProSieben/Sat.1-Gruppe. Telemedicus wird berichten, sollten sich die Mutmaßungen in die eine oder andere Richtung konkretisieren.

## Update, 11.10.2013

Das DJV-Magazin „Journalist" berichtet unter Berufung auf „Verlagskreise", dass „einige Verlage" nicht die VG Wort, sondern die VG Media beauftragen wollen. Die VG Media verweise auf ihren gesetzlichen Auftrag, der es ihr nicht erlaube, einen Wahrnehmungsauftrag abzulehnen. Damit bahne „sich eine Konkurrenzsituation zwischen zwei Verwertungsgesellschaften an", so der „Journalist".

URL: http://www.telemedicus.info/article/2639-Leistungsschutzrecht-Alle-Macht-der-VG-Wort.html vom 23. September 2013

# Neue Medienpolitik für neue Medien

## Leonard Novy

Medienpolitik muss nicht nur technologischen und ökonomischen Realitäten gerecht werden. Vielmehr muss sie zivilgesellschaftlichen Partizipationsbedürfnissen Rechnung tragen, etwa indem sie neue Formen journalistischer Produktion fördert.

Zu lange sahen Politiker und Journalisten im Internet nur einen weiteren Verbreitungsweg, einen Spielplatz der Banalitäten oder eine Gefahr. Diese Kombination aus Ignoranz und Strukturkonservatismus fand ihren medienpolitischen Ausdruck in Projekten wie der „Nationalen Initiative Printmedien – Zeitungen und Zeitschriften in der Demokratie" des Bundesbeauftragten für Kultur und Medien, einer Initiative, die Journalismus wie selbstverständlich mit der Distributionsform ‚Print' gleichsetzte.

„Stuttgart 21" und die Debatte um den Einsatz direktdemokratischer Verfahren verweisen auf veränderte Erwartungen und Beteiligungsansprüche einer Gesellschaft, die vermehrt Transparenz und Rechenschaft einfordert und mitgestalten will, sich aber zusehends außerhalb traditioneller Strukturen organisiert. Auch die Medienpolitik wird sich diesen verändernden Partizipationsansprüchen gegenüber öffnen müssen.

Grundvoraussetzung dafür ist Transparenz. Verglichen mit der britischen Medienbehörde Ofcom oder der US-amerikanischen Federal Communications Commission, die öffentlich tagt und deren Sitzungen auch im Netz übertragen werden, sind die hiesigen Medienaufsichtsorgane – von Ausnahmen abgesehen – nach wie vor geradezu anachronistisch, wenn es darum geht, öffentliche Sitzungen abzuhalten oder Dokumente einsehbar zu machen. Nicht nachvollziehbar ist auch, dass die

L. Novy (✉)
Institut für Medien- und Kommunikationspolitik, Berlin, Deutschland
E-Mail: leonard.novy@medienpolitik.eu

C. Kappes et al. (Hrsg.), *Medienwandel kompakt 2011–2013,*
DOI 10.1007/978-3-658-00849-9_71, © Springer Fachmedien Wiesbaden 2014

föderale Medienpolitik die Idee eines „Produzentenberichts" der öffentlich-rechtlichen Sender, der für stärkere Transparenz der Auftragsvergaben sorgen könnte,
bislang nicht aufgegriffen hat. Das klassische Regime der Rundfunk- und Verwal-
tungsräte war jedenfalls mit den jüngsten Fehlentwicklungen bei MDR, Kinder-
kanal oder der Degeto offenbar überfordert.

## Stiftung Journalismus

Eines der faktisch wie symbolisch wichtigsten Potentiale für eine revitalisierte Medienpolitik liegt in der Förderung des gemeinnützigen Journalismus. Viel war in
den vergangenen Jahren die Rede von dem wiederholt mit einem Pulitzer-Preis
gewürdigten Redaktionsbüro „Pro Publica". Und tatsächlich haben sich solche
Lösungen in der US-amerikanischen Medienlandschaft (unter anderen Rahmenbedingungen und als Folge eines deutlicheren Marktversagens) bereits in großer
Vielfalt etabliert. Sie reichen von lokalen Nachrichtenplattformen wie der „Voice of
San Diego", der „Minn Post" oder der „Texas Tribune" über Rechercheplattformen
wie Pro Publica bis hin zu von Stiftungen wie der Knight Foundation geförderten
Innovationslaboren an Hochschulen, in denen neue Geschäftsmodelle und Ver-
mittlungsformen entwickelt werden.

Vollkommen neu sind solche Konstruktionen bei uns nicht. Und natürlich
fördern schon heute viele Landesmedienanstalten mit ihren aus den Rundfunk-
gebühren bestrittenen Etats Bürgerrundfunk (etwa in der Form der Offenen Kanäle) oder Medieninnovationszentren. In der Praxis wird der dritte Mediensektor
jedoch durch Überregulierung und regional variierende Vorgaben kleingehalten.
Eine schlagkräftige Selbstorganisation der Medienmacher, darauf hat beispielsweise Hans J. Kleinsteuber verschiedentlich hingewiesen, ist unter diesen Bedingungen kaum möglich. Doch könnten nicht-kommerzielle, gemeinnützige Jour-
nalismusprojekte – geschützt vor Renditeerwartungen und den Unwägbarkeiten
des Wettbewerbs – im digitalen Zeitalter eine weitaus wichtigere Rolle spielen. Zu
überlegen ist daher, die öffentliche Förderung von Vielfalt und Innovation offensiv
und öffentlichkeitswirksam auszubauen – etwa durch die Gründung einer „Stiftung Journalismus" zur Förderung journalistischer Projekte.

Mit den Mitteln der Stiftung könnten unterfinanzierte Segmente wie der Re-
cherchejournalismus (insbesondere auf lokaler und regionaler Ebene), aber auch
medienkritische Initiativen gefördert werden. Schon mit einem kleinen Prozentsatz

des öffentlich-rechtlichen Gebührenaufkommens – 0,5 % ergäben ein jährliches Budget von zirka 35 Mio € und könnten sich aus der Umwidmung von Gebühren-mitteln für die Landesmedienanstalten erschließen lassen – wäre viel zu erreichen.

## Vorbild Filmförderung

Modalitäten für Gremien, Antragsverfahren etc. gilt es dafür zu entwickeln, als Vor-bild aber bietet sich das bewährte Modell der Filmförderung an. Und die Möglich-keit, sich für die Förderung journalistischer Projekte zu bewerben, sollte Vertretern aller publizistischen Medien (Radio, Fernsehen, Presse, Online) offenstehen. Eine solche Stiftung, deren mögliche Struktur und deren Auftrag hier nur grob umris-sen werden können, zielt nicht auf ein Parallelsystem zu etablierten publizistischen Institutionen und Verfahrensweisen, sondern auf die medienpolitische Interventi-on bei erkennbaren publizistischen Dysfunktionen im öffentlich-rechtlichen wie privaten Medienbereich.

Gleichzeitig steht zu erwarten, dass sich ein solches Projekt zum Vorreiter und Partner für anderer Stiftungen entwickeln würde, die – anders als in den USA – das Problem des erodierenden Qualitätsjournalismus bislang kaum wahr nehmen und sich stattdessen auf die Förderung von Journalisten als Form der PR für die eigenen Anliegen konzentrieren. Für all diese Szenarien gilt: Natürlich wird die publizistische Versorgung auch in Zukunft maßgeblich von öffentlich-rechtlichen und privatwirtschaftlich organisierten Medien getragen werden. Doch können sol-che Projekte ein vitalisierendes, komplementäres Element in einem sich zusehends ausdifferenzierenden medialen Ökosystem werden, indem sie blinde Flecken der privaten und öffentlich-rechtlichen Anbieter ausleuchten und als Innovationslabor für neue journalistische Formate fungieren. Indem sie Bürger in die journalistische Produktion einbinden, bilden insbesondere aus der Zivilgesellschaft entstandene lokale Projekte zudem eine Art Scharnier zwischen Zivilgesellschaft und profes-sionellem Journalismus und fördern so „angewandte Medienkompetenz" – eine Kulturtechnik, die in modernen Mediengesellschaften Voraussetzung für politisch-gesellschaftliche Teilhabe ist.

Die operative Medienpolitik wiederum wird sich daran messen lassen müssen, wie sehr sie aus dem Kleinklein der Rundfunkänderungsstaatsverträge und aus de-mokratietheoretischen Beschwörungsformeln herausfindet und sich über konkrete

Strategien und Projekte in ein wirkungsvolles Verhältnis zu ihren Bezugsgruppen setzen kann.

URL: http://www.carta.info/41193/neue-medienpolitik-fur-neue-medien/ vom 3. Februar 2012

# Es ist Zeit für ein Netzmedien-Fördergesetz

## Wolfgang Michal

Kleine, unabhängige Netzmedien haben es schwer, sich im World Wide Web zu behaupten. Eine Förderung, wie sie die Filmemacher einst erstritten, ist hierzulande überfällig.

Vor ziemlich genau 50 Jahren hatten die jungen deutschen Filmemacher die Nase voll von der Selbst-Lähmung des deutschen Films. Die herrschenden Strukturen ermöglichten nur noch seichte Produktionen – Edgar Wallace, Karl May, Heimat- und Schlagerschnulzen. Der deutsche Film war auf einem kulturellen und wirtschaftlichen Tiefpunkt angelangt.

In dieser aussichtslosen Lage taten sich eine Handvoll junger Filmemacher zusammen. Sie hießen Schlöndorff, Wenders, Herzog, Hauff, Reitz, Kluge, Fassbinder, Bohm oder Geißendörfer, verfassten geharnischte Erklärungen zum desolaten Zustand der Branche („Oberhausener Manifest", später „Hamburger Erklärung") und forderten eine zukunftsweisende öffentliche Förderung für zeitgemäße Filmprojekte. Selbstbewusst vertraten sie den Neuen Deutschen Film, auf dessen Langzeitwirkungen wir heute noch stolz sein können.

Im Netz haben wir derzeit eine ganz ähnliche Situation wie zu Beginn der sechziger Jahre. Viele unabhängige Webseiten darben oder verschwinden wieder vom Markt. Zugleich drängen die überkommenen oligarchischen Medienstrukturen immer stärker ins Netz. Kleine, unabhängige Netzmedien können in dieser Zwickmühle nicht wirklich erfolgreich sein, obwohl sie das kreative Potential zur Erneuerung und Erweiterung der Netzöffentlichkeit hätten. Es wäre für die entstehende ‚digitale Demokratie' fatal, die weitere Entwicklung allein dem (zementierten) Markt, also den großen internationalen Geräteherstellern, den Medienmischkonzernen und den globalen Plattformbetreibern zu überlassen.

W. Michal (✉)
Salzhausen, Deutschland
E-Mail: michal.wolfgang@t-online.de

C. Kappes et al. (Hrsg.), *Medienwandel kompakt 2011–2013,*
DOI 10.1007/978-3-658-00849-9_72, © Springer Fachmedien Wiesbaden 2014

Deshalb sollten sich unabhängige Blogs, Online-Magazine, Autoren-Plattformen, YouTube-Kanäle und Webkunst-Nischen ein Vorbild an jenen Filmemachern der sechziger Jahre nehmen und eine öffentliche Förderung unabhängiger deutscher Netzmedien fordern. Voraussetzung wäre, dass sie ihr gemeinsames Anliegen und dessen Dringlichkeit erkennen und eine hinreichende Organisationsfähigkeit an den Tag legen. Das war schon damals die Voraussetzung: Filmemacher, die eher wenig zu Vereinsmeierei neigen, taten sich zusammen, *obwohl* sie wenig Lust zum politischen Aktionismus verspürten. Eigentlich wollten sie nur ihre Filme machen.

Im Wendejahr 1968 trat dann das erste bundesdeutsche Filmförderungsgesetz (FFG) in Kraft. Es bildete die rechtliche Grundlage für die Einrichtung einer Filmförderungsanstalt (FFA). Diese – eine Bundesanstalt des Öffentlichen Rechts – wurde ermächtigt, von den Filmtheaterbetreibern, den Videoprogrammanbietern und den Rundfunkanstalten eine *Filmabgabe* zu erheben, aus deren Mitteln förderungswürdige Produktionen bezuschusst wurden. Besonders wichtig war in diesem Zusammenhang das Film- und Fernsehabkommen von 1974, das die Förderung seitens der Rundfunkanstalten ausbaute und verstetigte (eine Frühform des Crowdfunding aus dem Topf der Nutzergebühren).

Doch schon bald setzten sich (mit Hilfe des damaligen Innenministers Friedrich Zimmermann) die überkommenen Strukturen wieder durch, und ein Großteil der Fördermittel floss an den unabhängigen Filmemachern vorbei in die Produktionstöpfe der Etablierten.

Daraufhin rotteten sich die (nicht mehr ganz so) jungen Filmemacher erneut zusammen und gründeten regionale Filmbüros als eingetragene Vereine, etwa das „Filmbüro Hamburg" oder das „Filmbüro Nordrhein-Westfalen". Aufgrund der intensiven Lobbyarbeit dieser Büros beschlossen die Landesparlamente eigene, vom Bund unabhängige kulturelle und wirtschaftliche Fördermaßnahmen.

Aus diesen beiden Strängen – den privaten Initiativen (Filmbüros) und den parlamentarischen Reaktionen (Filmfonds) – erwuchsen Organisationen und Gremien, die städtische Filmfestivals ausrichteten und Gelder an Filmemacher ohne komplizierte Bürokratie verteilten. Auch die öffentlich-rechtlichen Rundfunkanstalten beteiligten sich nach und nach an der regionalen Förderung.

Denn eins ist sicher: Die gesellschaftlich erwünschte Vielfalt braucht andere Startbedingungen als sie ein weitgehend vermachteter Markt bereitstellen kann. Kulturelle Erneuerung ohne gezielte Wachstums-Förderung ist kaum möglich.

Nach dem Muster der Filmförderung ließe sich ein „Netzmedien-Fördergesetz" (NFG) entwickeln, das Provider, Speichermedienhersteller und Rundfunkanstalten verpflichtet, die Entwicklung innovativer, unabhängiger und qualitativ hochwertiger Netzmedien zu unterstützen. Auf regionaler Ebene könnten „Netzbüros" und „Netzfonds" diese Aufgabe ergänzen.

URL: http://www.carta.info/41756/es-ist-zeit-fur-ein-netzmedien-fordergesetz/
vom 14. März 2012

# Suchmaschinen: Auf der Suche nach einem Korrektiv

Hans Hege und Eva Flecken

Sollten Sie es vergessen haben: Wir haben eine Krise! Die Weltwirtschaft geht den Bach hinunter, und niemand möchte prognostizieren, ob es in einem Jahr den Euro noch gibt und wie viele Rettungsschirme noch gespannt werden. Selbst die politische Freund-Feind-Grenze ist nicht unumstößlich. Häme und Feindseligkeit sind in der internationalen Presse allgegenwärtig, selbst vor Hakenkreuzen wird nicht halt gemacht, wenn die deutsche Kanzlerin karikiert werden soll.

Und daneben existiert noch ein weiteres Feindbild: die Ratingagenturen. Jene privatwirtschaftlichen Organisationen, die über Wohl und Wehe ganzer Nationalstaaten entscheiden. Um den großen Agenturen Standard & Poor's, Moody's und Fitch ein wenig von ihrer Dominanz zu nehmen, wird derzeit intensiv über die Einrichtung einer nicht-gewinnorientierten Ratingagentur beraten.

## Das Ranking ist das Rating für den Nutzer

Was treibt nun Medienregulierer dazu, über Ratingagenturen zu schreiben? Bei Ratingagenturen geht es um Deutungsmacht und ebendiese ist Kern des medialen Produktionsprozesses. Wer entscheidet über die Themensetzung, wie werden meinungsbildende Inhalte gefunden, wie kann die Aufmerksamkeit der Rezipienten erreicht werden? Neben den klassischen Medien übernehmen in der digitalen Welt

H. Hege (✉)
Berlin, Deutschland
E-Mail: hege@die-medienanstalten.de

E. Flecken
Berlin, Deutschland
E-Mail: flecken@mabb.de

C. Kappes et al. (Hrsg.), *Medienwandel kompakt 2011–2013*,
DOI 10.1007/978-3-658-00849-9_73, © Springer Fachmedien Wiesbaden 2014

zunehmend andere Instrumente diese Ordnungsfunktion. Insbesondere Suchma-schinen besetzen in der Onlinewelt eine Bottleneck-Position, denn was der Nutzer nicht findet, das existiert (für ihn) auch nicht. Die Suchalgorithmen sind die neuen Meinungsbildner, denn sie entscheiden darüber, was in welcher Reihenfolge wo ge-funden wird. Das Ranking der Suchmaschine ist damit das Rating für den Nutzer.

Rating, Bewertung, Algorithmen – alles Begriffe, die einem aus der Diskussi-on um die Eurorettung bekannt vorkommen. Offenbar liegen hier bisweilen ver-gleichbare Probleme vor: die Konzentration auf wenige Unternehmen, die über weitreichenden Einfluss verfügen. Um diese Konzentration auf dem Markt der Ra-tingagenturen aufzubrechen, werden derzeit verschiedene Lösungsvorschläge dis-kutiert. Denkbar wäre eine europäische Ratingagentur, doch die beauftragte Unter-nehmensberatung Roland Berger musste im April dieses Jahres feststellen, dass In-vestoren an einem solchen Ansatz wenig Interesse zeigen und die Finanzierung nur schwer zu stemmen ist. Ein wenig überraschendes Ergebnis. Daraufhin legte die Bertelsmann-Stiftung eine Blaupause für INCRA (International Non-Profit Credit Rating Agency) vor. Diese nicht-gewinnorientierte Organisation soll mehr Trans-parenz, Legitimität und Rechenschaftspflicht bei den Länderratings gewährleisten.

Befasst man sich mit der Auseinandersetzung, die Verleger und Google derzeit führen, finden wir an dieser Stelle wiederum Analogien. Im Bereich der Textsuche hat Google zweifelsohne eine dominierende Stellung eingenommen, die von Seiten der Verleger nachdrücklich attackiert wird. Eine wiederkehrende Forderung – ne-ben den im Vordergrund stehenden monetären Forderungen zum Revenue-Share – ist dabei, dass die Suchalgorithmen offengelegt werden sollen. Transparenzver-pflichtungen und damit die Überprüfbarkeit der Suchergebnisse sollen das Miss-brauchspotential eindämmen.

## Eine öffentliche Suchmaschine als wirksames Korrektiv?

Missbrauch und Gefahren für die Meinungsvielfalt muss frühzeitig begegnet wer-den. Das Bundesverfassungsgericht verlangt in seiner Rechtsversprechung aus-drücklich, der Konzentration von Meinungsmacht frühzeitig entgegenzuwirken. Das mündet unter anderem im öffentlich-rechtlichen Rundfunkauftrag einherge-hend mit der Gebührenfinanzierung als Gegengewicht zum kommerziellen Rund-funk. In der digitalen Vielfalt entwickelt sich die neue Meinungsmacht zunehmend über die Nutzung von Suchmaschinen und dies wirft die Frage auf, ob wir an dieser Stelle eigentlich ein wirksames Korrektiv haben. Könnte eine öffentliche Suchma-schine im Sinne der Meinungsvielfalt ihre Wirkung entfalten?

Es scheint ein hehres Ziel zu sein, eine Suchmaschine zu etablieren, die auf Google korrigierend ausstrahlen könnte. Doch um eine vielfaltssichernde Funktion zu übernehmen, müsste eine öffentliche Suchmaschine nicht zwangsläufig zum Marktführer werden. Sie müsste sich vielmehr der Qualität der Suchergebnisse verpflichten und sich nicht auf suggerierte Mehrheitsmeinungen beschränken. Hier könnte im Übrigen ein vielfältigeres Meinungsbild entstehen, als es derzeit der öffentlich-rechtliche Rundfunk mit seinen Rundfunkprogrammen leisten kann.

Eine solche öffentliche und finanziell unabhängige Suchmaschine würde vermutlich nicht von der breiten Masse genutzt werden. Insbesondere auf dem Feld der Kartendienste und damit verbunden Anfragen zu Dienstleistungen ist Google schwerlich zu schlagen. Wo das nächste Kino ist, welche Zahnarztpraxis in der Nachbarschaft liegt und wann der Lieblingsitaliener geöffnet hat, wird auch zukünftig vor allem über Google in Erfahrung gebracht werden. Die Zunahme der mobilen Nutzung wird dies noch untermauern. Gleichwohl bestehen gute Chancen, dass auf anderen Such-Feldern das öffentliche Interesse an Vielfalt die Qualität der Rankings bestimmt. Insbesondere bei an Mitwirkung interessierten Mitbürgern könnte eine öffentliche Suchmaschine an Einfluss gewinnen.

Die Anstrengungen des Bundeswirtschaftsministeriums zusammen mit der Wirtschaft beim Forschungsprogramm Theseus zeigen, dass die Notwendigkeit alternativer Informationssammlung und -verfügbarkeit gesehen wird. Zumindest für manche Bereiche ist ein solcher zusätzlicher Datengenerator unabdingbar. Das gilt für den Bereich vernetzter Dienstleistungen, worauf sich Theseus spezialisiert. Und auch im Bereich der meinungsbildenden Rundfunkinhalte scheint es sinnvoll, dafür Sorge zu tragen, dass diese auch online gefunden werden. Diese Wahlmöglichkeit kann und muss dabei nicht mit Google in Konkurrenz treten, um erfolgreich zu sein. Es sei daran erinnert, dass auch die Wirkung der traditionellen Medien sich nicht allein nach Auflage und Nutzungsdauer bemisst.

## Ein Ziel könnte „INSEV" heißen

Insbesondere in Hinblick auf die Videosuche scheint es auch noch nicht zu spät zu sein. Die hohen Nutzungszahlen von YouTube als Videoplattform sind nicht gleichbedeutend mit einer marktbeherrschenden Position im Segment der Videosuche. Gleichwohl zeichnen sich Bestrebungen ab, auch die Suche von Bewegtbildern zu professionalisieren und auszubauen. Der Zeitpunkt scheint damit gekommen, sich zumindest Gedanken zu machen, wie eine öffentliche Alternative zu Google bei TV- und professionellen Videoinhalten ausgestaltet werden könnte.

Dabei sollte zunächst die Frage im Vordergrund stehen, welche Anforderungen an eine solche Suchmaschine gestellt werden müssten. Was müsste sie leisten, was Google nicht schon heute leistet, um sich als zuverlässiges Such- und Navigationsinstrument beim Nutzer etablieren zu können? Eine Denkfabrik wäre das richtige Umfeld, um sich mit diesem Thema auseinanderzusetzen. Als Ziel könnte ausgerufen werden, ein solches Korrektiv im Bereich der Videosuche zu skizzieren, ein Modell zu erarbeiten, wie meinungsrelevante Bewegtbildinhalte alternativ gefunden werden.

Vielleicht stünde dann am Ende tatsächlich die Blaupause zu INSEV: International Non-Profit Search Engine for Video Content.

URL: http://www.vocer.org/de/artikel/do/detail/id/251/suchmaschinen-auf-der-suche-nach-einem-korrektiv.html vom 27. August 2012

# Perspektiven für ein neues Jugendmedienschutzrecht

## Simon Assion

Es ist viel darüber debattiert worden, was nicht stimmt im aktuellen Jugendmedienschutzrecht. Auch darüber, wie ein neues System aussehen könnte, wird mittlerweile diskutiert. In vielen Bereichen scheint mir aber eine gewisse Ratlosigkeit zu bestehen. Teilweise herrscht anscheinend die Auffassung, die Freiheit des Internets (in all ihren Ausprägungen) stehe mit den Interessen des Jugendschutzes in Widerspruch.

Das kann aber bezweifelt werden. In vielen Bereichen ist das Internet nicht Bedrohung, sondern *Instrument* und *Unterstützung* des Jugendschutzes. In anderen Bereichen lassen sich Lösungen finden, die die fundamentalen Ansprüche der Internetfreiheit unangetastet lassen, dem Jugendschutz aber ausreichend dienen. Und in vielen Bereichen liegen die bisherigen Defizite nicht in besonderen Charakteristika des Internets begründet, sondern in systematischen, logischen und politischen Fehlern des Gesetzgebers.

Die alten Versionen des JMStV stellten an vielen Stellen nichts anderes dar als in Gesetzesform gefasstes Wunschdenken. Der erste Schritt zur Reform wäre also, überhaupt einmal die technischen und gesellschaftlichen Realitäten anzuerkennen. Ist das geschehen, lassen sich durchaus sinnvolle Konzepte entwickeln.

Es wäre aus meiner Sicht aber falsch, die lange und in vielen Punkten auch gute Vorarbeit zu den alten Jugendmedienschutz-Staatsverträgen vollständig zu verwerfen. Viele der Ideen, die in den Verträgen standen, waren gut und sinnvoll. Andererseits muss es jetzt dennoch eine harte Bestandsaufnahme darüber geben, was an der bisherigen Konzeption wirklich erhaltenswert ist.

S. Assion (✉)
Leipzig, Deutschland
E-Mail: s.assion@telemedicus.info

C. Kappes et al. (Hrsg.), *Medienwandel kompakt 2011–2013*, 415
DOI 10.1007/978-3-658-00849-9_74, © Springer Fachmedien Wiesbaden 2014

## Internet als Medium mit eigenen Besonderheiten anerkennen

Ein generelle Fehlvorstellung lag m. E. in der Absicht, den Jugendmedienschutz möglichst „technologieneutral" auszugestalten, also Radio, Fernsehen und Internet möglichst gleich zu behandeln. Es ist offensichtlich, dass zwischen klassischem Rundfunk und dem Internet starke Unterschiede bestehen. Das betrifft z. B. die Art der Darbietung oder die verbreiteten Inhalte: on demand ist nicht dasselbe wie lineare Sendungen; Hypertext ist nicht dasselbe wie Fernsehbilder. Aber auch die Regelungs-Adressaten unterscheiden sich: Im Rundfunkbereich sind die Anbieter spezialisierte, finanzstarke und gut organisierte Unternehmen. Im Internet sind dagegen private und juristische Personen aller Art aktiv, in den unterschiedlichsten Formen, viele rein privat und auf Hobbyebene.

Ein neues Jugendmedienschutzrecht muss den Grundsatz der Technologieneutralität aufgeben. Der Gesetzgeber darf nicht davor zurückschrecken, auch an technische Sachverhalte normativ anzuknüpfen. Die Regulierung von linearem TV, das professionell als Massenmedium betrieben wird, muss systematisch und inhaltlich von Online-Medien getrennt werden.

## Verständlichkeit und Logik im Gesetzestext verbessern

Ohne Zweifel dürfte auch klar sein, dass ein neuer Entwurf technisch und handwerklich besser ausgestaltet sein muss. Als ein Gesetz, das sich an „Endnutzer" richtet, müsste eine neue Regelung ein hohes Maß an Verständlichkeit aufweisen. Auch hier ist die bisherige Konzeption bei weitem nicht so schlecht, wie sie vielfach dargestellt wurde. Trotzdem lässt sich einiges verbessern: So fehlte z. B. bisher eine klarstellende Norm zum räumlichen Anwendungsbereich. Im sachlichen Anwendungsbereich sollte endgültig klargestellt werden, dass *einzige* Adressaten des JMStV die Inhalte-Anbieter sind – wozu sicherlich auch die Plattformbetreiber gehören müssten. Eine allgemeine Haftung von allen Zugangsvermittlern, wie sie die KJM gerne hätte, ist abzulehnen. Außerdem sollten unbestimmte Rechtsbegriffe soweit als möglich im Gesetz definiert werden, z. B. „geschäftsmäßig" oder „entwicklungsbeeinträchtigend".

Ebenfalls verbesserungsbedürftig ist die Dokumentation von Entscheidungen und Rechtsmeinungen im Jugendmedienschutzrecht. Hier fehlte teils der Wille der zuständigen Behörden. Ebenso fehlte es aber an Aufmerksamkeit von Seiten der Rechtswissenschaft. Das dürfte sich mit der Diskussion um die JMStV-Novelle geändert haben. Nichtsdestotrotz ist die Kommunikation und Dokumentation von

Wissen im Jugendmedienschutzrecht ein wichtiges Anliegen für die Zukunft. Die Rechtswissenschaft ist gefordert, die Finger in die Wunden zu legen und Transparenz in einem Bereich zu schaffen, der dies dringend nötig hat.

## Schutz auf ein realistisches Maß zurückführen

Das Jugendmedienschutzrecht war lange Zeit alleinige Domäne von konservativen Ordnungspolitikern und pietistisch geprägten Pädagogen. Das zeigt sich deutlich auch in dem Katalog von Inhalten, vor denen die Jugend angeblich geschützt werden muss (§§ 4 und 5 JMStV): Dort finden sich (zwischen tatsächlich gefährlichen Inhalten) auch Merkmale, deren Vorhandensein kaum mit dem Jugendschutz zu erklären ist. Hier sollte kritisch hinterfragt werden, wovor die Jugend tatsächlich geschützt werden muss. Überflüssige Schutzansprüche sollten aufgegeben, systemfremde Schutzansprüche in die passenden Gesetze überführt werden.

*a) Kinder unter 10 brauchen keinen gesetzlichen Jugendmedienschutz* Aus meiner Sicht sollte grundsätzlich in Frage gestellt werden, ab welchem Alter und in welchem Umfang Kinder im Internet Schutz bedürfen. Denn Kinder sind überhaupt erst ab einem bestimmten Alter im Internet aktiv. Zwar verschiebt sich dieses Alter sukzessive nach unten – allerdings erfolgen die ersten intensiveren Kontakte mit dem Internet aktuell dennoch erst ab dem Alter von 10 bis 12 (vgl. die KIM-Studie 2008, S. 13 [PDF]). Ein staatlicher Schutz für noch jüngere Kinder ist aus meiner Sicht unsinnig. Hier sind allein die Eltern gefordert (und auch in der Lage) einen Schutz ihrer Kinder zu garantieren. Hier reicht es aus, Kindern den Zugang nur unter Aufsicht und/oder technischen Restriktionen (z. B. nur bestimmte Webseiten) zu gestatten.

*b) Keine unsinnigen Schutzvorkehrungen gegen gezielten Konsum bestimmter Inhalte* Auch für die älteren Kinder gilt: Das Jugendmedienschutzrecht sollte nicht versuchen zu schützen, was nicht geschützt werden kann. Aus meiner Sicht sollte sich der Gesetzgeber von der Vorstellung verabschieden, Jugendliche vom Konsum von Material abhalten zu können, das diese unbedingt konsumieren wollen.

Jugendliche im Teenageralter sind ihren Eltern an Medienkompetenz üblicherweise weitaus überlegen. Hinzu kommt der Drang, Grenzen auszureizen, Verbote auszutesten und Extreme zu erfahren. Jugendliche haben außerdem die verschiedensten Möglichkeiten, „jugendgefährdendes" Material zu bekommen: Das ist ja nicht nur das WWW, das größtenteils vom deutschen Recht gar nicht erfasst wird. Das sind auch Filesharing-Systeme, One-Click-Hoster oder E-Mail. Zuletzt gibt es

den herkömmlichen Tauschverkehr auf den Schulhöfen – nur, dass der in Zeiten
von USB-Sticks, Wechselfestplatten und Multimedia-Handys ganz andere Möglichkeiten bietet. Ein generelles Verbot bestimmter Inhalte gegenüber den Jugendlichen durchzusetzen, ist vor diesem Hintergrund unmöglich.

So schlimm ist das aber auch nicht. Die medienpädagogische Forschung zeigt,
so weit ich sie kenne, vor allem eine Erkenntnis: Jugendliche gestalten ihren Medi-
enkonsum durchaus eigenverantwortlich. Material, das sie verstören könnte, konsumieren sie gar nicht erst. Dass der Konsum von Material, das sich ein Jugendli-
cher selbst besorgt hat („wanted exposure"), *überhaupt* entwicklungsbeeinträchtigend wirken kann, kann zudem durchaus in Frage gestellt werden. Die Gefahr ist
sicherlich nicht ganz auszuschließen – aber zumindest die praktische Erfahrung
bestätigt es eher nicht. Trotz relativ ungehindertem Zugang zu Pornografie und der
ständigen Verfügbarkeit von „Killerspielen" ist bisher keine Verrohung der Jugend
zu beobachten (näher dazu die <u>Shell-Jugendstudie 2010</u>).

*c) Stärkeres und effektiveres Vorgehen gegen ungewollte Konfrontationen* Anders als
bei gewolltem Kontakt mit jugendgefährdenden Inhalten verhält es sich aus meiner
Sicht im Bereich des ungewollten Kontakts mit problematischen Inhalten („unwanted exposure"). Solche Kontakte können, gerade bei jüngeren Kindern, wohl durchaus verstörende Wirkung haben. Insofern besteht m. E. Bedarf an Regelungen, die
eine „unwanted exposure" so weit als möglich zu vermeiden versuchen.

Insofern sollte die Regel zum Trennungsgebot nicht nur beibehalten, sondern
eventuell auch ausgeweitet werden – Inhalte, die kleine Kinder gezielt ansprechen,
sollten nicht mit Inhalten verknüpft werden, die diese verstören könnten. Auch
sollten bestimmte „gefahrträchtige" Verhaltensweisen sanktioniert werden, z. B.
das gezielte Besetzen von Tippfehlerdomains mit Porno-Seiten. Denkbar wäre
auch, Webseiten mit besonders jugendgefährdenden Inhalten die Vorgabe zu machen, eine Warnung vorzuschalten.

Zusammengefasst lässt sich sagen: Vor *gewollten* Kontakten mit bestimmtem
Material kann der Gesetzgeber heute nicht mehr schützen. Aufgrund von reinem
Wunschdenken sind Eingriffe in die Publikationsrechte von Webseitenbetreibern
aber nicht gerechtfertigt. Vorschriften zu Alterskontrollsystemen oder Sendezeiten
sind vor diesem Hintergrund unsinnig und höchstens für Inhalte „ab 18" verhältnismäßig.

Hier sollte nicht vergessen werden: Der Jugendmedienschutzstaatsvertrag ent-
faltete auf Ebene der Jugendlichen in diesem Bereich bisher wenig oder sogar gar
keinen Effekt. Es ginge also nicht darum, den staatlichen Schutz zurückzunehmen.
Es ginge lediglich darum, die aktuell bereits bestehende, auch von den Behörden
weitgehend tolerierte Lage, die so schlimm nicht ist, zu legalisieren.

Stattdessen sollte sich der Gesetzgeber auf die Verhinderung von versehentlichen, *ungewollten* Kontakten mit jugendgefährdendem Material konzentrieren.

## Prinzip der regulierten Selbstregulierung nur dort anwenden, wo es Sinn macht

Das „Prinzip der regulierten Selbstregulierung" besagt, dass der Staat nur noch im Ausnahmefall selbst regulierend eingreift – das überlässt er Selbstregulierungsinstanzen, die von einem bestimmten Industrieverband unterhalten werden. Der Staat beaufsichtigt nur noch diese Selbst-Regulierer. Auf diese Weise sind im Jugendschutzrecht unter anderem die FSF (für Fernsehen), die USK (für Computerspiele) und die FSM (für Internet) entstanden.

Ein solches System ist in vielerlei Hinsicht problematisch. Kommt der Staat überhaupt noch seinem Schutz-Auftrag nach, wenn er sich nicht mehr einmischt? Läuft ein solches System nicht Gefahr, als „Freifahrtschein" gebraucht zu werden? In der Praxis bestätigt sich diese Befürchtung aus meiner Sicht eher nicht. Das Prinzip der regulierten Selbstregulierung funktioniert, soweit es um die Kontrolle institutionalisierter Branchen geht. Auf diese Weise lassen sich große Konzerne gut regulieren – und so lange das funktioniert, besteht auch kein Anlass, hier etwas zu ändern.

Es ist aber falsch, dieses Prinzip auf Bereiche zu übertragen, wo es keinen Sinn hat. Im Internet wird die allerkleinste Zahl der Webseiten von Personen angeboten, die in der FSM gut aufgehoben wären. Die FSM macht Sinn für Konzerne wie Google, StudiVZ oder die Deutsche Telekom. Sie macht keinen Sinn für Blogger oder andere Betreiber kleiner Webseiten. Daraus folgt: Der Jugendmedienschutz muss anerkennen, dass es Personen gibt, bei denen regulierte Selbstregulierung keinen Anknüpfungspunkt hat.

Hier ist eine direkte Aufsicht gefragt und gefordert. Gleichzeitig muss diese sich darauf einstellen, in direkten Kontakt zu Bürgern zu treten. Das erfordert Dialogbereitschaft, Sachkenntnis und Professionalität im Umgang mit ordnungsrechtlichen Methoden und Rechtsgrundlagen. Hier muss die Aufsicht nachlegen – personell, an Kapazität und an Kompetenz.

## Verlagerung der Aufsicht auf die Bundesebene oder internationale Instanzen

Das Internet ist ein internationales Medium. Ländergrenzen existieren hier nicht. Insofern sind grenzüberschreitende Sachverhalte an der Tagesordnung – und damit auch die Probleme, die damit einhergehen. Welche Aufsichtsbehörde ist zuständig? Welches Recht gilt?

*a) Gesetzgebung und Verwaltung auf Bundesebene* Es ist aus meiner Sicht zwingend notwendig, sowohl die Gesetzgebung als auch die Aufsicht auf die Bundesebene zu verlagern. Der Bundes-Gesetzgeber kann viel schneller auf Veränderungen reagieren, und er kann ohne weiteres Recht erlassen, das im gesamten Bundesgebiet gilt. Komplexe und langwierige Absprachen im Rahmen von Staatsverträgen sind unnötig.

Des Weiteren ließen sich auf diese Weise auch Verbundeffekte nutzen. Der Bund führt durch die Bundesnetzagentur bereits jetzt die Aufsicht über die technische Seite des Internets (Art. 87 f. Abs. 2 S. 2 GG). Diese auch mit Fragen der Aufsicht über die Inhalte zu beauftragen würde viele Abgrenzungsprobleme lösen. Ohnehin ist der deutsche Föderalismus ein Sonderweg: Die meisten anderen Staaten unterhalten eine Behörde wie die britische Ofcom, die die inhaltliche wie die technische Regulierung aus einer Hand anbietet.

*b) Internationale Kooperationen suchen* Es gibt noch einen weiteren Grund zur Verlagerung auf die Bundesebene: Der Bund hat die Kompetenz zur Außenpolitik (Art. 32 GG). Er kann somit viel besser innere Rechtssetzung mit internationalen Abkommen verknüpfen.

Das strenge deutsche Jugendmedienschutzrecht verfehlt schon aus diesem einen Grund völlig seinen Zweck: Es reguliert nur die, die eigentlich nicht reguliert werden müssten. Es ist so streng, dass es all diejenigen, die tatsächlich in größerem Ausmaß problematisches Material verbreiten, ins Ausland vertreibt. Mit den überhöhten hiesigen Ansprüchen werden dann nur noch diejenigen Anbieter überzogen, die eigentlich ohnehin kooperationsbereit wären.

Internet-Aufsichtsrecht kann nur funktionieren, soweit international einheitliche Standards existieren. Das muss nicht sämtliche Länder betreffen – es reicht, wenn nur diejenigen beteiligt sind, in denen eine ausgefeilte technische Infrastruktur existiert. Ein Abkommen, das alle Länder der Welt umfasst, ist unmöglich zu realisieren. Aber schon eine Absprache zwischen den Industrienationen der Welt würde weitgehend ausreichen.

Notwendig – und auch möglich – wäre aus meiner Sicht ein internationales Abkommen, das die Sanktionierung bestimmter Inhalte ermöglicht. Ein solches Abkommen kann sich logischerweise nur am Minimalkonsens seiner Mitgliedsstaaten ausrichten, und es müsste natürlich Schutzvorkehrungen gegen Machtmissbrauch enthalten. Vielfach wird auf diese Weise keine Lösung zu finden sein: Halten beispielsweise die USA das Hosting von Nazi-Webseiten für gerechtfertigt, kann man diese auch nicht mit einem Staatsvertrag zu einem Umdenken bringen. Es existieren aber durchaus auch Bereiche, in denen eine Einigung möglich erscheint. Denkbar wäre z. B. die Einrichtung eines Rotlichtbezirks im Internet unter der Top-Level-Domain „.xxx" oder eine internationale Clearing-Stelle für unzulässige Inhalte.

Dies erfordert nicht nur eine Novelle des Jugendmedienschutzrechts, sondern auch Änderungen an einigen anderen Punkten. Die Rechtswissenschaft ist gefordert, überhaupt das Handwerkszeug für ein „internationales Ordnungsrecht" zu entwickeln. Und der EU-Gesetzgeber sollte dringend die unsinnige und unverständliche Regelung in Art. 3 der E-Commerce-Richtlinie aufgeben.

## Mitarbeit der deutschen Webseitenbetreiber suchen

Die ganz überwiegende Zahl der deutschen Webseitenbetreiber in Deutschland ist nicht gegen den Jugendschutz. Viele würden – auch freiwillig – durchaus ihren Teil dazu beitragen. Dies können die Jugendschützer ausnützen. Die sinnvollste Möglichkeit zur Kooperation dürfte wohl sein, eine Art deutschsprachiges „Kindernetz" zu etablieren: einen Bereich des Internets, den auch kleine Kinder gefahrlos nutzen können. Für die Eltern von kleinen Kindern wäre dadurch die Möglichkeit gegeben, ein Jugendschutzprogramm auf Whitelist-Basis laufen zu lassen; bei etwas älteren Kindern könnte z. B. eine Limitierung auf die de-Domain mit kombinierter Blacklist Sinn machen. Ab einem gewissen Alter ist die Verwendung von Filterprogrammen, wie oben dargestellt, freilich zwecklos.

Es ist durchaus denkbar, dass die viele deutsche Webseitenbetreiber freiwillig ihre Webseiten für ein Jugendschutzprogramm technisch kennzeichnen würden. Dazu ist aber notwendig, die Bedürfnisse der Webseitenbetreiber zu kennen und zu akzeptieren. Eine Selbstklassifizierung sollte deshalb möglichst niedrige Zugangsschwellen haben. Ein solches System muss auch für Laien bedienbar sein, und zwar sowohl hinsichtlich der Bewertung als auch hinsichtlich der Kennzeichnung. Insofern ist der Ansatz der FSM, unter <u>altersklassifizierung.de</u> eine Art Fragebogen-System einzurichten, das dann auch die technische Kennzeichnung erleichtern soll, sicherlich der richtige Weg.

## Zusammenfassung

Zusammengefasst lässt sich also sagen:

- Eine Novelle des Jugendmedienschutzrechts ist dringend notwendig.
- Ein Gesetz sollte hohen Anforderungen an Verständlichkeit und innere Logik genügen.
- Der Schutz sollte, was echte Zugangsbeschränkungen angeht, auf die absolut unzulässigen Inhalte beschränkt werden. Für weniger problematische Inhalte reichen Vorkehrungen, um einen unbeabsichtigten Kontakt zu vermeiden.

- Die verbleibenden Probleme sollten durch Verbesserungen im Verwaltungsablauf und auf Basis freiwilliger Zusammenarbeit adressiert werden. Die Aufsicht und Gesetzgebungskompetenz gehört auf die Bundesebene; der Bund sollte sich dann um internationale Zusammenarbeit bemühen.
- Deutschen Webseitenbetreibern sollte die Zusammenarbeit erleichtert werden, insbesondere was eine freiwillige technische Alterskennzeichnung angeht.

Bei alldem sollte nicht vergessen werden, dass ein absoluter lückenloser Jugendschutz nicht das Ziel sein kann. Ein dynamischer Raum wie das Internet wird nie vollständig kontrollierbar sein. Der Gesetzgeber kann hier versuchen Schritt zu halten, aber er kann nichts Unmögliches vollbringen.

URL: http://www.telemedicus.info/article/1920-Perspektiven-fuer-ein-neues-Jugendmedienschutzrecht.html vom 26. April 2011

**MIX**
Papier aus verantwortungsvollen Quellen
Paper from responsible sources
**FSC® C105338**

FSC
www.fsc.org

If you have any concerns about our products,
you can contact us on
**ProductSafety@springernature.com**

In case Publisher is established outside the EU,
the EU authorized representative is:
**Springer Nature Customer Service Center GmbH
Europaplatz 3, 69115 Heidelberg, Germany**

Printed by Libri Plureos GmbH
in Hamburg, Germany